普通高等教育“十二五”规划教材
全国高职高专规划教材·计算机系列

办公自动化案例应用

刘　均　汤　敏　主　编
王梓璇　牛　泽
廖仕东　韦　银　副主编

北京大学出版社
PEKING UNIVERSITY PRESS

内 容 简 介

本书以 Office 2003 为操作平台，详细而又全面地讲述了 Word 文字处理、Excel 电子表格、PowerPoint 文稿演示、常用办公设备的使用、常用工具软件的使用等 5 个学习情景。每个学习情景又按顺序分为任务描述、知识要点、任务实施、能力拓展等四个子项目，以案例的形式进行综合实践，步骤清晰、描述鲜明。每章配有电子课件、习题和答案，便于自学和检验学习效果。全书各章内容由浅入深，不同层次的学生可以根据教学要求进行选择或自学。通过学习本书，读者能够迅速熟练掌握办公自动化软件和设备的使用技术。

本书既可作为高等职业院校办公自动化课程的教材，也是各类办公人员和计算机自学者难得的参考书。

图书在版编目(CIP)数据

办公自动化案例应用/刘均，汤敏主编. —北京：北京大学出版社，2012.7

(全国高职高专规划教材·计算机系列)

ISBN 978-7-301-20687-4

Ⅰ.①办…　Ⅱ.①刘…②汤…　Ⅲ.①办公自动化－高等职业教育－教材　Ⅳ.①C931.4

中国版本图书馆 CIP 数据核字(2012)第 104113 号

书　　　名：**办公自动化案例应用**

著作责任者：刘　均　汤　敏　主编

策 划 编 辑：桂　春

责 任 编 辑：吴坤娟

标 准 书 号：ISBN 978-7-301-20687-4/TP·1226

出 版 发 行：北京大学出版社

地　　　址：北京市海淀区成府路 205 号　100871

网　　　址：http://www.pup.cn

电 子 信 箱：zyjy@pup.cn

电　　　话：邮购部 62752015　发行部 62750672　编辑部 62756923　出版部 62754962

印　刷　者：三河市博文印刷厂

经　销　者：新华书店

787 毫米×1092 毫米　16 开本　14 印张　319 千字

2012 年 7 月第 1 版　2012 年 7 月第 1 次印刷

定　　　价：30.00 元

前　言

办公自动化是20世纪70年代中期发展起来的综合性跨学科的技术，它以行为科学为主导，系统科学为理论基础，综合运用计算机技术及通信技术完成各项办公业务。在一个信息化的社会中，无论是在政府机关和科研事业单位，还是在金融证券与工商企业，都离不开办公自动化系统。办公自动化水平随着计算机技术的快速发展而不断提高，随之出现的无纸化办公方式受到众多行业喜爱。迄今为止，办公自动化已成为非常活跃的一个IT应用领域。为了适应高职教育的特点，满足社会需要，培训技术型人才，我们编写了这本《办公自动化案例应用》。

本书从办公实际应用角度出发，通过不同的案例对办公过程中的文字处理、电子表格的应用和计算、幻灯片制作和演示等方面的操作方法和技巧进行了讲解，注重实际操作技能的培训，适应职业教育的特点。本书共分五个学习情景。每个学习情景中分多个学习子情景，学习情景1 Word文档排版由刘均编写，学习情景2 Excel电子表格处理由汤敏编写，学习情景3 PowerPoint幻灯片制作由王梓璇编写，学习情景4常用办公设备的使用由廖仕东编写，学习情景5常用工具软件的使用由牛泽编写。限于水平，错误及不妥之处难免，请读者不吝批评指正。

编者

2012年3月

目　　录

学习情景 1　Word 文档排版

学习子情景 1.1　培训回执　简历

任务描述 1.1.1

图 1.1.1(a)展示了一张制作完成的培训回执，通过它，读者可以对培训回执的组成部分、编排方式有一个直观的了解。具体到实际操作中，还可以了解到如何用 Word 制作这样图文混排的培训回执，熟悉综合运用这些功能来进行文档的制作。

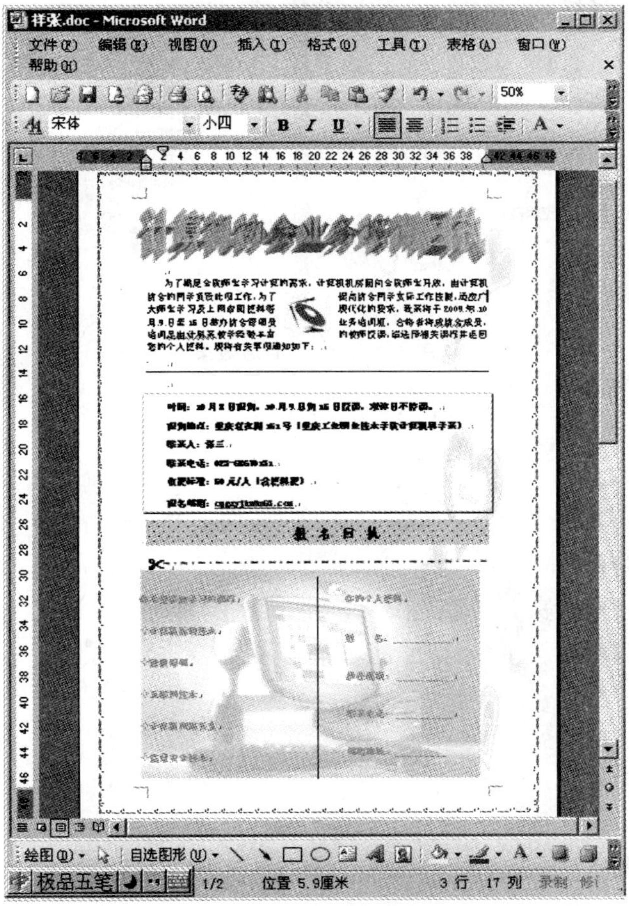

图 1.1.1(a)　培训回执效果图

图 1.1.1(b)展示了一份“个人简历”的制作，通过它，读者对简历的组成部分、编排方式有一个直观的了解。具体到实际操作中，还可以学习 Word 图文混排的方法和自选图形编辑，熟练运用这些功能来进行文档的制作。

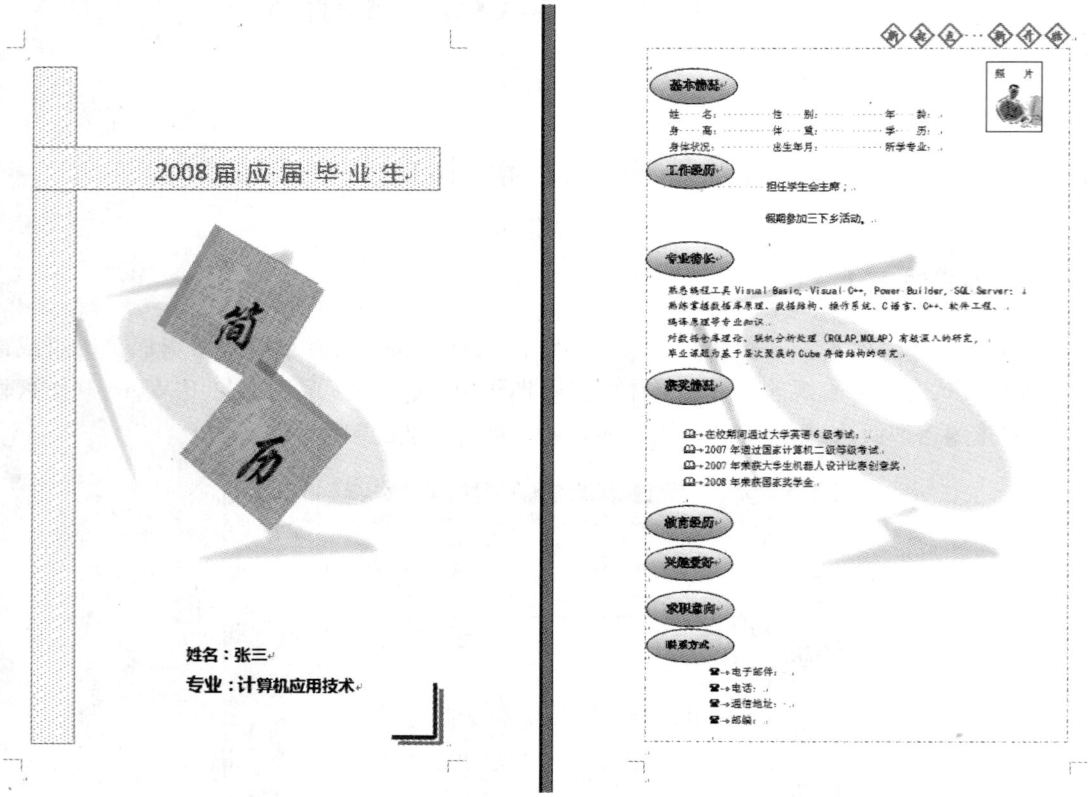

图 1.1.1(b) 简历效果图

知识要点 1.1.2

- 页面设置
- 插入对象
  - ◇ 文字、字符
  - ◇ 分节符、分页符、分栏符
  - ◇ 页眉、页脚
  - ◇ 艺术字
  - ◇ 插入图片
  - ◇ 项目符号
  - ◇ 文本框
  - ◇ 自选图形
- 编辑对象
  - ◇ 设置字符格式
  - ◇ 分栏
  - ◇ 页眉、页脚

◇ 设置艺术字格式
◇ 设置图片格式
◇ 自选图形
◇ 制作水印
◇ 页面边框

任务实施 1.1.3

案例 1　培训回执

一、页面设置

1. 启动 Word 2003 应用程序，新建一个 Word 文档。

2. 单击菜单中【文件】|【页面设置】命令，如图 1.1.2 所示的页面设置对话框。

3. 选择“纸张”选项卡，在“纸张大小”的下拉列表中选择“A4”，在“应用于”下拉列表中选择“整篇文档”。

4. 选择“页边距”选项卡，分别将“页边距”的上下左右设置为 3 厘米，在“应用于”下拉列表中选择“整篇文档”，如图 1.1.2 所示。

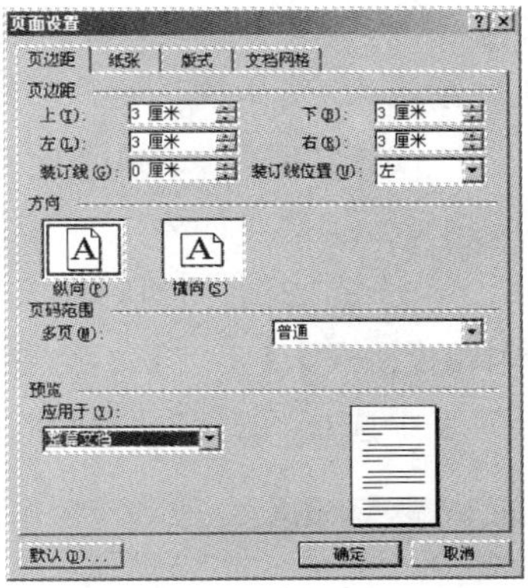

图 1.1.2　页面设置

5. 单击【确定】按钮完成页面设置。

二、文档编辑

录入“培训回执”并不能等同于通常意义上的打字，录入操作其实也有很多技巧。本案例的具体操作录入过程如下：

(一) 录入文档

1. 单击常用工具栏上的“保存”按钮，将当前文档保存到指定的文件夹中。

2. 将光标定位在首行，开始录入“培训回执”的文字内容，图 1.1.3 所示是录入完成的“培训回执”文档。

图 1.1.3　设置段落道行缩进

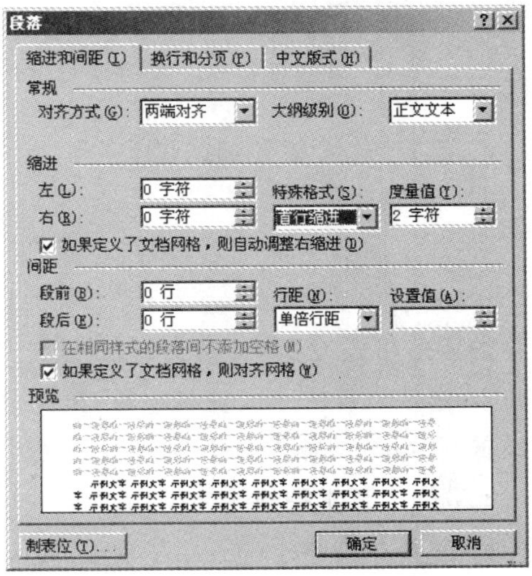

图 1.1.4　“段落”对话框

（二）设置文档字符格式和段落格式

为了使整个版面布局更加美观，可以对版面中的文本进行字符格式的设置，通过改变字体的大小、调整段落间距等方式来满足布局设计的要求。具体操作如下：

1. 按“CTRL＋A”全选整篇文档，如图 1.1.3 所示，然后单击菜单中的【格式】|【段落】命令，在【段落】对话框中选择“缩进和间距”选项卡，然后在“特殊格式”下拉列表中选择“首行缩进”，“度量值”为“2 字符”，如图 1.1.4 所示。

2. 选定第一自然段的文本，将字符格式设置为“宋体”、“小四号”（字体大小的磅值范围为 1～1638 之间。在改变字体大小时，为了更具有直观性，可反复使用快捷键“Ctrl＋]”使字体逐渐增大，使用快捷键“Ctrl＋[”使字体逐渐变小，直到满意为止）。

3. 选定“时间”、“报到地点”、“联系人”、“联系电话”、“收费标准”“报名邮箱”各段落，将其文字设置为“小四号”、“宋体”、“加粗”。

4. 选定“报名回执”，将文字设置为“华文楷体”、“小二号”、“加粗”、“居中”；然后单击菜单中的【格式】|【字体】命令，在打开的【字体】对话框中选择“字符间距”选项卡，在“间距”下拉列表中选择“加宽”、“磅值”下拉列表框中输入数字 6，设置如图 1.1.5 所示。

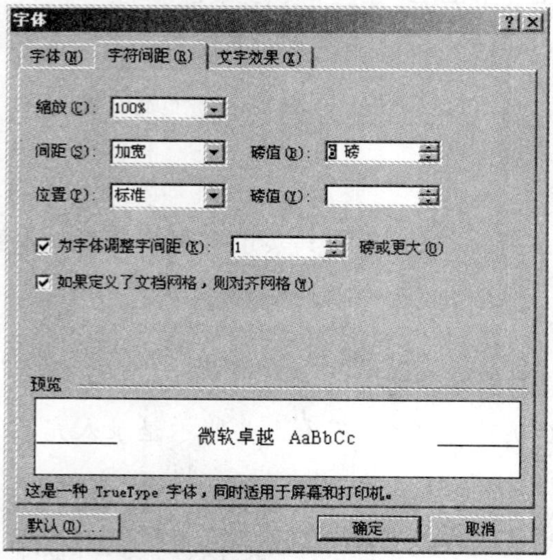

图 1.1.5 “字符间距”选项卡

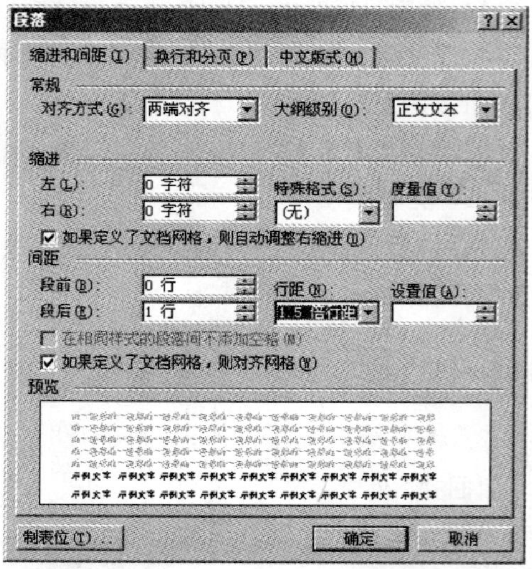

图 1.1.6 “段落”对话框

5. 选定“你希望参加的课程”和“您的个人资料”的文字，将其设置为“三号”、“华文新魏”、“加粗”。

6. 选定所有的课程名，单击菜单【格式】|【段落】命令，打开【段落】设置对话框，在“行距”下拉列表中选择“1.5 倍行距”，将段落间隔设置为“段后 1 行”，单击“确定”按钮完成课程名称的段落格式设置，如图 1.1.6 所示。

7. 选定所有的个人资料项目，再次打开“段落”设置对话框，对所有的个人资料项目进行设置，将段落间隔设置为“段后 1.5 行”、行距设置为“1.5 倍行距”。

三、插入艺术字标题

（一）插入艺术字

完成了正文的录入和字符格式的设置后，接下来利用艺术字制作文档的标题，具体操作如下：

1. 将光标首先定位在文档的最前面，插入 1 个空行，然后将光标置于空行处。

2. 单击菜单中的【插入】|【图片】|【艺术字】命令，打开【艺术字】对话框，如图 1.1.7 所示。

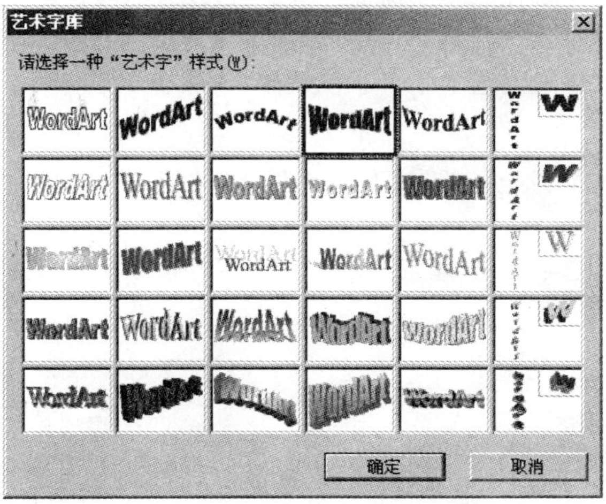

图 1.1.7　“艺术字库”对话框

3. 选择一种艺术字的样式，单击“确定”按钮后打开如图 1.1.8 所示。

4. 在【编辑“艺术字”文字】对话框的“文字”区域录入文字“计算机协会业务培训回执”，在“字体”列表框中选择“宋体”、“字号”列表框中选择“48”、选择“加粗”按钮，如图 1.1.9 所示。

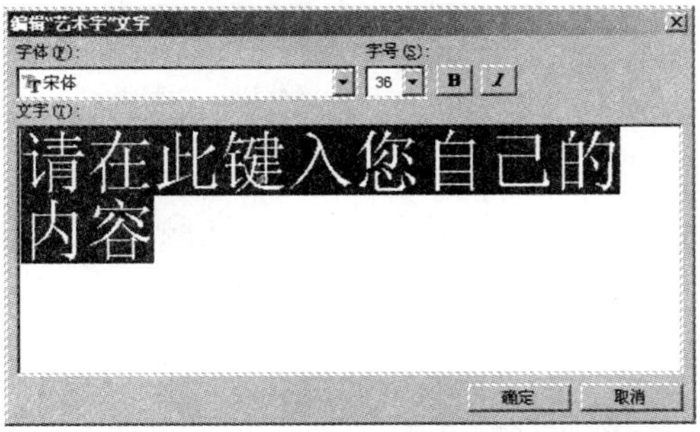

图 1.1.8　“编辑艺术字”对话框

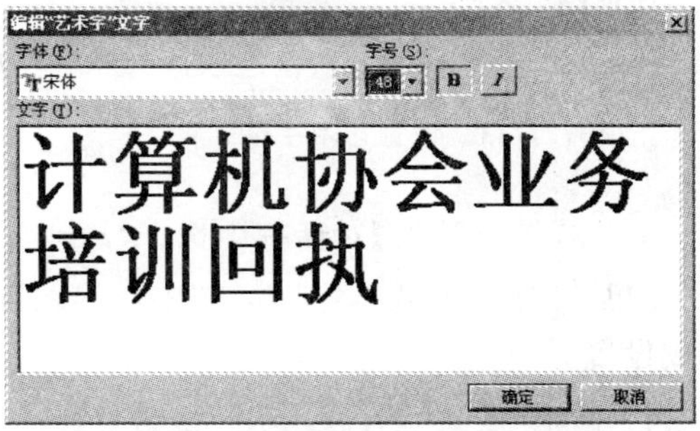

图 1.1.9　编辑艺术字对话框

5. 单击【确定】按钮完成设置，将艺术字插入到文档中，效果如图 1.1.10 所示。

图 1.1.10　艺术字形状库

（二）设置艺术字格式

1. 选定插入的艺术字，单击【艺术字】工具栏上的“文字环绕”按钮，选择“上下型环绕”的环绕方式，选择后艺术字四周出现 8 个空心控点、一个黄色菱形小方块和一个绿色小圆圈。

2. 用鼠标拖动 8 个空心控点可以调整艺术字的大小、拖动黄色菱形小方块可以改变艺术字形状、拖动绿色小圆圈可以旋转艺术字，根据版面需要对艺术字进行相关调整。

3. 艺术字形状还可以通过艺术字形状库调整，本案例的艺术字形状为“朝鲜鼓”，如图 1.1.10 所示。

4. 单击【艺术字】工具栏上的“设置艺术字格式”按钮，打开【设置艺术字格式】对话框，如图 1.1.11 所示。

5. 在“颜色与线条”选项卡的“填充”中的“颜色”下拉列表中选择“填充效果”，打开【填充效果】对话框。

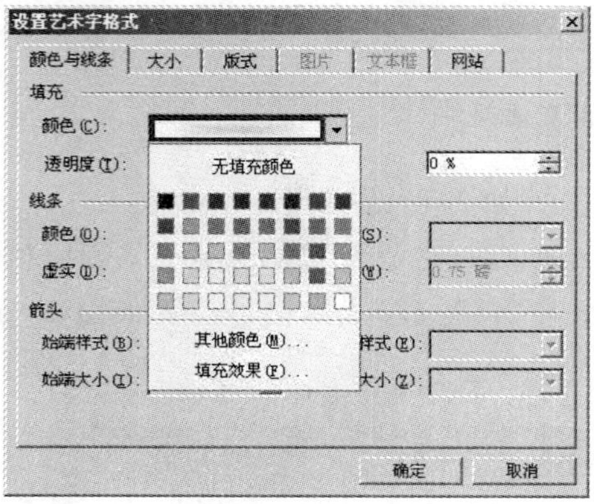

图 1.1.11　设置艺术字格式对话框

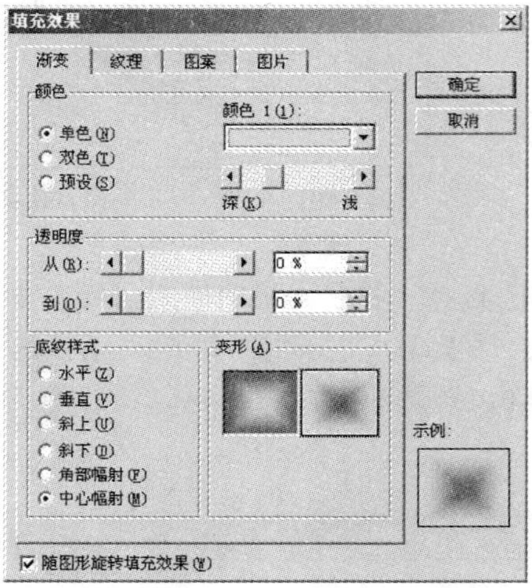

图 1.1.12　填充效果对话框

6. 在【填充效果】对话框中选择“渐变”选项卡，在“颜色”区域选择“单色”、“颜色 1”中选择“金色”；“底纹样式”区域选择“中心辐射”的“样式 2”，如图 1.1.12 所示，单击“确定”按钮完成设置。

7. 单击“绘图”工具栏上“三维效果样式”按钮，然后在样式列表中选择“三维样式 3”，如图 1.1.13 所示。

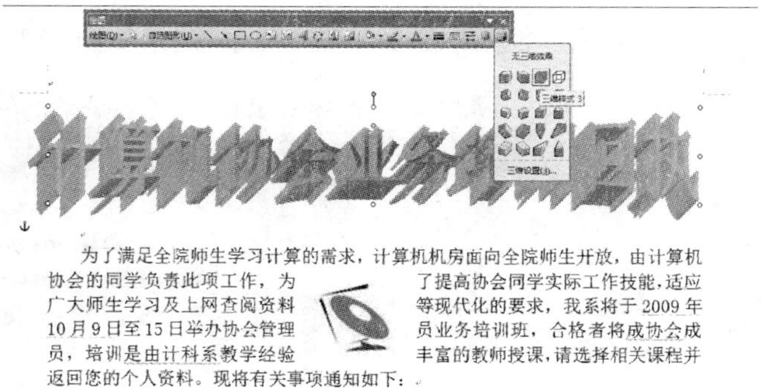

图 1.1.13　三维效果

四、添加边框和底纹

（一）添加边框

1. 选定“时间”、“报到地点”、“联系人”、“联系电话”、“收费标准”、“报名邮箱”这几个段落。

2. 单击菜单中的【格式】|【边框和底纹】命令，打开【边框和底纹】对话框。

3. 选择“边框”选项卡，如图 1.1.14 所示，在“设置”区域中选择“阴影”，然后设置线型为“直线”、颜色为“茶色”、宽度为“3 磅”，在“应用于”下拉列表中选择“段落”，单击【确定】按钮完成设置。

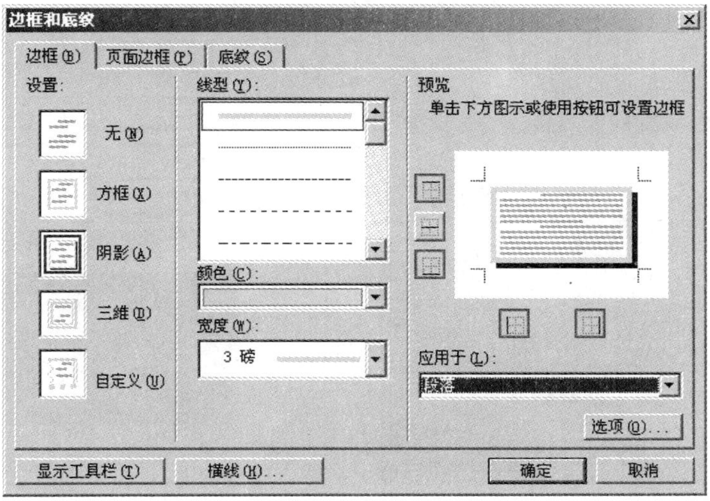

图 1.1.14　边框选项卡

（二）填充底纹

1. 将光标定位于“报名回执”段落中，然后单击【格式】|【边框和底纹】命令，打开【边框和底纹】对话框。

2. 选择“底纹”选项卡，如图 1.1.15 所示，在“填充”颜色区域中选择“茶色”，在图案的“样式”列表中选择“5%”，在“应用于”下拉列表中选择“段落”，单击“确定”按钮完成设置，添加边框和填充底纹后的效果如图 1.1.16 所示。

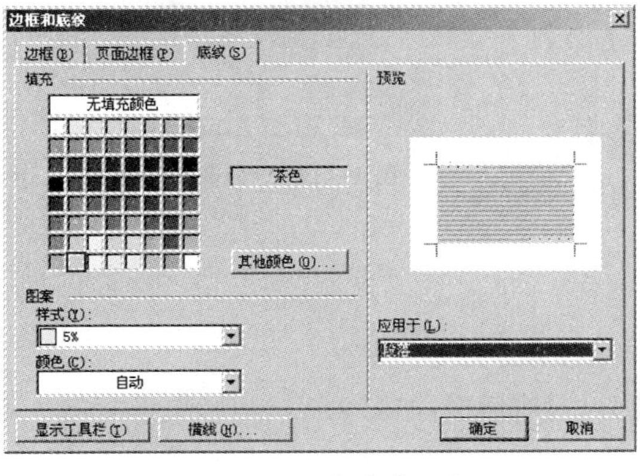

图 1.1.15　底纹选项卡

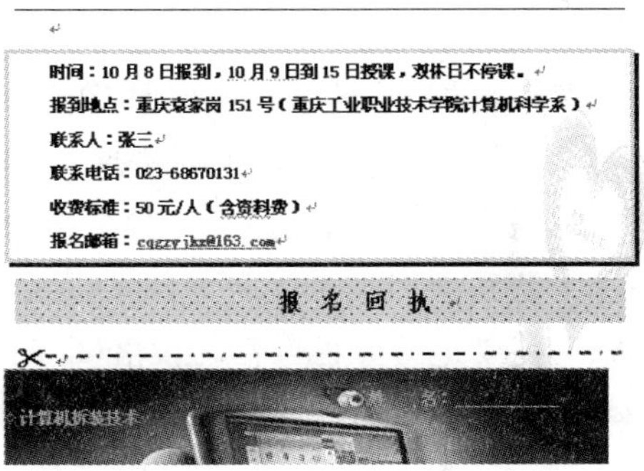

图 1.1.16　设置边框底纹

（三）添加页面艺术边框

1. 先将光标定位到页面中，然后单击菜单中的【格式】|【边框和底纹】命令，打开【边框和底纹】对话框。

2. 选择“页面边框”选项卡，如图 1.1.17 所示，在“设置”区域中选择“方框”，在“艺术型”列表中选择如图 1.1.17 所示的图案，在“宽度”列表中选择“20 磅”，在“应用于”下拉列表框中选择“整篇文档”。

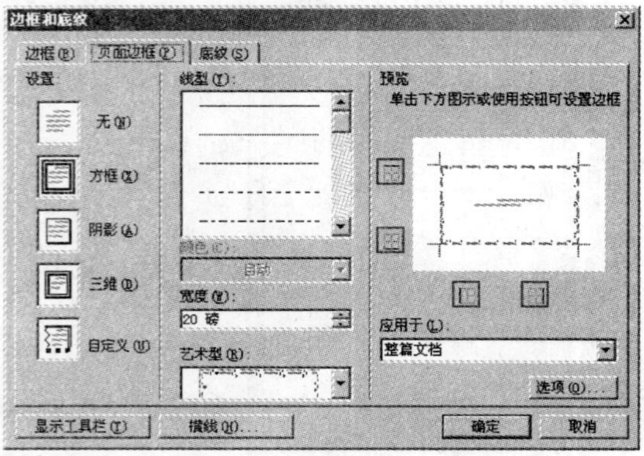

图 1.1.17 页面边框选项卡

图 1.1.18 插入页面艺术边框

3. 单击【确定】按钮完成设置，插入页面艺术边框效果如图 1.1.18 所示。

五、插入分隔符

（一）插入分节符

1. 将光标定位在“你希望参加学习的课程”的文字前面，然后单击菜单中【插入】|【分隔符】命令，在打开的【分隔符】对话框中，如图 1.1.19 所示，选择“分节符类型”下的“连续”，单击【确定】按钮完成设置。

2. 按照同样的方法在“邮箱地址”末端，插入分节符。

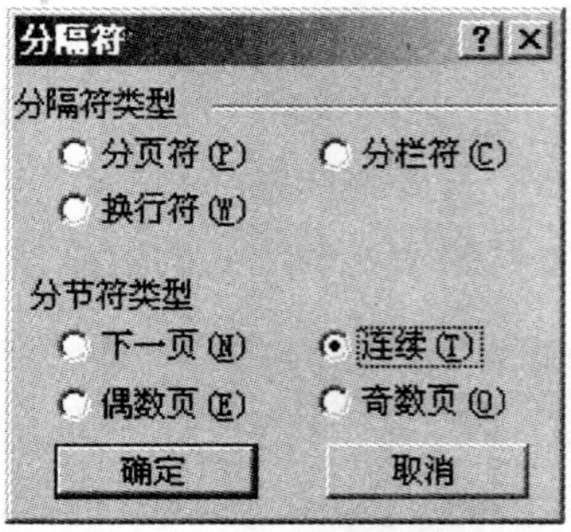

图 1.1.19 分隔符对话框

（二）插入分栏符

按照前面的操作方法，将光标定位于最后门课程名称的末端，然后在【分隔符】对话框中选择“分隔符类型”下的“分栏符”，单击【确定】按钮完成插入分栏符的设置。

（三）设置分栏

1. 选定要进行分栏操作的段落（即两个分节符之间的文本）。

2. 单击菜单中的【格式】|【分栏】命令，打开【分栏】对话框，如图 1.1.20 所示。

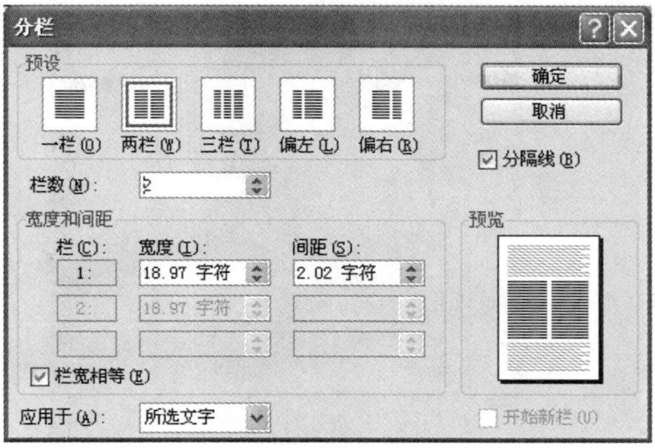

图 1.1.20 “分栏”对话框

3. 在“预设”区域中选定“两栏”,“栏数”列表框中设置栏数为“2”,“应用于”列表中选定“所选文字”,并且选定“栏宽相等”和“分隔线”两个选项。

4. 单击【确定】按钮,完成分栏操作的设置,分栏后的效果如图1.1.23所示。

六、添加项目符号和下划线

(一) 插入项目符号

1. 先选定所有课程名称,然后单击菜单中的【格式】|【项目符号与编号】命令,打开【项目符号和编号】对话框。

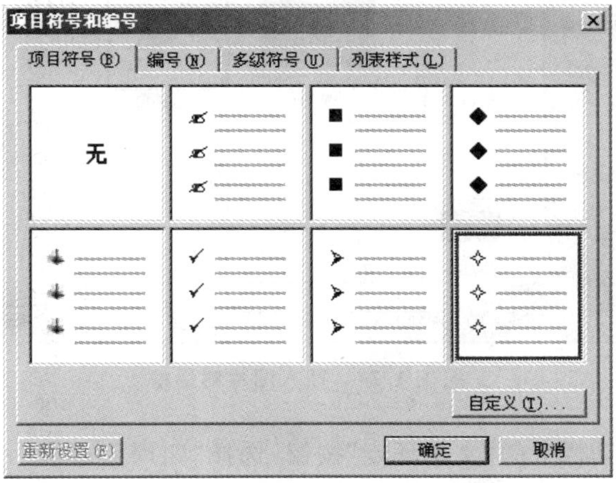

图 1.1.21 项目符号选项卡

2. 在“项目符号”选项卡中选择一种符号样式,如图1.1.21的示,单击“确定”按钮完成设置。

(二) 添加下划线

1. 将光标定位于“你的个人资料”栏目下的“姓名”字符后。

2. 单击“格式”工具栏上的“下划线”按钮旁的下拉选项按钮如图1.1.22所示,选择一种下划线的样式,然后在当前位置直接敲击空格键,可添加下划线。

3. 重复1~2的操作分别给“姓名“、“所在班级”、“联系电话”及“邮箱地址”添加相同的下划线,如图1.1.23所示。

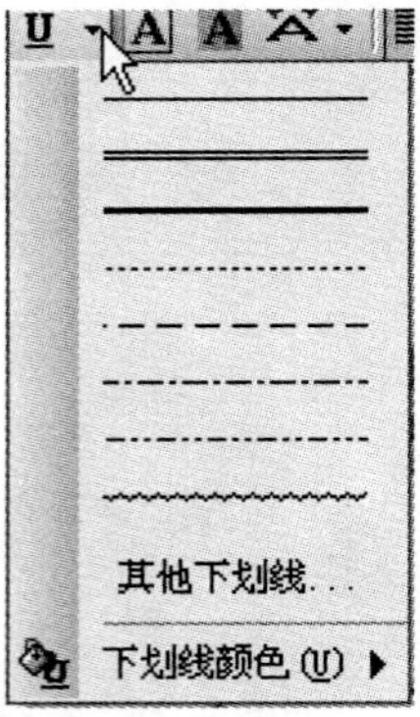

图 1.1.22 下划线样式

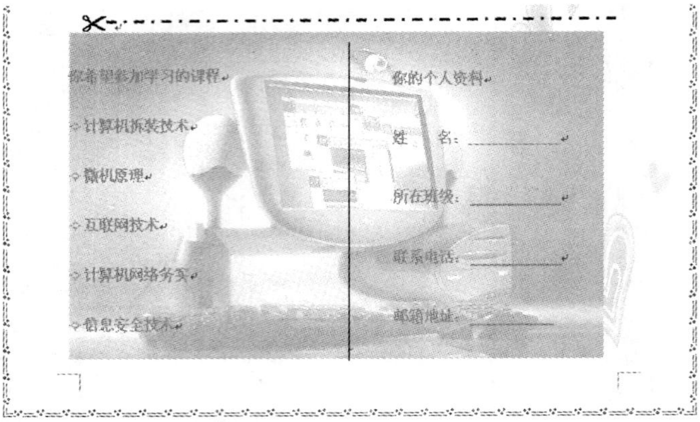

图 1.1.23 添加项目符号、添加下划线后的效果

七、插入图片和图形

(一) 插入图片

1. 将光标定位于第一段文本中的任意位置。

2. 单击菜单中的【插入】|【图片】|【来自文件】命令，打开【插入图片】对话框，如图1.1.24所示，选定相应的图片(图片文件名：图标)，单击【插入】按钮，将图片插入到文档中。

图 1.1.24 插入图片对话框

3. 单击【图片】工具栏上的“文字环绕”按钮，选择“四周型环绕”，然后调整图片的大小，完成图片插入，效果如图 1.1.25 所示。

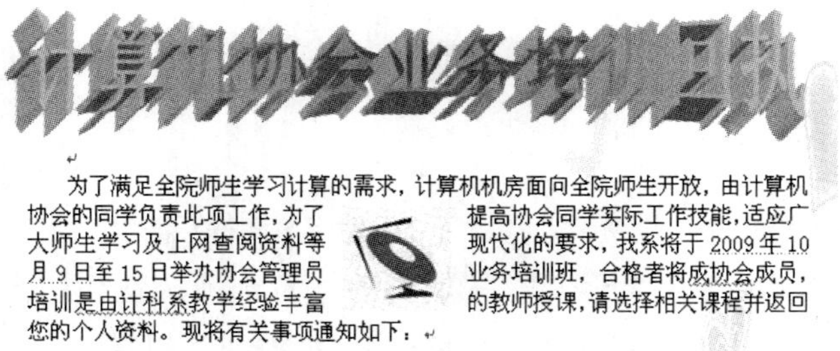

图 1.1.25 插入图片后的效果

（二）插入背景图片

1. 将光标定位于被分栏的段落中的任意位置。

2. 用上面的方法在【插入图片】对话框中，选定相应的图片（图片文件名：电脑.jpg），单击“插入”，将图片插入到文档中。

3. 单击“图片”，单击鼠标右键，在快捷菜单中选择“设置图片格式”命令，如图 1.1.26 所示。

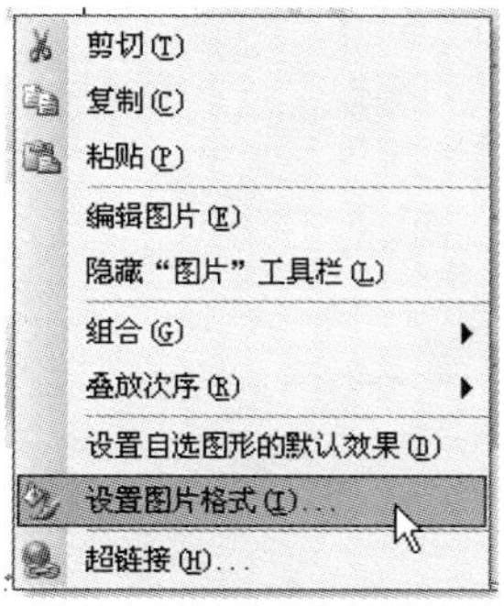

图 1.1.26　快捷菜单

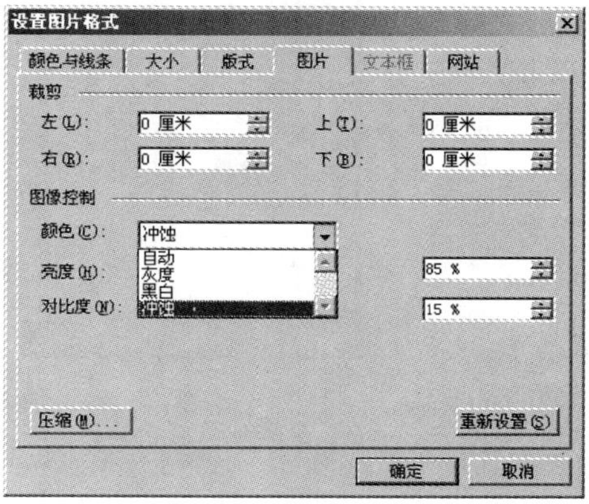

图 1.1.27　设置图片格式对话框

4. 在“设置图片格式”对话框中，选择“图片”标签，在“图像控制”下的“颜色”下拉列表中选“冲蚀”效果，如图 1.1.27 所示。

5. 打开的“设置图片格式”对话框中，单击“图片”工具栏上的“版式”标签，环绕方式为“浮于文字上方”，并调整好图片大小到合适位置，然后“版式”设置为“衬于文字下方”，使其成为该段落文本中的背景（如果先将“版式”设为“衬于文字下方”便不好调整图片的大小及位置了，所以要先将“版式”设为“浮于文字上方”）。

（三）插入水印（整个文档背景）

1. 单击菜单中的【格式】|【背景】|【水印】命令，如图 1.1.28 所示。

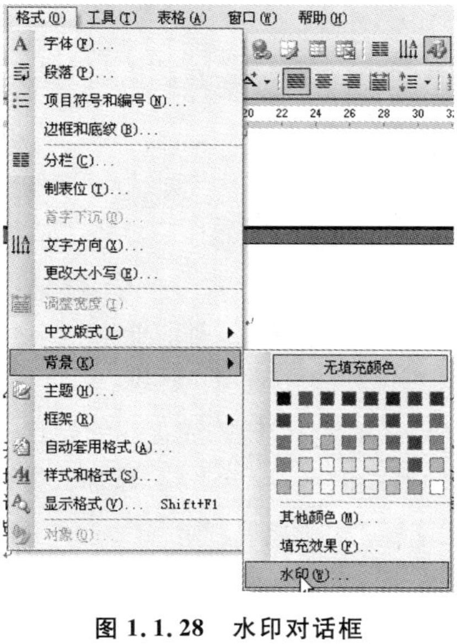

图 1.1.28　水印对话框

2. 在【水印】对话框中，选择“背景”，如图 1.1.29 所示。

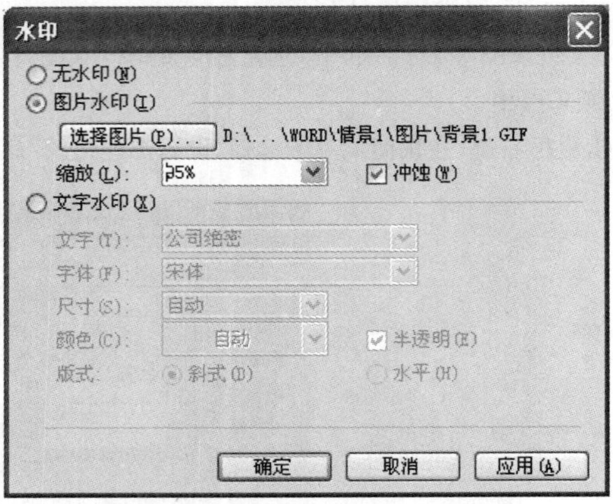

图 1.1.29　插入“水印”对话框

3. 单击按钮 选择图片(P)... ，在“插入图片”对话框中选择背景图片(背景图片文件名：背景)，单击【插入】按钮，再单击【图片】按钮，图片插入到文档中，然后对水印图片大小进行调整(在页眉页脚方式下调整图片大小及位置)。

(四) 插入直线和特殊符号

为了增加版面的层次感，在第一自然段和第二自然段中间绘制一条直线。

方法一：在第一、第二自然段中间插入两个空行。在第二个空行处从键盘输入三个减号“———”然后按回车键便插入了一条直线。

方法二：利用绘图工具栏绘制直线

1. 单击【绘图】工具栏上的“直线”按钮 ＼ ，此时鼠标指针变成“十”字状，按住鼠标左键从左往右拖动，在两个空行之间绘制出一条直线(绘制直线时按住“Shift”键)。

2. 单击【绘图】工具栏上的“线型”按钮 ≡ ，在弹出的列表中选择一种线型，如图 1.1.30 所示。

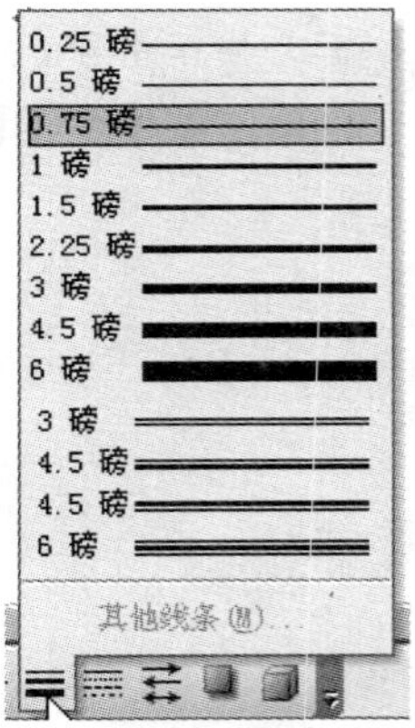

图 1.1.30　选择线型线形

3. 为了区分正文部分与回执部分，在“报名回执”下方，同样绘制一条直线。

4. 用鼠标右键单击该直线，在打开的快捷菜单中选择【设置自选图形格式】命令，打开【设置自选图形格式】对话框。

5. 在线条区域的“虚实”下拉列表中选择“划线一点”、粗细“1.5 磅”，如图 1.1.31 所示，单击【确定】按钮完成直线的设置。

6. 将光标定位于眯划线的最左侧，然后单击菜单【插入】|【符号】命令，打开【符号】对话框，在“符号”列表中选择“✂”符号，如图 1.1.32 所示。

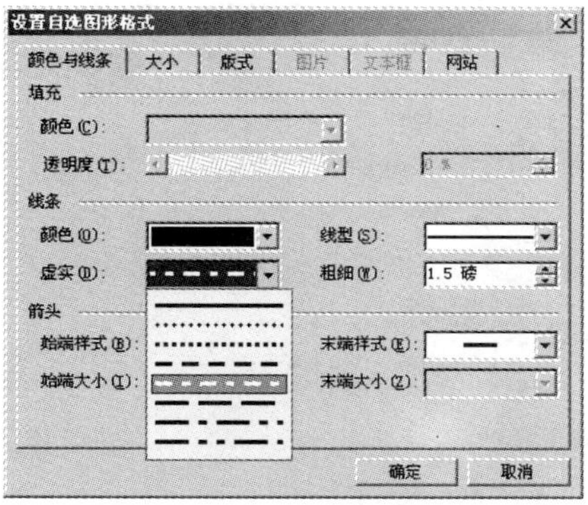

图 1.1.31 设置自选图形格式对话框

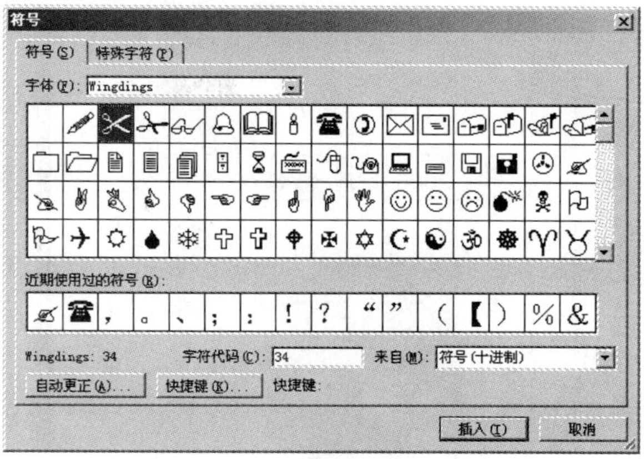

图 1.1.32 符号对话框

7. 单击“插入”按钮,将“✂”符号插入到指定位置,如图 1.1.33 所示,这样可以更形象地突出主题。

图 1.1.33 插入直线、符号后的效果

至此,我们已经完成了对整个“培训回执”版面的设计制作过程,如果不满意整个版面的效果,可以进一步通过调整字体的大小、段间距或调整图片的大小等操作来完善整个版面的设计,使得整个版面更加美观。完成后,将该文档保存并关闭。

案例 2 个人简历

每个人都将面临就业,要让招聘单位了解你的经历和特长,递交个人简历无疑是一个好的途径。如图 1.1.34 所展示的个人简历,通过它,读者可以对简历的组成部分、编排方式有一个直观的了解。具体到实际操作中,还可以了解到如何进行图形组合等操作,学会综合运用这些功能来进行文档的制作。

一、简历的封面

(一) 启动 Word,新建一个文档。

(二) 绘制矩形及格式设置

1. 绘制矩形。单击【绘图】工具栏上的“矩形”按钮,拖动鼠标画出矩形。

2. 设置图形格式。右击鼠标,执行快捷菜单中选择【设置自选图形格式】命令,弹出【设置自选图形格式】对话框,如图 1.1.35 所示,在“颜色与线条”选项卡下的“填充”下拉列表框选择“填充效果”,打开“填充效果”对话框,如图 1.1.36 所示,选择“图案”选项卡,“前景”设置为“蓝色”;“背景”设置为默认的“白色”,“图案”设置“10%”,单击【确定】按钮,返回“设置自选图形格式”对话框,“线条”下拉列表框选择“蓝色”。切换到“大小”选项卡设置“高度”为“23 厘米”、“宽度”为“1.4 厘米”。单击【确定】按钮,设置完成(实际上矩形的“高度”和“宽

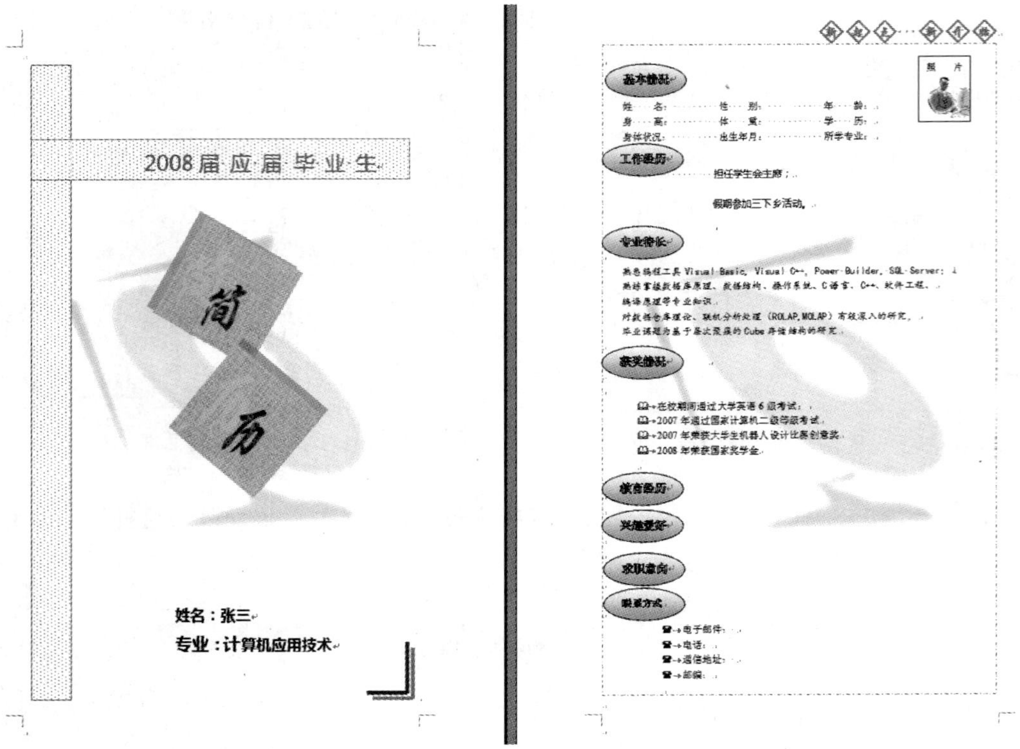

图 1.1.34 简历效果图

度”要以根据纸张自行调整，不一定要设置精确的尺寸）。

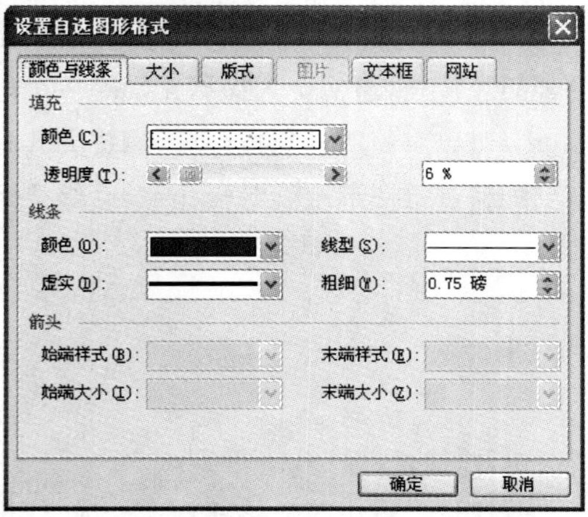

图 1.1.35 设置自选图形格式对话框

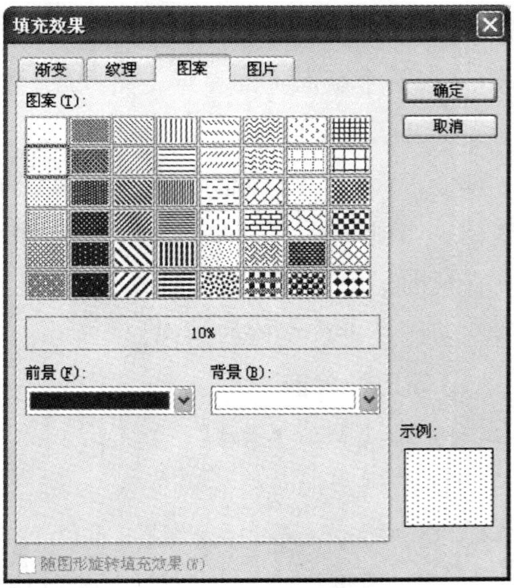

图 1.1.36 填充效果对话框

同样绘出另一矩形，“高度”为“1.4 厘米”，“宽度”为“11.4 厘米”，“颜色与线条”的设置与以上矩形相同。移动到合位置(见图 1.1.34 简历效果图)。

3. 绘制和设置正方形。正方形“填充效果”为“纹理”选项卡中的“画布纹理”；在“大小”选项卡设置“大小”为“5 厘米”，“旋转”分别为 40°、310°的两个正方形(也可以直观地调整旋

转角度：选中要旋转的对象，然后单击【绘图】 按钮，单击“绘图”工具栏上的【绘图】|【旋转或翻转】|【自由旋转】命令，此时选中的对象四个角有绿色小点，把鼠标移动到一个绿色的小点上，鼠标则会变成一环型箭头指针，按住鼠标左键，再拖动鼠标使对象绕其中心旋转即可；若需以15°为角度改变单位旋转，可在牵引同时按住“shift”键）。

（三）矩形添加文字

右击添加文字的矩形，执行弹出菜单的“添加文字”命令，输入“2008应届毕业生”，单击【格式】工具栏字体下拉列表框“华文琥珀”，“字体颜色”为“红色”，“字号”为“二号”，“对齐方式”为“居中”。

（四）正方形添加阴影效果

1. 添加阴影效果。单击菜单中【绘图】工具栏【阴影样式】按钮，选择“阴影样式1”和“阴影样式2”，分别为两个正方形设置阴影，如图1.1.37所示。

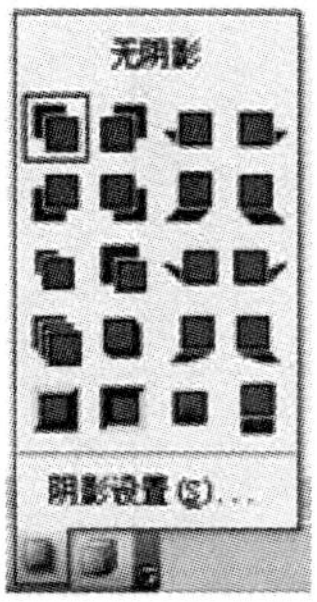

图1.1.37　阴影样式

图1.1.38　阴影设置工具栏

图1.1.39　艺术字工具栏

2. 编辑阴影。单击“绘图”工具栏【阴影样式】 按钮，选择【阴影设置】命令，弹出“阴影设置”工具栏，如图1.1.38所示，调整阴影位置和大小。

（五）为正方形添加艺术字

1. 单击菜单【视图】|【工具栏】|【艺术字】命令，编辑区窗口出现“艺术字”浮动工具，如图1.1.39所示。

2. 选中正方形，单击【绘图】工具栏上的【插入艺术字】 按钮或“艺术字”浮动工具栏【插入艺术字】按钮，弹出“艺术字库”对话框，如图1.1.40所示，选择“艺术字库”中的第3行和第3列的艺术字样式，单击【确定】按钮。

图1.1.40　艺术字库对话框

3. 在弹出的“编辑‘艺术字’文字”对话框中，输入“简”字，“字体”为“华文行楷”，“字号”为“48”，并设置为“倾斜”、“加粗”，如图 1.1.41 所示，单击【确定】按钮。

4. 设置艺术字效果。单击“艺术字”工具栏中【艺术字格式】按钮，打开“设置艺术字格式”对话框，“颜色与线条”选项卡中“填充”为“深绿色”，改变艺术字的颜色；“大小”选项卡中“旋转”设置为 10°；切换到“版式”选项卡，将“环绕方式”设置为“四周型环绕”，单击【确定】按钮。

（六）绘制直线

绘制直线，“线条颜色”为“深蓝色”，“线型”为“实线”；“粗细”为“3 磅”、水平直线“宽”为“3 厘米”、竖直直线“高”为“3 厘米”，“阴影样式 6”。直线位置简历封面右下角，如图 1.1.34 所示（可用“能力拓展 1.1.4”中介绍的绘制折线的方法直接绘制出折线图）。

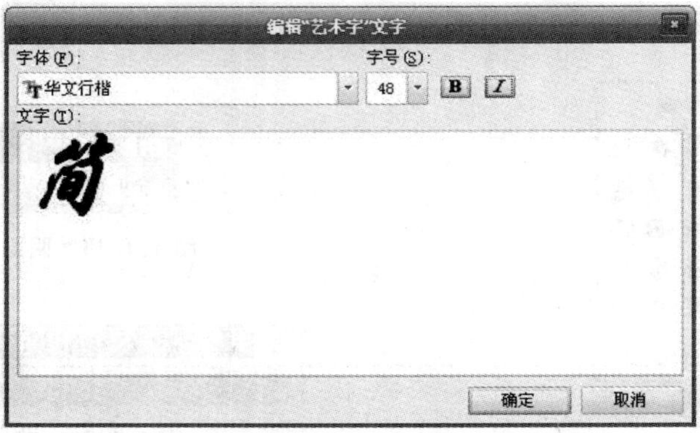

图 1.1.41 编辑艺术字文字对话框

（七）输入文本

拖动出矩形；选中矩形执行【添加文字】命令，输入“姓名：张三 专业：计算机应用技术”；字体设置为“华文隶书”、“小二”、“加粗”；“自选图形格式”设置为“无填充色”、“无线条颜色”。

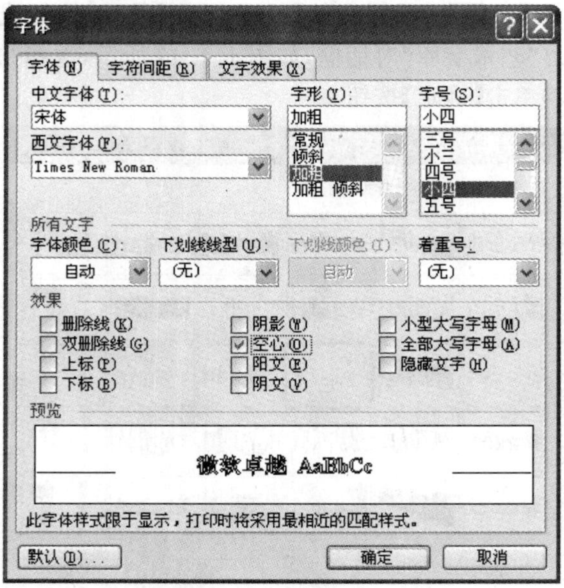

图 1.1.42 设置“字体”对话框

（八）多个对象的组合

1. 单击【绘图】工具栏“选择对象” 按钮，拖动出一个矩形的虚框，当待选对象均位于矩形虚框时松开鼠标左键，便可选中多个对象。

2. 执行工具栏的【绘图】|【组合】命令，多个对象组合为一个整体。同样如果要对组合好的对象进行局部调整，也可以选择【组合】|【取消组合】命令，一个大的组合对象就分解成多个对象。

二、简历的内容结构

（一）编辑简历的标题

1. 绘制椭圆。将文本设置文本格式为“楷体”后，单击【绘图】工具栏中的“椭圆”按钮 ，绘出椭圆，设置其“填充”效果“渐变”，“颜色”为“鲜绿色”；“底纹样式”为“水平”；“变形”选择第一行左起第二个；背景透明度为“18%”；“大小”选项卡设置高为“1.2 厘米”、宽为“3 厘米”。

2. 单击【常用】工具栏中的复制 按钮（或 CTRL＋C），然后单击粘贴 按钮（或 CTRL＋V），将剪贴板的椭圆复制到新位置。

3. 标题字体格式设置。添加文字到椭圆中，执行菜单中的【格式】|【字体】命令或单击右键在弹出的快捷菜单中选择【字体】命令，弹出“字体”对话框，如图 1.1.42 所示。“字体”设置为“宋体”、“字形”为“加粗”、“字号”为“小四号”、“效果”选中“空心”复选框，单击【确定】按钮，改变字体格式。

4. 椭圆对象位置的调整。按下 SHIFT 键与鼠标组合选定所有椭圆对象，单击【绘图】工具栏中的【绘图】|【对齐或分布】|【左对齐】命令，将所有对象左对齐。

（二）添加自定义项目符号

1. 光标定位在添加自定义项目符号文本处，执行菜单【格式】|【项目符号和编号】命令，弹出“项目符号”对话框，任选一种系统默认的项目符号和编号，【自定义】按钮为可选状态，如图 1.1.43 所示。

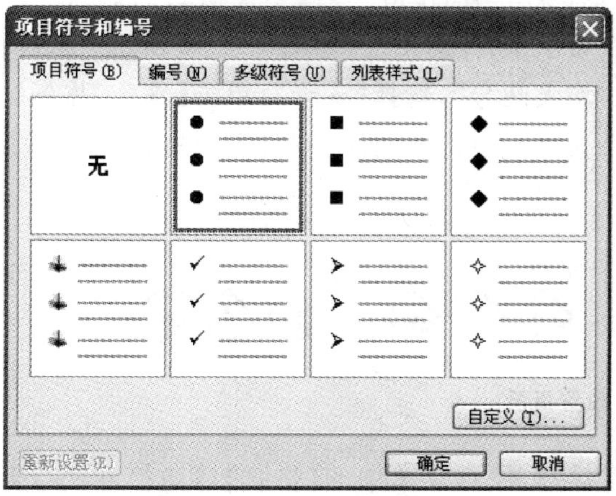

图 1.1.43　项目符号对话框

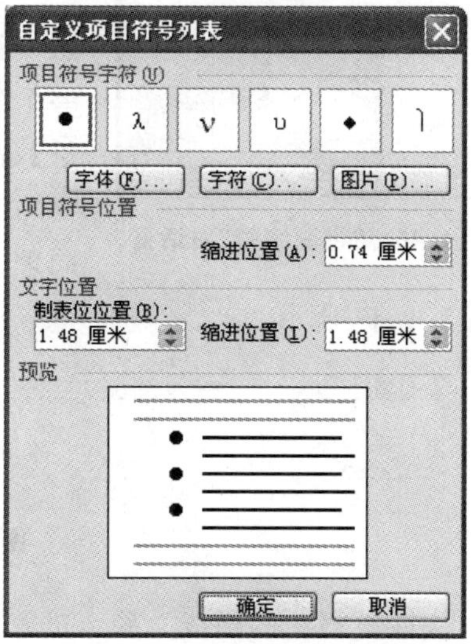

图 1.1.44　自定义项目符号列表对话框

2. 单击“项目符号和编号”对话框中的【自定义】按钮，弹出“自定义项目符号列表”对话框，如图 1.1.44 所示。选择“字符”选项，弹出“符号”对话框。

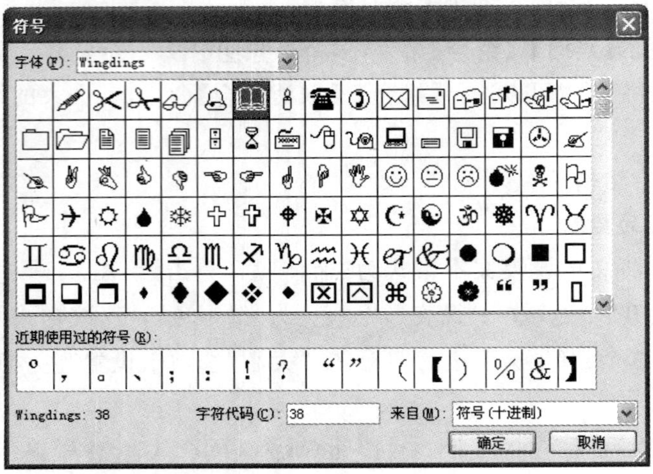

图 1.1.45 插入“符号”对话框

3. 在弹出的“符号”对话框中，选择所需符号，该符号变为高亮如图 1.1.45 所示，单击【确定】按钮，返回“自定义项目符号列表”对话框，再次单击【确定】按钮。

4. 选定其余需要添加项目符号的文本，单击“格式”工具栏中的【项目符号】按钮，同样添加此项目符号。如图 1.1.34 所示。

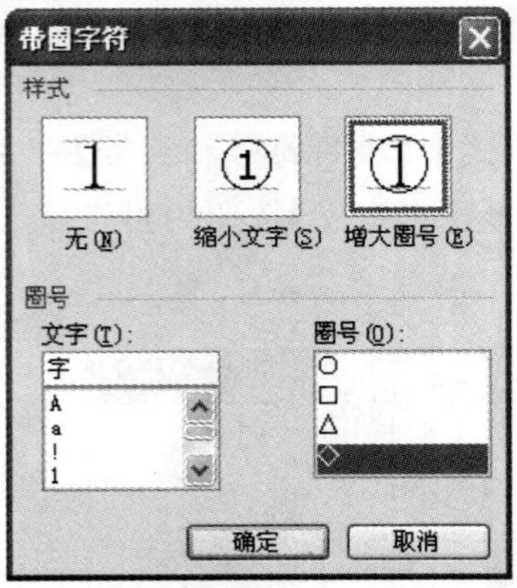

图 1.1.46 “带圈字符”对话框

（三）设置页眉页脚

1. 执行菜单【视图】|【页眉和页脚】命令，弹出“页眉和页脚”浮动工具栏，单击工具栏中的【页面设置】按钮，弹出“页面设置”对话框，切换到“版式”选项卡，选中“首页不同”复选框，单击。

2. 页眉添加带圈的文字，在页眉工作区中输入“新起点 新开始”，字体为“华文行楷”、“四号”、“加粗”。选中第一个“新”字，选择菜单中的【格式】|【中文版式】|【带圈字符】命令，弹出“带圈字符”对话框，如图 1.1.46 所示。选择“样式”选项中“增大圈号”，选择“菱形”，单击【确定】按钮。同理，设置其余文字。单击格式工具栏【右对齐】按钮。效果如图 1.1.47 所示。

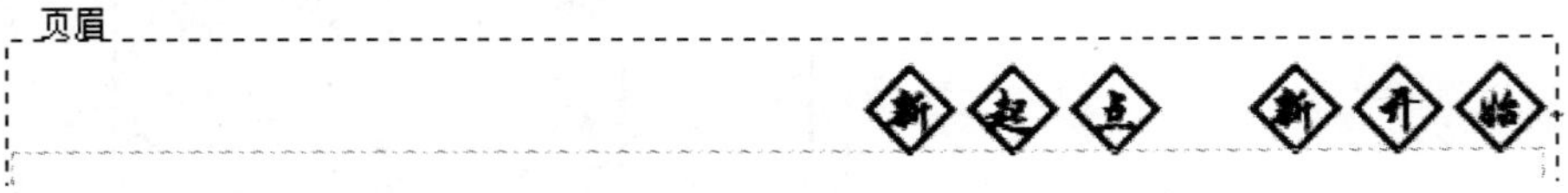

图 1.1.47 设置页眉

3. 去除页眉中的横线。确认进入页眉编辑状态，执行菜单中的【格式】|【边框和底纹】命令，打开“边框和底纹”对话框，如图 1.1.48 所示。选中“边框”选项卡，“设置”栏中“无”选项，单击【确定】按钮，页眉横线被删除。

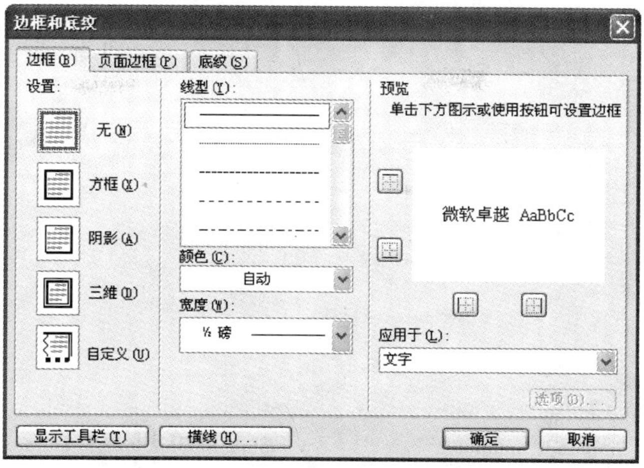

图 1.1.48　“边框和底纹”对话框

（四）添加水印效果

1. 执行菜单【格式】|【背景】|【水印】命令，弹出“水印”对话框，如图 1.1.49 所示。

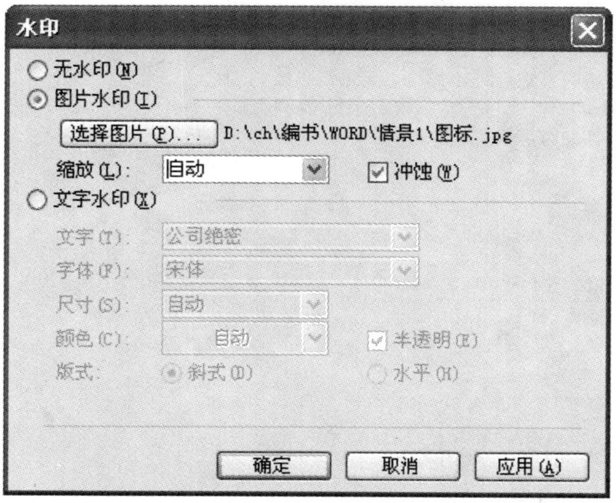

图 1.1.49　“水印”对话框

2. 选中“水印”对话框中的“图片水印”单选按钮，单击【选择图片(P)…】按钮。设置图片缩放为“自动”，选中“冲蚀”效果复选框，单击【应用】按钮。文档中显示水印效果。

（五）添加外边框和照片

1. 插入矩形，打开“设置自选图形格式”对话框，“填充”下拉选框为“无填充色”，“线条”颜色设置为“绿色”，“虚实”为“划线一点”，大小为页面大小，“版式”选择“衬于文字下方”，单击【确定】按钮，设置好外边框。效果如图 1.1.50 所示。

2. 可以通过选择菜单【插入】|【图片】|【来自文件】命令，在合适的位置插入一张照片。

（六）保存文件

选择菜单【文件】|【保存】命令或单击工具栏【保存】按钮，将名为“我的简历.DOC”文件保存到指定位置。

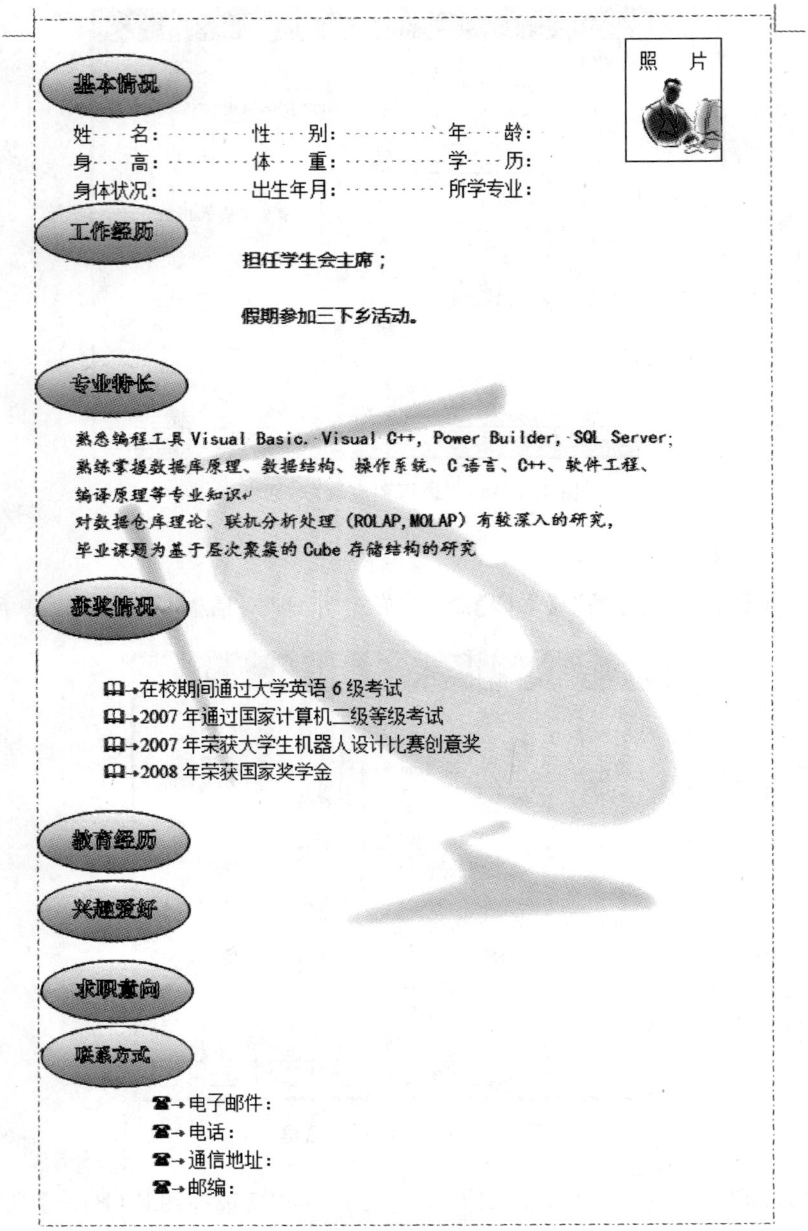

照 片

基本情况

姓 名： 性 别： 年 龄：
身 高： 体 重： 学 历：
身体状况： 出生年月： 所学专业：

工作经历

担任学生会主席；

假期参加三下乡活动。

专业特长

熟悉编程工具 Visual Basic、Visual C++, Power Builder, SQL Server;
熟练掌握数据库原理、数据结构、操作系统、C 语言、C++、软件工程、
编译原理等专业知识
对数据仓库理论、联机分析处理（ROLAP, MOLAP）有较深入的研究，
毕业课题为基于层次聚簇的 Cube 存储结构的研究

获奖情况

在校期间通过大学英语 6 级考试
2007 年通过国家计算机二级等级考试
2007 年荣获大学生机器人设计比赛创意奖
2008 年荣获国家奖学金

教育经历

兴趣爱好

求职意向

联系方式

电子邮件：
电话：
通信地址：
邮编：

图 1.1.50 添加边框效果图

能力拓展 1.1.4

绘折线技巧：首先可以利用“自选图形”中“线条”中“直线”画出一条直线，然后用鼠标右键单击该直线，在弹出的快捷菜单中选择“编辑顶点”选项，然后再在直线上单击鼠标右键，从弹出的快捷菜单中选择“增加顶点”选项，并在直线上合适位置单击增加一个顶点，然后把鼠标指针指到该顶点上按住鼠标左键进行拖动，即可画出折线。如果要取消折线顶点的话，可以在按住“Ctrl”键不放的同时单击该顶点。

练习题

1. 用绘图工具栏制作流程图，并将做好的流程图组合成 1 个对象，如图 1.1.51 所示。

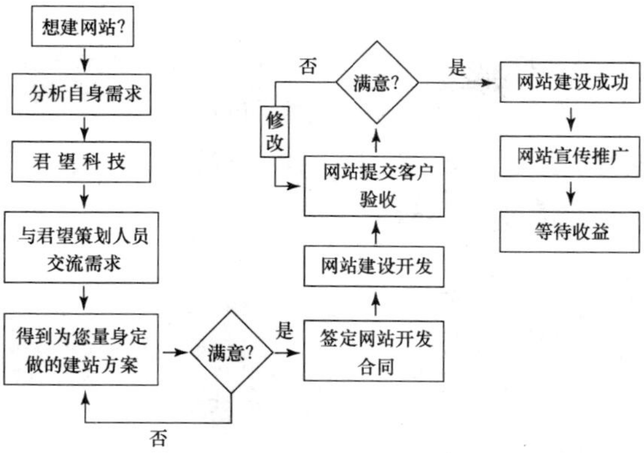
想建网站?
分析自身需求
君望科技
与君望策划人员交流需求
得到为您量身定做的建站方案
满意?
是
否
签定网站开发合同
网站建设开发
网站提交客户验收
满意?
否
修改
是
网站建设成功
网站宣传推广
等待收益

图1.1.51　流程图

2. 制作如下“邀请书”(包含内容：艺术字、自选图形,项目符号、背景等)。

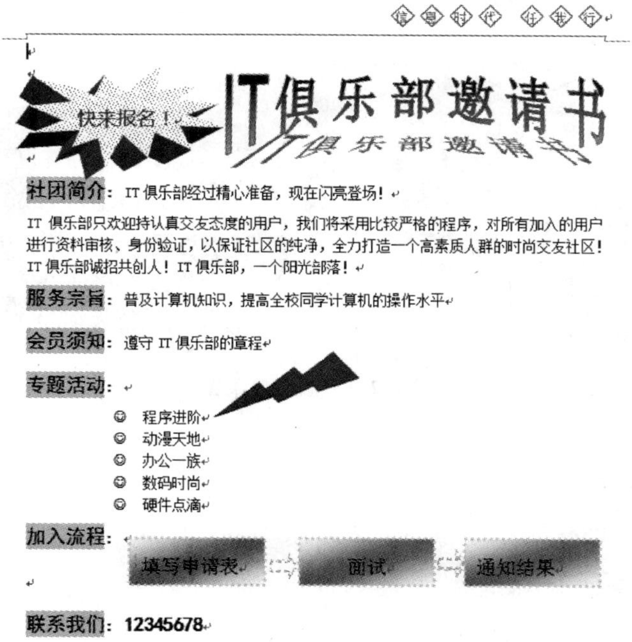
快来报名!
IT俱乐部邀请书
社团简介：IT俱乐部经过精心准备，现在闪亮登场！
IT俱乐部只欢迎持认真交友态度的用户，我们将采用比较严格的程序，对所有加入的用户进行资料审核、身份验证，以保证社区的纯净，全力打造一个高素质人群的时尚交友社区！IT俱乐部诚招共创人！IT俱乐部，一个阳光部落！
服务宗旨：普及计算机知识，提高全校同学计算机的操作水平
会员须知：遵守IT俱乐部的章程
专题活动：
程序进阶
动漫天地
办公一族
数码时尚
硬件点滴
加入流程：
填写申请表
面试
通知结果
联系我们：12345678

图1.1.52　邀请书

学习子情景1.2　版报设计

任务描述1.2.1

利用Word表格和单元格段落的独立性可以制作分栏排版灵活多样的文字排版,然后再合理设置好各个栏(块)内的文字排版样式,把相应各栏(块)内容分别放入根据需要绘制的特大表格单元格中,设置好横竖排方向,最后再设置好各个栏的边框(如无边框)等,这样就能得到如报纸上的排版效果。

案例　版报

随着办公自动化的不断发展，使用计算机排版的简报、手抄报、海报也越来越广泛。图1.2.1展示了一张用Word制作完成的简报，制作时读者不仅要把一些文字放置在页面的不同位置，而且还要插入图片，使之与文字融为一体，通过他的制作，可以更加熟悉页面布局的设计，对版面编排方式有一个直观的了解。

图1.2.1　版报效果图

知识要点1.2.2

- 版面设置
- 段落格式设置
- 查找和替换
- 选择性粘贴
- 插入彩色横线条
- 插入、编辑、应用、链接文本框
- 分栏符、分节符的类型和作用

任务实施1.2.3

一、页面设置

1. 启动Word2003应用程序，新建一个Word文档。

2. 单击菜单中的【文件】|【页面设置命令】命令。

3. 选择“纸张”选项卡，在“纸张大小”的下拉列表中选择“A3”，在“应用于”下拉列表中选择“整篇文档”。

4. 选择“页边距”选项卡，分别将“页边距”的上下左右设置为“2 厘米”、“3 厘米”，“横向”，在“应用于”下拉列表中选择“整篇文档”，如图 1.2.2 所示。

5. 单击“确定”按钮完成页面设置。

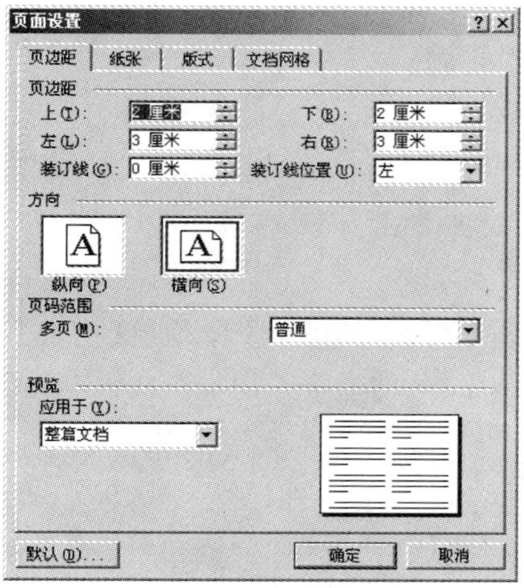

图 1.2.2　页面设置对话框

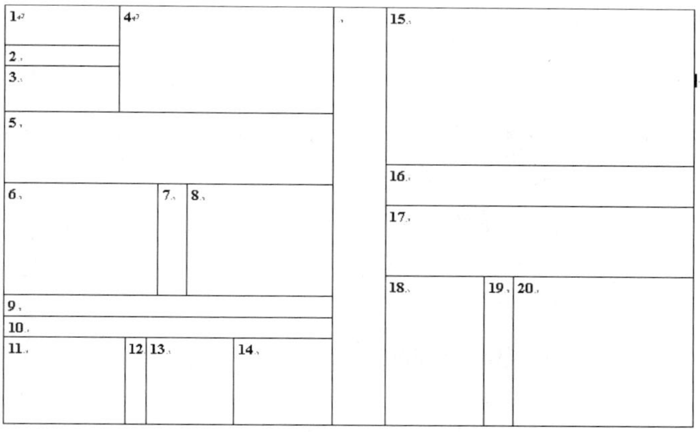

图 1.2.3　简报的布局

二、简报的布局

拟订一个版面设计方案，用表格将版面大致分成若干块，确定各版块的内容，各版块用数字代表，共 20 块，如图 1.2.3 所示。

三、设置报头

(一) 版块 1 设置

1. 输入文字。输入“校园先锋”，选择菜单中的【格式】|【字体】命令，在弹出的“字体”对话框中的“字体”选项卡设置中文字体为“华文行楷”、“二号”，“校”和“先”字体颜色为“浅橙色”，“园”和“锋”字体颜色为“褐色”。

2. 调整字体间距。打开“字体”对话框，“字符间距”设置为“加宽”、“1 磅”，按住“Ctrl”，分别选中“校”字和“先”字，位置设置为“提升”、“3 磅”；同样将“园”字和“锋”字位置设置为“下降”、“3 磅”。单击【确定】按钮。

图 1.2.4　拼音指南对话框

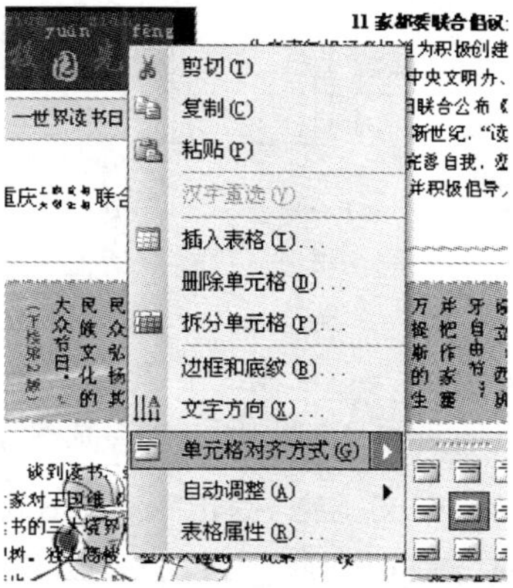

图 1.2.5　单元格对齐方式

3. 添加拼音。选中编辑的文字，选择菜单【格式】|【中文版式】|【拼音指南】命令，打开“拼音指南”对话框，拼音的字体为“宋体”，如图 1.2.4 所示，在预览框中可以看到添加的拼音的预览效果，单击【确定】按钮。

4. 选中“版块 1”，单击鼠标右键，在快捷菜单中选“单元格对齐方式”命令，如图 1.2.5 所示，单击联级菜单中的“垂直居中”按钮。版块 1 制作完成。

（二）版块 2 设置

选中版块，单击菜单中的【格式】|【边框和底纹】命令，打开“边框和底纹”对话框，单击【底纹】选项，在“填充”中选“灰色－10%”，输入相关文字，对齐方式为“垂直居中”。

（三）版块 3 设置

利用【双行合一】命令设置文字。选中输入的文字“教育报大学生”，选择菜单【格式】|【中文版式】|【双行合一】命令，打开“双行合一”对话框，单击【确定】按钮。

（四）版块 4 设置

1. 插入录入相应的内容。

2. 改变标题样式。选中标题，在“格式”工具栏中单击“黑体”、“五号”、“加粗”、“两端对齐”。

3. 插入彩色线条。执行【格式】|【边框和底纹】命令，在弹出的“边框和底纹”对话框中，单击【横线】按钮，在弹出的“横线”对话框中，如图 1.2.6 所示，选择横线类型，单击【确定】按钮。

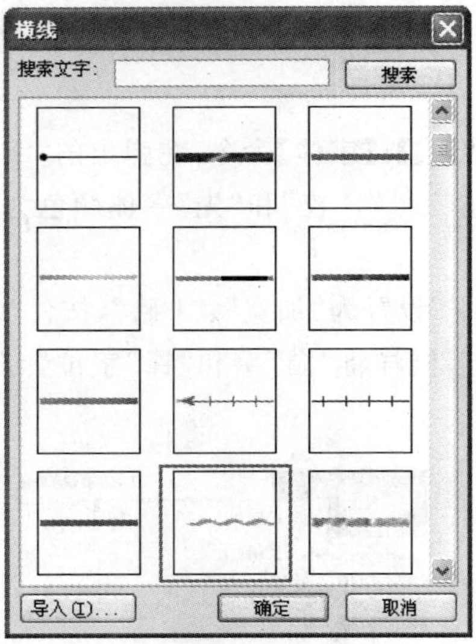

图 1.2.6 横线对话框

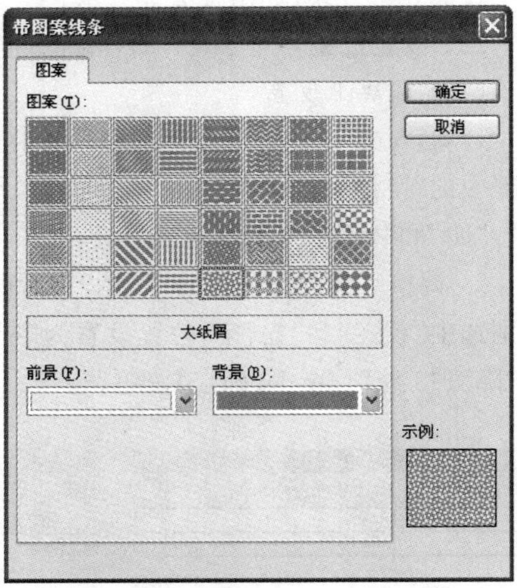

图 1.2.7 带图案线条设置

（五）版块 5 设置

1. 插入文本框，拖动到合适的大小。

2. 选中文本框，双击鼠标，在“设置文本框格式”对话框中选择“颜色与线条”选项卡，设置“填充”颜色为“淡蓝”，选择“线条颜色”为“带图案的线条”，“前景色”设置为“黄色”，“背景色”设置为“橙色”，“图案类型”为“大纸屑”，如图 1.2.7 所示，线条“粗细”为“2 磅”；设置“版式”选项卡为“四周型”环绕，单击【确定】按钮，。

3. 改变文本框形状。选中文本框，选择“绘图工具栏”中的【绘图】|【改变自选图形】|【基本形状】命令，在弹出的菜单中选择“圆角矩形”即可，如图 1.2.8 所示。

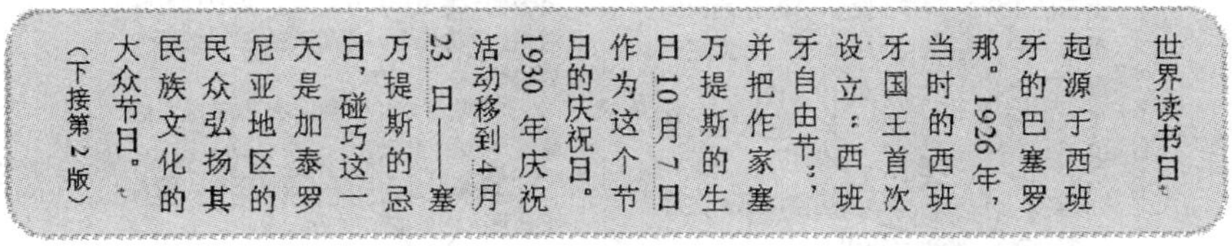
世界读书日。
起源于西班牙的巴塞罗那。1926年，当时的西班牙国王首次设立：西班牙自由节，并把作家塞万提斯的生日10月7日作为这个节日的庆祝日。1930年庆祝活动移到4月23日——塞万提斯的忌日，碰巧这一天是加泰罗尼亚地区的民众弘扬其民族文化的大众节日。
（下接第2版）

图 1.2.8　设置文本框效果图

4. 文字方向竖排，效果如图 1.2.8 所示。

5. 用文本框的链接来实现文章的跳转，在版块 20 也插入一个文本框（不要写任何内容），并调整好文本框的大小，选中“版块 5”的文本框，单击鼠标右键，在随后弹出的快捷菜单中，选【创建文本框链接】命令（此时鼠标变成茶杯状 ），再将鼠标移至“版块 20”的文本框中（此时鼠标成茶杯倾倒状 ），点击一下鼠标，文本框链接起来。当“版块 5”文本框输入的内容容纳不下去时，输入的文字会自动流到“版块 20”的文本框中（此时如果要修改文章，是非常方便的）。

文本框内的文本是不支持分栏的，如果想让这样的文章也分两栏显示出来，可以在 1 页中插入两个或三个（其中一个用于输入标题）文本框，并依次将它们链接起来，实现“人工”强制分栏的目的，非常方便。

（六）版块 6 设置

1. 插入艺术字。单击绘图工具栏【插入艺术字】按钮，在弹出的对话框中输入“读书境界”，字体为“华文行楷”、“20”，单击【确定】按钮。

2. 选中艺术字，单击“艺术字”工具栏中【艺术字形状】按钮，选择“双波型 2”；单击【文字环绕】按钮，选择“紧密型环绕”。

3. 插入剪贴画。单击菜单【插入】|【图片】|【剪贴画】命令，在“搜索文字”框中输入“人物”，插入相应图片，如图 1.2.9 所示。

4. 选中插入图片，右击鼠标，在快捷菜单中选中【设置对象格式】命令，在“版式”选项卡中选择版式为“浮于文字上方”，单击【确定】按钮；调整图片至合适大小，选后将设置为“衬于文字下方”，效果如图 1.2.10 所示。

（1）如果先将版式设置为“衬于文字下方”则不好调整图片的大小了。

剪贴画
搜索文字:
人物
搜索
搜索范围:
选定收藏集
结果类型:
选中的媒体文件类型
管理剪辑...
Office 网上剪辑
查找剪辑提示

图 1.2.9　“剪贴画任务窗格”

（2）精确移动图片：

① 按 Ctrl＋方向键组合可精确地移动图片；

② 选定【绘图】|【绘图网格】命令，弹出“绘图网格”对话框，取消“对象与网格对齐”复选框，然后直接用方向键调节。

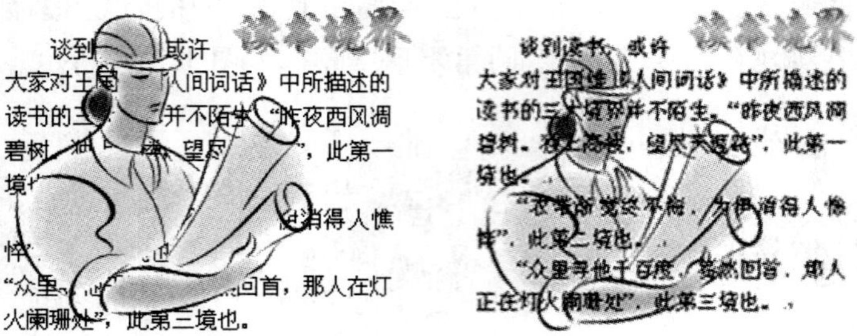

图 1.2.10　改变叠放次序前后的对比

（七）版块 7 设置

方法一：在版块 7 位置，插入一个竖排文字的文本框，单击“绘图”工具栏上的“竖排文本框”按钮，字体为“华文琥珀”、“小四”；方法二：在版块 7 单击鼠标右键，在弹出的快捷菜单中选择【文字方向】命令，在“文字方向—文本框”对话框中，选择文字的方向类型，如图 1.2.11 所示，单击【确定】按钮。

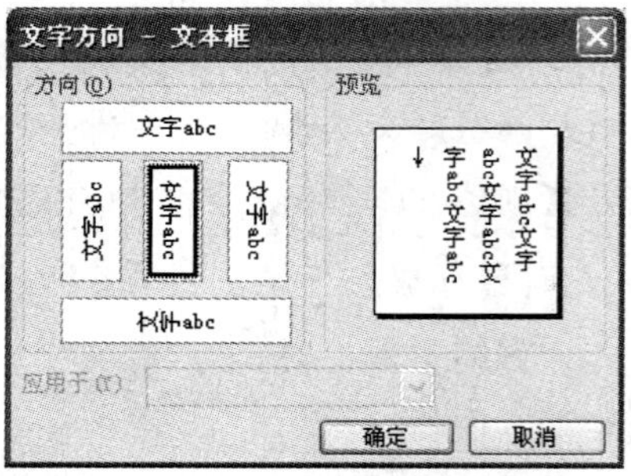

图 1.2.11　“文字方向—文本框”对话框

（八）版块 8 设置

版块 8 输入相应内容，无新知识点。

（九）版块 9 设置

1. 插入横线。用“版块 4”插入横线的方法插入相应的横线，如图 1.2.12 所示。

2. 设置横线格式。双击横线，弹出“设置横线格式”对话框，“横线”选项卡中“宽度”为“16 厘米”，“高度”为“7 磅”，“对齐方式”为“居中”，单击【确定】按钮，如图 1.2.13 所示。或根据实际自己调整横线长度。

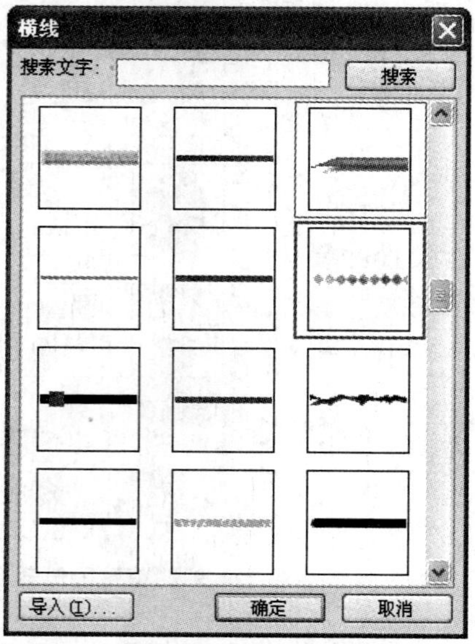

图 1.2.12　“横线”对话框

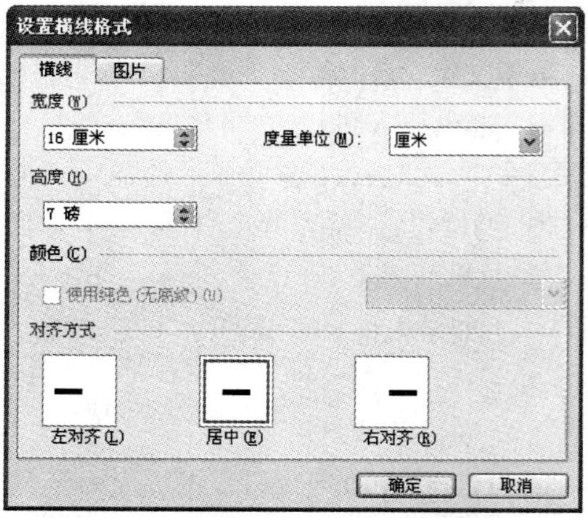

图 1.2.13　“设置横线格式”对话框

（十）版块10设置

输入标题“读一本好书”。

（十一）版块11、13、14设置

分别在11、13、14版块中输入样张所示内容。

11、13、14三个版块是分栏效果，可以用表格分为3块，每块输入相应内容。也可以不把表格拆分为11、13、14单元格，而是一个单元格，然后插入3个文本框，分别将3个文本框链接起来，这样也能实现分栏，并且相互是连接的，（同“版块5”与“版块20”一样的方法创建文本框链接）。

1. 查找和替换字体。将光标定位于正文的开始处，选择菜单中的【编辑】|【替换】命令，打开“查找和替换”对话框，如图1.2.14所示。将光标置于“查找内容”文本框中，输入“读好一本好书”，单击【高级】按钮，打开折叠窗口，选择【格式】按钮，在弹出的菜单中选择【字体】命令，打开“替换字体”对话框，“字体”为“黑体”、“加粗倾斜”、“五号”；“字体颜色”为“橙色”；“着重号”下拉列表框选择“·”。在“字体效果”选项卡中设置“动态效果”为“礼花绽放”，单击【确定】按钮，如图1.2.15所示，返回“查找和替换”对话框。确认设置的字体等格式是在“替换字体”

中设置的。

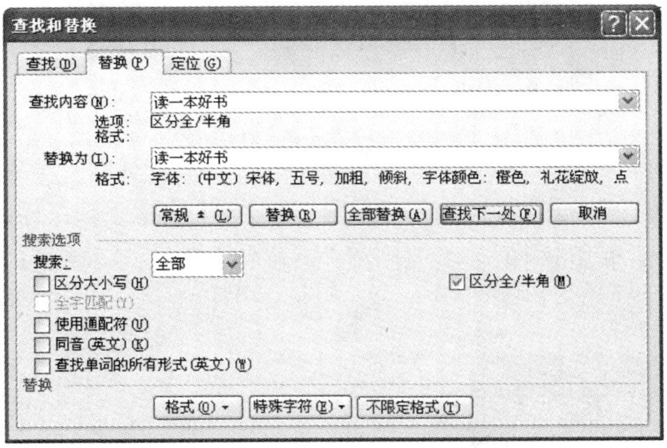

图1.2.14　“查找和替换”对话框

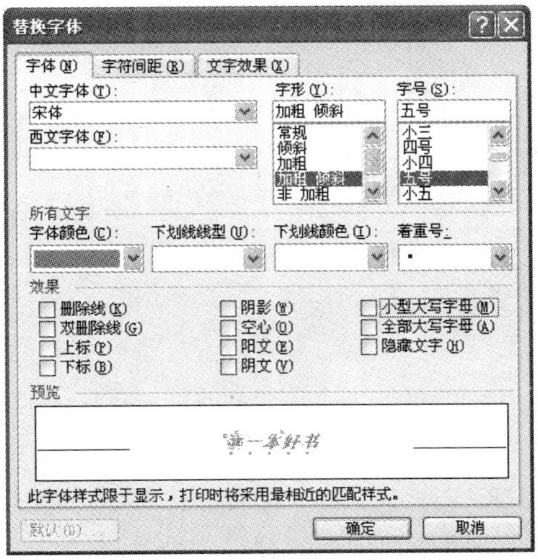

图1.2.15　“查找字体”对话框

2. 在“查找和替换”对话框中，在“搜索”下拉列表框中选择“向下”，单击【全部替换】按钮，完成文档替换，关闭“替换”对话框，文章中的“读一本好书”的格式被全部替换了。

3. 设置段落格式。选中文本，选择菜单【格式】|【段落】命令，弹出“段落”对话框，将“缩进和距离”选项卡中，“间距”下的“段前”和“段后”分别设置为“0.5 行”；在“行距”下拉复选框中选择“1.5 倍行距”。在“特殊格式”后的下拉列表框中选择“首行缩进”，“2 个字符”，如图 1.2.16 所示。单击【确定】按钮。

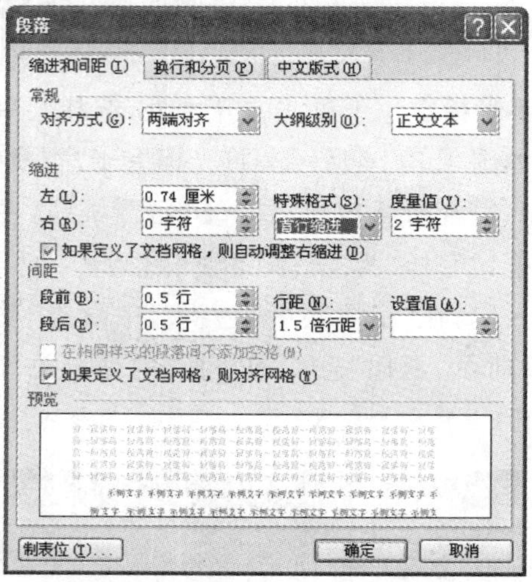

图 1.2.16 “段落”对话框

4. 首字下沉。选择【格式】|【首字下沉】命令，弹出“首字下沉”对话框，如图 1.2.17 所示。在“首字下沉”对话框中选择“位置”下沉，“下沉行数”为“2”，单击【确定】按钮，效果如图 1.2.18 所示。

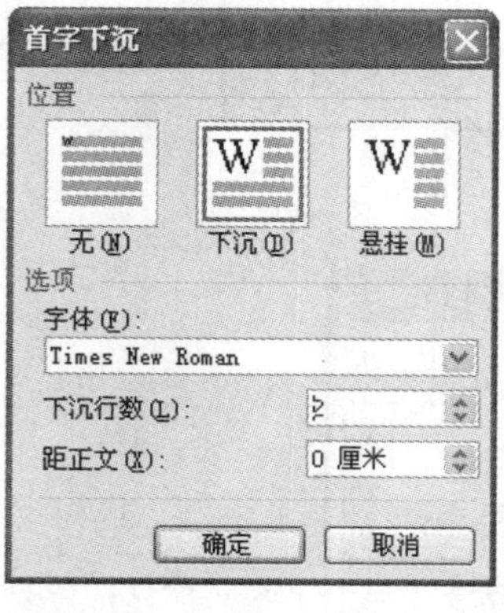

图 1.2.17 “首字下沉”对话框

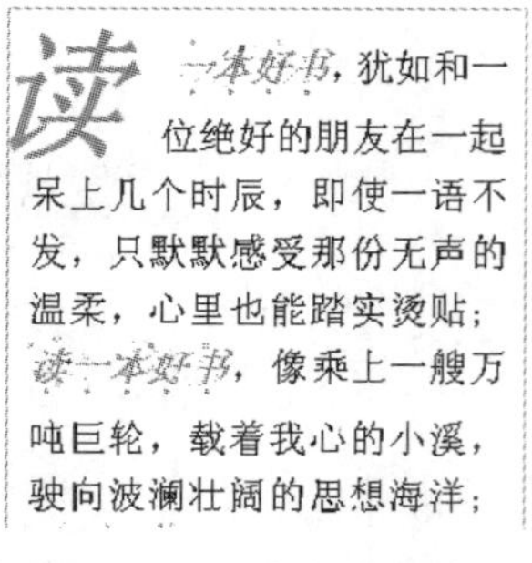
读一本好书，犹如和一位绝好的朋友在一起呆上几个时辰，即使一语不发，只默默感受那份无声的温柔，心里也能踏实熨贴；读一本好书，像乘上一艘万吨巨轮，载着我心的小溪，驶向波澜壮阔的思想海洋；

图 1.2.18 首字下沉效果

（十二）版块 12、19 设置

插入竖卷形自选图形。选择“绘图”工具栏上的【绘图】|【自选图形】|【星与旗帜】命令，选中竖卷形按钮，绘制一个青绿色图形。绘制一个青绿色图形。执行【添加文字】命令，在图形上输入“书山有路勤为径”文本，选中文字，设置为“华文彩去”、“黑色”，“分散对齐”，然后复制到版块 19，修改版块 19 自行图形中的文字，“学海无涯苦作舟”，如图 1.2.19 所示。

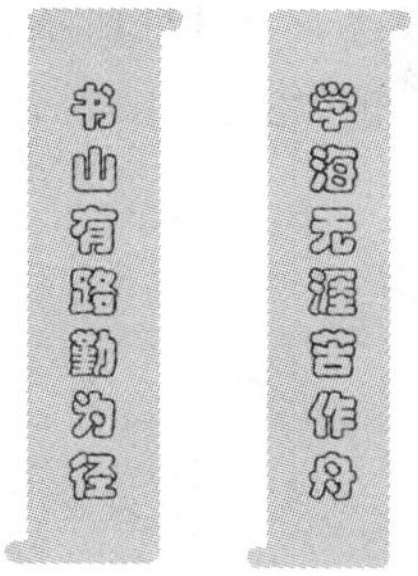

书山有路勤为径
学海无涯苦作舟

图 1.2.19　绘制竖卷形效果图

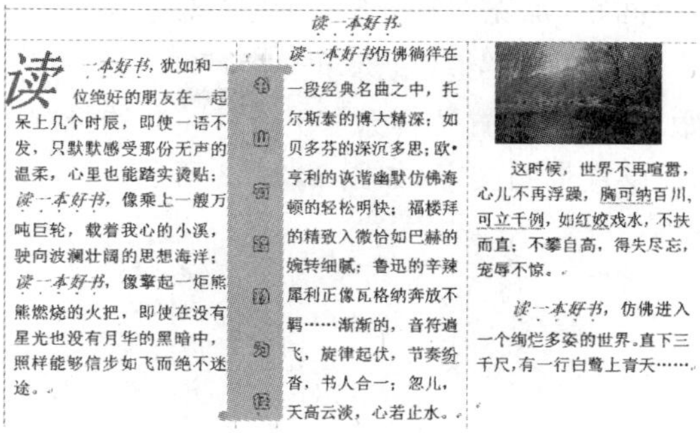

读一本好书
读一本好书，犹如和一位绝好的朋友在一起呆上几个时辰，即使一语不发，只默默感受那份无声的温柔，心里也能踏实贴；读一本好书，像乘上一艘万吨巨轮，载着我心的小溪，驶向波澜壮阔的思想海洋；读一本好书，像擎起一炬熊熊燃烧的火把，即使在没有星光也没有月华的黑暗中，照样能够信步如飞而绝不迷途。
书山有路勤为径
读一本好书仿佛徜徉在一段经典名曲之中，托尔斯泰的博大精深；如贝多芬的深沉多思；欧·亨利的诙谐幽默仿佛海顿的轻松明快；福楼拜的精致入微恰如巴赫的婉转细腻；鲁迅的辛辣犀利正像瓦格纳奔放不羁……渐渐的，音符遍飞，旋律起伏，节奏纷沓，书人合一；忽儿，天高云淡，心若止水。
这时候，世界不再喧嚣，心儿不再浮躁，胸可纳百川，可立千仞，如红姣戏水，不扶而直；不攀自高，得失尽忘，宠辱不惊。
读一本好书，仿佛进入一个绚烂多姿的世界，直下三千尺，有一行白鹭上青天……

图 1.2.20　图片上添加文字效果图

（十三）在图片上添加文字

在版块14中插入了一幅图片，调整到合适位置，然后在图片上新建一个文本框，文本框中输入文字“好书好心境”，字体“隶书”，字号“五号”，颜色“玫瑰红”；“设置文本框”格式对话框中，在“填充”选项区域中，将“颜色”设置为“无填充颜色”；在“线条”选项区域，将“颜色”设置为“无线条颜色”。这样文字和图片背景可以很好地配合，文字不会影响图片的显示效果，如图1.2.20所示。

（十四）版块15设置

1. 插入艺术字。单击菜单【插入】|【图片】|【艺术字】命令，选择第3行第4列样式，在“编辑艺术字文字”对话框中输入“大学生读书现状”、“加粗”，单击【插入】按钮。适当调节艺术字大小。

2. 输入相应文字。

3. 插入图片，调整大小，环绕方式为“四周型”。

（十五）版块16与版块9相同，插入横线。

（十六）版块17设置

1. 选中版块17，打开菜单【格式】|【边框和底纹】对话框，选择“底纹”标签，在“填充”选项中选择颜色“浅绿”色，“图案”选项中“样式”为“12.5%”、“颜色”为“褐色”，如图1.2.21所示。单击【确定】按钮。

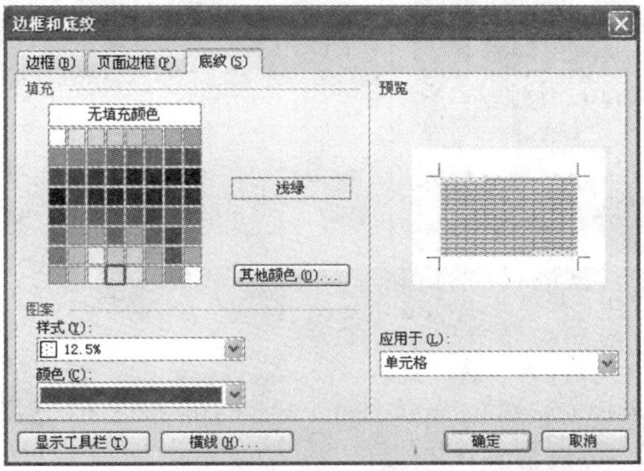

边框和底纹
边框(B)
页面边框(P)
底纹(S)
填充
无填充颜色
浅绿
其他颜色(O)...
预览
图案
样式(Y):
12.5%
颜色(C):
应用于(L):
单元格
显示工具栏(T)
横线(H)...
确定
取消

图 1.2.21　底纹设置

2. 输入“品味读书”，单击菜单中的【格式】|【字体】，在“字体”对话框中，完成下面的工

作，字符间距“加宽”“5 磅”，“颜色”“橙色”，“字号”“三号”，“加粗”、“倾斜”，加“着重号”。

3. 按住“Ctrl”键，鼠标单击“品”和“读”，打开菜单中的【格式】|【字体】对话框，选择“字符间距”标签，“位置”“提升”“3 磅”；同样选择“味”和“书”，位置“降低”“3 磅”。

4. 设置带圈文字，如图 1.2.22 所示。

品
味
读
书

图 1.2.22 版块 17 效果图

(十七) 版块 18 设置

版块 18 的内容可以在版块 5 中录入，因建立了文本框链接，当版块 5 内容满时会自动到版块 20。

(十八) 版块 20 设置

1. 插入相应大小的文本框。

2. 填充底纹和边框线，选中文本框，单击菜单中的【格式】|【边框和底纹】命令，打开“设置文本框格式”对话框，设置方法见版块 5。然后输入相应内容。

(十九) 版报中缝是插入的艺术字

按照图 1.2.1 所示效果在中缝插入艺术字“书籍是人类进步的阶梯”。

能力拓展 1.2.4

用插入文本框的方式布局“航天知识导报”各版块，制作如图 1.2.23 所示的航天知识导报(内容：页面边框、页眉、文本边框、自选图形等)。

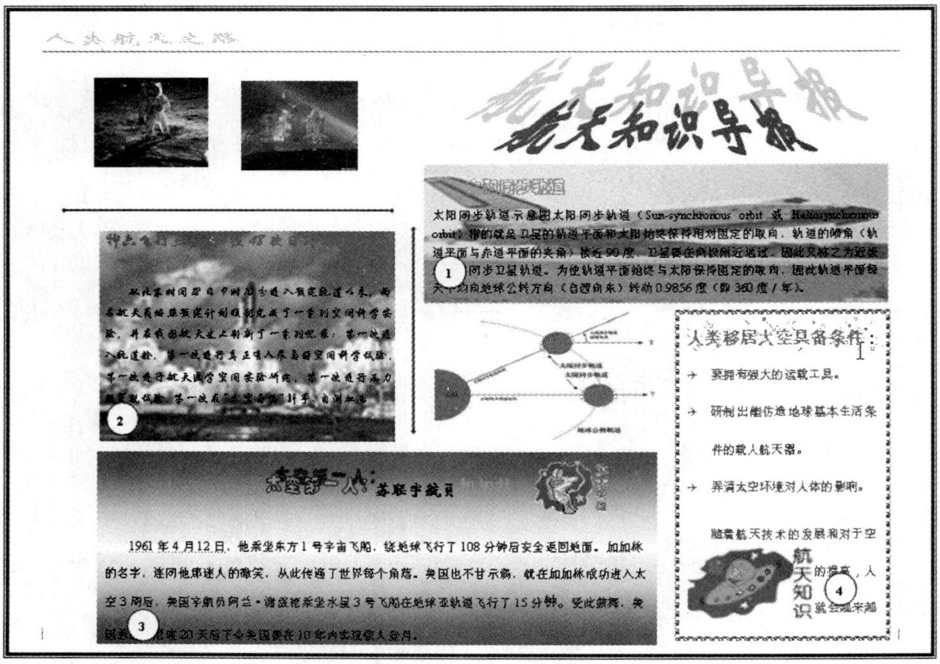
人类航天之路
航天知识导报
人类移居太空具备条件：
要拥有强大的运载工具。
研制出能仿造地球基本生活条件的载人航天器。
弄清太空环境对人体的影响。
1
2
3
4

图 1.2.23 导报样张

学习子情景1.3　表格处理

任务描述 1.3.1

本案例有两个任务，第一个任务是利用 Word 的自动表格功能制作一张简洁美观的课程表，如图 1.3.1 所示。这个任务主要是熟悉掌握表格基本功能的使用方法及如何使用自动套用格式美化表格。

课 程 表

课程名 星期 节数	星期一	星期二	星期三	星期四	星期五
1					
2					
3					
4					
5					
6					

图 1.3.1　“课程表”效果

第二个任务是通过创建一份“上机汇总表”的电子表单，掌握“窗体”，插入“域”和“控件工具栏”的使用方法。增添表格的行和列，设置标题行重复等。

知识要点 1.3.2

- 创建表格
- 编辑表格
- 表格属性设定
- 数据处理
- 文本和表格的转换
- 插入窗体、控件
- 标题行重复
- 单元格的拆分和合并

任务实施 1.3.3

精确调整表格：可能有时还得用鼠标手工调整表格边线，但操作比较困难，无法精确调整。其实只要按下 Alt 键不松开，然后再试着用鼠标去调整表格的边线，就会发现表格的标尺发生了变化，精确到了 0.01 厘米，明显精确了许多。

案例 1　课程表制作

在制作课程表之前，首行先需要根据表格的规格、大致结构和内容进行页面设置，然后开始创建表格，避免重复修改。

一、插入表格

1. 方法 1 是单击菜单中【表格】|【插入】|【表格…】命令，打开如图 1.3.2 所示。

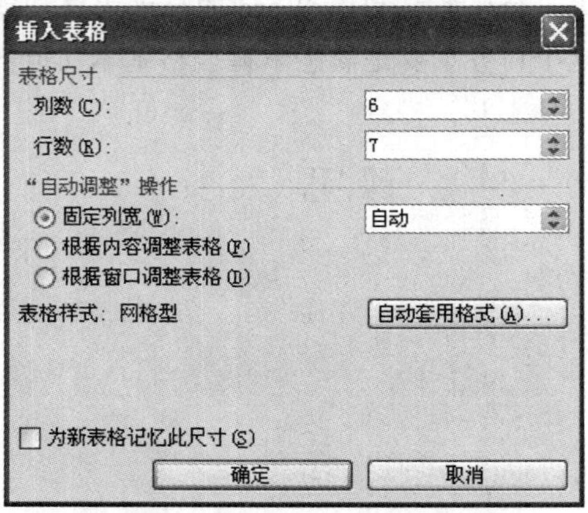

图 1.3.2　"插入表格"对话框

2. 分别在"插入表格"对话框中选择列数和行数，本案例中输入行 6 和列 7。

3. 单击【自动套用格式…】命令，在"表格自动套用格式"对话框中，选择"表格样式(T)："中的"流行型"样式，单击【应用】，回到"插入表格"对话框，如图 1.3.3 所示，单击【确定】按钮。

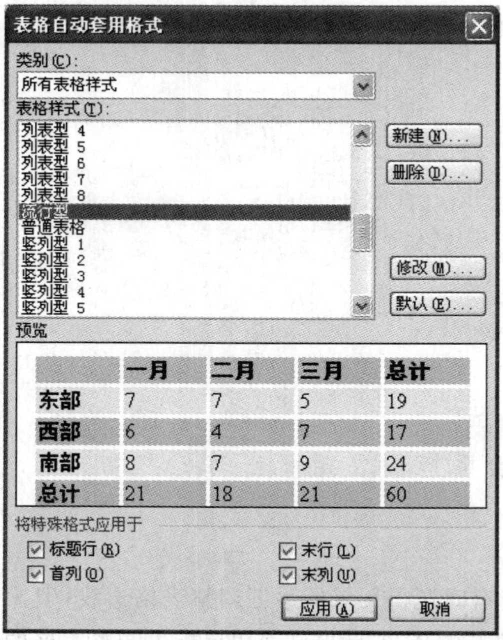

图 1.3.3　"表格自动套用格式"对话框

方法二：单击常用工具栏上的“插入表格”按钮，也可以直接插入表格。

方法三：在要插入表格的文本中只需简单地输入“＋”号和一串“-”号，就能创建表格了。先用＋号开始，然后输入一定数量的-号，达到合适的列宽度后，再输入＋号。如：＋------＋------＋，这就是一个两列的表格。只要在输入最后一个＋号后按下回车。用此方法制作出的表格只有一行，若需制作出多行的表格，则可将光标移到表格内最后一个回车符号前，按“Tab”键或回车键(Enter)，即可在表格后插入行。

如：

＋-------------＋---------------＋ 按回车便出现如下表格

二、调整表格列宽和行高

1. 从“课程表”效果图可以看出第 1 列宽度比其他列宽，调整第 1 列。方法 1 是将鼠标定位于第 1 列和第 2 列的竖线格线上，鼠标指针变成“双向箭头”时，按住鼠标左键并同时移动鼠标，分隔线将随鼠标的移动而移动，移动到所需位置时松开鼠标。方法 2 是如果知道精确尺寸，选中第 1 列，鼠标放在第一列表格横线上方，当鼠标指针变成黑色粗箭头⬇时，单击鼠标可选中这一列，然后单击菜单中的【表格】|【表格属性(R)...】命令，选中“列”标签，在“指定宽度”直接输入数字即可，如图 1.3.4(a)所示。

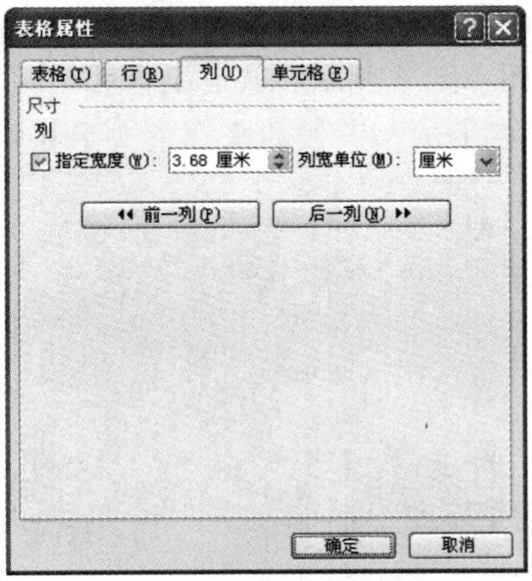

图 1.3.4(a)　“表格属性”对话框

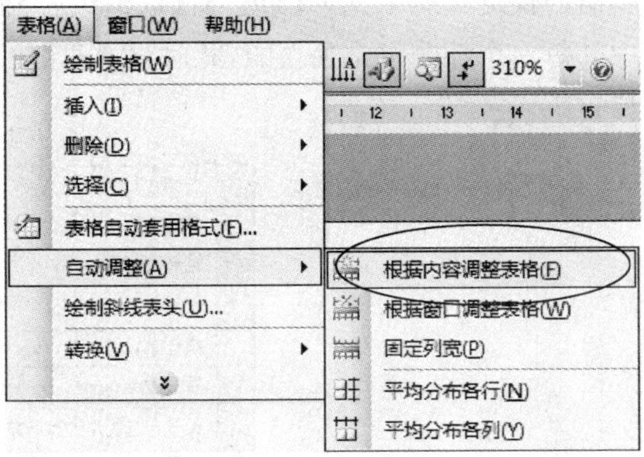

图 1.3.4(b)　“自动调整”

2. 因第 1 列宽度不同，先调整第 1 列，然后选中其余 5 列，单击【表格】|【自动调整】|【平均分布各列】命令，其余各列等宽，如图 1.3.4(b)所示。

3. 也可以直观精确地在表格上调整，如果要知道行或列的宽度，只需在按住鼠标左键调行的同时按下右键，标尺上会在垂直标尺上显示，而在调整列时会在水平标尺上显示，会显示出行或列的尺度。此时表格标尺的精确度为 0.01 字符。

注意：在调整列宽时 Ctrl 和 Shift 键的作用。

通常情况下拖动表格线是在相邻的两列之间调整列宽，按住 Ctrl 键同时拖动，表格线左边列宽改变，增加或减少的列宽由其右方的列共同分享或分担；按住 Shift 键的同时拖动，只改变该表格线左方的列宽，其右方的列宽不变。

三、制作斜线表格

1. 将光标置于要设置斜线表头的表格中，再单击菜单【表格】|【绘制斜线表头】，弹出“插入斜线表头”对话框，再在“表头样式”列表中选择一种所需样式(共有5种可选择)，以及设置好字体的大小，所选样式可在“预览”框中看到效果。再分别在“行标题”(右上角的项目)、“列标题”(左下角的项目)和“数据标题”(中间格的项目)各个标题框中输入所需的行、列标题，如图1.3.5所示。单击【确定】按钮。

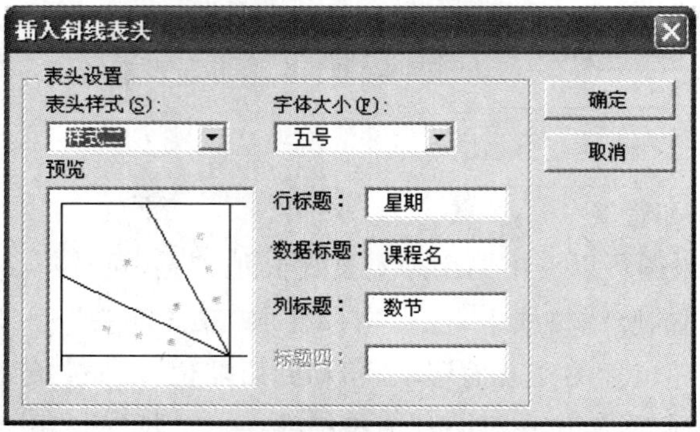

图1.3.5 “插入料线表头”对话框

2. 斜线表头文字的位置和大小是可以调整的，当我们在调整时发现整个斜线表头的文字和斜线是一个整体，处于组合状态，这时应先将组合取消。用鼠标右键单击斜线表头，在弹出的快捷菜单中选择【组合】|【取消组合】命令，如图1.3.6所示。取消组合后，斜线表头中的每一个部分都是独立的，此时再通过【绘图】工具栏上的相关按钮来调整文字和斜线的位置。

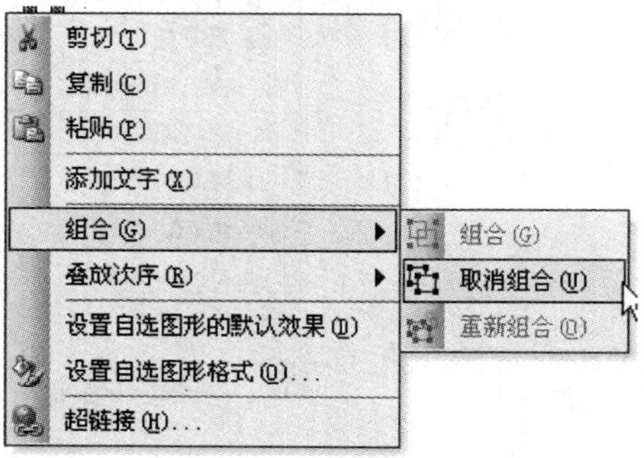

图1.3.6 “取消组合”命令

1) 先选定斜线表头中要进行调整的文字。

2) 单击【绘图】工具栏上的【绘图】按钮，选择【微移】选项，如图1.3.7所示。根据需要在【微移】级联菜单中选择“向上”、“向下”、“向左”、“向右”来调整选定的文字到合适的位置。另一种方法是按住键盘上的Alt键，用鼠标移动到合适位置；或按住Ctrl键，用键盘上的方向键也可以微移以象，如图1.3.8所示。

3) 选定斜线头，单击【绘图】工具栏上的【线型】|【线条颜色】按钮改变斜线表头的线条颜色和粗细中，使其与表格的内框线保持一致。

4) 如果斜线表头中的斜线移动了位置，可以在斜线上单击鼠标右键，在弹出的快捷菜单中选择【编辑顶点】命令，斜线两端将出现两个小方块，用鼠标拖动某一端可以调整斜线顶点的位置，调整后的结果如图1.3.8所示。

5）完成后，再将斜线表头进行组合。

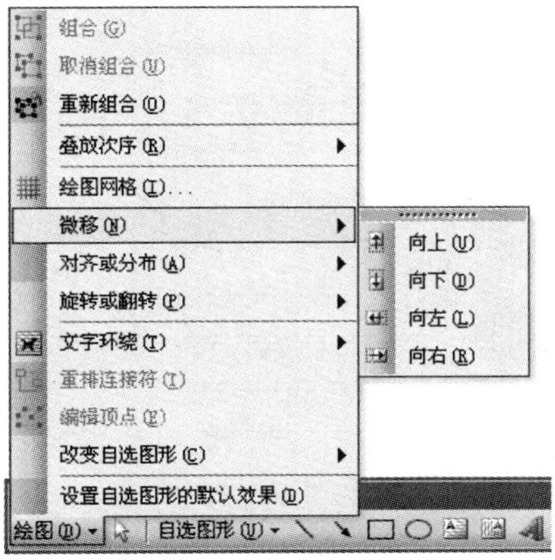

图1.3.7　"微移"命令

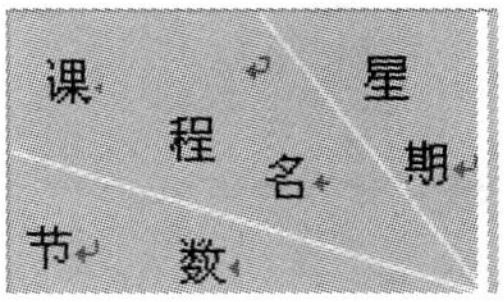

图1.3.8　最终效果

四、输入表格内容

1. 选中第1行后5列几个单元格，单右鼠标右键，在弹出的快捷菜单中单击【单元格对齐方式】联级菜单了下"垂直水平居中"（第2行第2列），如图1.3.9所示。然后输入"星期一"至"星期五"。

2. 除第1行外，其他各单元格"对齐方式"为"水平居中"。

案例1完成，保存文件。

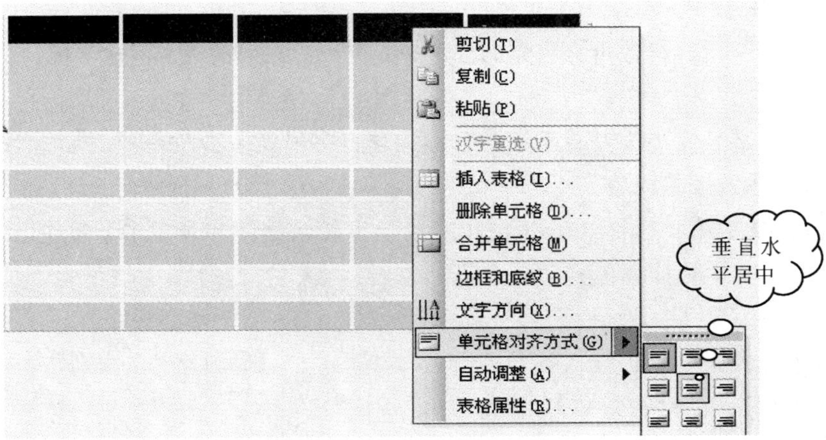

图1.3.9　单元格对齐方式

案例2　在表格中插入窗体、控件等

在我们日常生活和工作中，经常会有各种各样的表单需要填写，在填写时有些数据是固定不变的，而有些数据需要用户自己填写，通过本案例可以满足用户方便地填写所需内容，又能完善保护表格的整体结构。窗体文档是一种结构化的文档，其中留有可以输入信息的空间，用户只能在这些空间中输入信息或进行选择，不可以更改其他内容。

首先按照图 1.3.10 所示制作包含两页的表格(9 列、14 行)。

2008—2009学年计算机科学系上机汇总表

编号	教师姓名	性别	职称	所在院、系	上机课程	上机人数	上机学时	备注
1	李小莉	男 女	副教授	自动化系	程序设计	110	100	本课程为考证课，因上机时…
2		男 女	讲师	计算机科学系	大学计算机基础	68		AAAAAAAAAAAAAAAAAAAAA
3		男 女	助讲	汽车系	大学计算机基础			
4		男 女	副教授	基础部	大学计算机基础			
5		男 女	讲师	机械系	大学计算机基础			
6		男 女	教授	机械系	大学计算机基础			
7		男 女	教授	机械系	大学计算机基础			
8		男 女	教授	机械系	大学计算机基础			
9		男 女	教授	机械系	大学计算机基础			

2008—2009学年计算机科学系上机汇总表

编号	教师姓名	性别	职称	所在院、系	上机课程	上机人数	上机学时	备注
10		男 女	教授	机械系	大学计算机基础			
11		男 女	教授	机械系	大学计算机基础			
12		男 女	教授	机械系	大学计算机基础			

图 1.3.10 上机汇总表

一、页面设置

纸张大上为“A4”,页边距默认值,纸张“方向”为“横向”。

二、表格制作

1. 插入一张 14 行(行数可以自定,但至少 2 页纸)、9 列的表格,第 1 行为标题行,第 2 行为表头行。

2. 表格内容字号大小为“四号”字,宋体,标题行字号大小为“小一”、“加粗”。

三、设置和输入表格内容

1. 标题行,选中第 1 行,单击鼠标右键,在弹出的快捷菜单中选择【合并单元格】,输入标题,“2008—2009 学年计算机科学系上机汇总表”,上、左、右的线条颜色为无或白色,如图 1.3.10 所示。

2. 在第 2 行表头处分别输入各列字段名:“编号”、“教师姓名”、“性别”、“职称”、“所在院系”、“上机课程”、“上机人数”、“上机学时”、“备注”。

3. 在第 2 列,“教师姓名”单元格下方添加“文字型窗体域”。窗体分为“文字型窗体域”、“下拉型窗体域”和“复选型窗体域”三种,其作用类似于 Windows 对话框中的文本框、复选框或下拉列表框。用户可以在留出的空间内填写内容,选择相应的复选框,或者从下拉列表框中直接选择相关选项。“文字型窗体域”的作用是让填表者往设置好的区域中输入文字信息,具体操作如下:

1) 将光标定于“教师姓名”下面的单元格中,单击菜单中的【视图】|【工具栏】|【窗体】命令,弹出“窗体”工具栏,单击“文字型窗体域”按钮,如图 1.3.11 所示。

图 1.3.11　窗体工具栏

2）窗体域插入后，单元格中会显示出一个带有灰色阴影的小方块（在按下“窗体域底纹”按钮的情况下才会显示阴影）。窗体域底纹只在屏幕上显示，用于提醒用户该域的具体位置，并不会被打印出来。双击插入的窗体域，系统弹出“文字型窗体域选项”对话框。在“类型”的下拉框格选择“常规文字”，“最大长度”输入“4”，（因为我们的名字一般最长为4个汉字），单击【添加帮助文字】按钮，在打开“窗体域帮助文字”对话框中输入选择该域后显示的帮助信息，如图 1.3.12 所示，单击【确定】按钮。

3）复制该单元格，然后粘贴到本列的后面单元格，不用重复做相同的工作。

4）“上机人数”、“上机学时”也是添加的“文字型窗体域”，制作方法相同，不重复。

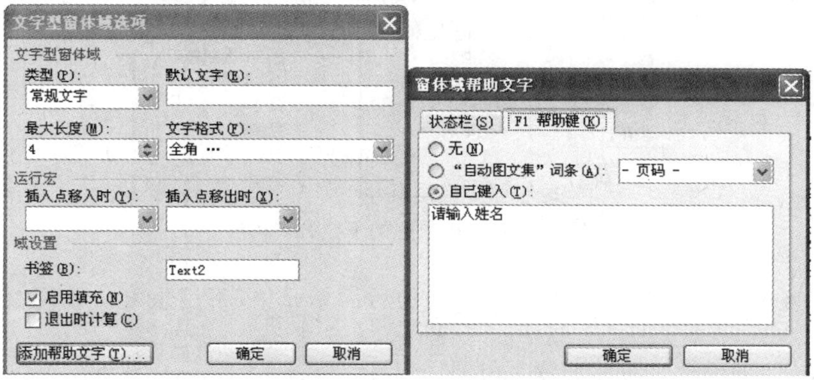

图 1.3.12　窗体域及帮助对话框

4. 第4列，“职称”下方，插入“下拉型窗体域”，下拉型窗体域是比较常用的窗体域类型。这种类型的窗体域通常用于非此即彼的选择场合，省去了重复输入的麻烦。

1）将光标定于“教师姓名”下面的单元格中，单击菜单【视图】|【工具栏】|【窗体】命令，弹出“窗体”工具栏，选择“下拉型窗体域”按钮，如图 1.3.13 所示。

图 1.3.13　窗体工具栏

2）双击插入的窗体域，系统弹出“下拉型窗体域选项”对话框，如图 1.3.14 所示。在“下拉项”的框格内添加下拉菜单中的选项。添加的步骤是：首先在“下拉项”项目中输入需要添加的第一个列表项，“教授”，并单击“添加”按钮（或按回车键），然后依次输入其余列表项（副教授、讲师、助讲），如图 1.3.15 所示。所有列表项添加完毕后，可以通过向上↑、向下↓这2个“移动”按钮改变列表项的排列顺序，如图 1.3.14 所示。选中“启用下拉列表”项，同样单击【添加帮助文字】按钮，添加帮助信息，单击【确定】按钮。

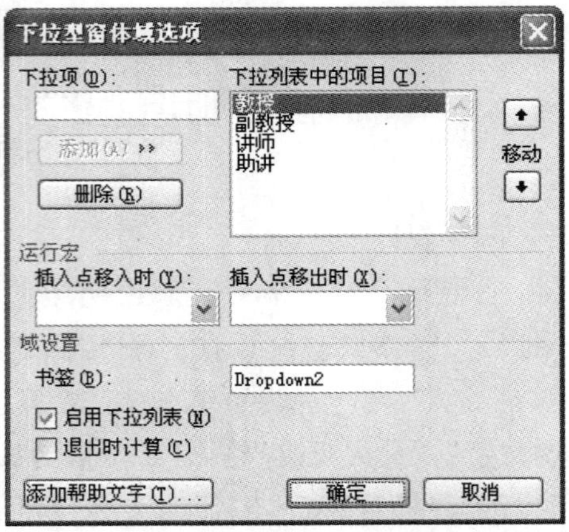

图 1.3.14 “下拉型窗体域选项”对话框

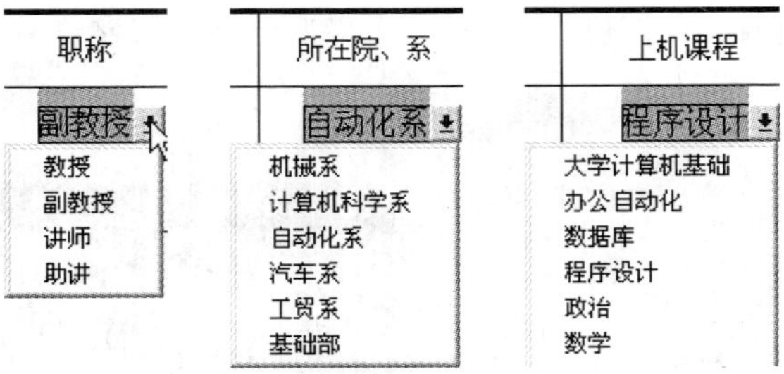

图 1.3.15 设置好的下拉列表内容

3）复制该单元格内容，然后粘贴到本列的后面单元格，不用重复做相同窗体域的设置工作。

“所在院、系”、“上机课程”也是添加的“下拉型窗体域”，只是添加的下拉内容不同，具体制作和“职称”列同，不重复。

5. 在第 3 列，“性别”单元格下方添加“选项按钮”。“性别”只有“男”或“女”两种选择，且只能选其一，这时可以使用“控件工具箱”上的“选项按钮”进行设置，使填表人通过单击鼠标就可以快速完成“性别”的选择。具体操作如下：

1）右键单击工具栏上的任务位置，在工具栏列表中选择【控件工具箱】命令，打开【控件工具箱】工具栏，如图 1.3.16 所示。

图 1.3.16 “控件工具箱”工具栏

2）将光标置于“性别”下面单元中，单击【控件工具箱】工具栏上的“选项按钮”，光标所在位置出现如图 1.3.17 所示的图片框。

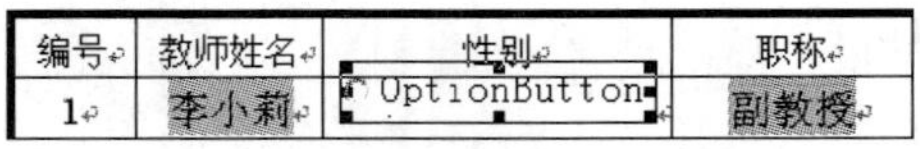

图 1.3.17 插入选项按钮

3）在图片框上单击鼠标右键，在弹出的快捷菜单中选择“属性”命令，打开“属性”对话框，单击“按分类序”选项卡。

4）在“按分类序”选项卡中将“CroupName”设置为“性别”、“Caption”设置为“男”，单击对话框“关闭”按钮，完成并保存设置。按照相同的方法，再添加一个选项按钮作为“女”的选项，所不同的是将“Caption”设置为“女”，如图1.3.18所示。（“CroupName”设置为“性别”，相同组名，所以男、女属于同一组，这样才能实现单选的效果。）

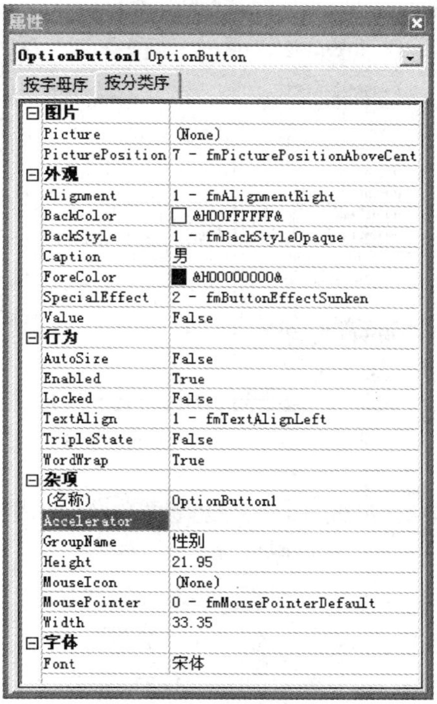

图1.3.18 设置选项按钮属性

5）单击【控件工具箱】工具栏上的“退出设计模式”按钮，退出设计模式，返回到Word编辑页面，设置完的选项按钮这时可以用鼠标在两个单选按钮之间进行选择，且只能做唯一的选择。然后复制此单元格，粘贴到本列后面的单元格中。

6. 在第9列，“备注”单元格下方添加“文本框”控件。备注栏需要用文字来编写，而且内容比较多且文字长短不一，为了不影响整个页面的布局，可以利用【控件工具箱】工具栏上的“文本框”控件提供了文本的多行显示和滚动条功能，这样不管篇幅大小，都不会影响页面的美观和整体布局，阅读起来也非常方便。具体操作如下：

1）将光标定位于“备注”单元格下方单元格中，单击【控件工具箱】工具栏上的“文本框”按钮，在光标所在位置插入一个文本框控件，用鼠标拖动控件，调整其大小到合适位置，如图1.3.19样张所示。

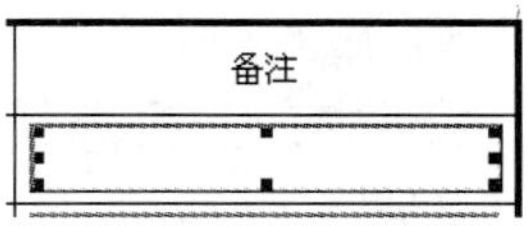

图1.3.19 添加文本框控件

2）在“文本框”控件上单击鼠标右键，在弹出的快捷菜单中选择“属性”命令，在打开的【属性】对话框中选择“按分类序”，如图1.3.20所示。

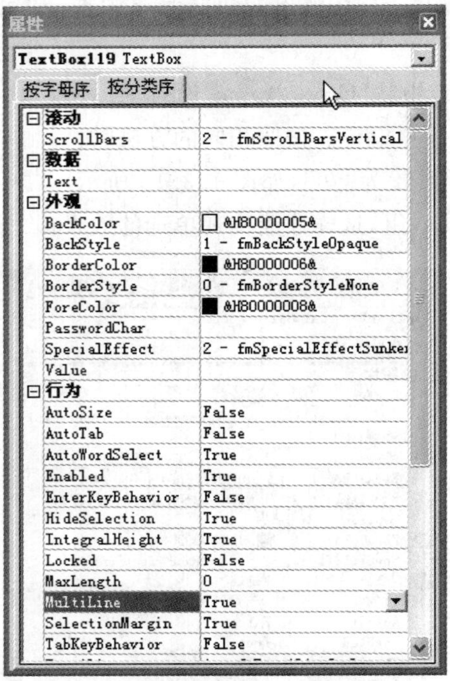

图 1.3.20 文本框属性对话框

3）将该选项卡“行为”中的“MultiLine”设置为“True”，“滚动”中的“ScrollBars”设置为“2-fmScrollBarVertical”，关闭对话框完成设置。

4）单击“控件工具箱”工具栏上的“退出设计模式”按钮，回到 Word 编辑页面。当在文本框中输入的文字超过文本框宽度时，将自动换行并出现滚动条，如图 1.3.21 所示。然后复制此单元格，粘贴到本列后面的单元格中。

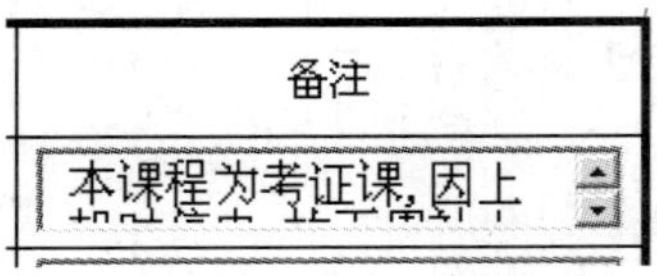

图 1.3.21 添加文本框后的效果

在默认情况下，文本框的文本只能单行输入，文本框控件提供了多行输入功能，但需要对“MultiLine”属性进行设置，默认的“MultiLine”属性为“False”，当把“MultiLine” 设置为“True”时，文本长度超过文本框宽度时，文本可以自动换行。

在“ScrollBars”属性中可以对滚动条的方式进行设置，选项“0-fmScrollBarVertical”，代表不出现滚动条，“1-fmScrollBarVertical”，指在水方向和垂直方向出现滚动条，“2-fmScrollBarVertical”指在垂直方向出现滚动条，“3-fmScrollBarVertical”指在水平和垂直两个方向都出现滚动条。

四、窗体文档的填写和保护

“上机汇总表”完成后，不能直接在表格中选择或添加数据，插入这些域后，必须要设置对窗体进行保护后才可以供他人填写。保护窗体有普通保护和加密保护两种，完成普通保护的设置后，除了含有窗体域的单元格外，上机汇总表的其他地方都无法进行修改，可以防止他人在填写时对上机汇总表擅自更改。

单击“窗体”工具栏上的“保护窗体”按钮，使窗体处于保护状态后，可以开始对上机汇总表进行填写，具体操作如下：

1. 在上机汇总表的“文字型窗体域”中可以输入相关文字的内容。

2. 在“选项按钮”中选择“性别”。

3. 单击“下拉列型窗体域”，右侧出现一个下拉箭头并展开下拉列表，可以根据需要从列表中选择所需的选项。

“保护窗体”可以使窗体处于保护状态，但是其他人可以通过取消选中“保护窗体”按钮来解除对窗体的保护，所以说这种的方式并不是最理想的，而加密保护就可以达到彻底保护的目的，具体操作如下：

1. 单击菜单【工具】|【保护文档】命令，打开【保护文档】任务窗体。

2. 选中任务窗格“编辑限制”区域中的“仅允许在文档中进行此类编辑”，并在下拉列表中选择“填写窗体”选项，如图1.3.22所示。

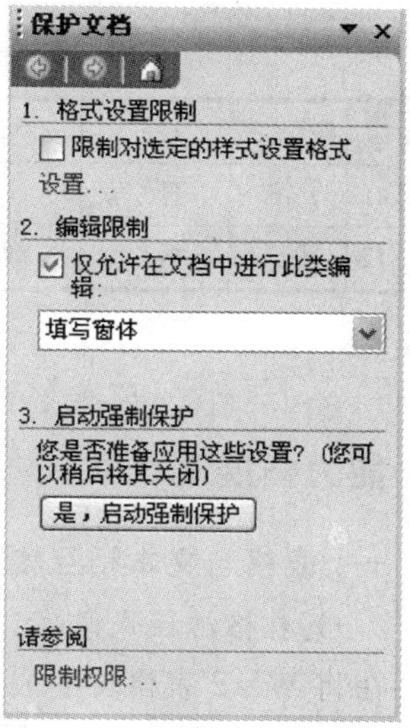

图1.3.22　【保护文档】任务窗格

3. 在“启动强制保护”选项区域中，单击“是，启动强制保护”按钮，打开“启动强制保护”对话框，如图1.3.23所示。

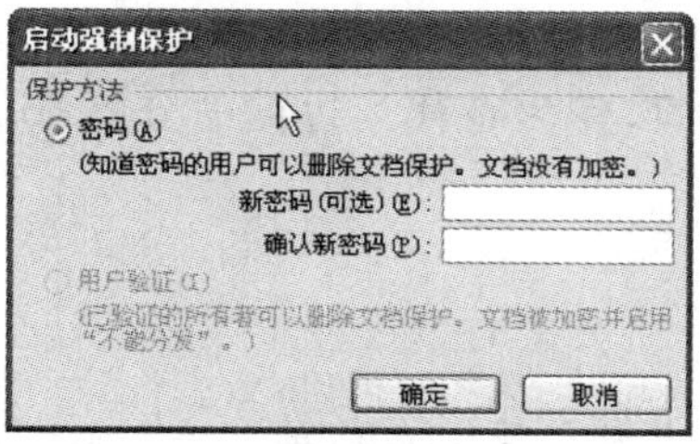

图1.3.23　“启动强制保护”对话框

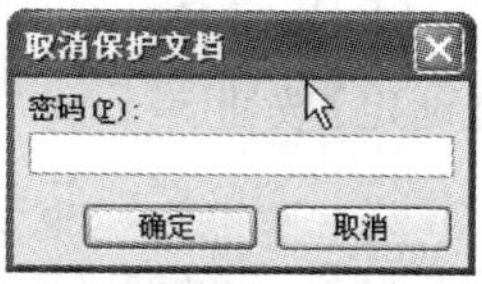

图1.3.24　“取消保护文档”对话框

4. 在“新密码”和“确认新密码”文本框中输入同一密码，单击“确定”按钮，完成文档的加密保护设置。

可以通过“窗体”工具栏上的“保护窗体”按钮，在弹出的“取消保护文档”中输入密码，如图1.3.24所示，解除对文档的保护。

五、指定超长表格标题

从图1.3.10所示可以看出表格是两页纸显示出来的，在实际应用中经常会遇到超过1页纸的长表格，选定想作为标题的一行或多行，单击菜单【表格】|【标题行重复】命令，并将视图切换至“页面”或执行“打印预览”即可看到发生的变化。标题行重复只能重复标题行，也就是表头，如果希望表格标题也能重复，如本案例的标题“2008—2009学年计算机科学系上机汇总表”也需要和表头一样重复。解决方案：将标题输入在表格第一行，然后取消标题行的表格线条，在设置“标题行重复”时，选中表格的标题行和表头行，然后执行【标题行重复】命令，第2页自动添加了标题和表头，如图1.3.25所示。

2008—2009学年计算机科学系上机汇总表

编号	教师姓名	性别	职称	所在院、系	上机课程	上机人数	上机学时	备注
11	张三	○男 ○女	教授	机械系	大学计算机基础			
12	张三	○男 ○女	教授	机械系	大学计算机基础			

图 1.3.25 设置标题行重复效果

能力拓展 1.3.4

一、表格与文本相互转换

(一) 表格转换成文字

在将 Word 表格转变成 Word 文字时，表格中的每一行末尾将出现段落标记以示该行的结束。同一行中的相邻列将用制表符、逗号或所选的其他标记来间隔表格中不同列内容。如果希望每个单元格中的内容都自成一段，就选用段落标记作为分隔符。

操作技巧：

1）要将行或表格转换成段落，请先选定行或表格。

2）单击菜单中的【表格】|【转换】|【表格转换成文字】命令。

3）在对话框中的“文字分隔符”下，单击所需的字符，作为替代列边框的分隔符。表格各行用段落标记分隔。

4）单击【确定】按钮。

说明：

1. 当“文字分隔符”选用“制表符”时（“制表符”单选框出现黑点），再单击“确定”按钮。此时原表格处只是去掉了表格线，而原各单元格的内容未发生任何变化。当“文字分隔符”选用“逗号”时，单击“确定”后，原表格处的每行内容没变，但同行相邻单元格内容之间将用小写逗号区分，且间距变小。当选用“段落标记”时，每一单元格的内容将自成一段。

2. “表格转换成文字”命令，只能适用于某行或几行及整个表格，对列或其中的某部分表格不适用。

(二) 文字转换成表格

在将文字转变成表格时，Word 会将段落标记所在的位置作为行的起点，将制表符、逗号或其他所选标记所在的位置作为列的起点。如果希望新表格中只包括一列，请选择段落标记作为分隔符。

以逗号（也可用空格或其他）作为列的起点，把文字转换成表格。

步骤：

1）输入姓名及成绩。姓名与成绩之间要用小写逗号。

2）选中要转换成表格的文字。

3）单击菜单中的【表格】|【转换】|【文字转换成表格】命令，。

4）在“将文字转换成表格”对话框中选择“文字分隔位置”下的某一可选项，在“列数”文本框中填入需要列的数字。

5）单击【确定】按钮。

二、表格中的小数点对齐技巧

利用Word的制表位功能达到目的，具体操作步骤为：首先按正常方式在Word表格中输入有关数字，再执行菜单中的【视图】|【标尺】命令，显示Word的标尺栏（如果标尺栏处于显示状态，则可跳过此步骤）；选中需要对齐小数位的列，然后在该列上端标尺栏上用鼠标左键双击，打开“制表位”对话框，如图1.3.26所示。在“制表位”对话框的“对齐方式”列表框中选择“小数点对齐”选项，单击【确定】按钮后关闭对话窗，标尺栏上便会出现一个“小数点制表符”，此时拖动标尺栏上的“小数点制表符”，使小数点处于表格的适当位置，这样便可使该行数据以小数点对齐，如图1.3.27所示。

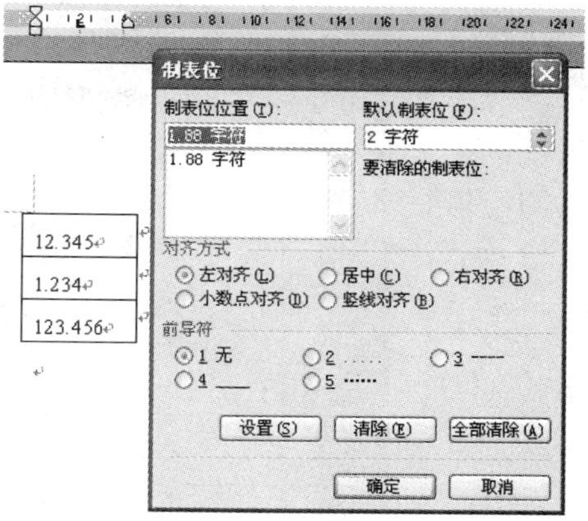

图1.3.26　制表位对话框

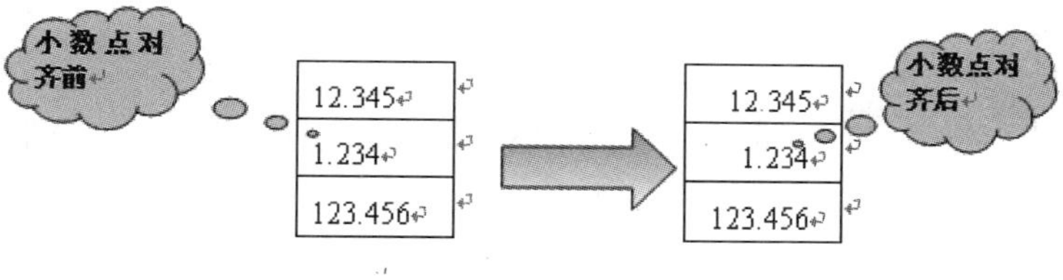

图1.3.27　小数点对齐前后比较效果

三、单元格的拆分与合并

按照图1.3.28(a)所示拆分与合并对应的单元格。

四、处理超长表格的一些技巧

为了避免同一个单元格中的内容被分隔到不同的页上，可选中该单元格，右击并选择“表格属性”命令，在打开的对话框中选择“行”选项卡，取消“允许跨页断行”复选项即可，【确定】后即可防止跨页断行。如果该单元格太高，不得不跨页断行，选择菜单中的【格式】|【段落】命令，将“换行和分页”标签中的“段中不分页”复选框选中，这样可使跨页点不拆分同一单元格的正文段落，而且还能重复表格栏标题。

五、巩固知识

1. 表格中单元格的拆分和合并；制作如图1.3.28所示“课程表”及“档案表”。

——计算机应用1—— 班级课程表

节次 / 科目 / 星期	上午		下午	
	1	2	3	4
星期一	高等数学	精读	经济学	会计原理
星期二	听力	计算机基础		
星期三	概率论	会计原理	泛读	管理学
星期四	哲学	计算机基础试验		体育
星期五	大学语文	高等数学		

图1.3.28(a)　课程表

2. 制作“档案表”,用插入窗体域的方法,在性别处插入单选控件按钮,最高学历和职称处插入“下拉型窗体域”。

3. 非标准表格的制作。

档案表

<table>
<tr><td>姓名</td><td></td><td>性别</td><td></td><td>出生日期</td><td></td><td rowspan="3">照片</td></tr>
<tr><td>户籍地址</td><td colspan="3"></td><td>联系电话</td><td></td></tr>
<tr><td>现在通讯地址</td><td colspan="3"></td><td>身份证号码</td><td></td></tr>
<tr><td>最高学历</td><td colspan="3"></td><td>婚姻状况</td><td>已婚</td><td>未婚</td></tr>
<tr><td>职称</td><td></td><td>工作岗位</td><td></td><td>档案所在地</td><td colspan="2"></td></tr>
<tr><td colspan="7">主要简历：
（就读学校，工作单位的起止时间，公司名称、工资等）</td></tr>
<tr><td colspan="7">工作经验及职业技能：</td></tr>
<tr><td colspan="7">兴趣、爱好：</td></tr>
</table>

填表人： 年 月 日

图 1.3.28(b) 档案表

学习子情景 1.4 长文档编辑排版

任务描述 1.4.1

在日常的工作中和学习中,有时会遇到长文档的编辑,由于长文档内容多,目录结构复杂,如果不使用正确的方法,整篇文档的编辑不能达到满意效果。本案例就是描述对一篇长文档进行编辑排版,完成后的效果如图 1.4.1 所示。

知识要点 1.4.2

- 长文档的编辑策略
- 长文档的编辑技巧
- 使用大纲视图查看文档

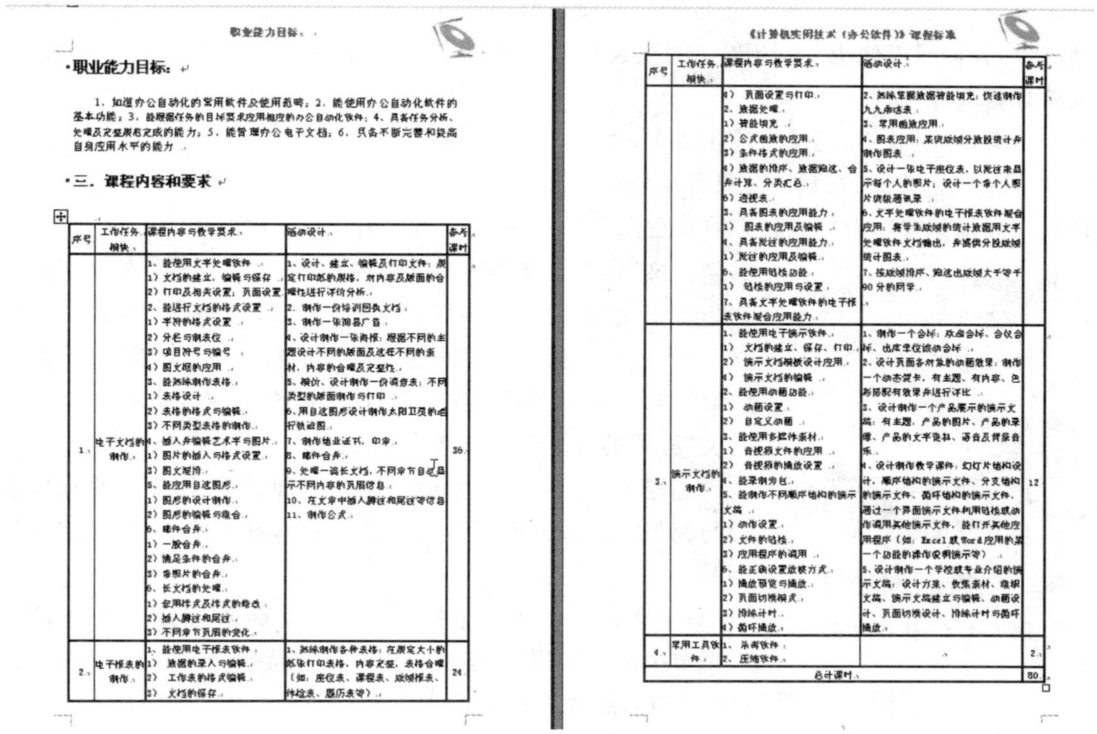

图 1.4.1　格式化长文档效果图

- 使用大纲视图组织文档
- 样式和格式
- 创建主控文档
- 编辑主控文档
- 创建文档目录和索引
- 页眉和页脚的高级使用
- 插入脚注和尾注
- 插入公式

任务实施 1.4.3

1. 制作长文档前，先要规划好各种设置，尤其是样式设置。

2. 不同的篇章部分一定要分节，而不是分页。

在介绍本案例任务实施前，重点讲一下样式，这在长文档的编排中非常重要。

通常，很多人都是在录入文字后，用“字体”、“字号”等命令设置文字的格式，用“两端对齐”、“居中”等命令设置段落的对齐，但这样的操作要重复很多次，而且一旦设置的不合理，最后还要一一修改。

样式是什么？简单地说，样式就是格式的集合。通常所说的“格式”往往指单一的格式。而样式作为格式的集合，它可以包含几乎所有的格式，设置时只需选择一下某个样式，就能把其中包含的各种格式一次性设置到文字和段落上。

样式在设置时也很简单，将各种格式设计好后，起一个名字，就可以变成样式。而通常情况下，我们只需使用 Word 提供的预设样式就可以了，如果预设的样式不能满足要求，只需略加修改即可。

从菜单选择【格式】|【样式和格式】命令

Word 的“样式”在默认时只有 4 个标准样式：“标题 1”、“标题 2”、“标题 3”、“正文”。所以用户如果需要新的样式就必须新建样式了，也可以修改已有的样式。

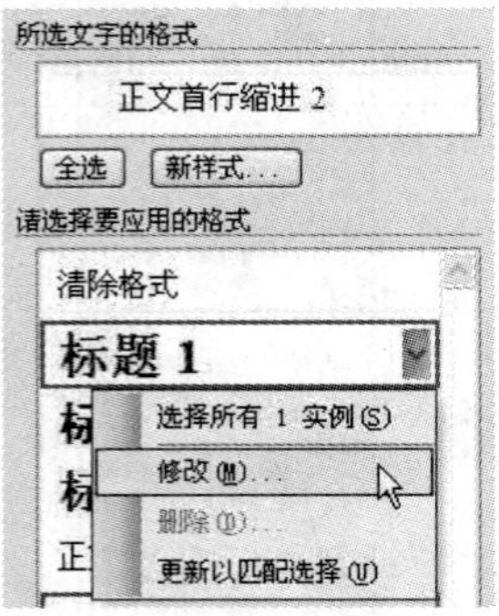

图 1.4.2 修改样式

“正文”样式是文档中的默认样式，新建的文档中的文字通常都采用“正文”样式。很多其他的样式都是在“正文”样式的基础上经过格式改变而设置出来的，因此“正文”样式是 Word 中的最基础的样式，不要轻易修改它，一旦它被改变，将会影响所有基于“正文”样式的其他样式的格式。

“标题 1”～“标题 9”为标题样式，它们通常用于各级标题段落，与其他样式最为不同的是标题样式具有级别，分别对应级别 1～9。

对于文章中的每一部分或章节的大标题，采用“标题 1”样式，章节中的小标题，按层次分别采用“标题 2”～“标题 4”样式。

文章中的说明文字，采用“正文首行缩进 2”样式。

规划结束之后，即可录入文字了。

在录入和排版过程中，可能会经常在键盘和鼠标之间切换，这样会影响速度。对样式设置快捷键，就能避免频繁使用鼠标，提高录入和排版速度。

将鼠标指针移动到任务窗格中的“标题 1”样式右侧，单击下拉箭头，单击【修改】命令。如图 1.4.2 所示。显示“修改样式”对话框，如图 1.4.3(a)所示。

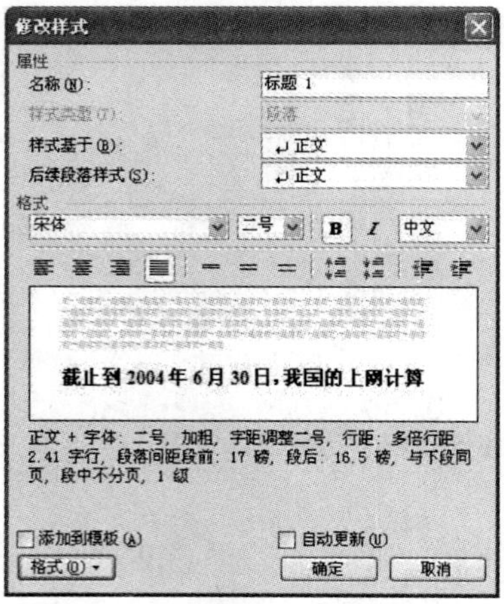

图 1.4.3(a) 修改样式对话框

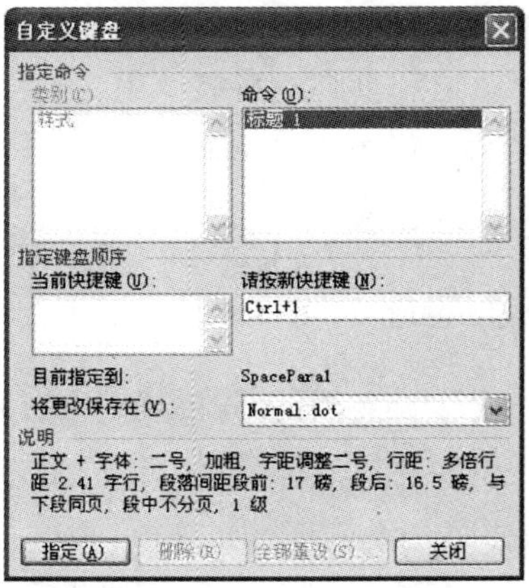

图 1.4.3(b) 自定义快捷键

单击【格式】按钮，选择【快捷键】命令，显示“自定义键盘”对话框。此时在键盘上按下希望设置的快捷键，例如“Ctrl＋1”，在“请按新快捷键”设置中就会显示快捷键，如图 1.4.3(b)所示。注意不要在其中输入快捷键，而应该按下快捷键。单击【指定】按钮，快捷键即可生效。用同样的方法为其他样式指定快捷键。

现在，在文档中录入文字，然后按下某个样式的快捷键，即可快速设置好格式。

文档中的内容采用系统预设的样式后，格式可能不能完全符合实际需要。例如，“标题1”样式的字号太大，而且是左对齐方式，希望采用小一点的字号，并居中对齐。这时可以修改样式。

使用样式带来的好处之一是大大提高了格式修改的效率。

案例　长文档编辑排版

一、建立文档的纲目结构

文档的纲目结构是评价文档好坏的重要标准之一。同时，若要高效地完成一篇长文档，文档的纲目结构应当是首先完成的工作，大纲视图是构建文档纲目结构的优秀途径。

1. 启动Word 2003，新建一个空白文档，然后单击Word窗口左下方的“大纲视图”按钮，切换到大纲视图。

2. 切换到大纲视图后，可以看到窗口上方出现了“大纲”工具栏，如图1.4.4所示，该工具栏是专门为建立和调整文档纲目结构设计的，大家在后面的使用中将体会到非常的方便。

图1.4.4　大纲工具栏

3. 输入一级标题，可以看到输入的标题段落被Word自动赋予“标题1”样式，Word为什么会这样做呢？原因在于，这节省了我们用常规方法处理文档时手动设置标题样式的时间。文档很长、标题段落很多的时候，就很容易体会到Word这个自动化的好处了，我们输入“《计算机实用技术(办公软件)》”。

4. 接下来我们把文档的二级标题输入，将插入点定位于“《计算机实用技术(办公软件)》”段落末尾，按下回车键后得到新的一段，如果直接输入“一. 前言”，会发现Word仍然把它当作一级标题，用什么方法告诉Word现在输入的是二级标题呢？方法一是按下键盘“Tab”键，方法二是单击“大纲”工具栏的“降级”按钮。执行其中任何一个操作后可以看到段落控制符(就是段落前面的小矩形)向右移动一格，表示该标题段落降了一级，如图1.4.5所示。

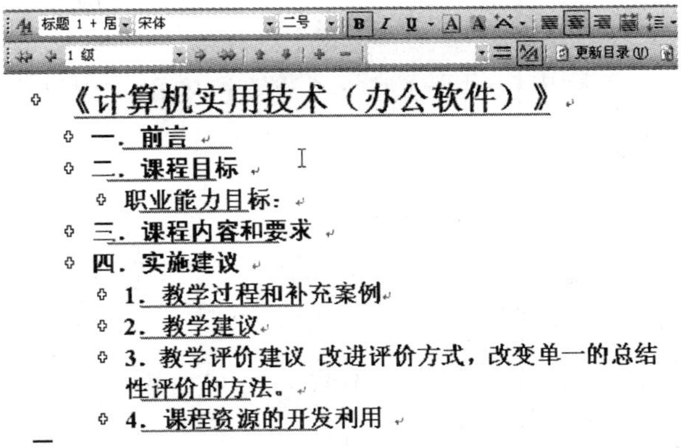

图1.4.5　案例的纲目结构

5. 用同样的方法，当把所有的三级标题输入完成后，可以发现凡是含有下属标题的一级标题段落前面的段落控制符由原来的小矩形变成十字形。

6. 为什么把这些符号称为段落控制符呢？现在用鼠标指针单击一下“一. 前言”前面的段落控制符，可以发现该段落以及它的下属段落被选中；双击“一. 前言”前面的段落控制符，可以看到它的下属段落被折叠，再双击一下又可将其展开。可见这个小小的符号，在我们需要进行相关的操作控制时，为我们带来了不少方便。

7. 前面提到的“折叠”的一个用途为，将所有含有下属标题的一级标题段落折叠，我们更容易观看整个文档的一级标题纲要。当然，更方便的方法是使用“大纲”工具栏上的“显示级别”命令，比如我们想看看文档的一级标题，则单击“显示级别”下拉按钮，在弹出的列表中选择“显示级别 1”即可。

8. 把它们都折叠好后，单击“大纲”工具栏的“上移”按钮，即可完成移动顺序的移动。

9. 当文档的纲目框架完成之后就可以切换到普通或页面视图进行具体内容的填写工作了。

另外可以使用【视图】|【文档结构图】命令，可以方便地查看整篇文章的结构和内容。

二、插入脚注和尾注

脚注和尾注由注释引用、标记和对应的注释文本组成，是一种注释方式，主要用于对文档解释或提供资料。脚注和尾注的添加方法一样，两者的不同之处在于，脚注通常出现在当前页的下方，而尾注一般添加在整篇文档的最后。

为文档标题“课程标准”添加尾注，具体操作如下：

1. 切换到页面视图下，将光标定位在要插入尾注的文字“课程标准”后面。

2. 单击菜单中的【插入】|【引用】|【脚注和尾注】命令，打开“脚注和尾注”对话框，如图 1.4.6 所示。

3. 在“位置”选项区域中选择“尾注”，在“格式”选项区域的“编号格式”中选择样张编号的格式。

4. 单击【插入】按钮完成设置，进入尾注编辑区，输入尾注内容，文档的头和尾的效果如图 1.4.7 所示。

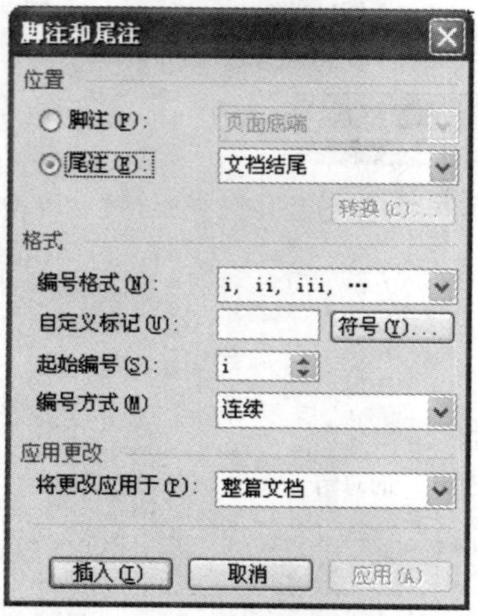

图 1.4.6　脚注和尾注对话框

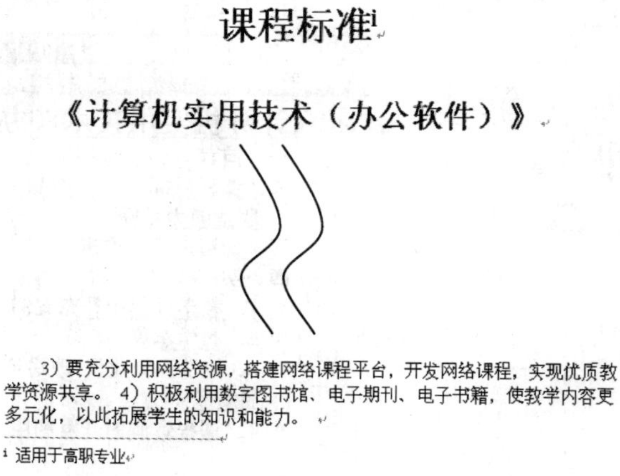

图 1.4.7　添加尾注

三、生成目录

目录是长文档中不可缺少的重要部分，有了目录就能很容易地知道文档中有什么内容，如何查找内容。当长文档中正确应用了标题、章节、正文等样式后，就可以非常方便地应用自动创建目录的功能来创建长文档的目录。

1. 插入点定位在标题之前，单击菜单【插入】|【分隔符…】，插入“分节符”。生成一空白页，输入“目录”二字，字号自定。然后插入目录。选择菜单中的【插入】|【引用】|【索引和目录】命令。

2. 打开“索引和目录”对话框，如图1.4.8所示。

3. 切换到“目录”选项卡，选中“显示页码”和“页码右对齐”复选框，在“制表符前导符”下拉列表中选择“小圆点”样式的前导符；在“常规”区域的“格式”下拉列表中选中“来自模板”；在”显示级别”中，可指定目录中包含几个级别，从而决定目录的细化程度。这些级别是来自“标题1”～“标题9”样式的，它们分别对应级别1～9。本案例“显示级别”设置为“3”，在“Web预览”列表下方取消选中“使用超链接而不使用页码”复选框，单击【选项】按钮。

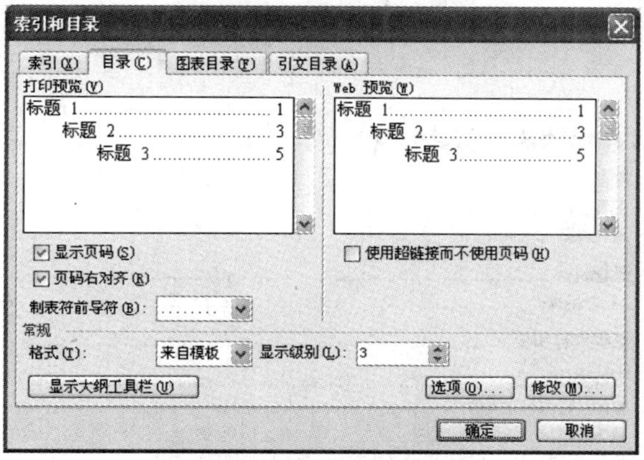

图1.4.8　索引和目录对话框

4. 打开“目录选项”对话框，如图1.4.9所示。选中“样式”复选框，在“有效样式”列表对应的“目录级别”中，将“标题1”、“标题2”、“标题3”的目录级别设置为“1”、“2”、“3”级，并选择“大纲级别”复选框，单击【确定】按钮。

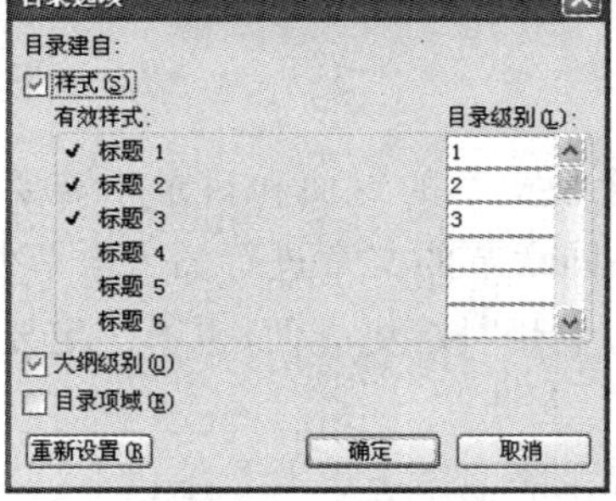

图1.4.9　“目录选项”对话框

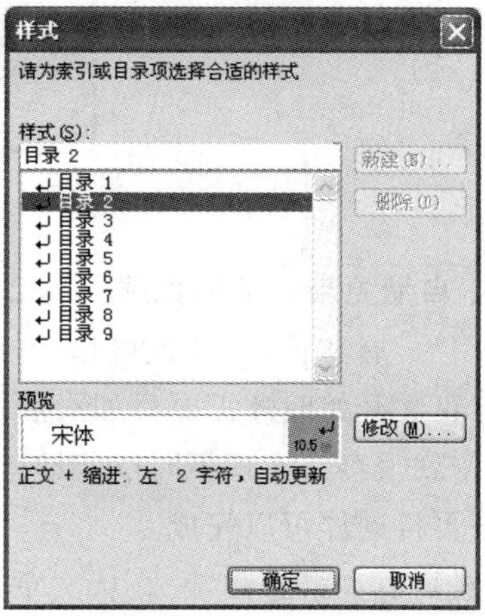

图1.4.10　“样式”对话框

5. 返回“索引和目录”对话框，在“目录”选项卡中单击【修改】按钮，打开如图 1.4.10 所示的“样式”对话框，可以在“样式”列表中选择不同的目录样式。

6. 修改目录样式。选中“目录 2”，单击【修改】按钮，打开“修改样式”对话框，单击【格式】按钮，弹出菜单选项可以修改字体、段落、边框等。

7. 修改好后，依次返回“索引和目录”对话框，单击【确定】按钮，即可插入目录，如图 1.4.11 所示。目录是以“域”的方式插入到文档中的(会显示灰色底纹)，因此可以进行更新。

8. 如果有其他的修改要求，可以参照上面的操作方法进行。最后，值得注意的是，如果当目录制作完成后又对文档进行了修改，不管是修改了标题或正文内容，为了保证目录的绝对正确，请对目录进行更新。操作方法为：将鼠标移至目录区域单击右键，在弹出的菜单中选择“更新域”命令，打开“更新目录”对话框，选择“更新整个目录”单选框，然后单击“确定”即可更新目录。如果只是页码发生改变，可选择“只更新页码”。如果有标题内容的修改或增减，可选择“更新整个目录”，如图 1.4.12 所示。

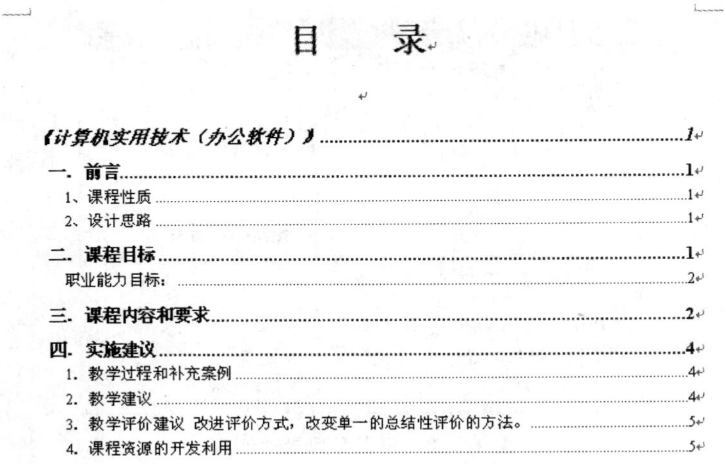

目 录

《计算机实用技术（办公软件）》 1

一. **前言** 1

1、课程性质 1

2、设计思路 1

二. **课程目标** 1

职业能力目标: 2

三. **课程内容和要求** 2

四. **实施建议** 4

1. 教学过程和补充案例 4

2. 教学建议 4

3. 教学评价建议 改进评价方式，改变单一的总结性评价的方法。 5

4. 课程资源的开发利用 5

图 1.4.11 目录效果

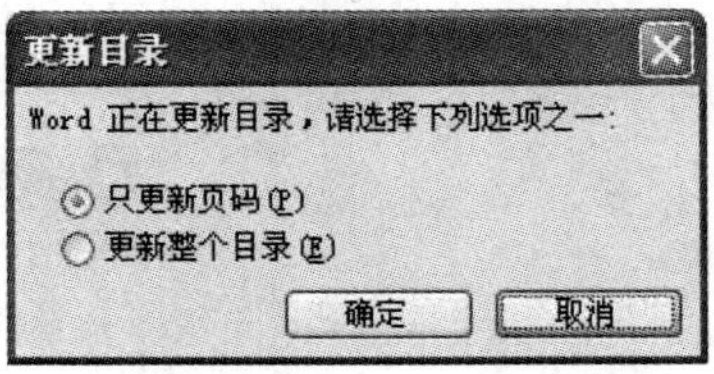

图 1.4.12 “更新目录”对话框

四、自动更新章节的页眉

利用“页眉和页脚”设置可以为文章添加页眉。通常文章的封面和目录不需要添加页眉，只有正文开始时才需要添加页眉，一种方法是对不同章节的文章进行插入分节符，插入了分节符就很容易实现不同章节具有不同的页眉，不过利用“域”更方便，也不一定要插入分节符，分页符同样可以完成。

设置页眉和页脚时，最好从文章最前面开始，这样不容易混乱。按【Ctrl】+【Home】快捷键快速定位到文档开始处，从菜单选择【视图】|【页眉和页脚】命令，进入“页眉和页脚”编

辑状态,如图 1.4.13 所示。

1. 执行菜单中的【视图】|【页眉和页脚】命令,进入“页眉和页脚”编辑状态。

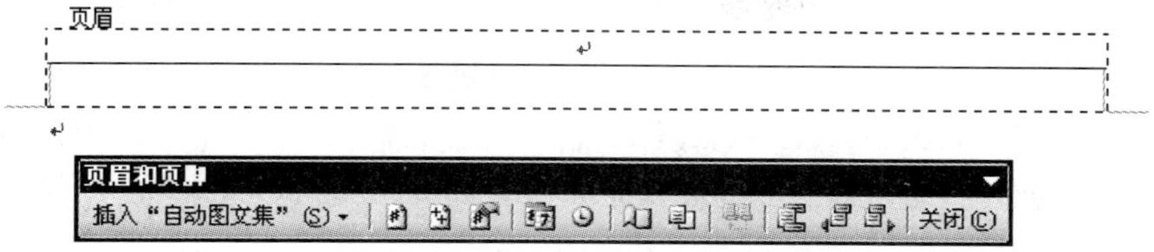

图 1.4.13　页眉编辑状态

2. 在弹出的“页眉和页脚”工具栏上单击【页面设置】按钮。

3. 在“页面设置”对话框中选择“版式”选项卡,选中“首页不同”和“奇偶页不同”前的复选框,单击【确定】按钮,如图 1.4.14 所示,关闭对话框。

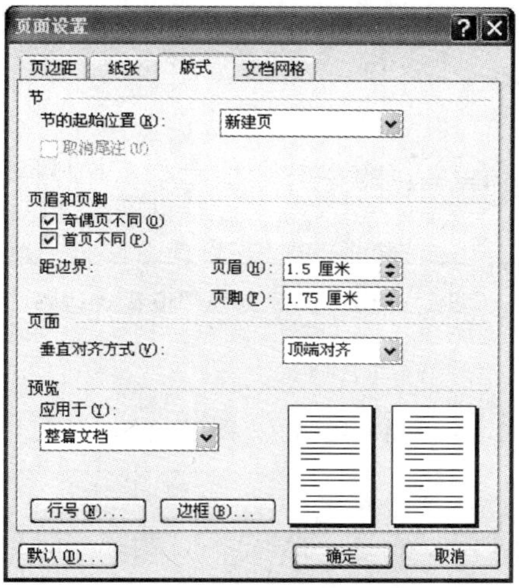

图 1.4.14　“页面设置”对话框

4. 在正文第 1 页页眉处(奇数页)选择菜单中的【插入】|【域】命令,打开“域”对话框。

5. 在奇数页页眉添加论文名。在“域”对话框中。在“类别”下拉列表中选择“文档信息”;在“域名”列表框中选中“Title”;在“样式名”列表框中选择“大写”;单击【确定】按钮,在所有的奇数页就添加了“文章的名称”的页眉,无需反复录入。如图 1.4.15 所示,在页眉右侧插入图标。

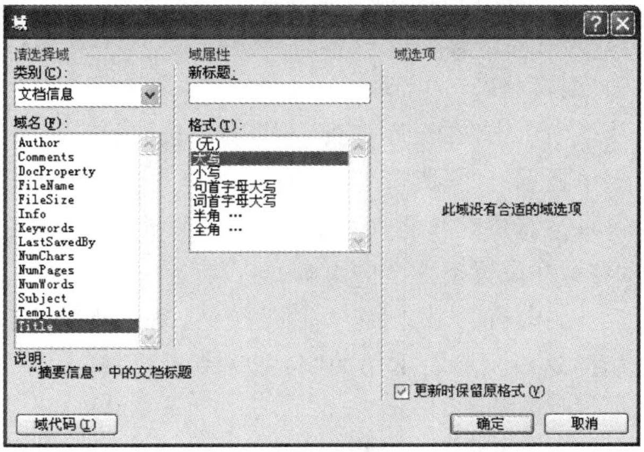

图 1.4.15　奇数页“域”设置对话框

6. 利用插入域的方法，同样可以一次性设置好所有偶数页的标题，同理，在“域”对话框中，在“类别”下拉列表中选择“链接和引用”；在“域名”列表框中选中“StyleRef”；并在“样式名”中选择“标题 3”样式，表示引用“标题 3”样式中的文字，如图 1.4.16 所示。单击【确定】按钮后，每一章的标题都采用了“标题 3”样式，这样就能自动根据当前节的“标题 3”样式显示所对应的文字内容，无需反复录入在偶数页，即可将文档“标题 3”样式对应的文字插入到偶数页页眉，在页眉左侧插入图标。插入完成后的页眉、页脚效果如图 1.4.17 所示。

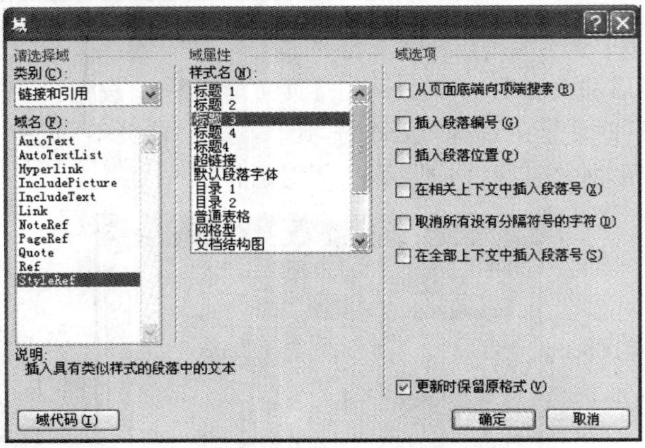

图 1.4.16 偶数页“域”设置对话框

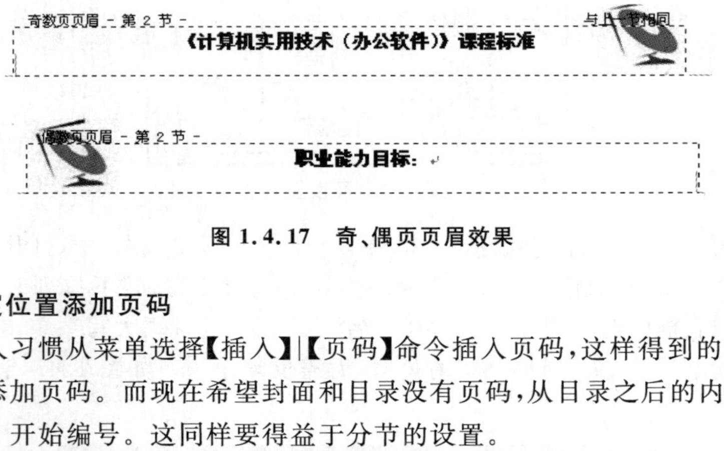

图 1.4.17 奇、偶页页眉效果

五、在指定位置添加页码

通常很多人习惯从菜单选择【插入】|【页码】命令插入页码，这样得到的页码，将会在封面和目录处都添加页码。而现在希望封面和目录没有页码，从目录之后的内容再添加页码，并且页码要从 1 开始编号。这同样要得益于分节的设置。

按【Ctrl】+【Home】快捷键快速定位到文档开始处，从菜单选择【视图】|【页眉和页脚】命令，进入“页眉和页脚”编辑状态。

【页眉和页脚】工具栏中单击“在页眉和页脚间切换”按钮 ，显示页脚区域。

注意在页脚的左上角显示有“页脚 - 第 1 节 -”的提示文字，表明当前是对第 1 节设置页脚。由于第 1 节是目录不需要在页脚区域添加页码，因此可在“页眉和页脚”工具栏中单击“显示下一项”按钮，显示并设置下一节的页脚。

在【页眉和页脚】工具栏中有一个“同前” [1] 按钮，默认情况下它处于按下状态，单击此按钮，取消“同前”设置，这时页脚右上角的“与上一节相同”提示消失，表明当前节的页脚

① 当文档中插入了分节符时，该按钮为可选状态，插入分页符时为不可选状态。

与前一节不同。

这时再插入页码，就能让页码只出现在当前节及其后的其他节。

从菜单中选择【插入】|【页码】命令，显示“页码”对话框。采用默认设置即可。单击【格式】按钮，显示“页码格式”对话框，如图 1.4.18 所示。默认情况下，“页码编排”设置为“续前节”，表示页码接续前面节的编号。如果采用此设置，则会自动计算第 1 节页数，然后在当前的第 2 节接续前面的页号，这样本节就不是从第 1 页开始了。因此需要在“页码编排”中设置“起始页码”为“1”，这样就与前面节是否有页码无关了。

第 2 节之后的其他节无需再设置页码，因为页脚的默认设置为“同前”，而且页码格式默认设置均为“续前节”，将会自动为每一节编排页码。

在“页眉和页脚”工具栏中单击【关闭】按钮，退出页脚编辑状态。

用打印预览可以查看各页页脚的设置情况，其中封面和目录没有页码，目录之后才会在每页显示页码，并且目录之后的页码从 1 开始编号。

图 1.4.18　页码设置

六、插入公式

在某些情况下，特别是在编辑一些论文的时候，文档中可能需要插入一些数学公式，例如根式公式或积分公式等。插入公式的方法如果采用常规的编辑手段自己去组合，不仅需要进行大量的格式设置，并且可能会影响版面的美观，因此，我们通常会利用 Word 中集成的公式编辑器来插入一个公式。

将鼠标定位在文档中需要插入公式的位置，单击菜单中的【插入】|【对象】命令，在【新建】选项页的【对象类型】列表中选择“Microsoft 公式 3.0”(版本可能随 Office 的版本有所变化，这里是 Word 2003 版本)，如图 1.4.19 所示。

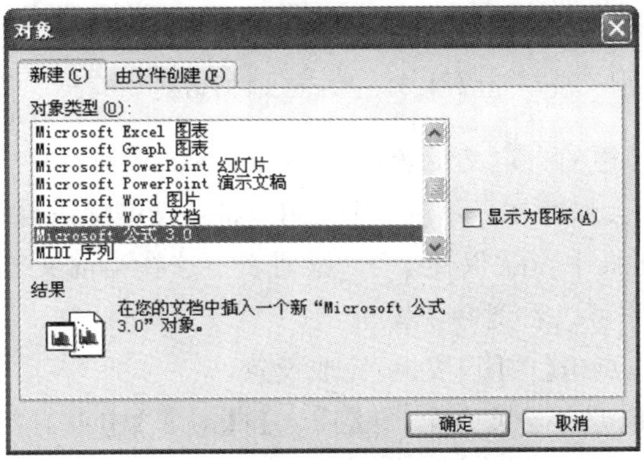

图 1.4.19　插入“对象”对话框

点击【确定】按钮，这时会进入公式编辑器的窗口，并显示一个公式工具栏，在这个窗口中，可以在公式工具栏中选择需要的公式类型并输入相关的内容，如图 1.4.20 所示。

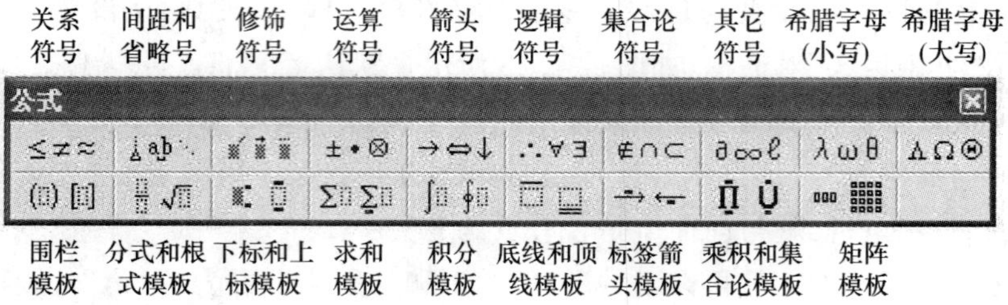

图 1.4.20 公式类型

在默认方式下，在编辑窗口的标准工具栏中没有执行插入公式功能的命令按钮，每插入一个公式都需要通过菜单进行操作，如果文档中需要插入大量的公式，显然会增加操作的步骤和重复性。如果能够将执行插入公式的命令按钮添加到工具栏中或是设置插入公式的快捷键，通过点击一下工具栏的命令按钮或按下快捷键就可以完成公式的插入，无疑会大大简化我们的操作。实现这个功能需要对工具栏进行自定义的设置。实现方法如下：

1. 点击菜单的【工具】|【自定义】命令，进入【自定义】对话框，点击“命令”选项页，在“类别”列表中选择“插入”项，在“命令”列表中点击“公式编辑器”，如图 1.4.21 所示。

2. 按住鼠标左键，拖动“公式编辑器”项目到 Word 窗口的工具栏中的相应位置上（任何一个当前显示的工具栏都可以），松开鼠标的按键，这时可以看到一个新的命令按钮出现在工具栏中。

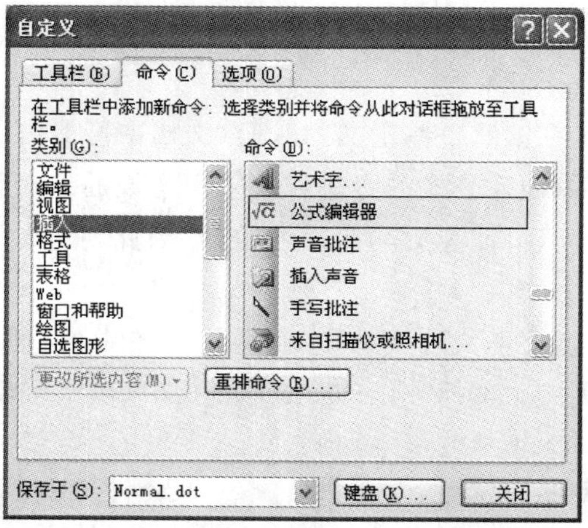

图 1.4.21 “自定义”对话框

3. 默认情况下，工具栏的自定义设置会保存在 Normal 模板中，这样下次再进入 Word 时，插入公式的命令按钮会保留在显示的工具栏中，如果仅仅将该自定义设置作用于当前的文档，需要在“命令”选项页中，在“保存于”下拉列表中选择当前文档的名称，以后只有打开当前文档时在工具栏中才可以看到命令按钮。

4. 在“自定义”窗口，点击【关闭】按钮，完成设置。

如果“Microsoft Office”没安装完全，在【插入】|【对象】中没有“Microsoft 公式 3.0”选项，通过上面的方法添加【公式编辑器】按钮也可以达到目的。单击【工具】|【自定义】命令，

将插入【公式编辑器】按钮添加到工具栏中也可以对公式进行编辑。公式编辑器合部输入格式如图 1.4.22 所示。

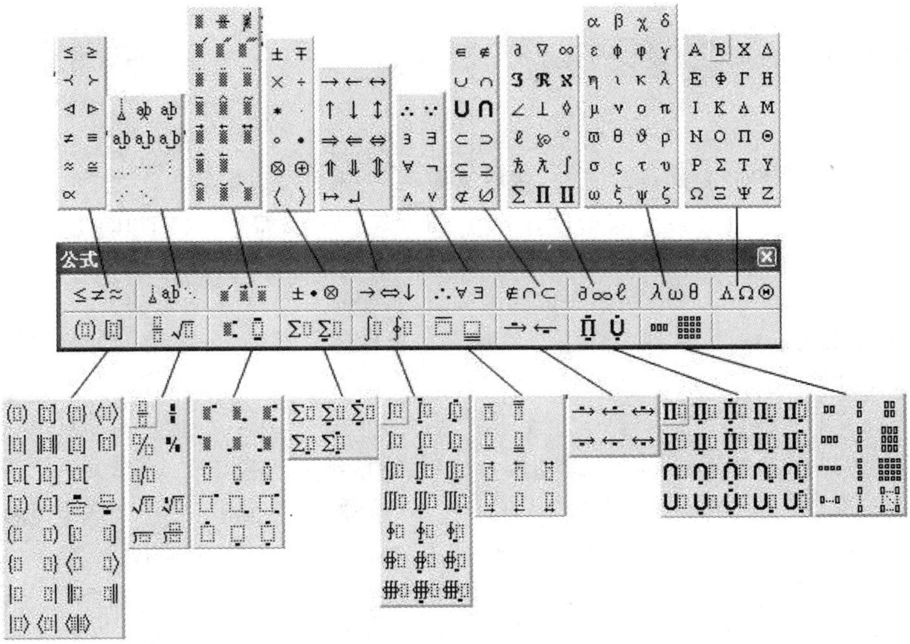

图 1.4.22 公式编辑器合部输入格式对照图

能力拓展 1.4.4

Word 提供了一系列编辑长文档的功能，正确地使用这些功能，组织和维护长文档就会变得得心应手，长文档就会变得非常有条理。不但可以独立工作，而且可以和外地的伙伴通过网络共同编辑一个文档。

在编辑长文档时，应用样式非常重要。

样式的类型

样式按不同的定义来分，可以分为字符样式和段落样式、也可以分为内置样式和自定义样式。

字符样式是指由样式名称来标识的字符格式的组合，它提供字符的字体、字号、字符间距和特殊效果等。字符样式仅作用于段落中选定的字符。

段落样式是指由样式名称来标识的一套字符格式和段落格式。包括字体、制表位、边框、段落格式等。

Word 本身自带了许多样式，称为内置样式。但有时候这些样式不能满足用户的全部要求，这时可以创建新的样式，称为自定义样式。内置样式和自定义样式在使用和修改时没有任何区别。但是用户可以删除自定义样式，却不能删除内置样式。

用户可以创建或应用下列类型的样式：

1. 段落样式：控制段落外观的所有方面，如文本对齐、制表位、行间距和边框等，也可能包括字符格式。

2. 字符样式：段落内选定文字的外观，如文字的字体、字号、加粗及倾斜格式。

3. 表格样式：可为表格的边框、阴影、对齐方式和字体提供一致的外观。

4. 列表样式：可为列表应用相似的对齐方式、编号或项目符号字符以及字体。

Word 自动翻页技巧

当在 Word 中阅读一篇较长的文章时，反复的翻页是一件很麻烦的事。其实，解决之道非常简单：

技巧 1：

1. 在 Word 中打开要阅读的文件，然后选择菜单“工具/宏/宏”。

2. 在弹出的对话框中，在“宏的位置”一栏中选择“Word 命令”，然后在“宏名”的列表框中选择“AutoScroll”并点击“运行”按钮。

3. 现在，鼠标指针会自动跳到右边的滚动条上，鼠标指针在滚动条的上半部，则向上翻页，在下半部则向下翻页，放到中部则暂停翻页。鼠标越靠近两端，滚动的速度越快。要关闭自动翻页功能，只要随便点一下鼠标，鼠标指针就会自动回到原来的位置。

技巧 2：

（与技巧 1 相似）如果经常使用此功能，可以将它添加到工具栏中，方法是：选择菜单中的【工具】|【自定义】命令，选择“命令”选项卡中的“类别”栏中选择“所有命令”，然后从“命令”框中将“AutoScroll”拖到工具栏上。此时工具栏上出现“自动滚动(A)” 自动滚动(A) 按钮。使用它时只需打开一个文本，然后点击“自动滚动”按钮，此时鼠标在文本的右侧滚动条区域会变成一个倒立的黑三角，将黑三角移动到滚动条的上部则文本自动向上滚动，移动到下半部文本则自动向下滚动，放到中部则暂停翻页。“黑三角”越靠近滚动条的两端，文本滚动的速度越快。点击鼠标左键，便自动返回到编辑状态；再次点击“自动滚动”按钮，则继续浏览文本。

技巧 3：

在长文档中，单击右边滚动条下方的“选择浏览对象” 按钮，如图 1.4.22 所示。弹出按各种方式浏览文档的方法，非常实用，如图 1.4.23 所示。

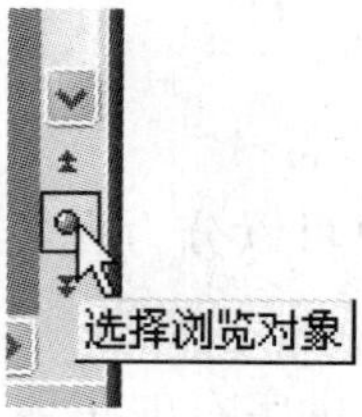

图 1.4.22

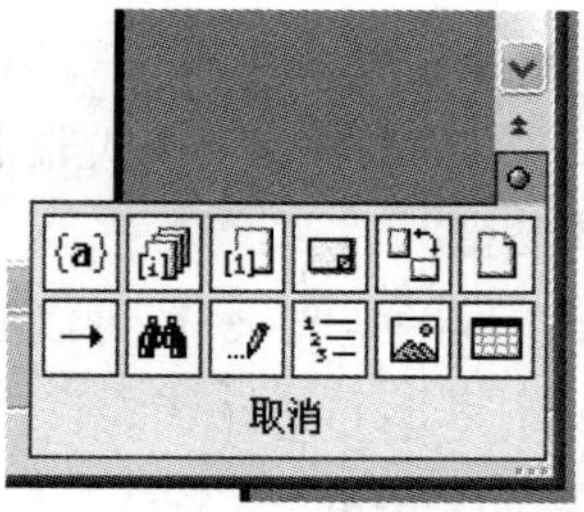

图 1.4.23

学习子情景 1.5 邮件合并 插入动画

任务描述 1.5.1

本案有两个任务，一是通过邮件合并批量生成补考证。首先制作一个如图 1.5.1 所示的补考证书，然后通过“邮件合并”功能，将数据中的数据及照片合并到补考证书中。

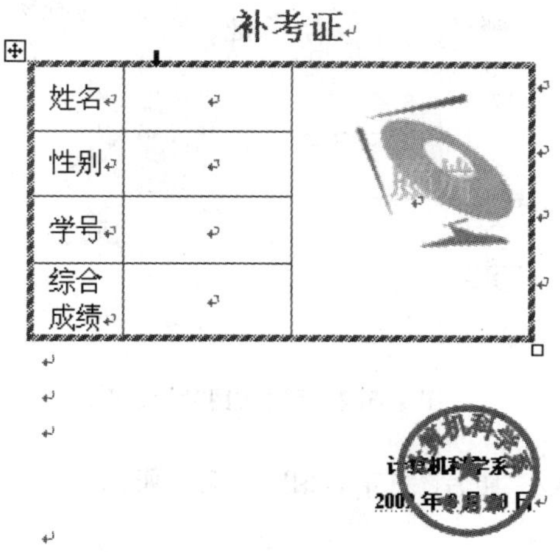

图 1.5.1　补考证样张

二是通过添加控件，在 Word 中插入动画，使文档更丰富多彩，而且还会体会到 Word 显示动画的强大的功能。

知识要点 1.5.2

- 创建补考证书主文档
- 制作公章
- 邮件合并
- 插入 Flash 动画
- 插入 GIF 动画

任务实施 1.5.3

案例 1　批量制作补考证(邮件合并)

邮件合并过程主要分四部分进行，分别为创建主控文档、指定数据源、插入合并域和邮件合并。本案例按照这四个步骤，首先利用前面所学的文档编辑与修饰的方法来制作一个补考证书，再利用“邮件合并”功能将数据源中的数据合并到补考证书中，并且要将补考同学的照片合并到补考证书中。

一、创建主控文档(补考证书模板)

1. 新建一个文件名为“补考证”的文档。“纸张大小”为“自定义纸张”，“高度”、“宽度”均为“14 厘米”，页边距默认。

2. 插入一张表格，设置边框线，输入表格中内容。右边方框是插入照片位置，如图 1.5.1 所示。

3. 插入背景。单击菜单中的【格式】|【背景】|【水印】命令，在“水印”对话框中单击“图片水印”，单击【选择图片(P)…】按钮，在对话框中找到相应的图片，去掉“冲蚀”的小勾，“缩放”为“自动”，如图 1.5.2 所示，把图片拖到右边矩形框中。

补考证

姓名		
性别		
学号		
综合成绩		

图 1.5.2 “插入图片”效果

4. 在右边矩形框中输入“照片”二字，如图 1.5.2 所示。

5. 制作印章

1）单击“绘图”工具栏中的圆圈按钮，按住“Shift”键，画一个正圆，将该圆的线条颜色设置为“红色”，“填充”颜色设置为“无色”，线条“粗细”为“2.25 磅”，调整大小为合适。

2）插入艺术字，“艺术字样式”为第 1 行、第 1 列样式，输入“计算机科学系”，艺术字形状为“细上弯弧”，填充色为“红色”，线条颜色为“红色”。调整艺术字形状，移动到圆中，调整好位置。插入艺术字“专用章”，调整大小。

3）插入“五角星”，单击“自选图形”工具栏上的【自选图形】|【星与旗帜】下的五角星，插入“五角星”，“线条”颜色为“无色”，“填充颜色”设置为“红色”，将五角星置于圆的正中，如图 1.5.3 右图所示。

图 1.5.3 水印设置和插入五角星

4）选中以上的正圆、艺术字和五角星图形，单击“绘图”工具栏中的组合按钮将三者组合为一个整体即可。

二、建立数据源

新建 1 个 Word 文档，插入一张表格（不要标题），表头为“学号”、“姓名”、“性别”、“综合成绩”、“照片”，输入表格内容（注：照片下面的数据为存放照片的地址，但路径为双斜线），如图 1.5.4 所示保存名为“数据”（注意：每个同学的照片，按一定的顺序进行编号，照片的编号顺序可以根据学生的学号编排，不易不出错）。

学号	姓名	性别	综合成绩	照片
11	张三	女	56	D:\ch\编书\WORD\情景 5\照片\11.gif
22	李四	男	45	D:\ch\编书\WORD\情景 5\照片\22.gif
33	王五	男	30	D:\ch\编书\WORD\情景 5\照片\33.gif
44	赵六	男	59	D:\ch\编书\WORD\情景 5\照片\44.gif
55	章一	女	55	D:\ch\编书\WORD\情景 5\照片\55.gif
66	伍二	男	57	D:\ch\编书\WORD\情景 5\照片\66.gif
77	吴七	男	61	D:\ch\编书\WORD\情景 5\照片\77.gif

图 1.5.4　Word 文档截图

三、邮件合并

1. 打开刚制作的“补考证模板”，选择菜单中的【工具】|【信函与邮件】|【邮件合并】命令，弹出“邮件合并”任务窗格，如图 1.5.5 所示。

2. 在“邮件合并”任务窗格中，选择文档类型为“信函”，单击任务窗格下方的“下一步：正在启动文档”。

3. 在图“1.5.6”所示的“选择开始文档”任务窗格中选择“使用当前文档”，单击任务窗格下方的“下一步：选取收件人”。

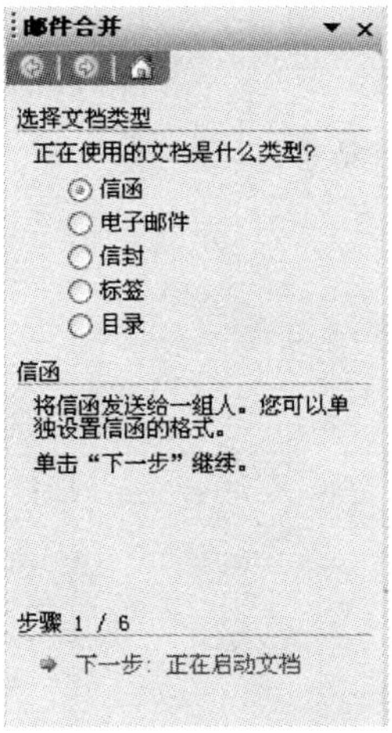

图 1.5.5　邮件合并任务窗格

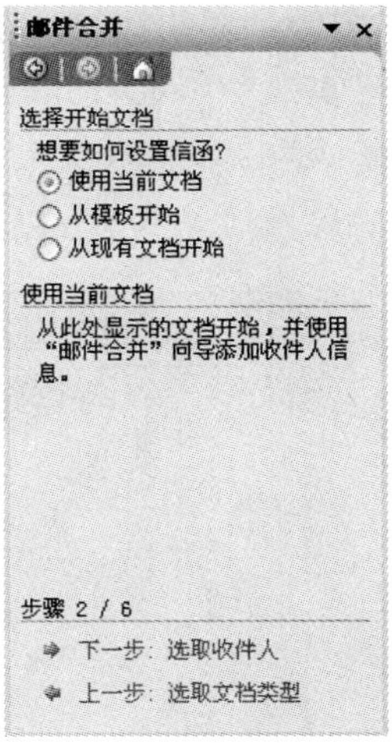

图 1.5.6　选择开始文档

4. 单击“下一步：选取收件人”任务窗格，单击“浏览”，找到刚才建立的“数据”文件，或以前已有的数据文件，如图 1.5.7 所示。

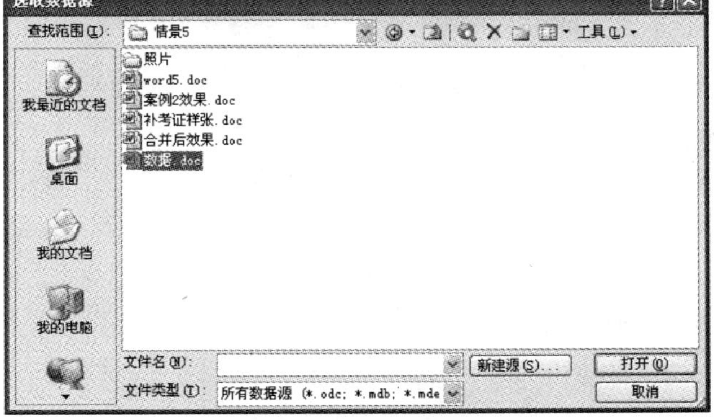

图 1.5.7　“选取数据源”对话框

5. 单击【打开】按钮，出现如图 1.5.8 所示的“邮件合并收件人”列表。或单击任务窗格中的“编辑收件人列表…”，也会出现图 1.5.8 所示的列表。

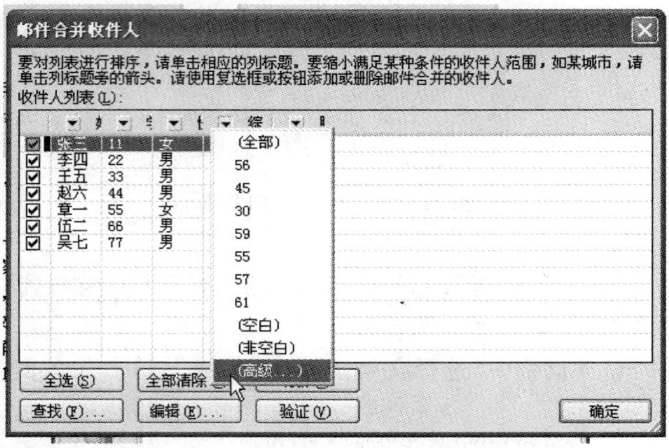

图 1.5.8 收件人列表

6. 因本案例是有条件的邮件合并，是给不及格的人发补考证。单击“综合成绩”字段下拉列表，选择“高级…”，在打开的“查询选项”中的“域”选“综合成绩”，“比较条件”选“小于”，“比较对象”输入“60”，如图 1.5.9 所示，单击【确定】按钮。这时回到“邮件合并收件人”列表，观察发现“综合成绩”60 分以上的记录筛选掉了。

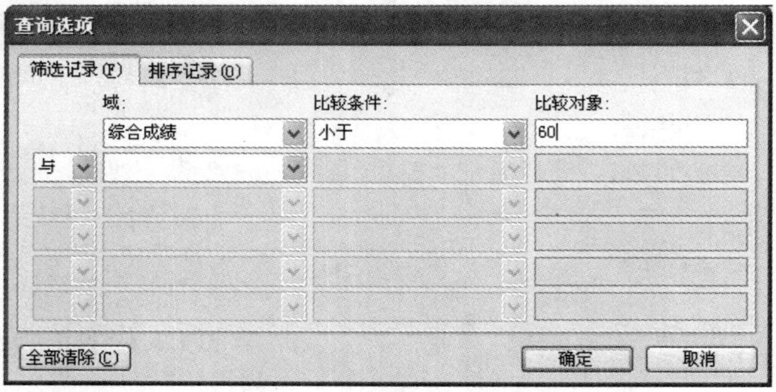

图 1.5.9 “查询选项”对话框

7. 插入合并域

1) 光标定位在需要插入数据的位置，单击“邮件合并”工具栏中的【插入合并域】按钮，或单击任务窗格中的“撰写信函”中的“其他项目”，都会出现“插入合并域”对话框，如图 1.5.10 所示。

2) 单击【插入合并域】对话框中的“插入”选项中【数据库域】按钮，在下拉菜单中单击相应的选项，将它们一项项地插入到“补考证”的相关位置，如图 1.5.11 所示。

3) 插入(照片)合并域，将标定位于照片矩形框内，按“Ctrl+F9”插入域，在其中输入“INCLUDEPICTURE"{MERGEFIELD"照片"}""(不含外边引号)，注意其中的大括号也是通过按“Ctrl+F9”来插入的。

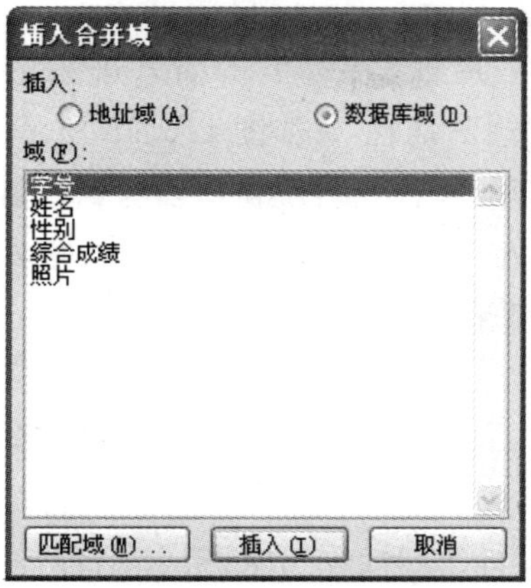

图 1.5.10　插入合并域对话框

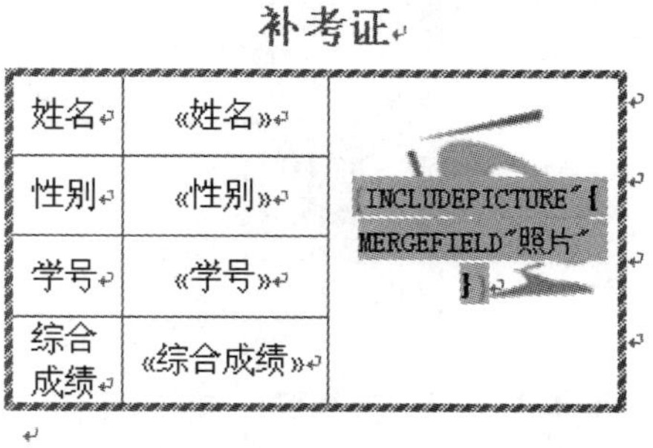

图 1.5.11　插入合并域后

8. 邮件合并。单击“邮件合并”工具栏上的【合并到新文档】按钮，或直接单击任务窗格中的【下一步：预览信函】|【编辑个人信函】，都会弹出“合并到新文档”对话框，如图 1.5.12 所示。选择“全部”，单击【确定】按钮，合并后的新文档“批量补考证”制作完成了。如若新生成的文档中没有显示照片或所有的照片显示的是一个人，没关系，你可以按“Ctrl＋A”全选，然后按 F9 键对文档进行刷新。还不行，你只有把这个文档先保存关闭了，然后再打开，全选，按 F9 键对文档进行刷新就可以了。

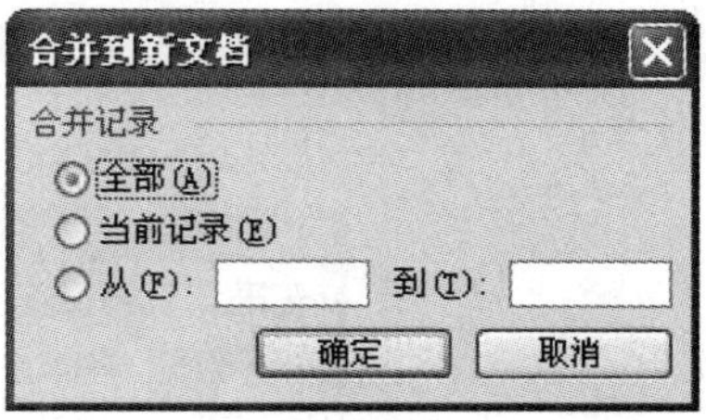

图 1.5.12　“合并到新文档”对话框

案例 2　插入动画

一般情况下，在 Word 中都插入静止的图像，有时为了让 Word 的版面活跃一点，也可以插入一些动画图片，如 Flash 动画和 GIF 动画等，见《插入“动画效果”》样张所示。

一、插入 Flash 动画

1. 新建 Word 文档并保存。

2. 单击菜单【视图】|【工具栏】|【控件工具箱】命令，打开“控件工具箱”工具栏，如图 1.5.13 所示。

3. 单击【控件工具箱】工具栏上的“其他控件”按钮，打开“其他控件”列表，选择列表中的工“Shockwave Flash Object”，如图 1.5.14 所示。

图 1.5.13　控件工具栏

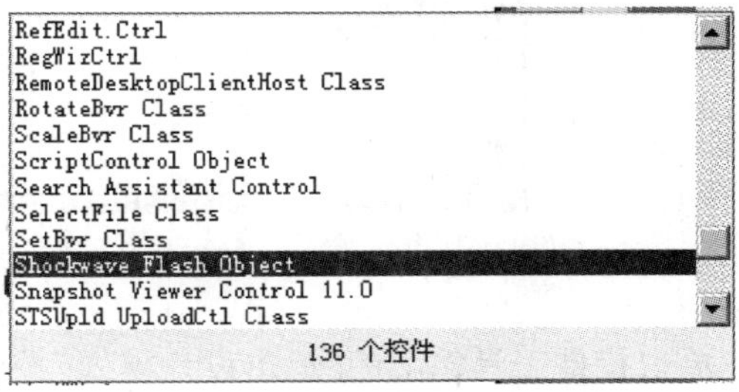

图 1.5.14　控件列表

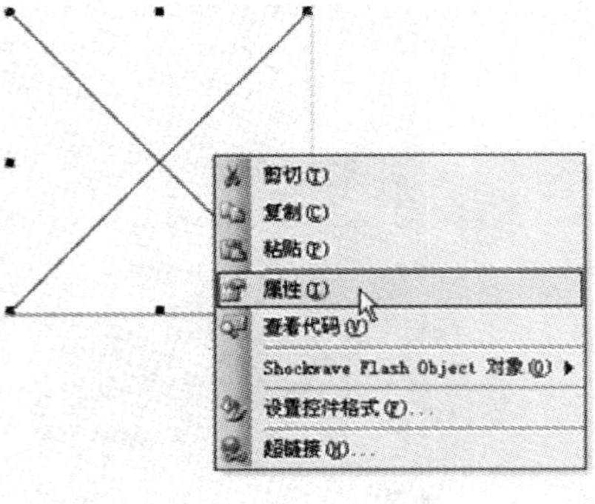

图 1.5.15　插入 Flash 控件

4. 此时在 Word 文档窗口中就插入 1 个播放 Flash 动画的矩形框，右键单击插入进来的 Flash 播放控件框，选择“属性”，如图 1.5.15 所示。

5. 在打开的控件“属性”窗口，在【属性】窗口的“Movie”栏输入 Flash 动画的路径及文件名，需要用绝对路径，可采用以下两种：

1）假如在 D 盘“ch”文件夹下，文件名是“钟.swf”：“file:///D:/CH/编书/WORD/情景 5/钟.swf ”。

2）“D:\CH\编书\WORE\情景 5\钟.SWF”。

6. 将“EmbedMovie”项设置为“True”，使 Flash 嵌入到 Word 中。“Height”“和“Width”分别为 Flash 的高和宽。“Scale”默认为 ShowAll，为缩放模式，始终显示 Flash 中的所有内容，如图 1.5.16 所示。如果改为 NoScale，则始终按 1∶1 比例，不会缩放 Flash 中的内容。

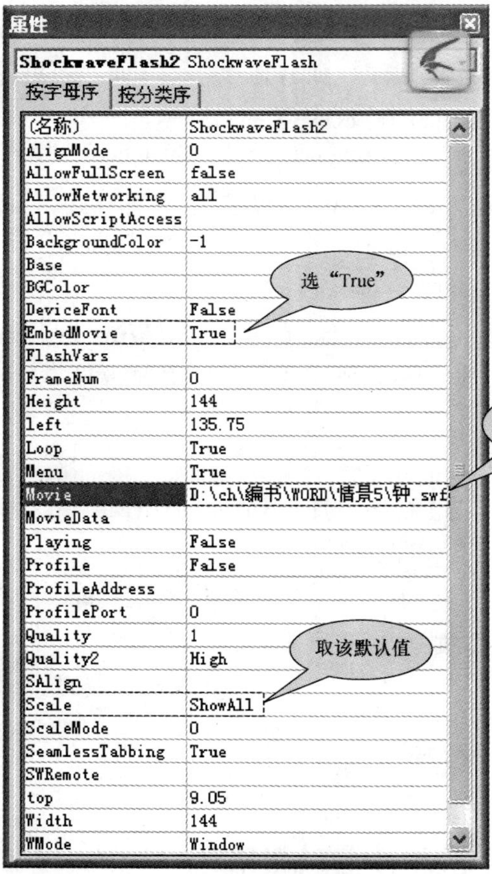

图 1.5.16　“属性”设置

7. 单击控件工具箱上的“退出设计模式”按钮，在 Word 中即可播放 Flash 了。再次按下该按钮则暂停播放，进入设计模式。如当时未显示 Flash，请保存退出 Word，再打开该

Word 文档,单击"退出设计模式"按钮即可看到 Flash 动画了,同样可以设置该对象的环绕方式,使它和其他内容融为一体。

二、插入 GIF 动画

1. 将网上下载的控件文件"AniGIF. ocx"复制到"C:\WINDOWS\system32"中,或自己指定一个位置。

2. 新建 Word 文档并保存。

3. 单击菜单中的【视图】|【工具栏】|【控件工具箱】命令,如图 1.5.13 所示。

4. 在【控件工具箱】中最下方,单击【其他控件】按钮,选择列表,弹出控件列表框,拖动滚动条选择最后的"注册自定义控件",如图 1.5.17 所示。弹出"注册自定义控件"对话框。在"注册自定义控件"对话框中,选择刚刚下载的 GIF 动画控件文件"AniGIF. ocx",或素材中下载好的"AniGIF. ocx"文件,如图 1.5.18,单击【确定】按钮。这时,会弹出一个询问控件来源是否可靠的对话框,单击"是"按钮,控件注册完成。

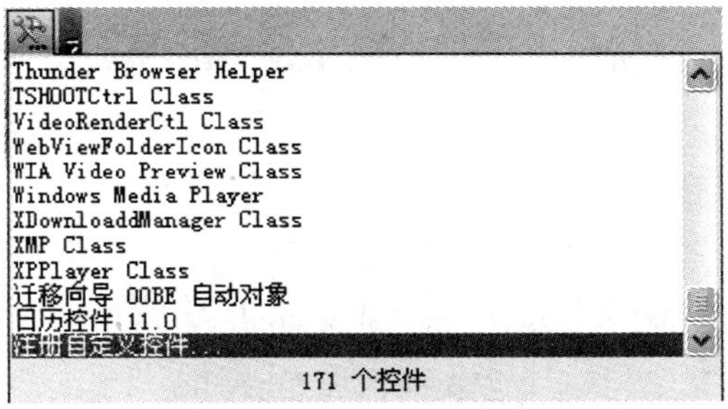

图 1.5.17　注册自定义控件

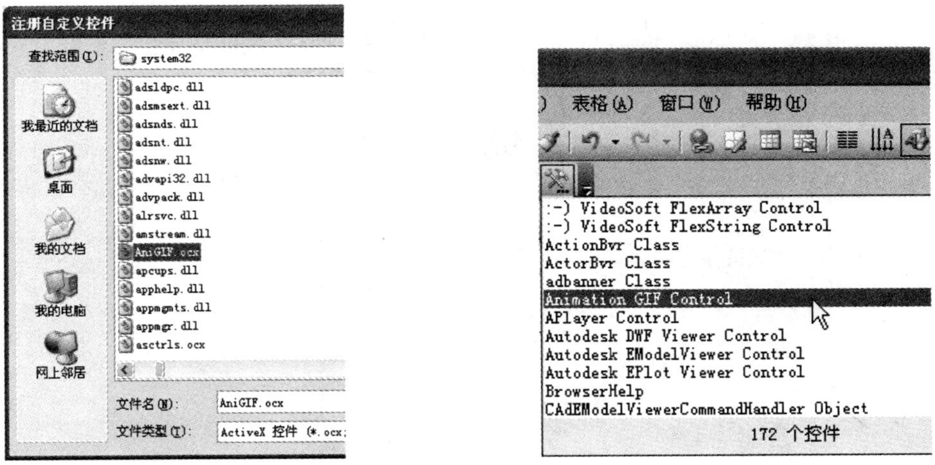

图 1.5.18　注册自定义控件

5. 注册完后,在控件列表中增加了"Animation GIF Control"控件命令,如图 1.5.18 所示。

6. 单击列表中的"Animation GIF Control"探控件命令,在文本中插入 1 个播放 GIF 动画的矩形框,右键单击插入进来的 GIF 播放控件框,弹出快捷菜单,如图1.5.19 所示。

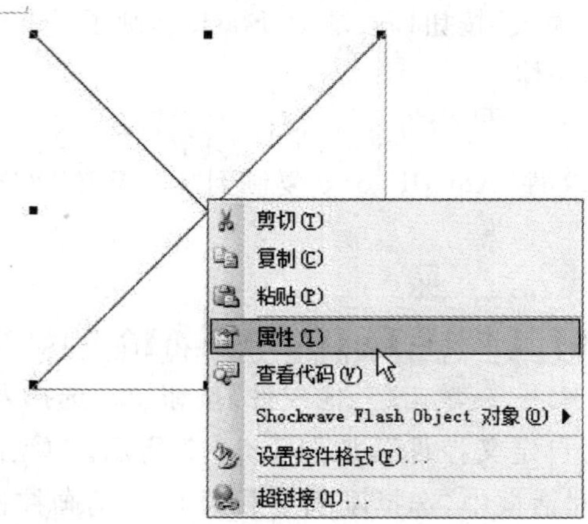

图 1.5.19 插入 GIF 控件

7. 单击属性设置框。可以看到“GIF”后面显示的是“No GIF”。将光标定位至“No GIF”文本框中，此时会看到右侧出现了“...”的字样，如图 1.5.20 所示。单击打开“属性页”对话框，通过“Browse”按钮指定需要插入的.gif 动画文件，如图 1.5.21 所示，我们已经可以在这里看到相关的预览内容。在 BackColor 中选择为“窗口背景(白色)”，在“AutoSize”右侧栏，选择“True”，对象按实际大小显示，最后单击控件工具栏中的“设计模式”按钮退出编辑状态，插入的 GIF 动画动起来(见“素材”学习子情景 1.5“插入动画效果”样张)。

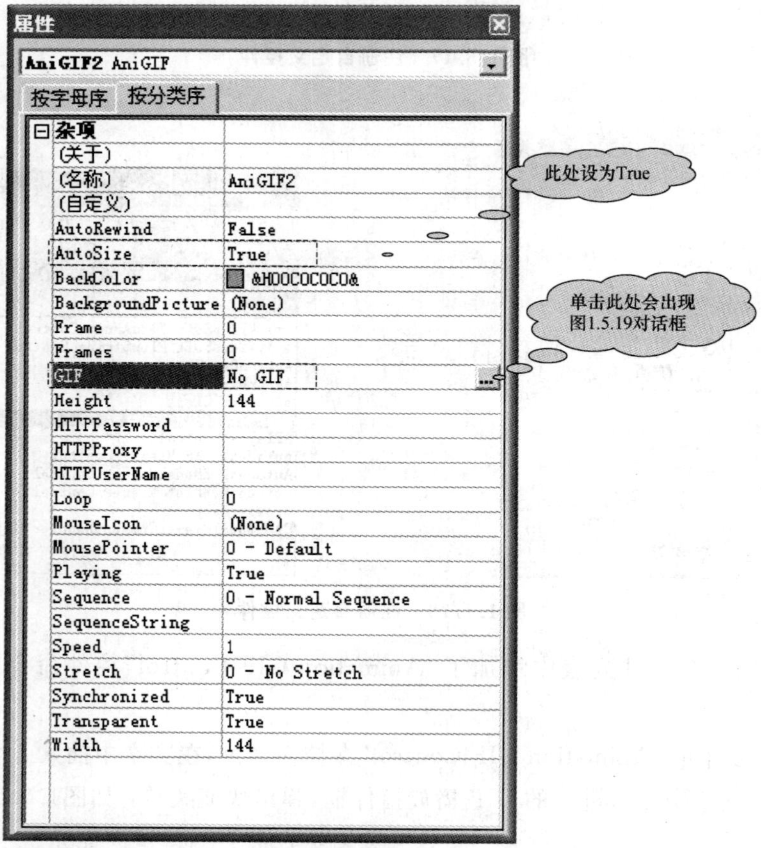

图 1.5.20 “属性”选项

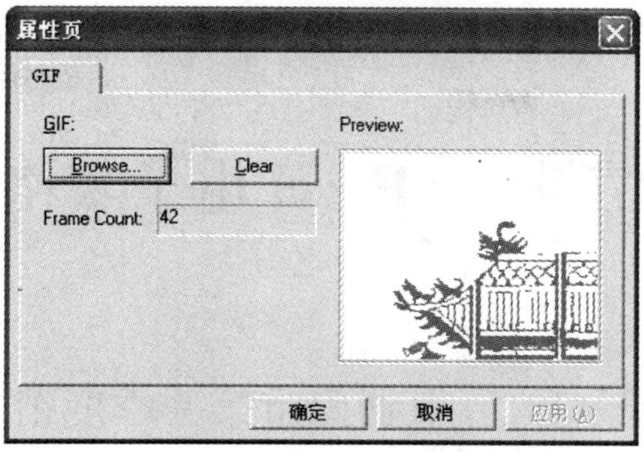
属性页
GIF
GIF:
Browse...
Clear
Frame Count:
42
Preview:
确定
取消
应用(A)

图 1.5.21　插入 GIF 文件

三、阅读和编辑插有控件的文档

打开插有 Flash 动画的文档，单击“控件工具箱”中的“退出设计模式”按钮，在 Word 中即可播放 Flash 了。打开插有 GIF 动画的文档会出现一个对话框，如图 1.5.22 所示。

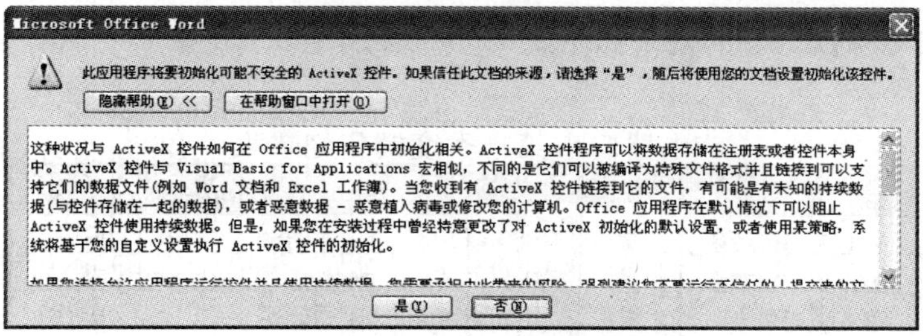
Microsoft Office Word
此应用程序将要初始化可能不安全的 ActiveX 控件。如果信任此文档的来源，请选择“是”，随后将使用您的文档设置初始化该控件。
隐藏帮助(E) <<
在帮助窗口中打开(O)
这种状况与 ActiveX 控件如何在 Office 应用程序中初始化相关。ActiveX 控件程序可以将数据存储在注册表或者控件本身中。ActiveX 控件与 Visual Basic for Applications 宏相似，不同的是它们可以被编译为特殊文件格式并且链接到可以支持它们的数据文件(例如 Word 文档和 Excel 工作簿)。当您收到有 ActiveX 控件链接到它的文件，有可能是有未知的持续数据(与控件存储在一起的数据)，或者恶意数据 - 恶意植入病毒或修改您的计算机。Office 应用程序在默认情况下可以阻止 ActiveX 控件使用持续数据。但是，如果您在安装过程中曾经特意更改了对 ActiveX 初始化的默认设置，或者使用某策略，系统将基于您的自定义设置执行 ActiveX 控件的初始化。
是(Y)
否(N)

图 1.5.22

单击【是】按钮，然后在 Word 文档中单击“控件工具箱”中的“退出设计模式”按钮即可播放 GIF 动画了。

能力拓展 1.5.4

邮件合并功能非常强大，“插入 Word 域”的功能可以先对数据进行处理(逻辑算术运算格式化等)然后插入，比如要打印英语证书，可以设置分数小于 60 打印“不及格”，60 和 80 之间打印“及格”，80 以上打印“优秀”等，这些内容由各位读者自行挖掘。

1. 用 Word 制作信封样张，纸张“32 开”，如图 1.5.23 所示。再利用邮件合并，分发给要参加补考的同学。

帖邮
票处
计算机科学系
电话：023-12345678　传真：12345678
邮政编码：111111

图 1.5.23　信封样张

2. 插入动画。

学习情景 2　Excel 电子表格处理

学习子情景 2.1　电器门市第一季度销售记录表

任务描述 2.1.1

在本案例中，我们将通过制作“电器门市第一季度销售记录表”来学习 Excel 2003 表格的基本操作。表格的基本操作主要包括建立表格、输入数据、编辑表格、表格计算、格式化表格和工作表输出等操作。总的效果如图 2.1.1 所示。

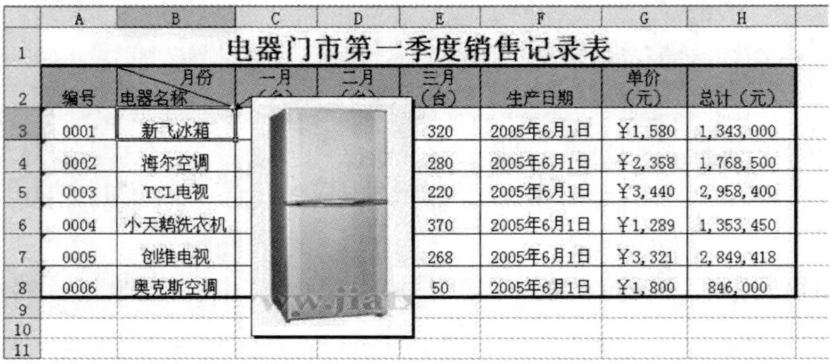

	A	B	C	D	E	F	G	H
1	电器门市第一季度销售记录表							
2	编号	月份 电器名称	一月	二月	三月（台）	生产日期	单价（元）	总计（元）
3	0001	新飞冰箱			320	2005年6月1日	￥1,580	1,343,000
4	0002	海尔空调			280	2005年6月1日	￥2,358	1,768,500
5	0003	TCL电视			220	2005年6月1日	￥3,440	2,958,400
6	0004	小天鹅洗衣机			370	2005年6月1日	￥1,289	1,353,450
7	0005	创维电视			268	2005年6月1日	￥3,321	2,849,418
8	0006	奥克斯空调			50	2005年6月1日	￥1,800	846,000
9								
10								
11								

图 2.1.1　“电器门市第一季度销售记录表”效果图

知识要点 2.1.2

- 建立表格
- 输入数据
  - ◇ 工作表表头数据的输入
  - ◇ 自动填充序列数据
  - ◇ 复杂序列数据填充
- 编辑工作表
  - ◇ 单元格数据修改
  - ◇ 插入行、列
  - ◇ 删除插入行、列
  - ◇ 行、列移动
  - ◇ 插入批注
  - ◇ 单元格的插入与删除

◇ 单元格中公式的编辑和计算

☞ 格式化操作

◇ 单元格数据对齐设置式

◇ 单元格数据字体、字号、颜色等设置

◇ 表格边框线、底纹设置

☞ 工作表的输出

◇ 打印预览

◇ 打印标题设置

任务实施 2.1.3

案例 1　电器门市第一季度销售记录表

一、建立表格

本案例的工作目标是建立一张“电器门市第一季度销售记录表”，输入销售记录数据并进行简单的计算。

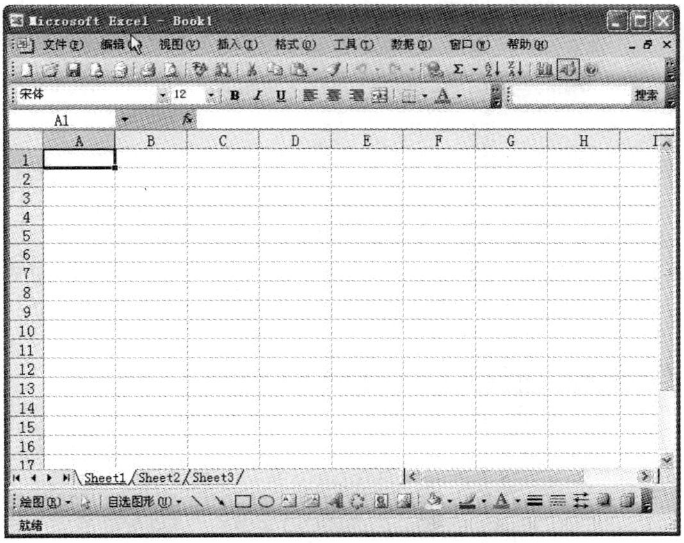

图 2.1.2　新建表格

启动 Excel 2003 后，出现如图 2.1.2 所示的工作界面，此时，可在窗口直接输入数据，建立工作表。如果需要重新建立一个新的工作表文件，可单击常用工具栏上的“新建”按钮，或选择【文件】菜单中的“新建”命令。

二、输入数据

Excel 2003 中，既可以输入数字，也可以输入汉字、英文、标点和一些特殊符号等。在输入数据时，应先选择需要输入数据的单元格，然后在该单元格内输入数据。

（一）表头数据输入

1. 选择 A1 单元格，输入标题“电器门市第一季度销售记录表”。

2. 在 A2∶H2 区域的单元格中依次输入表头项目“编号”、“月份电器名称”、“一月(台)”、“二月(台)”、“三月(台)”、“生产日期”、“单价(元)”、“总计(元)”，如图 2.1.3 所示。

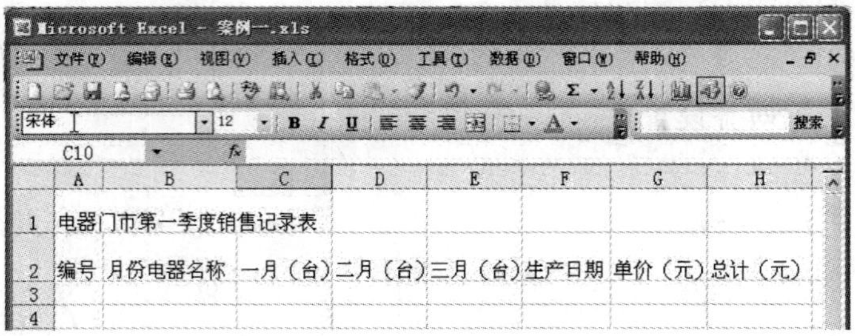

图 2.1.3 表头数据输入

3. 双击 B2 单元格中，将光标移到“月份”与“电器名称”之间，按下“Alt＋Enter”，就实现了在 B2 单元格中换行。用同样的方法，实现 C2、D2、E2、G2 同一单元格中换行，如图2.1.4所示。

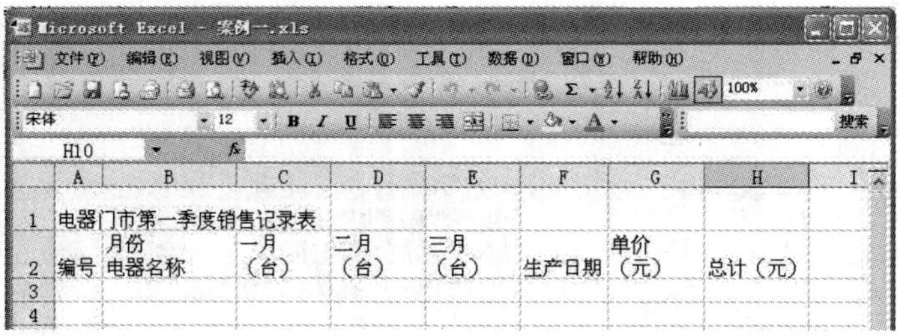

图 2.1.4 同一单元格中换行

4）选中 B2 单元格，单击【格式】菜单中的“单元格格式”命令，在如图 2.1.5 所示对话框中单击“边框”选项卡，单击最后一个“斜线”按钮。再通过增添空格，就实现了斜线表头的输入，如图2.1.6所示。

图 2.1.5 边框设置

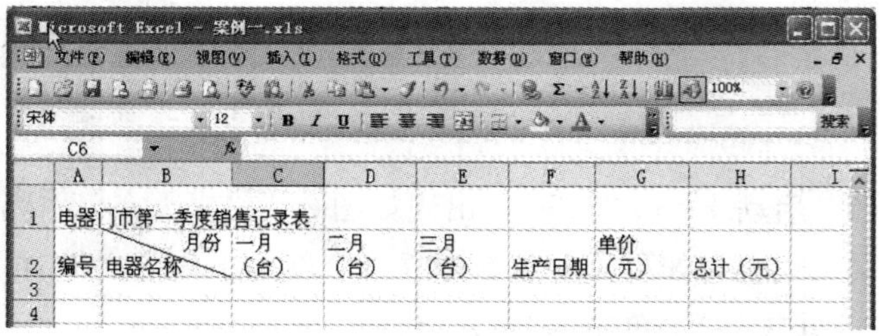

图 2.1.6 斜线表头

（二）自动填充序列数据

如果在相邻两个单元格中输入的数据为有序序列，可以通过拖动填充柄来进行数据填充。具体操作如下：

1. 在 A3 和 A4 单元格中分别输入“0001”、“0002”。

提示： 为了留住数值 1 前面的三个 0，有两种方法，方法一，先输入单引号（英文标点符号）再输入 0001，比如：’0001；方法二：将该单元格设置为“文本”格式，再输入 0001。

2. 同时选中A3：A4单元格，移动鼠标至A4单元格右下角。

3. 当鼠标指针变成"＋"形状时，按下鼠标左键往下拖至A8单元格后松开鼠标，完成"编号"列数据的输入，如图2.1.7所示。

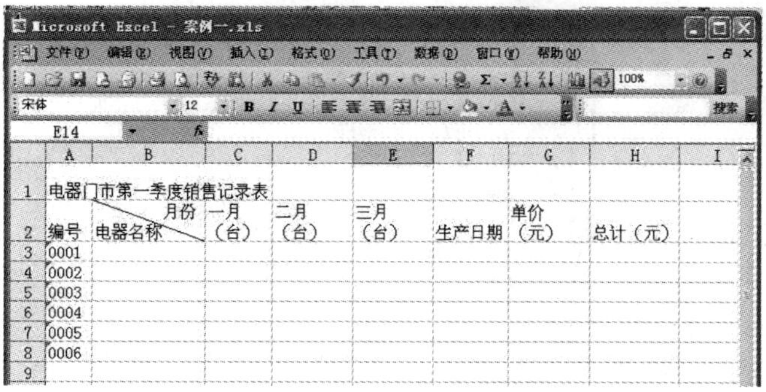

图2.1.7 自动序列填充

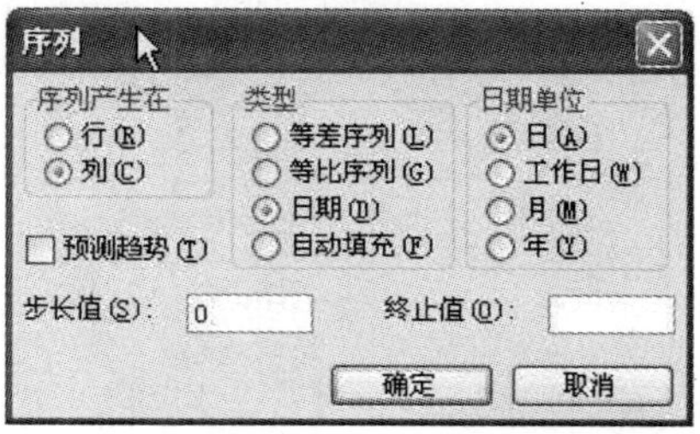

图2.1.8 复杂序列数据填充

（三）复杂序列数据填充

除了利用填充柄可以填充有序序列外，Excel 2003还提供了对等差数列、等比数列、日期等复杂序列数据的自动填充功能，具体操作如下：

1. 在F3单元格输入数据"2005年6月1日"。

2. 选定F3：F8单元格区域。

3. 单击【编辑】菜单中的"填充"级联菜单下的"序列"命令，打开"序列"对话框，如图2.1.8所示。

4. 在"序列产生在"区域中选中"列"，在"类型"区域中选中"日期"，在"步长值"文本框中输入数值"0"。

5. 单击"确定"按钮完成设置。

提示：如果没有选定需要填充的单元格区域，在【序列】对话框的"终止值"文本框中必须输入终止值。

三、编辑工作表

Excel 2003工作表的编辑主要包括单元格错误数据的修改；工作表行和列的插入、删除、移动；单元格的插入、删除；工作表的移动、复制、删除等操作。

（一）修改单元格数据

在单元格中修改输入错误的数据是最常见的操作，通常用下面两种方法来修改：

1. 选定需要更改数据的单元格，直接输入正确的数据就可以覆盖原来的数据。

2. 双击要更改数据的单元格，可对原有的数据进行插入、修改或删除操作。

（二）插入行、列

在制作工作表时，有时需要插入一行或几行，有时也需要插入一列或几列。具体操作如下：

1. 选中"生产日期"列。

2. 单击鼠标右键，在打开的快捷菜单中选择"插入"命令，即可在"生产日期"列的左侧插入一列。如图2.1.9和图2.1.10所示。

插入行的操作同上，在此就不再多述了。

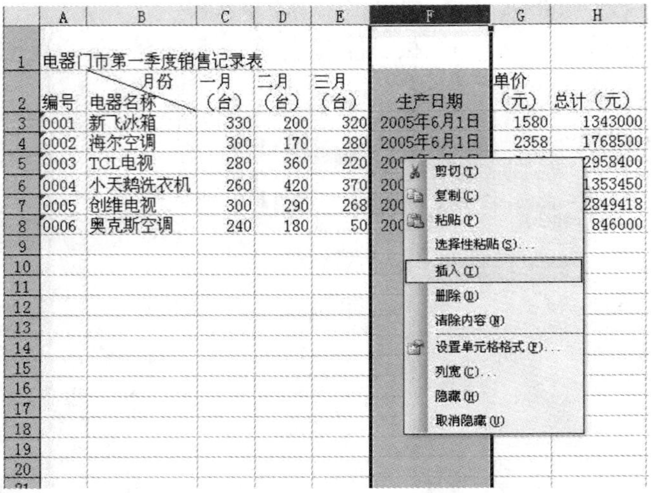

图 2.1.9　“插入”快捷菜单

图 2.1.10　“列”插入

提示：如果要插入多行或多列，就选择所需要插入的行数或列数相等的行或列，然后进行上述插入操作。

（三）删除插入行、列

1. 选中要删除的列。

2. 单击鼠标右键，在打开的快捷菜单中选择“删除”命令，即可删除所选列。

删除行是同样的操作：选中要删除的行，单击鼠标右键，在打开的快捷菜单中选择“删除”命令，即可删除所选行。

（四）插入批注

1. 选中 B3 单元格，单击【插入】菜单中的“批注”命令，在如图 2.1.11 所示框中选中批注（单击批注边框线），再右击出现图 2.1.12 的快捷菜单。

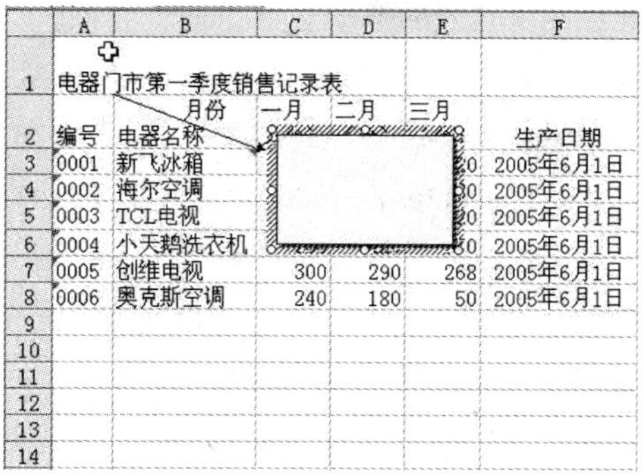

图 2.1.11　插入批注

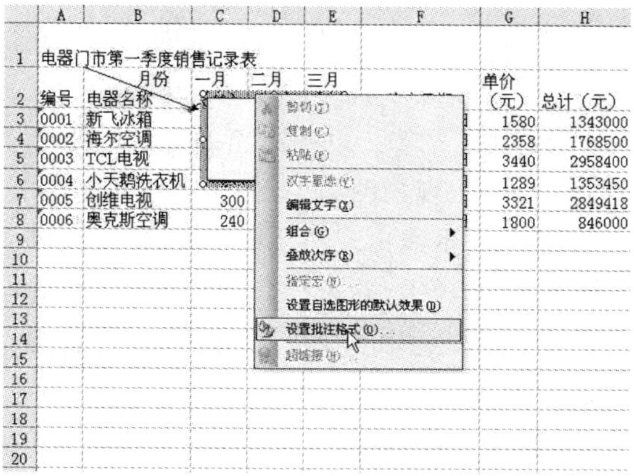

图 2.1.12　设置批注格式

2. 在图 2.1.12 中,单击“设置批注格式”命令,单击“颜色与线色”选项卡,如图 2.1.13 所示。

图 2.1.13　设置“颜色与线条”

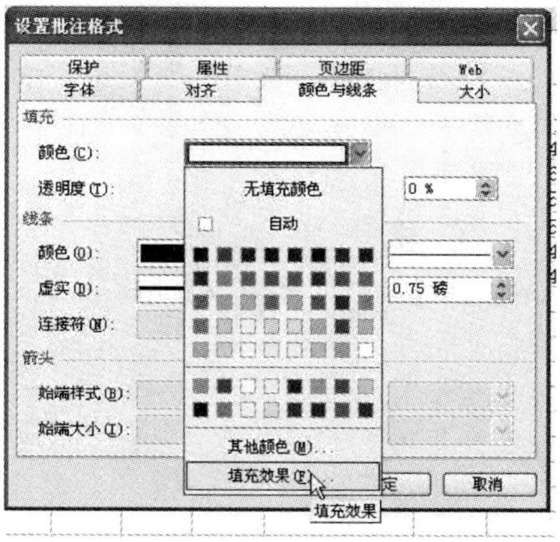

图 2.1.14　填充效果

3. 在图 2.1.13 中，单击“填充”“颜色”右侧的下拉按钮,如图 2.1.14 所示。

4. 在图 2.1.14 中，单击“填充效果”,如图 2.1.15 所示。

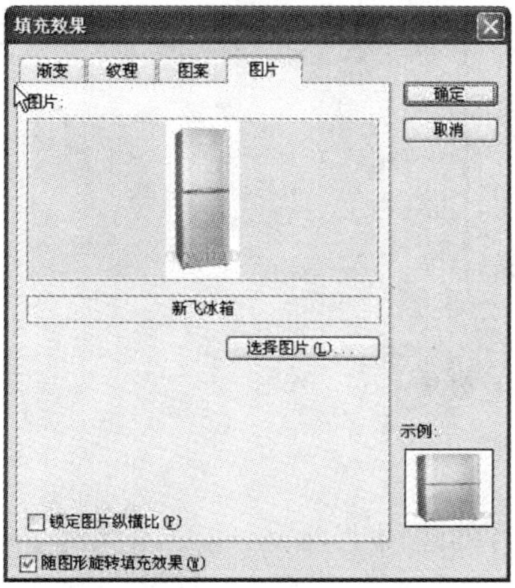

图 2.1.15　选择图片

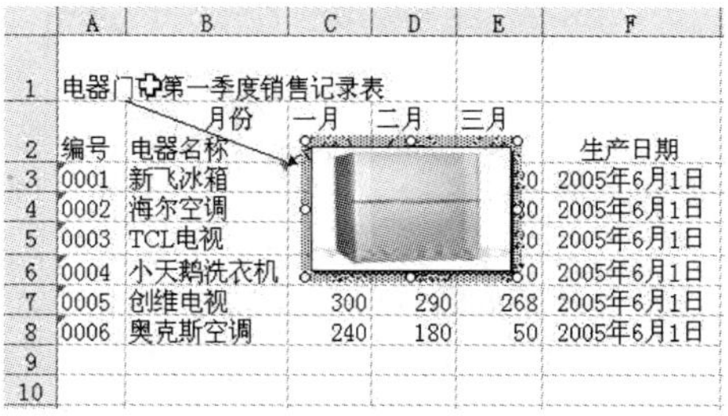

图 2.1.16　批注中插入图片

5. 在如图 2.1.15 所示对话框中，单击“图片”选项卡，单击“选择图片”按钮，在指定路径下选择“新飞冰箱”图片。单击“确定”按钮。效果如图 2.1.16 所示。

6. 在图 2.1.16 中，冰箱的形状已变形，可以通过改变批注的大小来修正。选中 B3 单元格，右击出现如图 2.1.17 所示的快捷菜单，单击“编辑批注”命令，出现图 2.1.11 所示，再右击批注边框线出现图 2.1.12 的快捷菜单。在图 2.1.12 中，单击“设置批注格式”命令，单击“大小”选项卡，并进行“高度”和“宽度”的设置，如图 2.1.18 所示，单击“确定”按钮。

7. 当鼠标指针移到 B3 单元格时，就出现如图 2.1.19 所示的批注效果，就是该冰箱的外观式样。

提示： 在 B3 单元格中添加了批注，故在该单元格的右上方有一个红色实心三角形符号，但此符号是打印不出来的。

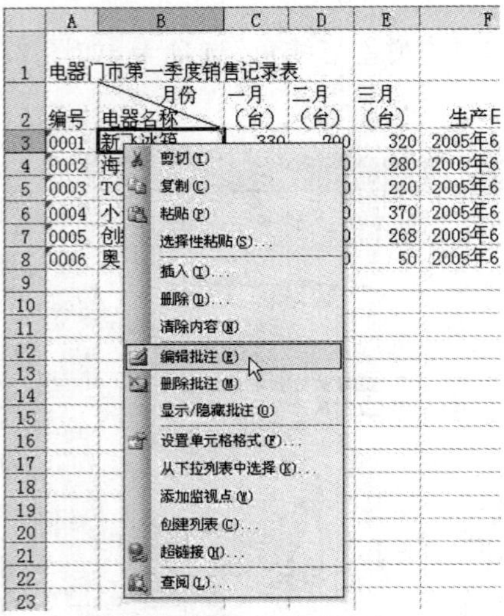

图 2.1.17 编辑批注

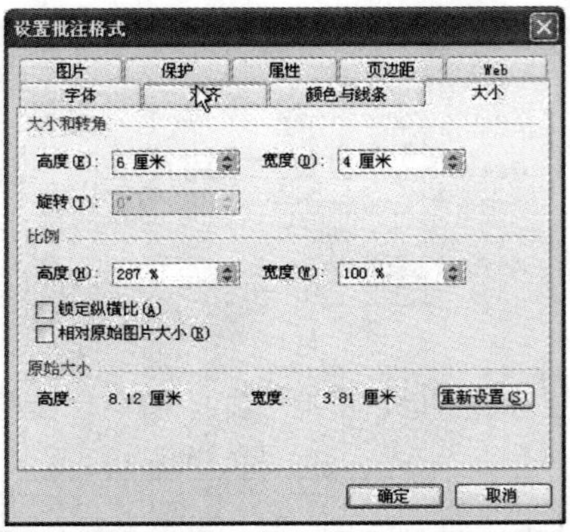

图 2.1.18 设置批注大小

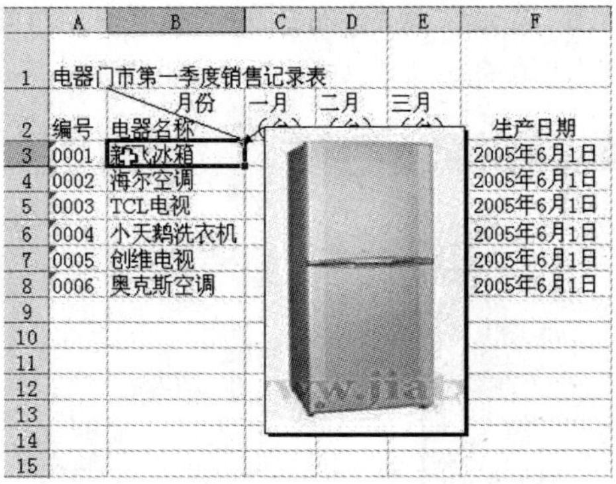

图 2.1.19 批注插入图片效果

（五）行、列移动

1. 选中第六行（单击行号“6”），将鼠标移到第六行的边线上，当鼠标变成双向十字箭头时，如图 2.1.20 所示，同时按住“Shitf”上档键拖动鼠标到最后一行，再松开。就达到如图

2.1.21 所示的效果，将第六行移到最后一行。

2. 对列的移动操作，同行移动。选中要移动的列(单击列号，即字母)，将鼠移到列的边线上，当鼠标变成双向十字箭头时，同时按住 Shitf 上档键拖动鼠标到你满意的位置，再松开。

	A	B	C	D	E	F	G	H
1	电器门市第一季度销售记录表							
2	编号	月份 电器名称	一月（台）	二月（台）	三月（台）	生产日期	单价（元）	总计（元）
3	0001	新飞冰箱	330	200	320	2005年6月1日	1580	1343000
4	0002	海尔空调	300	170	280	2005年6月1日	2358	1768500
5	0003	TCL电视	280	360	220	2005年6月1日	3440	2958400
6	0004	小天鹅洗衣机	260	420	370	2005年6月1日	1289	1353450
7	0005	创维电视	300	290	268	2005年6月1日	3321	2849418
8	0006	奥克斯空调	240	180	50	2005年6月1日	1800	846000
9								

图 2.1.20 选择要移动的行

	A	B	C	D	E	F	G	H
1	电器门市第一季度销售记录表							
2	编号	月份 电器名称	一月（台）	二月（台）	三月（台）	生产日期	单价（元）	总计（元）
3	0001	新飞冰箱	330	200	320	2005年6月1日	1580	1343000
4	0002	海尔空调	300	170	280	2005年6月1日	2358	1768500
5	0003	TCL电视	280	360	220	2005年6月1日	3440	2958400
6	0005	创维电视	300	290	268	2005年6月1日	3321	2849418
7	0006	奥克斯空调	240	180	50	2005年6月1日	1800	846000
8	0004	小天鹅洗衣机	260	420	370	2005年6月1日	1289	1353450
9								

图 2.1.21 移动行

(六) 单元格的插入与删除

1. 光标定位在需要插入单元格的位置。

2. 单击鼠标右键，在快捷菜单中选择“插入”命令，或者单击【插入】菜单中的“单元格”命令。

3. 出现【插入】对话框，选定“活动单元格下移”，如图 2.1.22 所示。

4. 单击“确定”按钮，当前单元格将下移，如图 2.1.23 所示。

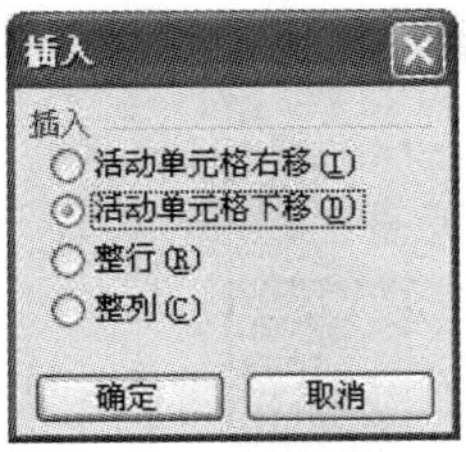

图 2.1.22 插入单元格对话框

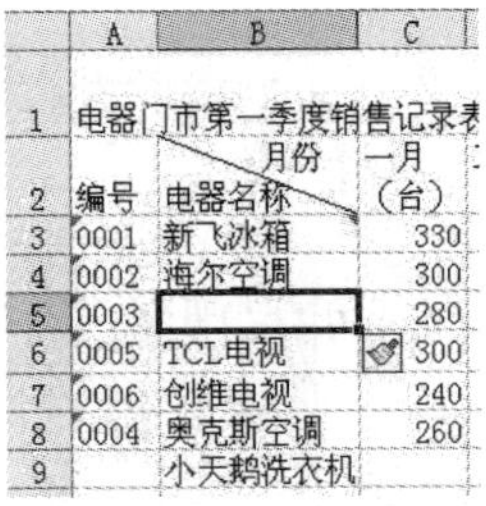

	A	B	C
1	电器门市第一季度销售记录表		
2	编号	月份 电器名称	一月（台）
3	0001	新飞冰箱	330
4	0002	海尔空调	300
5	0003		280
6	0005	TCL电视	300
7	0006	创维电视	240
8	0004	奥克斯空调	260
9		小天鹅洗衣机	

图 2.1.23 插入单元格

如果要删除单元格或者选定的单元格区域，可执行如下操作：

1. 选中需要删除的单元格或者单元格区域。

2. 单击鼠标右键，在快捷菜单中选择“删除”命令，或者单击【编辑】菜单中“删除”命令。

3. 出现【删除】对话框，选定“右侧单元格左移”，如图 2.1.24 所示

4. 单击“确定”按钮，右侧单元格将左移，如图 2.1.25 所示。

图 2.1.24 删除单元格对话框

图 2.1.25 删除单元格

（七）单元格中公式的编辑和计算

对单元格进行公式的计算是 Excel 2003 中常见的操作，不管是用公式还是引用函数进行计算，首先必须在要计算的单元格或公式编辑栏中输入“＝”。具体操作如下：

1. 光标定位在 H3 单元格

2. 在 H3 单元格输入公式“＝(C3＋D3＋E3) ＊ G3”，不难发现在公式编辑栏中也对应出现公式，按回车键确认，如图 2.1.26 所示。

3. 拖动 H3 单元格右下方的填充柄到 H8 单元格，就可以计算出所有的“总计(元)”，如图 2.1.27 所示。

图 2.1.26 输入公式

图 2.1.27 公式复制

四、格式化操作

（一）标题居中设置

表格的标题通常都会放在表格的中间位置，标题行居中具体操作如下：

1. 选定 Al：H1 单元格区域。

2. 单击【格式】菜单中的“单元格”命令，打开“单元格格式”对话框。

3. 选择“对齐”选项卡，分别在“水平对齐”和“垂直对齐”列表框中选择“居中”，选中“合并单元格”选项，如图 2.1.28 所示。

4. 单击“确定”按钮，完成标题行的居中格式设置，如图 2.1.29 所示。

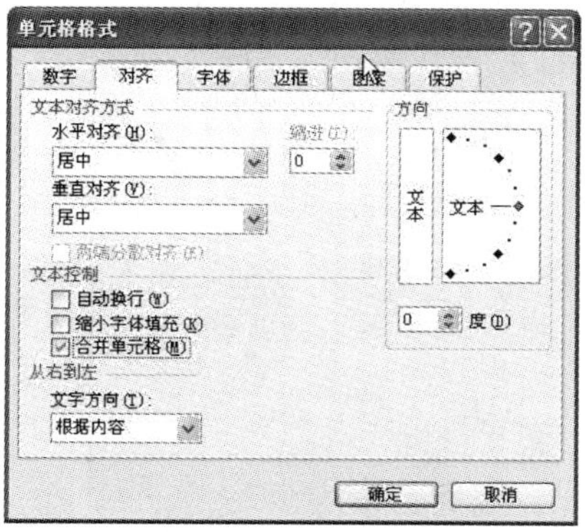

图 2.1.28　单元格设置对话框

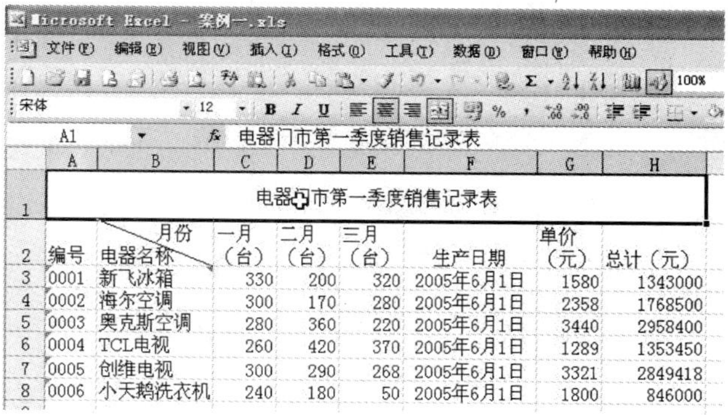

图 2.1.29　行标题居中

选定 Al：H1 单元格区域，单击鼠标右键，在打开的快捷菜单中选择“设置单元格格式”命令，也可以打开“单元格格式”对话框，进行标题行居中的设置。

（二）单元格数据字符格式设置

在建立表格时，Excel 2003 默认的单元格数据字体为“宋体”、“五号”字，有时我们会根据不同的需要，对表格中的单元格数据的格式重新进行设置，具体操作如下：

1. 光标定位在标题行。

2. 单击【格式】菜单中的“单元格”命令，打开“单元格格式”对话框。

3. 选择“字体”选项卡，将标题字符设置为“宋体”、“加粗”、“20 号”。

4. 单击“确定”按钮完成设置，如图 2.1.30 所示。

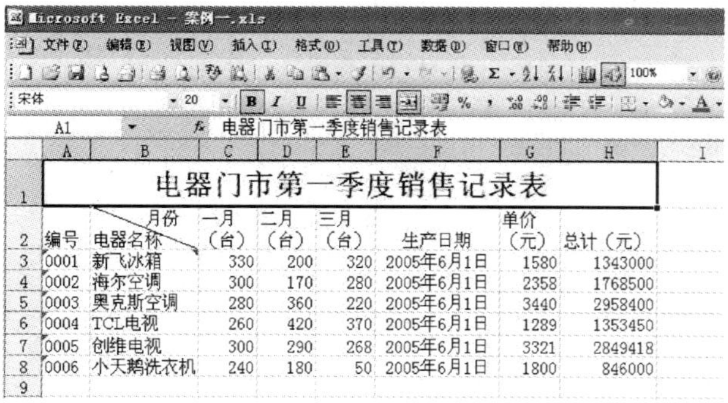

图 2.1.30　设置字体

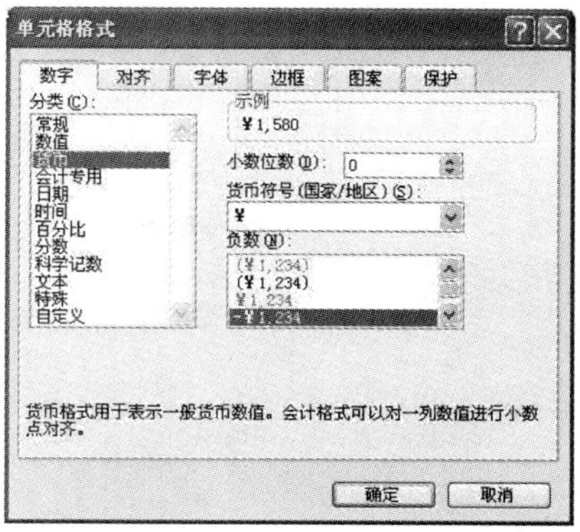

图 2.1.31　设置货币符号

5. 选定 G3：G8 区域。单击【格式】菜单中的“单元格”命令，打开“单元格格式”对话框。

6. 选择“数值”选项卡，先在“分类”区域选择“货币”，再单击“货币符号”区域的下拉按钮，选择“¥”符号。如图 2.1.31 所示。

7. 单击“确定”按钮，完成单价(元)数值格式的设置，效果如图 2.1.34 所示。

(三) 设置表格边框线、底纹

1. 光标定位在表头行(A2：H2)。
2. 单击【格式】菜单中的“单元格”命令，打开“单元格格式”对话框。
3. 选择“图案”选项卡，在颜色区域选择“浅青绿”色，如图 2.1.32 所示。
4. 单击“确定”按钮，完成表头行底纹颜色的填充。
5. 选定表格的数据区域，在“单元格格式”对话框中选择“边框”选项卡。
6. 先在“样式”区域选择“粗实线”，“预置”区域选择“外边框”；再在“样式”区域选择“细实线”，“预置”区域选择“内边框”。如图 2.1.33 所示。

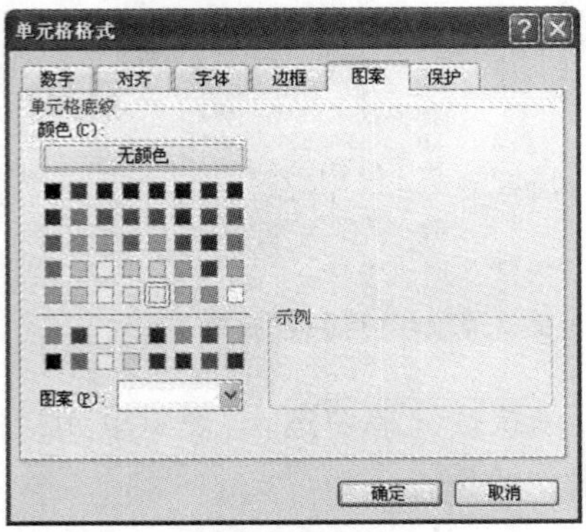

图 2.1.32 设置底纹

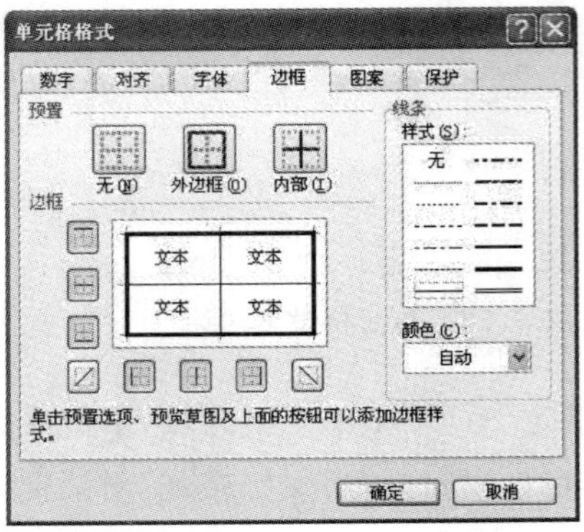

图 2.1.33 设置边框

7. 单击“确定”按钮，完成表格边框线的设置，效果如图 2.1.34 所示。

电器门市第一季度销售记录表

编号	月份 电器名称	一月 (台)	二月 (台)	三月 (台)	生产日期	单价 (元)	总计(元)
0001	新飞冰箱	330	200	320	2005年6月1日	￥1,580	1,343,000
0002	海尔空调	300	170	280	2005年6月1日	￥2,358	1,768,500
0003	TCL电视	280	360	220	2005年6月1日	￥3,440	2,958,400
0004	小天鹅洗衣机	260	420	370	2005年6月1日	￥1,289	1,353,450
0005	创维电视	300	290	268	2005年6月1日	￥3,321	2,849,418
0006	奥克斯空调	240	180	50	2005年6月1日	￥1,800	846,000

图 2.1.34 设置完成效果图

五、工作表的输出

(一) 打印预览

表格创建好后，接下来要打印表格，在打印之前，最好先预览一下。单击【文件】菜单中的“打印预览”命令，或单击工具栏中的“打印预览”按钮，就可以预览表格效果，如图 2.1.35 所示。

电器门市第一季度销售记录表

编号	月份 / 电器名称	一月（台）	二月（台）	三月（台）	生产日期	单价（元）
0001	新飞冰箱	330	200	320	2005年6月1日	¥1,580
0002	海尔空调	300	170	280	2005年6月1日	¥2,358
0003	TCL电视	280	360	220	2005年6月1日	¥3,440
0004	小天鹅洗衣机	260	420	370	2005年6月1日	¥1,289
0005	创维电视	300	290	268	2005年6月1日	¥3,321
0006	奥克斯空调	240	180	50	2005年6月1日	¥1,800

图 2.1.35　打印预览

（二）打印标题设置

打印标题设置主要用于长表格。当表格过长超过一页时，通过“打印预览”发现，在第二页没有标题和表头，如图 2.1.36 所示，这样容易造成对单元格数值含义理解上的不同。若设置了打印标题，不管表格有多长，都能保证每页表上有标题和表头，让使用者一目了然。

0004	小天鹅洗衣机	260	420	370	2005年6月1日	¥1,289	1,353,450
0005	创维电视	300	290	268	2005年6月1日	¥3,321	2,849,418
0001	新飞冰箱	330	200	320	2005年6月1日	¥1,580	1,343,000
0002	海尔空调	300	170	280	2005年6月1日	¥2,358	1,768,500
0003	TCL电视	280	360	220	2005年6月1日	¥3,440	2,958,400
0004	小天鹅洗衣机	260	420	370	2005年6月1日	¥1,289	1,353,450
0005	创维电视	300	290	268	2005年6月1日	¥3,321	2,849,418
0006	奥克斯空调	240	180	50	2005年6月1日	¥1,800	846,000

图 2.1.36　打印预览第二页

为了让第二页也有标题和表头，按以下操作：

1. 选中要设置的表格。

2. 单击【文件】菜单，单击“页面设置”命令，在“页面设置”对话框中，选择“工作表”选择卡。

3. 在“打印标题”区域，单击“顶端标题行”右侧的收缩按钮，在表格中选中标题和表头行。如图 2.1.37 所示。

图 2.1.37　设置顶端标题行

4. 单击图 2.1.37 中收缩按钮，得到图 2.1.38。

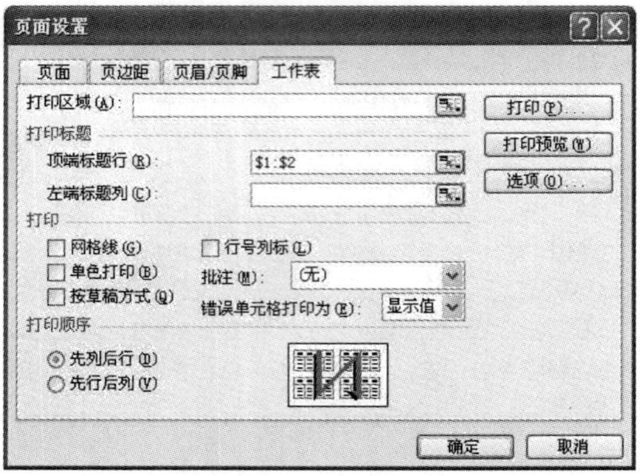

图 2.1.38　设置打印标题

5. 在图 2.1.38 中，单击“打印预览”按钮。第一页仍如图 2.1.35 所示，但第二页就有变化了，如图 2.1.39 所示，增添了标题和表头。

电器门市第一季度销售记录表

编号	月份 电器名称	一月（台）	二月（台）	三月（台）	生产日期	单价（元）	总计（元）
0004	小天鹅洗衣机	260	420	370	2005年6月1日	￥1,289	1,353,450
0005	创维电视	300	290	268	2005年6月1日	￥3,321	2,849,418
0001	新飞冰箱	330	200	320	2005年6月1日	￥1,580	1,343,000
0002	海尔空调	300	170	280	2005年6月1日	￥2,358	1,768,500
0003	TCL电视	280	360	220	2005年6月1日	￥3,440	2,958,400
0004	小天鹅洗衣机	260	420	370	2005年6月1日	￥1,289	1,353,450
0005	创维电视	300	290	268	2005年6月1日	￥3,321	2,849,418
0006	奥克斯空调	240	180	50	2005年6月1日	￥1,800	846,000

图 2.1.39　第二页设置了顶端标题行

至此，我们完成了“电器门市第一季度销售记录表”的制作，相信你一定熟悉和掌握了创建表格的基本操作。

拓展训练 2.1.4

建立“宏远发展有限公司.xls”工作簿，工作表“sheet1”的内容如图 2.1.40 所示。

	A	B	C	D	E	F	G	H
1								
2		宏远发展有限公司2004年预算工作表						
3				2003年	2004年			
4		帐目	项目	实际支出	预计支出	调配拨款	差额	
5		001	员工工资	204186	260000	250000	10000	
6		002	各种保险费用	75000	79000	85000	-6000	
7		004	通讯费	19000	22000	24000	-2000	
8		005	差旅费	7800	8100	10000	-900	
9		003	设备维修费用	38000	40000	42000	-2000	
10		006	广告费	5600	6800	8500	-1700	
11								
12		007	水电费	1600	5300	5500	-200	
13		总和		351186	421200	425000		

图 2.1.40　工作表“sheet1”原始数据

针对“宏远发展有限公司. xls”工作簿工作表完成如下操作:

1. 设置工作表行和列

1) 在标题行下方插入一行,设置行高为 7. 50。

2) 将“003”一行移至“002”一行的下方。

3) 删除“007”行上方的一行(空行)。

4) 调整第“C”列的宽度为 11. 88。

2. 设置单元格格式。

1) 将单元区域 B2∶G2 合并设置单元对齐方式为居中;设置字体为华文行楷,字号为 20,字体颜色为蓝—灰。

2) 将单元格区域 D6∶G13 应用货币符号￥,负数格式为—1,234. 10(红色)。

3) 分别单元格区域“B4∶C4”、“E4∶G4”、“B13∶C13”合并,并设置单元格对齐方式为居中。

4) 将单元格区域 B4∶G13 的对齐方式设置为水平居中;为单元格区域 B4∶C13 设置棕黄色的底纹;为单元格区域 D4∶G13 设置青绿色的底纹。

5) 设置表格边框线:将单元格区域 B4∶G13 的外边框和内边框设置为红色的双实线。

3. 插入批注:为“￥10,000. 00”(G6)单元格插入批注“超支”。

4. 重命名并复制工作表:将 Sheet1 工作表重命名为“2004 年宏远公司预算表”,并将此工作表复制并粘贴到 Sheet2 工作表中。

5. 设置打印标题:在 Sheet2 工作表的第 10 行前插入分页线;设置表格标题为打印标题。

6. 在 Sheet2 工作表空白处,输入公式:

$$x_{1,2} = \frac{-b \pm \sqrt{b^2 - 4ac}}{2a}$$

学习子情景 2. 2　Excel 2003 表格的公式与函数的应用

任务描述 2. 2. 1

在本案例中,我们将通过制作“金秋广告公司员工工资表”和“科发公司员工销售情况表”来学习 Excel 2003 表格的公式与函数的应用。主要函数有求和、求平均值、求最大(小)值、计数、条件、条件统计函数等。总的效果如图 2. 2. 1 和图 2. 2. 2 所示。

金秋广告公司员工工资表

员工号	月份	姓名	性别	部门	岗位工资	工龄	工资	各种保险	个人所得税	扣款合计	实发工资
1	12	李陪家	男	科研	1342	16	2142	171	16	188	1954
2	12	阳光	女	公关	1440	6	***1740***	139	12	152	1588
3	12	高建	男	销售	1146	2	1246	100	7	107	1139
4	12	汤燕	女	市场	1313	21	2363	189	19	208	2156
5	12	廖一鸣	男	科研	1038	7	1388	111	9	120	1268
6	12	鲁晓彬	男	综合	871	19	***1821***	146	13	159	1662
7	12	张小宇	女	销售	611	9	1061	85	6	90	971
8	12	周珊	女	文秘	744	6	1044	84	5	89	955
9	12	杨琪梅	男	市场	1430	15	2180	174	17	191	1989
10	12	江南	女	科研	535	21	***1585***	127	11	138	1447
实发工资总计											15129
个人所得税平均值									12		
扣款最大值										208	
工龄最小值						2					

图 2. 2. 1　金秋广告公司员工工资表效果图

	A	B	C	D	E	F	G	H
1	科发公司员工销售情况				科发公司员工销售情况统计表			
2	订单号	订单金额	销售人员		销售人员	订单数	订单总额	销售奖金
3	20060401	5000	张红		张红	4	26780	2678
4	20060401	5000	杨柳		王洋	3	55500	5825
5	20060402	4500	王洋		李易	2	120000	15500
6	20060403	25000	李易		杨柳	4	15200	1520
7	20060404	4200	张红		订单总数	13	217480	25523
8	20060405	4500	杨柳					
9	20060406	2500	杨柳					
10	20060407	15000	张红					
11	20060408	95000	李易					
12	20060409	1000	王洋					
13	20060410	50000	王洋					
14	20060411	2580	张红					
15	20060412	3200	杨柳					

图 2.2.2 科发公司员工销售情况统计表效果图

知识要点 2.2.2

- 公式的使用
  - ◇ 通过公式求和
  - ◇ 计算扣款
  - ◇ 计算实发工资
- 条件函数的使用
  - ◇ 选择条件函数
  - ◇ 选择判断结果
- 求和函数的使用
- 求平均值函数的使用
- 求最大(小)值函数的使用
- 数据有效性
- 条件格式
- 条件统计函数的使用
  - ◇ 选择条件统计函数的条件
  - ◇ 选择条件统计函数判断结果
- 条件求和函数的使用
  - ◇ 选择条件求和函数的条件
  - ◇ 选择条件求和函数判断结果

任务实施 2.2.3

案例1 金秋广告公司员工工资表

一、公式的使用

本案例的工作目标是建立一张“金秋广告公司员工工资表”，输入原始记录数据，并进行公式的计算，得到各相应项。

启动 Excel 2003 后，在窗口直接输入原始数据，进行表格设置，包括：标题跨行居中，字体、字号设置，表格内容水平居中、垂直居中，加边框线等。设置完成后，如图 2.2.3 所示。

I7

金秋广告公司员工工资表

员工号	月份	姓名	性别	部门	岗位工资	工龄	工资	各种保险	个人所得税	扣款合计	实发工资
1	12	李陪家	男	科研	1342.14	16					
2	12	阳光	女	公关	1439.58	6					
3	12	高建	男	销售	1145.79	2					
4	12	汤燕	女	市场	1313.48	21					
5	12	廖一鸣	男	科研	1038.01	7					
6	12	鲁晓彬	男	综合	870.83	19					
7	12	张小宇	女	销售	611.08	9					
8	12	周珊	女	文秘	744.16	6					
9	12	杨琪梅	男	市场	1430.15	15					
10	12	江南	女	科研	534.65	21					

图 2.2.3　金秋广告公司员工工资表原始数据

（一）计算工资

要计算工资，首先弄清楚工资与工龄的关系，每工作一年工资多 50 元。那么，工资＝岗位工资＋工龄×50。操作如下：

在图 2.2.3 中，单击 H3 单元格，用键盘输入“＝”，单击 F3 单元格，输入“＋”，再单击 G3 单元格，输入“＊50”，如图 2.2.4 所示。再按回车（也可单击地址栏上“✓”按钮）。算出第一个员工的工资。

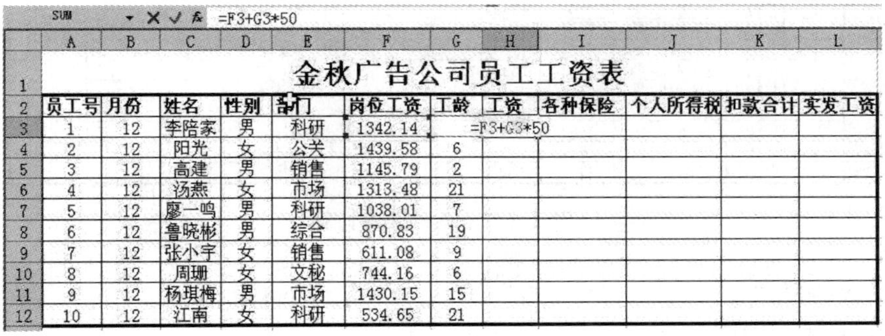

SUM　=F3+G3*50

金秋广告公司员工工资表

员工号	月份	姓名	性别	部门	岗位工资	工龄	工资	各种保险	个人所得税	扣款合计	实发工资
1	12	李陪家	男	科研	1342.14		=F3+G3*50				
2	12	阳光	女	公关	1439.58	6					
3	12	高建	男	销售	1145.79	2					
4	12	汤燕	女	市场	1313.48	21					
5	12	廖一鸣	男	科研	1038.01	7					
6	12	鲁晓彬	男	综合	870.83	19					
7	12	张小宇	女	销售	611.08	9					
8	12	周珊	女	文秘	744.16	6					
9	12	杨琪梅	男	市场	1430.15	15					
10	12	江南	女	科研	534.65	21					

图 2.2.4　用公式计算工资

其余员工的工资通过拖动填充柄来实现计算。当鼠标移到 H3 单元格右下角变成“＋”后，如图 2.2.5 所示，按住左键不松手，拖动到 H12 单元格再松开。得到的结果如图 2.2.6 所示，至此，全部员工工资计算完成。

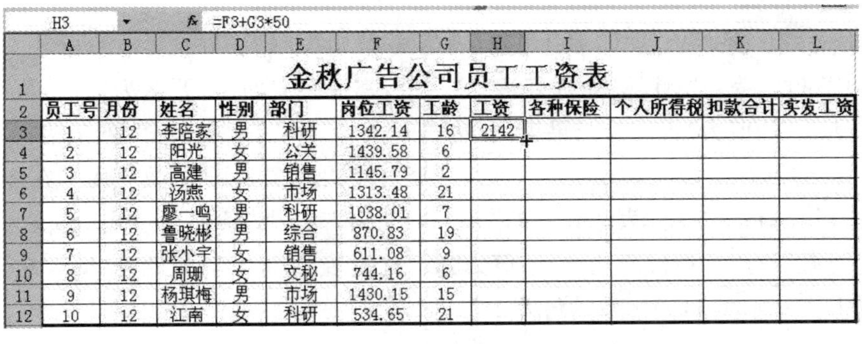

H3　=F3+G3*50

金秋广告公司员工工资表

员工号	月份	姓名	性别	部门	岗位工资	工龄	工资	各种保险	个人所得税	扣款合计	实发工资
1	12	李陪家	男	科研	1342.14	16	2142				
2	12	阳光	女	公关	1439.58	6					
3	12	高建	男	销售	1145.79	2					
4	12	汤燕	女	市场	1313.48	21					
5	12	廖一鸣	男	科研	1038.01	7					
6	12	鲁晓彬	男	综合	870.83	19					
7	12	张小宇	女	销售	611.08	9					
8	12	周珊	女	文秘	744.16	6					
9	12	杨琪梅	男	市场	1430.15	15					
10	12	江南	女	科研	534.65	21					

图 2.2.5　用填充柄来实现计算

H3 =F3+G3*50

	A	B	C	D	E	F	G	H	I	J	K	L
1	金秋广告公司员工工资表											
2	员工号	月份	姓名	性别	部门	岗位工资	工龄	工资	各种保险	个人所得税	扣款合计	实发工资
3	1	12	李陪家	男	科研	1342.14	16	2142				
4	2	12	阳光	女	公关	1439.58	6	1740				
5	3	12	高建	男	销售	1145.79	2	1246				
6	4	12	汤燕	女	市场	1313.48	21	2363				
7	5	12	廖一鸣	男	科研	1038.01	7	1388				
8	6	12	鲁晓彬	男	综合	870.83	19	1821				
9	7	12	张小宇	女	销售	611.08	9	1061				
10	8	12	周珊	女	文秘	744.16	6	1044				
11	9	12	杨琪梅	男	市场	1430.15	15	2180				
12	10	12	江南	女	科研	534.65	21	1585				

图 2.2.6 全部员工工资计算

（二）计算各种保险

各种保险为工资的 8%。按照计算工资的操作步骤，先用公式再拖动填充柄即可实现各种保险的计算。如图 2.2.7 所示。

I3 =H3*0.08

	A	B	C	D	E	F	G	H	I	J	K	L
1	金秋广告公司员工工资表											
2	员工号	月份	姓名	性别	部门	岗位工资	工龄	工资	各种保险	个人所得税	扣款合计	实发工资
3	1	12	李陪家	男	科研	1342.14	16	2142	171.3712			
4	2	12	阳光	女	公关	1439.58	6	1740	139.1664			
5	3	12	高建	男	销售	1145.79	2	1246	99.6632			
6	4	12	汤燕	女	市场	1313.48	21	2363	189.0784			
7	5	12	廖一鸣	男	科研	1038.01	7	1388	111.0408			
8	6	12	鲁晓彬	男	综合	870.83	19	1821	145.6664			
9	7	12	张小宇	女	销售	611.08	9	1061	84.8864			
10	8	12	周珊	女	文秘	744.16	6	1044	83.5328			
11	9	12	杨琪梅	男	市场	1430.15	15	2180	174.412			
12	10	12	江南	女	科研	534.65	21	1585	126.772			

图 2.2.7 各种保险计算

二、函数的使用

（一）条件函数(IF)

用 IF 函数计算个人所得税。个人所得税的计算方法为：工资低于 1000 元(含 1000 元)时，以工资的千分之五作为个人所得税；如果工资高于 1000 元时，1000 元内个人所得税以工资的千分之五计算，工资高于 1000 元部分，以千分之十作为个人所得税。

提示： IF 函数的理解：该函数有三个部分，每个部分用逗号隔开(逗号为英文输入状态下符号)。

一般格式：IF(条件表达式，表达式 1，表达式 2)

函数计算过程为：先计算“条件表达式”的值，其值只有两个，要么为“真”，要么为“假”。当“条件表达式”的值为“真”时，结果为“表达式 1”的值，当“条件表达式”的值为“假”时，结果为“表达式 2”的值。比如：IF(56＞34，1，0)＝1，对应图 2.2.8 IF 函数界面。在图 2.2.8 IF 函数界面中，第一行为“条件表达式”，即“56＞34”；第二行为“条件表达式”的值为“真”时的结果，即“1”；第三行为“条件表达式”的值为“假”时的结果，即“0”；而此处“56＞34”成立即为“真”，所以 IF(56＞34，1，0)函数的值等于“1”。

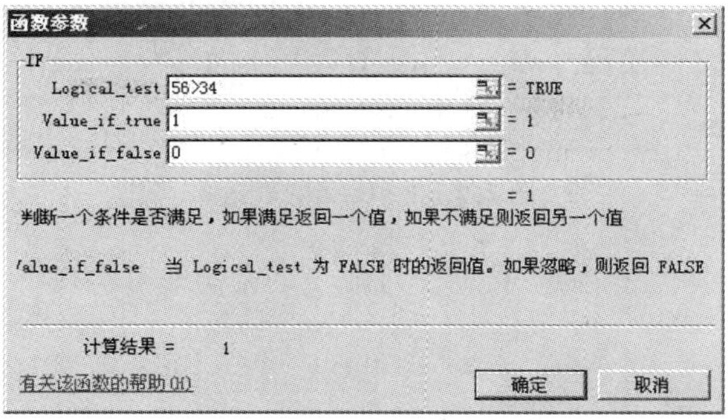

图 2.2.8 IF 函数界面

用 IF 函数计算个人所得税具体操作如下：

1）单击 J3 单元格，单击【插入】菜单，单击“函数”命令，或单击工具栏上 f_x 按钮，选中“IF”函数。如图 2.2.9 所示。再单击“确定”按钮。出现如图 2.2.10 所示对话框。

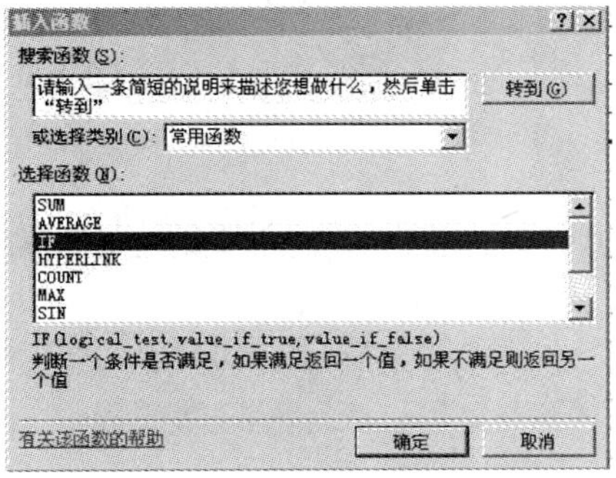

图 2.2.9　插入 IF 函数

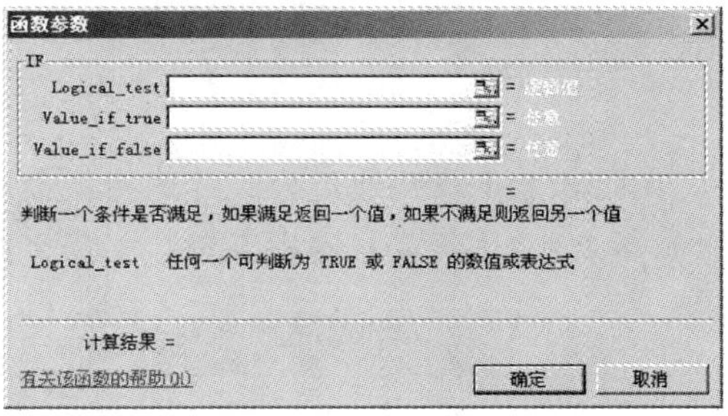

图 2.2.10　IF“函数参数”对话框

2）在“Logical_test”文本框中输入“H3<1000”，表示判断的条件为工资是否超过 1000。

3）在 “Value_if_true” 文本框中输入“H3 * 0.005”，表示当工资小于 1000 时，个人所得税为工资的千分之五。

4）在“Value_if_false”文本框中输入“5＋(H3－1000) * 0.01”，表示当工资大于 1000 时，个人所得税至少都有 5 元，再加上超过 1000 的部分，即 (H3－1000)的所得税，按工资的千分之十计算，即：(H3－1000) * 0.01，如图 2.2.11 所示。

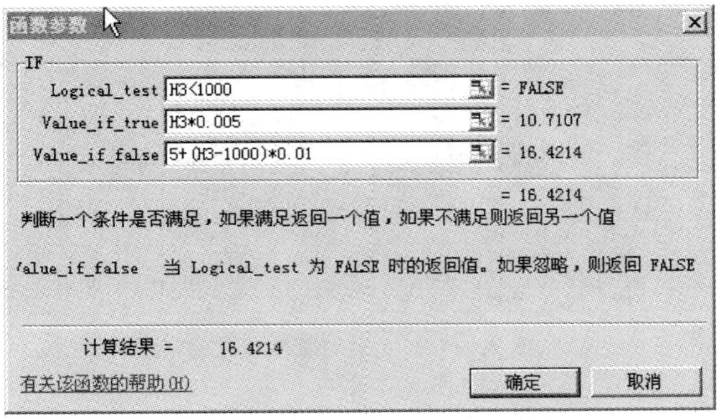

图 2.2.11　用 IF 函数计算个人所得税

当对 IF 函数参数进行设置完成后，在编辑栏上同样出现了 IF 函数的完整的表达式，包括了三个部分，每部分之间用逗号隔开，如图 2.2.12 所示。

IF =IF(H3<1000,H3*0.005,5+(H3-1000)*0.01)

图 2.2.12 IF 函数表达式

5）在图 2.2.11 中，单击“确定”按钮。再拖动填充柄即可实现个人所得税的计算，如图 2.2.13 所示。

J3 =IF(H3<1000,H3*0.005,5+(H3-1000)*0.01)

	A	B	C	D	E	F	G	H	I	J	K	L
1	金秋广告公司员工工资表											
2	员工号	月份	姓名	性别	部门	岗位工资	工龄	工资	各种保险	个人所得税	扣款合计	实发工资
3	1	12	李陪家	男	科研	1342.14	16	2142	171.3712	16.4214		
4	2	12	阳光	女	公关	1439.58	6	1740	139.1664	12.3958		
5	3	12	高建	男	销售	1145.79	2	1246	99.6632	7.4579		
6	4	12	汤燕	女	市场	1313.48	21	2363	189.0784	18.6348		
7	5	12	廖一鸣	男	科研	1038.01	7	1388	111.0408	8.8801		
8	6	12	鲁晓彬	男	综合	870.83	19	1821	145.6664	13.2083		
9	7	12	张小宇	女	销售	611.08	9	1061	84.8864	5.6108		
10	8	12	周珊	女	文秘	744.16	6	1044	83.5328	5.4416		
11	9	12	杨琪梅	男	市场	1430.15	15	2180	174.412	16.8015		
12	10	12	江南	女	科研	534.65	21	1585	126.772	10.8465		

图 2.2.13 IF 函数计算个人所得税

在图 2.2.13 中，通过公式计算扣款合计和实发工资。扣款合计＝各种保险＋个人所得税，如图 2.2.14 所示。实发工资＝工资－扣款合计，如图 2.2.15 所示。

IF =H3-K3

	A	B	C	D	E	F	G	H	I	J	K	L
1	金秋广告公司员工工资表											
2	员工号	月份	姓名	性别	部门	岗位工资	工龄	工资	各种保险	个人所得税	扣款合计	实发工资
3	1	12	李陪家	男	科研	1342.14	16	2142	171.3712	16.4214	187.7926	=H3-K3
4	2	12	阳光	女	公关	1439.58	6	1740	139.1664	12.3958	151.5622	
5	3	12	高建	男	销售	1145.79	2	1246	99.6632	7.4579	107.1211	
6	4	12	汤燕	女	市场	1313.48	21	2363	189.0784	18.6348	207.7132	
7	5	12	廖一鸣	男	科研	1038.01	7	1388	111.0408	8.8801	119.9209	
8	6	12	鲁晓彬	男	综合	870.83	19	1821	145.6664	13.2083	158.8747	
9	7	12	张小宇	女	销售	611.08	9	1061	84.8864	5.6108	90.4972	
10	8	12	周珊	女	文秘	744.16	6	1044	83.5328	5.4416	88.9744	
11	9	12	杨琪梅	男	市场	1430.15	15	2180	174.412	16.8015	191.2135	
12	10	12	江南	女	科研	534.65	21	1585	126.772	10.8465	137.6185	

图 2.2.14 公式计算扣款合计

	A	B	C	D	E	F	G	H	I	J	K	L
1	金秋广告公司员工工资表											
2	员工号	月份	姓名	性别	部门	岗位工资	工龄	工资	各种保险	个人所得税	扣款合计	实发工资
3	1	12	李陪家	男	科研	1342.14	16	2142	171.3712	16.4214	187.7926	1954.35
4	2	12	阳光	女	公关	1439.58	6	1740	139.1664	12.3958	151.5622	1588.02
5	3	12	高建	男	销售	1145.79	2	1246	99.6632	7.4579	107.1211	1138.67
6	4	12	汤燕	女	市场	1313.48	21	2363	189.0784	18.6348	207.7132	2155.77
7	5	12	廖一鸣	男	科研	1038.01	7	1388	111.0408	8.8801	119.9209	1268.09
8	6	12	鲁晓彬	男	综合	870.83	19	1821	145.6664	13.2083	158.8747	1661.96
9	7	12	张小宇	女	销售	611.08	9	1061	84.8864	5.6108	90.4972	970.58
10	8	12	周珊	女	文秘	744.16	6	1044	83.5328	5.4416	88.9744	955.19
11	9	12	杨琪梅	男	市场	1430.15	15	2180	174.412	16.8015	191.2135	1988.94
12	10	12	江南	女	科研	534.65	21	1585	126.772	10.8465	137.6185	1447.03

图 2.2.15 公式计算实发工资

（二）求和函数(SUM)

用求和函数(SUM)计算“实发工资总计”放于 L13 单元格中。操作如下：单击 L13 单元格，单击【插入】菜单，单击“函数”命令，选中“SUM”函数，单击“确定”按钮，在 Number1 中输入 L3：L12（也可单击按钮，用鼠标拖动 L3 到 L12 区域，此区域为求和的各项数值，再单击按钮），如图 2.2.16 所示。再单击“确定”按钮。

另一种方法是，单击工具栏上 Σ· 按钮进行求和。

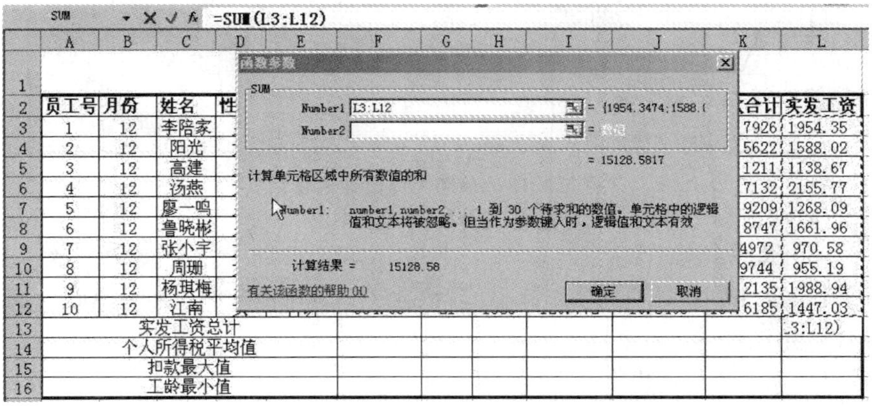

图 2.2.16　求和函数的使用

（三）求平均值函数(AVERAGE)

用平均值函数(AVERAGE)计算“个人所得税平均值”放于 J14 单元格中。操作如下：单击 J14 单元格，单击【插入】菜单，单击“函数”命令，选中“AVERAGE”函数，单击“确定”按钮，在 Number1 中输入 J3：J12（也可单击按钮，用鼠标拖动 J3 到 J12 区域，此区域为求平均值各项数值，再单击按钮），如图 2.2.17 所示。再单击“确定”按钮。

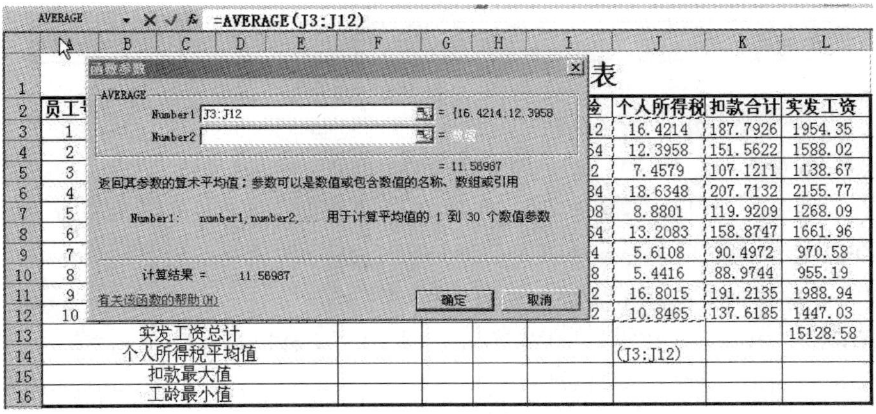

图 2.2.17　求平均值函数的使用

（四）求最大值函数(MAX)

用最大值函数(MAX)计算“扣款最大值”放于 K15 单元格中。操作如下：单击 K15 单元格，单击【插入】菜单，单击“函数”命令，选中“MAX”函数，单击“确定”按钮，在 Number1 中输入 K3：K12（也可单击按钮，用鼠标拖动 J3 到 J12 区域，此区域为求最大值的各项数值，再单击▣按钮)，如图 2.2.18 所示。再单击“确定”按钮。

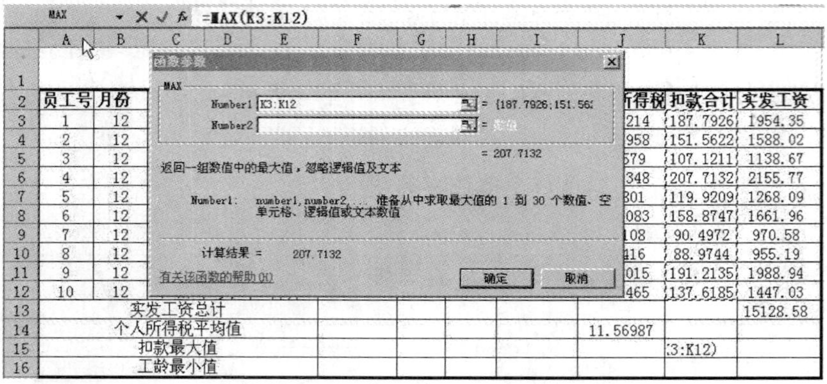

图 2.2.18 求最大值函数的使用

（五）求最小值函数(MIN)

用最小值函数(MIN)计算“工龄最小值”放于 G16 单元格中。操作如同上面求最大值函数的使用，在此不多述。

最后结果如图 2.2.19 所示。

	A	B	C	D	E	F	G	H	I	J	K	L
1	金秋广告公司员工工资表											
2	员工号	月份	姓名	性别	部门	岗位工资	工龄	工资	各种保险	个人所得税	扣款合计	实发工资
3	1	12	李陪家	男	科研	1342.14	16	2142	171.3712	16.4214	187.7926	1954.35
4	2	12	阳光	女	公关	1439.58	6	1740	139.1664	12.3958	151.5622	1588.02
5	3	12	高建	男	销售	1145.79	2	1246	99.6632	7.4579	107.1211	1138.67
6	4	12	汤燕	女	市场	1313.48	21	2363	189.0784	18.6348	207.7132	2155.77
7	5	12	廖一鸣	男	科研	1038.01	7	1388	111.0408	8.8801	119.9209	1268.09
8	6	12	鲁晓彬	男	综合	870.83	19	1821	145.6664	13.2083	158.8747	1661.96
9	7	12	张小宇	女	销售	611.08	9	1061	84.8864	5.6108	90.4972	970.58
10	8	12	周珊	女	文秘	744.16	6	1044	83.5328	5.4416	88.9744	955.19
11	9	12	杨琪梅	男	市场	1430.15	15	2180	174.412	16.8015	191.2135	1988.94
12	10	12	江南	女	科研	534.65	21	1585	126.772	10.8465	137.6185	1447.03
13	实发工资总计											15128.58
14	个人所得税平均值									11.56987		
15	扣款最大值										207.7132	
16	工龄最小值						2					

图 2.2.19 四种函数计算结果

三、数据有效性

数据有效性是指对某些数据有范围限制，在进行数据输入时，可以出现提示范围，也可在当输入有误时给予警告。在金秋广告公司员工工资表中“月份”列数据有限制，其范围在“1～12”之间。进行如下操作可实现数据有效性：

1. 在图 2.2.19 中，选中“B3：B12” 数据区域，单击【数据】菜单，单击“有效性”命令，单击“设置”选项卡，在“允许”区域设置“整数”，在“数据”区域设置“介于”，在“最小值”区域设置“1”，在“最大值”区域设置“12”，如图 2.2.20 所示。

2. 单击“输入信息”选项卡，在“标题”区域输入“提示”，在“输入信息”区域输入“请输入1～12 之间的数!”，如图 2.2.21 所示。

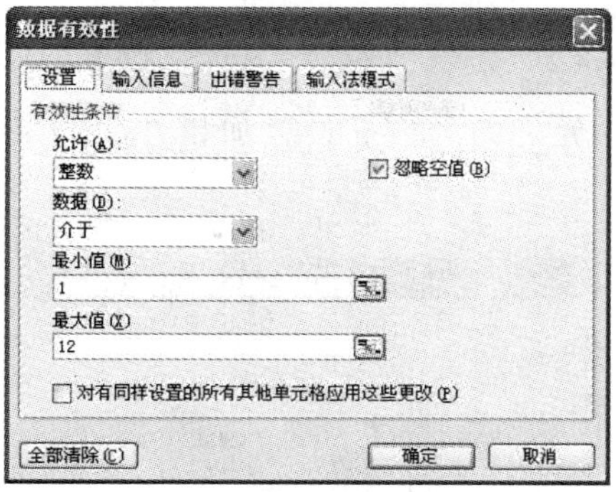

图2.2.20 “设置”选项卡

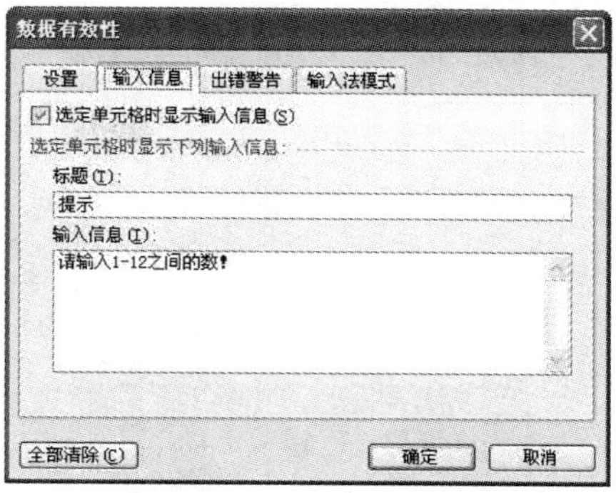

图2.2.21 “输入信息”选项卡

3. 单击“出错警告”选项卡，在“标题”区域输入“注意”，在“错误信息”区域输入“输入有误，请重新输入!”，如图2.2.22所示。

4. 单击“确定”按钮。

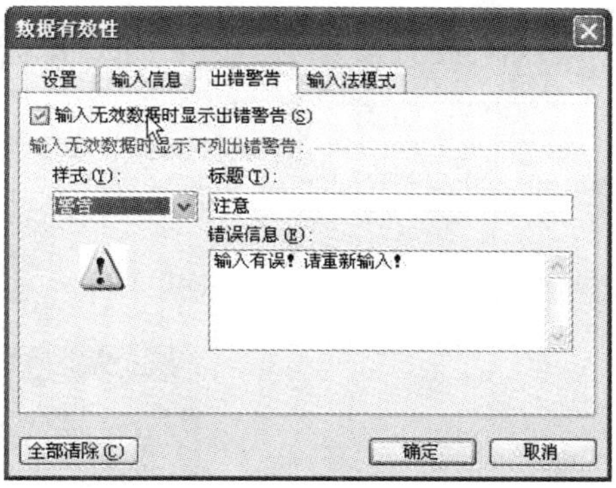

图2.2.22 “出错警告”选项卡

在进行了上述设置之后，当在图2.2.19中的选中“月份”列任一单元格输入数据之前会出现提示信息“请输入1～12之间的数!”，如图2.2.23所示。当在B6单元格中输入“13”之后，按回车，会出现图2.2.24所示的警告框。

图2.2.23 “提示”信息框

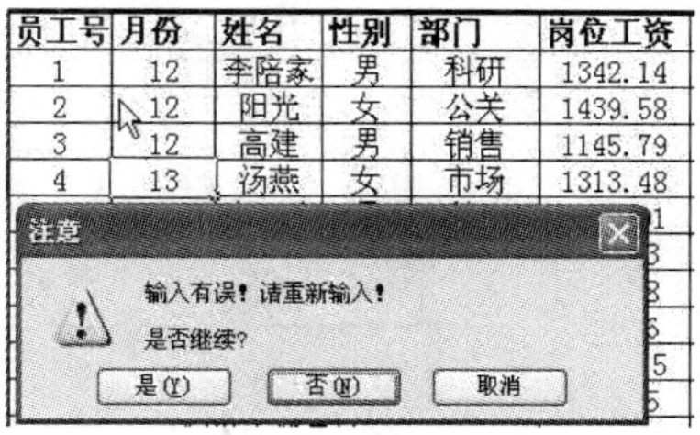

图2.2.24 “警告”框

在图2.2.19中，还可对“性别”列设置数据有效性。如图2.2.25所示。操作如下：在图2.2.19中，选中“D3：D12”数据区域，单击【数据】菜单，单击“有效性”命令，单击“设置”选项卡，在“允许”区域设置“序列”，在“数据”区域设置“介于”，在“来源”区域设置“女，男”(逗号为英文输入状态下符号)，如图2.2.26所示。

四、条件格式

条件格式是对满足条件的单元格设置为所需的格式。

在图 2.2.19 中，将“工资”介于 1500 元与 2000 元之间的数据设置加粗并倾斜。操作如下：

员工号	月份	姓名	性别	部门
1	12	李陪家	男	科研
2	12	阳光	女 男	公关
3	12	高建	男	销售
4	12	汤燕	女	市场
5	12	廖一鸣	男	科研
6	12	鲁晓彬	男	综合
7	12	张小宇	女	销售
8	12	周珊	女	文秘
9	12	杨琪梅	男	市场
10	12	江南	女	科研

图 2.2.25 “性别”有效性效果

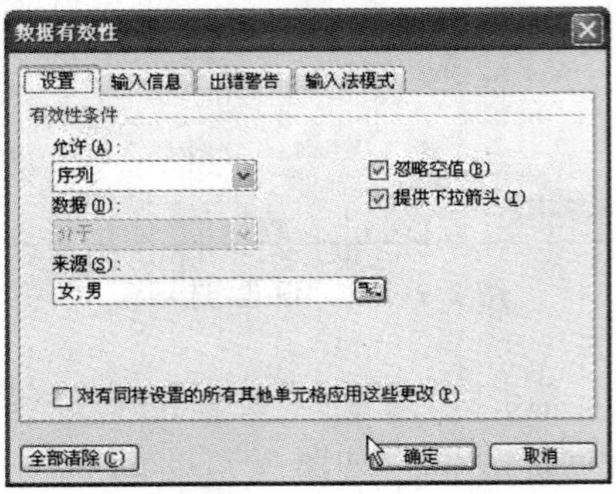

图 2.2.26 “性别”有效性设置

1. 在图 2.2.19 中，选中“H3：H12”数据区域，单击【格式】菜单，单击“条件格式”命令，在“介于”区域中输入“1500”和“2000”，如图 2.2.27 所示。

2. 在图 2.2.27 中，单击“格式”按钮，在“字形”区域设置“加粗 倾斜”如图 2.2.28 所示。

3. 单击“确定”按钮。得到如图 2.2.29(a)所示效果图。

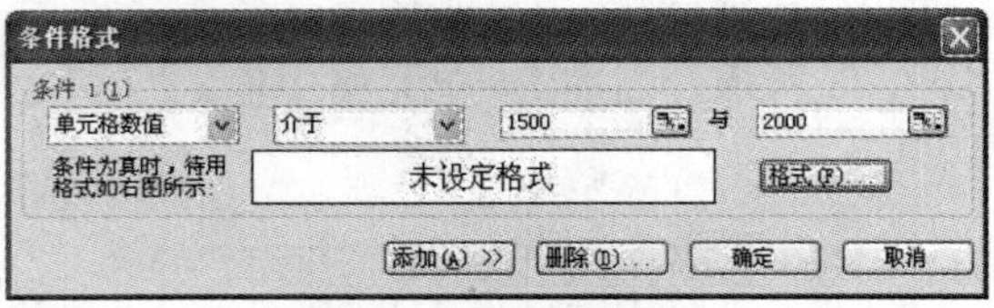

图 2.2.27 “条件格式”对话框

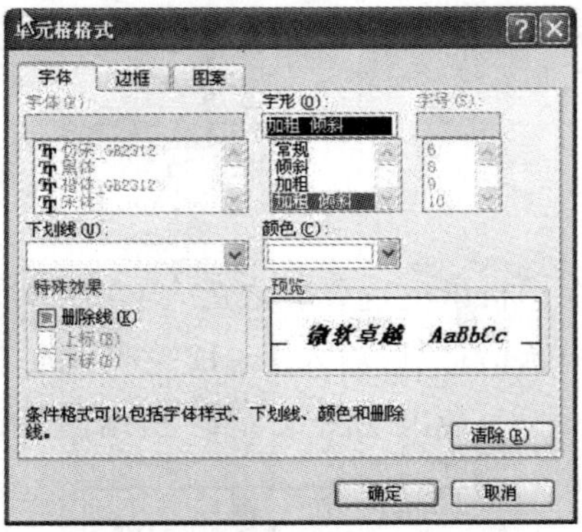

图 2.2.28 “单元格”格式设置

金秋广告公司员工工资表　　单位:元

员工号	月份	姓名	性别	部门	岗位工资	工龄	工资	各种保险	个人所得税	扣款合计	实发工资
1	12	李陪家	男	科研	1342.14	16	2142	171.3712	16.4214	187.7926	1954.35
2	12	阳光	女	公关	1439.58	6	***1740***	139.1664	12.3958	151.5622	1588.02
3	12	高建	男	销售	1145.79	2	1246	99.6632	7.4579	107.1211	1138.67
4	12	汤燕	女	市场	1313.48	21	2363	189.0784	18.6348	207.7132	2155.77
5	12	廖一鸣	男	科研	1038.01	7	1388	111.0408	8.8801	119.9209	1268.09
6	12	鲁晓彬	男	综合	870.83	19	***1821***	145.6664	13.2083	158.8747	1661.96
7	12	张小宇	女	销售	611.08	9	1061	84.8864	5.6108	90.4972	970.58
8	12	周珊	女	文秘	744.16	6	1044	83.5328	5.4416	88.9744	955.19
9	12	杨琪梅	男	市场	1430.15	15	2180	174.412	16.8015	191.2135	1988.94
10	12	江南	女	科研	534.65	21	***1585***	126.772	10.8465	137.6185	1447.03
实发工资总计											15128.58
个人所得税平均值									11.56987		
扣款最大值										207.7132	
工龄最小值						2					

图 2.2.29(a) 金秋广告公司员工工资表

4. 在图 2.2.29(a)中，对各小数取整。得到最终效果图如图 2.2.29(b)所示。

金秋广告公司员工工资表

员工号	月份	姓名	性别	部门	岗位工资	工龄	工资	各种保险	个人所得税	扣款合计	实发工资
1	12	李陪家	男	科研	1342	16	2142	171	16	188	1954
2	12	阳光	女	公关	1440	6	**1740**	139	12	152	1588
3	12	高建	男	销售	1146	2	1246	100	7	107	1139
4	12	汤燕	女	市场	1313	21	2363	189	19	208	2156
5	12	廖一鸣	男	科研	1038	7	1388	111	9	120	1268
6	12	鲁晓彬	男	综合	871	19	**1821**	146	13	159	1662
7	12	张小宇	女	销售	611	9	1061	85	6	90	971
8	12	周珊	女	文秘	744	6	1044	84	5	89	955
9	12	杨琪梅	男	市场	1430	15	2180	174	17	191	1989
10	12	江南	女	科研	535	21	**1585**	127	11	138	1447
实发工资总计											15129
个人所得税平均值									12		
扣款最大值										208	
工龄最小值						2					

图 2.2.29(b) 金秋广告公司员工工资表效果图

案例2 科发公司员工销售情况表

本案例通过“科发公司员工销售情况表”，如图 2.2.30 所示，统计后得到科发公司员工销售情况统计表，如图 2.2.31 所示。

科发公司员工销售情况

订单号	订单金额	销售人员
20060401	5000	张红
20060401	5000	杨柳
20060402	4500	王洋
20060403	25000	李易
20060404	4200	张红
20060405	4500	杨柳
20060406	2500	杨柳
20060407	15000	张红
20060408	95000	李易
20060409	1000	王洋
20060410	50000	王洋
20060411	2580	张红
20060412	3200	杨柳

图 2.2.30 科发公司员工销售情况表

科发公司员工销售情况统计表

销售人员	订单数	订单总额	销售奖金
张红	4	26780	2678
王洋	3	55500	5825
李易	2	120000	15500
杨柳	4	15200	1520
订单总数	13	217480	25523

图 2.2.31 科发公司员工销售情况统计表

在统计过程中，使用 COUNTIF 函数计算销售人员的订单数；使用 SUMIF 函数汇总每个销售人员的销售额即订单总额；使用 IF 函数根据订单总额决定每次销售应获得的奖金，奖金计算方法为：假定公司的销售奖金规则为当订单总额超过 5 万元时，奖励幅度为百分之十五，否则为百分之十。具体操作如下。

(一) 用 COUNTIF 函数计算销售人员的订单数

1. 建立科发公司员工销售情况原始表，如图 2.2.32 所示。

2. 在图 2.2.32 中，单击 F3 单元格，单击工具栏上的 *fx* 按钮，如图 2.2.33 所示。

	A	B	C	D	E	F	G	H
1	科发公司员工销售情况				科发公司员工销售情况统计表			
2	订单号	订单金额	销售人员		销售人员	订单数	订单总额	销售奖金
3	20060401	5000	张红		张红			
4	20060401	5000	杨柳		王洋			
5	20060402	4500	王洋		李易			
6	20060403	25000	李易		杨柳			
7	20060404	4200	张红		订单总数			
8	20060405	4500	杨柳					
9	20060406	2500	杨柳					
10	20060407	15000	张红					
11	20060408	95000	李易					
12	20060409	1000	王洋					
13	20060410	50000	王洋					
14	20060411	2580	张红					
15	20060412	3200	杨柳					

图 2.2.32 科发公司员工销售情况表原始表

3. 在图 2.2.33 中，在“或选择类别”区域选择“统计”，在“选择函数”区域选中“COUNTIF”函数名，单击“确定”按钮，如图 2.2.34 所示。

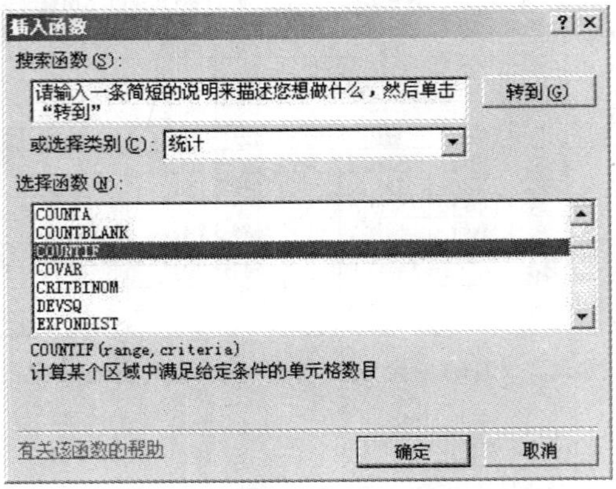

图 2.2.33 “插入函数”对话框

4. 在图 2.2.34 中，在“Range”区域中输入“C3：C15”(或拖动 C3 至 C15)，在“Criteria”区域中输入“E3”(或单击 E3 单元格)，单击“确定”按钮，如图 2.2.35 所示。

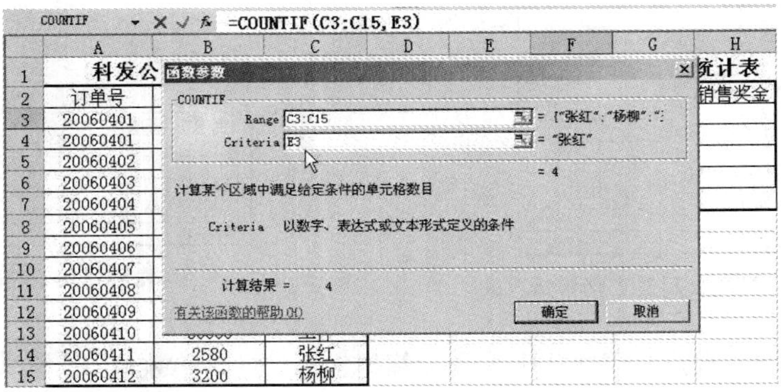

图 2.2.34 “函数参数”对话框

5. 在图 2.2.35 中，选中编辑工具栏中“=COUNTIF(C3:C15,E3)”，再按功能键 F4，出现图 2.2.36。

图 2.2.35 函数中相对地址

图 2.2.36　函数中绝对地址

提示： 按功能键 F4 的目的是把"=COUNTIF(C3:C15,E3)"表达式中的相对地址转换成绝对地址"=COUNTIF($C$3:$C$15,$E$3)"。

6. 在图 2.2.36 中，删除"$E$3"前的"$"符号，变成为"=COUNTIF($C$3:$C$15,E3)"，如图 2.2.37 所示，再按回车键(或单击 ✓)，得到如图 2.2.38 所示。

图 2.2.37　函数中混合地址

F3　=COUNTIF($C$3:$C$15,E3)

	A	B	C	D	E	F	G	H
1	科发公司员工销售情况				科发公司员工销售情况统计表			
2	订单号	订单金额	销售人员		销售人员	订单数	订单总额	销售奖金
3	20060401	5000	张红		张红	4		
4	20060401	5000	杨柳		王洋			
5	20060402	4500	王洋		李易			
6	20060403	25000	李易		杨柳			
7	20060404	4200	张红		订单总数			
8	20060405	4500	杨柳					
9	20060406	2500	杨柳					
10	20060407	15000	张红					
11	20060408	95000	李易					
12	20060409	1000	王洋					
13	20060410	50000	王洋					
14	20060411	2580	张红					
15	20060412	3200	杨柳					

图 2.2.38　用 COUNTIF 函数计算订单数

提示： 在公式和函数中单元格地址的引用格式，见表 2.2.1。

表 2.2.1　单元格地址的引用格式

引用	描述	区别
A1	A 列 1 行，均为相对引用	相对引用
$A$1	A 列 1 行，均绝对引用，即 A1 单元格	绝对引用
$A1	A 为绝对引用，1 为相对引用	混合引用
A$1	A 为相对引用，1 为绝对引用	混合引用

7. 用拖动填充柄的操作，实现所有订单数的计算，如图 2.2.39 所示。

F3　=COUNTIF($C$3:$C$15,E3)

	A	B	C	D	E	F	G	H
1	科发公司员工销售情况				科发公司员工销售情况统计表			
2	订单号	订单金额	销售人员		销售人员	订单数	订单总额	销售奖金
3	20060401	5000	张红		张红	4		
4	20060401	5000	杨柳		王洋	3		
5	20060402	4500	王洋		李易	2		
6	20060403	25000	李易		杨柳	4		
7	20060404	4200	张红		订单总数			
8	20060405	4500	杨柳					
9	20060406	2500	杨柳					
10	20060407	15000	张红					
11	20060408	95000	李易					
12	20060409	1000	王洋					
13	20060410	50000	王洋					
14	20060411	2580	张红					
15	20060412	3200	杨柳					

图 2.2.39　用 COUNTIF 函数计算订单数

（二）用 SUMIF 函数计算销售人员的订单总额

1. 在图 2.2.39 中，单击 G3 单元格，单击工具栏上的 fx 按钮，打开“插入函数”对话框，如图 2.2.40 所示。

2. 在图 2.2.40 中，在“或选择类别”区域选择“数学与三角函数”，在“选择函数”区域选中“SUMIF”函数名，再单击“确定”按钮，如图 2.2.41 所示。

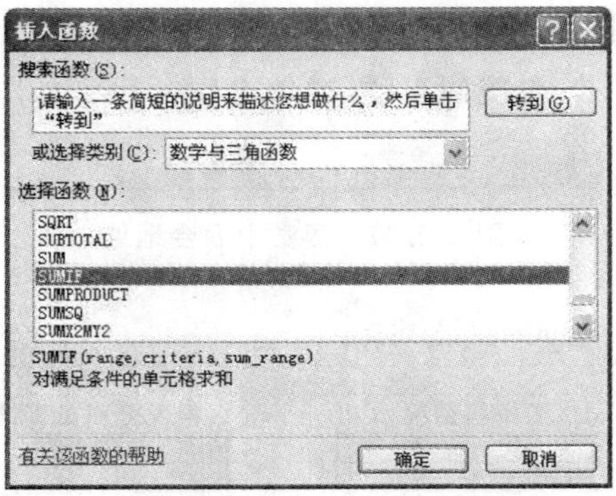

图 2.2.40 “插入函数”对话框

3. 在图 2.2.41 中，在“Range”区域中输入“C3: C15”（或拖动 C3 至 C15），在“Criteria”区域中输入“E3”（或单击 E3 单元格），在“Sum_range” 区域中输入“B3: B15”（或拖动 B3 至 B15），单击“确定”按钮，如图 2.2.42 所示。

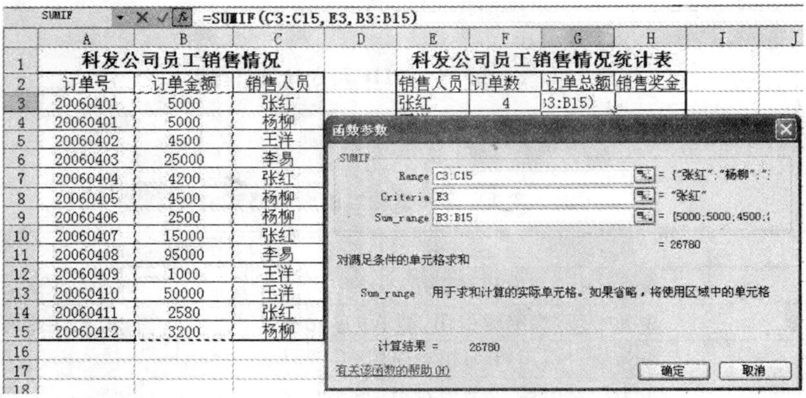

图 2.2.41 “函数参数”对话框

图 2.2.42 “函数参数”设置

4. 在图 2.2.42 中，选中编辑工具栏中“＝SUMIF (C3:C15,E3,B3:B15)”，再按功能键 F4(同 COUNTIF 操作相似)，出现如图 2.2.43 所示。

SUMIF ▾ ✕ ✓ fx =SUMIF($C$3:$C$15,$E$3,$B$3:$B$15)

图 2.2.43　SUMIF 函数中绝对地址

5. 在图 2.2.43 中，删除“$E$3”前的“$”符号，变成为“＝SUMIF($C$3:$C$15, E3,$B$3:$B$15)”，如图 2.2.44 所示，再按回车键(或单击 ✓)，得到如图 2.2.45 所示。

SUMIF ▾ ✕ ✓ fx =SUMIF($C$3:$C$15,E3,$B$3:$B$15)

图 2.2.44　函数中混合地址

G3 ▾ fx =SUMIF($C$3:$C$15,E3,$B$3:$B$15)

	A	B	C	D	E	F	G	H
1	科发公司员工销售情况				科发公司员工销售情况统计表			
2	订单号	订单金额	销售人员		销售人员	订单数	订单总额	销售奖金
3	20060401	5000	张红		张红	4	26780	
4	20060401	5000	杨柳		王洋	3		
5	20060402	4500	王洋		李易	2		
6	20060403	25000	李易		杨柳	4		
7	20060404	4200	张红		订单总数			
8	20060405	4500	杨柳					
9	20060406	2500	杨柳					
10	20060407	15000	张红					
11	20060408	95000	李易					
12	20060409	1000	王洋					
13	20060410	50000	王洋					
14	20060411	2580	张红					
15	20060412	3200	杨柳					

图 2.2.45　用 SUMIF 函数计算订单总额

6. 用拖动填充柄的操作，实现所有订单总额的计算，如图 2.2.46 所示。

G3 ▾ fx =SUMIF($C$3:$C$15,E3,$B$3:$B$15)

	A	B	C	D	E	F	G	H
1	科发公司员工销售情况				科发公司员工销售情况统计表			
2	订单号	订单金额	销售人员		销售人员	订单数	订单总额	销售奖金
3	20060401	5000	张红		张红	4	26780	
4	20060401	5000	杨柳		王洋	3	55500	
5	20060402	4500	王洋		李易	2	120000	
6	20060403	25000	李易		杨柳	4	15200	
7	20060404	4200	张红		订单总数			
8	20060405	4500	杨柳					
9	20060406	2500	杨柳					
10	20060407	15000	张红					
11	20060408	95000	李易					
12	20060409	1000	王洋					
13	20060410	50000	王洋					
14	20060411	2580	张红					
15	20060412	3200	杨柳					

图 2.2.46　用 SUMIF 函数计算订单总额

最后，用 IF 函数计算销售奖金。奖金计算方法为：假定公司的销售奖金规则为当订单总额超过 5 万元时，奖励幅度为百分之十五，否则为百分之十。IF 函数各表达式设置如图 2.2.47 所示。

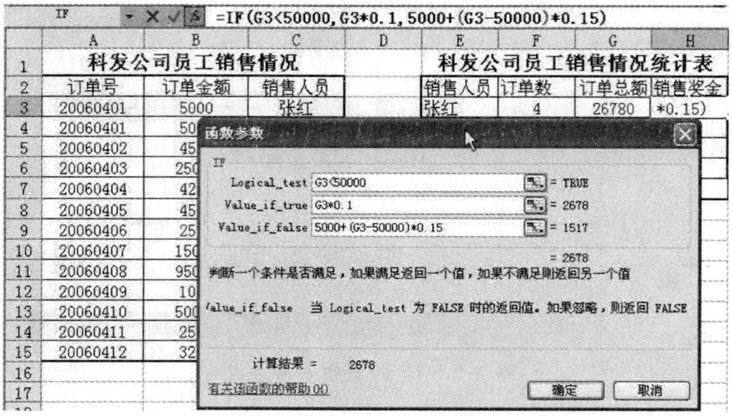

图 2.2.47 用 IF 函数计算销售奖金

在图 2.2.47 中，单击“确定”按钮。用拖动填充柄的操作，实现所有销售奖金的计算。再利用求和函数 SUM(或工具栏上 Σ · 求和按钮)实现 F7：H7 数据的计算，如图 2.2.48 所示。

科发公司员工销售情况		
订单号	订单金额	销售人员
20060401	5000	张红
20060401	5000	杨柳
20060402	4500	王洋
20060403	25000	李易
20060404	4200	张红
20060405	4500	杨柳
20060406	2500	杨柳
20060407	15000	张红
20060408	95000	李易
20060409	1000	王洋
20060410	50000	王洋
20060411	2580	张红
20060412	3200	杨柳

科发公司员工销售情况统计表			
销售人员	订单数	订单总额	销售奖金
张红	4	26780	2678
王洋	3	55500	5825
李易	2	120000	15500
杨柳	4	15200	1520
订单总数	13	217480	25523

图 2.2.48 案例 2 最终效果

拓展训练 2.2.4

建立“拓展训练”工作簿，工作表“sheet1”内容如图 2.2.49 所示。

科目	张有海	李在东	汤王一	赵颂则	钱其林	何虹宝	陈燕
数学	95	56	75	65	100	68	78
语文	75	60	85	75	95	98	85
英语	65	54	90	100	95	90	80
物理	100	55	70	40	90	70	65
化学	86	40	78	50	88	89	79
政治	78	59	80	70	88	90	80
平均分							
综合评定							
优秀门数							

图 2.2.49 工作表“sheet1”原始数据

在工作表“sheet1”中按以下要求进行操作：

1. 计算每位同学的平均分(不保留小数)。

2. 采用 IF 函数进行综合评定：大于等于 90 分的为优秀，80—90 分的为良，70—80 分的为中，60—70 分的为及格，60 分以下的为不及格。

3. 采用 COUNTIF 函数统计每位学生取得优秀成绩的课程数，规则为成绩大于 90 分记做优秀。

操作结果如图 2.2.50 所示。

B9　=IF(B8>=90,"优秀",IF(B8>=80,"良",IF(B8>=70,"中",IF(B8>=60,"及格","不及格"))))

	A	B	C	D	E	F	G	H	I	J	K
1	科目	张有梅	李在东	汤王一	赵颂则	钱其林	何虹宝	陈燕			
2	数学	95	56	75	65	100	68	78			
3	语文	75	60	85	75	95	98	85			
4	英语	65	54	90	100	95	90	80			
5	物理	100	55	70	40	90	70	65			
6	化学	86	40	78	50	88	89	79			
7	政治	78	59	80	70	88	90	80			
8	平均分	83	54	80	67	93	84	78			
9	综合评定	良	不及格	中	及格	优秀	良	中			
10	优秀门数	2	0	1	1	4	3	0			

图 2.2.50　操作结果样张

提示：主要注意在上图中 IF 函数进行综合评定的表达式，使用了 IF 函数的嵌套。=IF(B8>=90,"优秀",IF(B8>=80,"良",IF(B8>=70,"中",IF(B8>=60,"及格","不及格"))))。在"拓展训练"工作簿的"sheet3"工作表中输入以下内容如图 2.2.51 所示。

	A	B	C	D	E	F
1	成绩表					
2						制表日期:
3	姓名	高等数学	大学英语	计算机基础	总分	总评
4	王一友	78	80	90		
5	李清连	98	86	80		
6	程小霞	79	75	86		
7	马大军	90	92	88		
8	李枚平	96	95	97		
9	丁中山	69	74	79		
10	张珊莉	60	68	75		
11	柳亚萍	72	79	80		
12	最高分					
13	平均分					
14	优秀率					

图 2.2.51　工作表"sheet3"原始数据

在工作表"sheet3"中按以下要求进行操作：

1. 计算每个学生的总分，并求出各科目的最高分和平均分。

2. 用 IF 函数评出"优秀"学生(总分>=270)。

3. 计算各科目的优秀率。

提示：用 Count 函数计算每科目参考的学生总数，用 Countif 函数计算每科目优秀的学生总数。

学习子情景 2.3　中原商贸城第一季度汽车销售情况

任务描述 2.3.1

在本案例中，我们将通过制作"中原商贸城第一季度汽车销售情况(辆)"来学习 Excel 2003 表格数据处理的基本操作。其中利用 Excel 2003 工作表中提供的数据透视表功能对工作表中的数据进行分析。如通过设置数据项，可重新组织数据，并进行计算。特别需要提醒的是数据透视表对工作表中的数据源进行分析和计算,数据透视表中显示的数据是只读的,不能对其进行修改。本案例操作主要包括数据排序、数据筛选、数据分类汇总、数据透视表和数据透视图、数据合并计算等操作。

知识要点 2.3.2

- 数据排序
  - ◇ 自动排序
  - ◇ 自定义排序
- 数据筛选
  - ◇ 自动筛选
  - ◇ 高级筛选
- 数据分类汇总
- 应用数据透视表
  - ◇ 建立数据透视表
  - ◇ 建立数据透视图
- 数据合并计算
  - ◇ 同一工作簿合并计算
  - ◇ 不同工作簿合并计算

任务实施 2.3.3

案例 1　中原商贸城第一季度汽车销售情况

一、建立工作簿

启动 Excel 2003 后,新建工作簿"book1",在"sheet1"直接输入原始数据,通过公式计算"总计",并进行表格各项设置包括:标题跨行居中,字体、字号设置,表格内容水平居中、垂直居中,加边框线等。

该案例通过对原始数据进行处理,在工作簿"book1"中要得到多个工作表,依次取名为"自动排序"、"自定义排序"、"自动筛选"、"高级筛选"、"分类汇总"。设置完成后,以"数据处理"为文件名进行保存,如图 2.3.1 所示。

图 2.3.1 "数据处理"效果

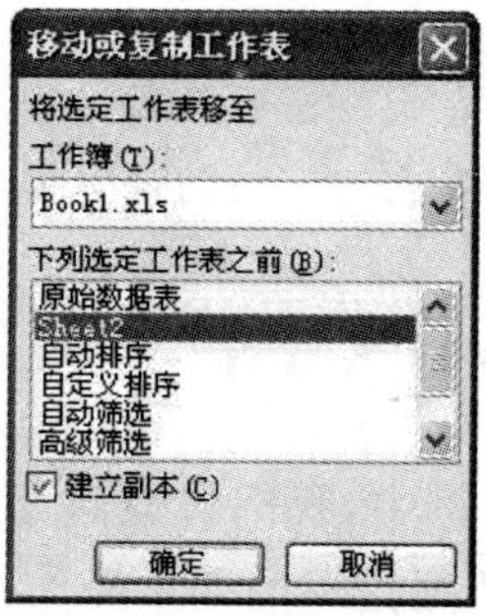

图 2.3.2 【移动或复制工作表】对话框

对原始数据进行处理，最后要得到多个工作表，其操作主要通过工作表的复制完成。比如：要得到第二张“自动排序”工作表，先将“原始数据表”复制，得到“原始数据表（2）”，再将“原始数据表（2）”重命名为“自动排序”。工作表的复制操作如下：

1. 右击选定“原始数据表”工作表的标签．在出现的快捷菜单中选择“移动或复制工作表”命令，打开【移动或复制工作表】对话框，如图2.3.2所示。

2. 在“下列选定工作表之前”列表框中选择“sheet2”，选定“建立副本”选项；如果没有选定“建立副本”选项，则只完成工作表的移动操作，不会复制工作表。

3. 单击“确定”按钮完成设置，在“sheet2”工作表的前面复制了一个名为“原始数据表（2）”的工作表。

4. 将“原始数据表（2）”工作表重命名为“自动排序”。

按住Ctrl键的同时用鼠标左键拖动工作表标签到目标位置也可以复制工作表。

对其他新工作表的生成与以上操作类似，就不再多述。操作完成后就在工作簿“book1”中建立了各种工作表（每个工作表中都有数据且是一样，皆为原始数据），如图2.3.1所示。

提示：如果要跨工作簿进行工作表的移动或复制，则必须在“移动或复制工作”对话框中的“工作簿”列表框中选择目标工作簿。

另外对工作表的删除操作为：

1. 右键单击“sheet3”工作表的标签。

2. 在出现的快捷菜单中选择“删除”命令，删除“sheet3”工作表。

二、数据排序

（一）自动排序

切换到“自动排序”工作表，光标定位在“总计”列的任意单元格，单击工具栏中的“升序”按钮后，“总计”中的数据自动按升序排序显示，如图2.3.3所示。

	A	B	C	D	E	F
1	中原商贸城第一季度汽车销售情况（辆）					
2	品牌	产地	一月	二月	三月	总计
3	奥迪A8	一汽大众	120	180	150	450
4	奥迪A6	一汽大众	320	380	330	1030
5	宝来	一汽大众	600	300	200	1100
6	赛欧	上汽通用	350	380	480	1210
7	保罗	上海大众	640	680	600	1920
8	捷达王	一汽大众	800	600	750	2150
9	帕斯特	上海大众	580	790	860	2230
10	别克	上汽通用	780	890	600	2270
11	桑坦纳2000	上海大众	600	900	850	2350
12						
13						

图2.3.3　“总计”列排序结果

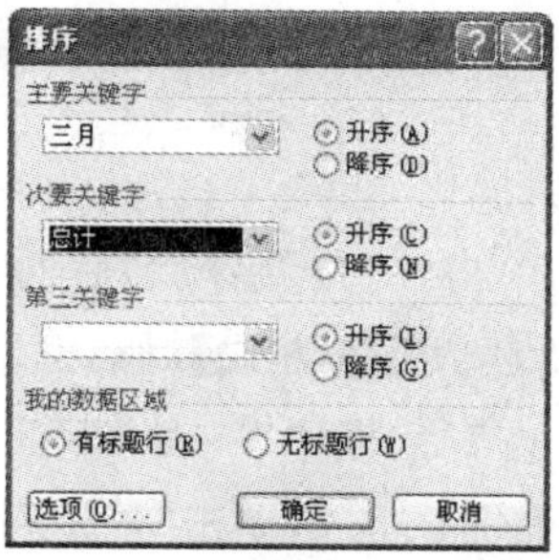

图2.3.4　【排序】对话框

（二）自定义排序

1. 选定“自定义排序”工作表数据区域内的任意单元格，单击【数据】菜单中的“排序”命令，打开【排序】对话框，在主要关键字中选择“三月”按“升序”排序；次要关键字中选择“总计”按“升序”排序，如图2.3.4所示。

2. 单击“确定”后，排序结果如图2.3.5所示。

提示：主、次关键字的用途，当主关键字的值相同时，按次关键字进行排序。在图2.3.5

中，E7＝E8＝600，即主关键字“三月”的值相同，则第七行和第八行的排序的先后，就由次关键字“总计”的大小来决定。

	A	B	C	D	E	F
1	中原商贸城第一季度汽车销售情况（辆）					
2	品牌	产地	一月	二月	三月	总计
3	奥迪A8	一汽大众	120	180	150	450
4	宝来	一汽大众	600	300	200	1100
5	奥迪A6	一汽大众	320	380	330	1030
6	赛欧	上汽通用	350	380	480	1210
7	保罗	上海大众	640	680	600	1920
8	别克	上汽通用	780	890	600	2270
9	捷达王	一汽大众	800	600	750	2150
10	桑坦纳2000	上海大众	600	900	850	2350
11	帕斯特	上海大众	580	790	860	2230
12						
13						

原始数据表 / 自动排序 / 自定义排序 / 自动筛选 / 高级筛选 / 分类汇总

图 2.3.5　按主、次关键字排序结果

三、数据筛选

（一）自动筛选

使用“自动筛选”表的数据，筛选出“一月”的销量都大于或等于 600 的记录。操作如下：

1. 在“book1”工作簿中，单击“自动筛选”标签切换到“自动筛选”工作表，选中数据区域内的任意单元格，单击【数据】菜单“筛选”下“自动筛选”命令，打开自动筛选器。如图 2.3.6 所示。

	A	B	C	D	E	F
1	中原商贸城第一季度汽车销售情况（辆）					
2	品牌	产地	一月	二月	三月	总计
3	奥迪A8	一汽大众	120	180	150	450
4	赛欧	上汽通用	350	380	480	1210
5	帕斯特	上海大众	580	790	860	2230
6	捷达王	一汽大众	800	600	750	2150
7	保罗	上海大众	640	680	600	1920
8	别克	上汽通用	780	890	600	2270
9	宝来	一汽大众	600	300	200	1100
10	桑坦纳2000	上海大众	600	900	850	2350
11	奥迪A6	一汽大众	320	380	330	1030
12						

原始数据表 / 自动排序 / 自定义排序 / 自动筛选 / 高级筛选 / 分类汇

图 2.3.6　打开自动筛选器

2. 单击“一月”字段名后的自动筛选器，在弹出的下拉列表中选择“（自定义…）”，弹出【自定义自动筛选方式】对话框。

3. 在对话框中“一月”下面的下拉表框中选择“大于”，在其右侧的下拉列表框中输入“600”，如图 2.3.7，单击“确定”按钮，返回到工作表中。这时，工作表中不满足条件的行被隐藏起来了，如图 2.3.8 所示。

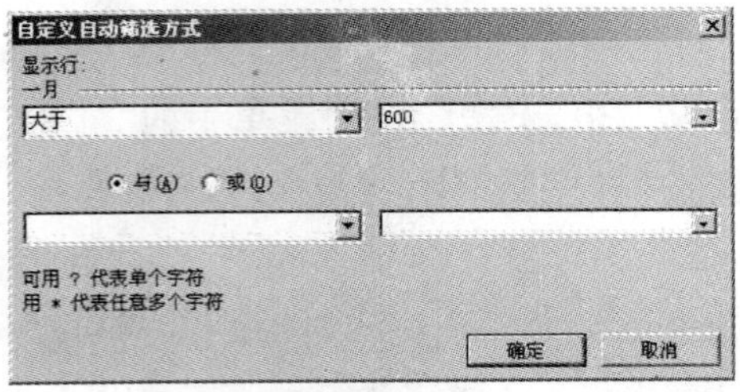

图 2.3.7　【自定义自动筛选方式】对话框

	A	B	C	D	E	F
1	中原商贸城第一季度汽车销售情况（辆）					
2	品牌	产地	一月	二月	三月	总计
6	捷达王	一汽大众	800	600	750	2150
7	保罗	上海大众	640	680	600	1920
8	别克	上汽通用	780	890	600	2270

图 2.3.8　自动筛选结果

（二）高级筛选

高级筛选与自动筛选不同，它要求在一个工作表区域内单独指定筛选条件，与数据区域分开。高级筛选的功能有以下几个：指定与两列或两列以上有关的筛选条件及连接符【或】；对既定的某列指定 3 个或更多的筛选条件，此时，至少要用到一个【或】的连接符；指定计算条件。下面以“中原商贸城第一季度汽车销售情况（辆）”为例. 我们给出这样的条件：筛选出一汽大众、上汽通用、上海大众三个产地“一月”销售量不低度于 750 的记录。具体操作如下：

1. 选取“高级筛选”工作表中的任意空白单元格并填写条件区域，如图 2.3.9 中下方的小方框（B13：C16 区域）所示。

2. 单击【数据】菜单中的“筛选”下的“高级筛选”命令。

	A	B	C	D	E	F
1	中原商贸城第一季度汽车销售情况（辆）					
2	品牌	产地	一月	二月	三月	总计
3	奥迪A8	一汽大众	120	180	150	450
4	赛欧	上汽通用	350	380	480	1210
5	帕斯特	上海大众	580	790	860	2230
6	捷达王	一汽大众	800	600	750	2150
7	保罗	上海大众	640	680	600	1920
8	别克	上汽通用	780	890	600	2270
9	宝来	一汽大众	600	300	200	1100
10	桑坦纳2000	上海大众	600	900	850	2350
11	奥迪A6	一汽大众	320	380	330	1030
12						
13	条件：	产地	一月			
14		一汽大众	>=750			
15		上汽通用	>=750			
16		上海大众	>=750			

图 2.3.9　选取条件区域

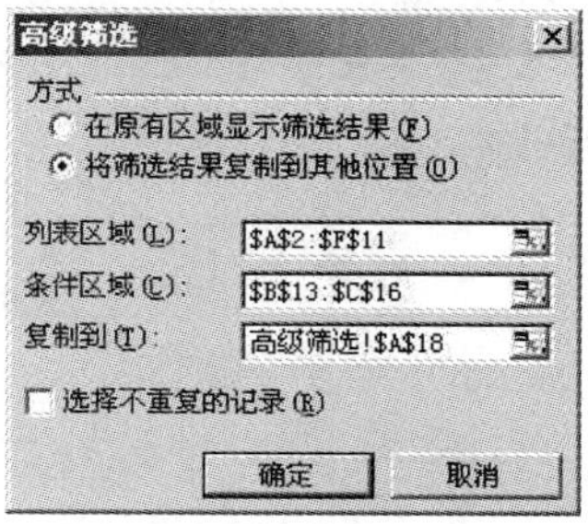

图 2.3.10　【高级筛选】对话框

3. 在【高级筛选】对话框中，选中“将筛选结果复制到其他位置”选项，分别选取列区域、条件区域，复制到其他位置可选取“A18”单元格，设置如图 2.3.10 所示。选取的列表区域和条件区域内必须包含标题行。

4. 单击“确定”，筛选后结果如图 2.3.11 所示。

	A	B	C	D	E	F
1	中原商贸城第一季度汽车销售情况（辆）					
2	品牌	产地	一月	二月	三月	总计
3	奥迪A8	一汽大众	120	180	150	450
4	赛欧	上汽通用	350	380	480	1210
5	帕斯特	上海大众	580	790	860	2230
6	捷达王	一汽大众	800	600	750	2150
7	保罗	上海大众	640	680	600	1920
8	别克	上汽通用	780	890	600	2270
9	宝来	一汽大众	600	300	200	1100
10	桑坦纳2000	上海大众	600	900	850	2350
11	奥迪A6	一汽大众	320	380	330	1030
12						
13	条件：	产地	一月			
14		一汽大众	>=750			
15		上汽通用	>=750			
16		上海大众	>=750			
17						
18	品牌	产地	一月	二月	三月	总计
19	捷达王	一汽大众	800	600	750	2150
20	别克	上汽通用	780	890	600	2270

原始数据表 / 自动排序 / 自定义排序 / 自动筛选 / 高级筛选 / 分类汇总 /

图 2.3.11　高级筛选结果

四、分类汇总

分类汇总可以将数据按照不同的类别进行统计。分类汇总不需要输入公式，也不需要使用函数，Excel 2003 将自动处理并插入分类结果。下面以“中原商贸城第一季度汽车销售情况（辆）”为例，按“产地”统计“一月”、“二月”和“三月”销售量的平均值，具体操作如下：

1. 光标定位于“产地”列的任一单元格，单击工具栏上的“升序”或“降序”按钮，按“产地”排序。

提示： 分类汇总分两步完成：第一步，按进行分类的字段进行排序，即分类的字段名为主关键字。第二步，再进行汇总计算。

2. 单击【数据】菜单中的“分类汇总”命令，打开【分类汇总】对话框。

3. 在“分类字段”下拉列表中选择“产地”，在“汇总方式”下拉列表中选择“平均值”，在“选定汇总项”列表中选定“一月”、“二月”、“三月”选项，如图 2.3.12 所示。

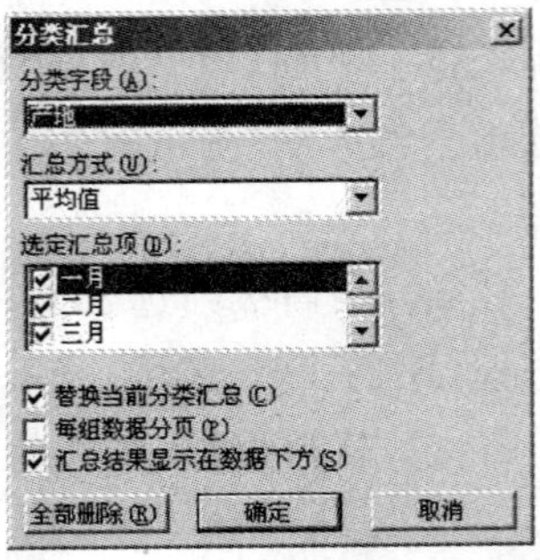

图 2.3.12 【分类汇总】对话框

4. 单击“确定”按钮，得到汇总结果如图 2.3.13 所示。

	A	B	C	D	E	F
1	中原商贸城第一季度汽车销售情况（辆）					
2	品牌	产地	一月	二月	三月	总计
3	帕斯特	上海大众	580	790	860	2230
4	保罗	上海大众	640	680	600	1920
5	桑坦纳2000	上海大众	600	900	850	2350
6		**上海大众**	606.6667	790	770	
7	赛欧	上汽通用	350	380	480	1210
8	别克	上汽通用	780	890	600	2270
9		**上汽通用**	565	635	540	
10	奥迪A8	一汽大众	120	180	150	450
11	捷达王	一汽大众	800	600	750	2150
12	宝来	一汽大众	600	300	200	1100
13	奥迪A6	一汽大众	320	380	330	1030
14		**一汽大众**	460	365	357.5	
15		**总计平均**	532.2222	566.6667	535.5556	
16						

图 2.3.13 汇总结果

提示： 在图 2.3.13 汇总结果窗口左侧显示了分类汇总的标志，其中“+”是“显示明细数据符号”；“-”是“隐藏明细数据符号”；“1、2、3”为分级显示标记。单击“1”只显示总的汇总值，单击“2”显示各类汇总值，单击“3”显示所有的明细数据。

五、数据透视表

建立数据源，新建工作簿“book2”，将“sheet1”重命名为“数据源”，“sheet2”重命名为“数据源透视表”，“sheet3”重命名为“数据透视图”。在“数据源”表中输入原始数据，用以建立数据透视表，如图 2.3.14 所示。当数据透视表和数据透视图建立完成后将工作簿“book2”以“数据透视表(图)”为文件名进行保存，建立数据透视表和数据透视图的具体操作如下：

	A	B	C	D	E	F
1	中原市下半年各市场汽车销售情况（辆）					
2	品牌	产地	中原商贸城	中粮大厦	魏湾汽车城	岳各庄汽车城
3	别克	上汽通用	4320	3886	4600	4170
4	帕斯特	上海大众	4160	3890	4300	4260
5	桑坦纳2000	上海大众	5100	5800	5720	6300
6	捷达王	一汽大众	6480	6260	6480	5820
7	保罗	上海大众	3860	4040	4280	3080
8	赛欧	上汽通用	3160	3060	2480	3360
9	奥迪A6	一汽大众	1830	1320	1750	1660
10	宝来	上海大众	1880	2400	1800	1620
11	奥迪A8	一汽大众	560	420	580	600
12	标志	东风	3400	3200	2840	2600
13	广州本田	广州本田	1240	1010	980	1500

图 2.3.14 “数据源”表的原始数据

1. 选定“数据源”表中数据区域内任意单元格，单击【数据】菜单中的“数据透视表和数据透视图”命令，弹出【数据透视表和数据透视图向导—3 步骤之 1】对话框，如图 2.3.15 所示。

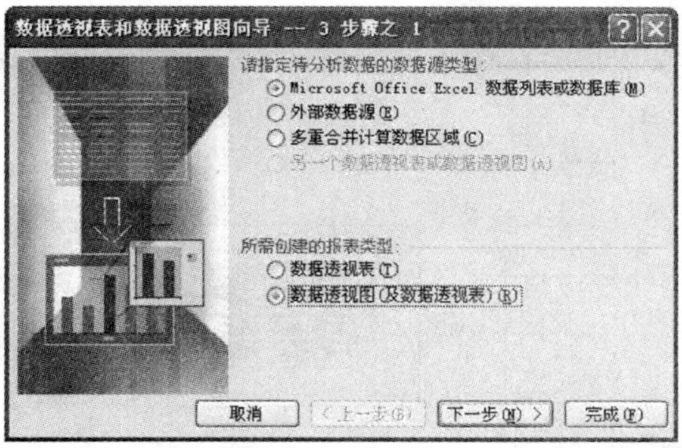

图 2.3.15 【数据透视表和数据透视图向导—3 步骤之 1】对话框

2. 在“指定待分析数据的数据源类型”选项中选定“Microsoft office Excel 数据列表或数库”，在“所需创建的报表类型”选项中选中“数据透视图(数据透视表)”。

3. 单击“下一步”按钮，弹出如图 2.3.16 所示的【数据透视表和数据透视图向导—3 步骤之 2】对话框，拖动鼠标选定 A2：F13 单元格区域。

图 2.3.16 【数据透视表和数据透视图向导—3 步骤之 2】对话框

4. 单击“下一步”按钮，弹出【数据透视表和数据透视图向导—3 步骤之 3】对话框，在“数据透视表显示位置”选项中选中“现有工作表”，单击“现有工作表”下方的“ ”，再单击“数据透视表”标签和 A1 单元格(表示建立的数据透视表放置于“数据透视表”工作表中，并从 A1 单元格开始放)，如图 2.3.17 所示。

图 2.3.17 选中放置“数据透视表”的位置

5. 在图 2.3.17 中，单击“”按钮，如图 2.3.18 所示。

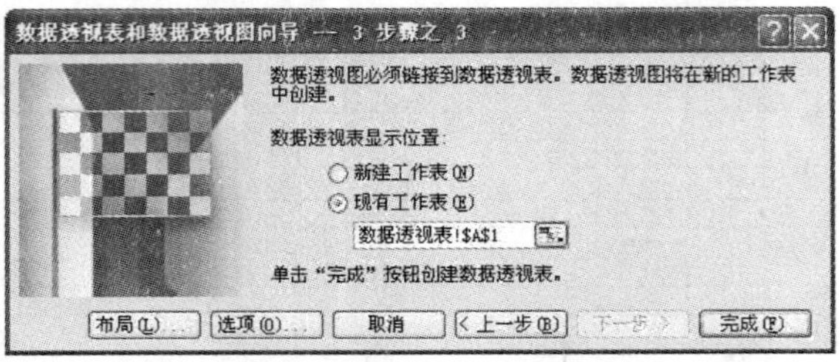

图 2.3.18 【数据透视表和数据透视图向导—3 步骤之 3】对话框

6. 在图 2.3.18 中，单击“布局(L)…”按钮，弹出【数据透视表和数据透视图向导一布局】对话框，用鼠标拖动对话框右侧的“产地”字段按钮，将其放置到“页”区域；拖动“品牌”字段放置到“列”区域；拖动“中原商贸城”字段到“数据”区域，类似操作拖动“中粮大厦”、“魏湾汽车城”、“岳各庄汽车城”字段到“数据”区域，如图 2.3.19 所示。

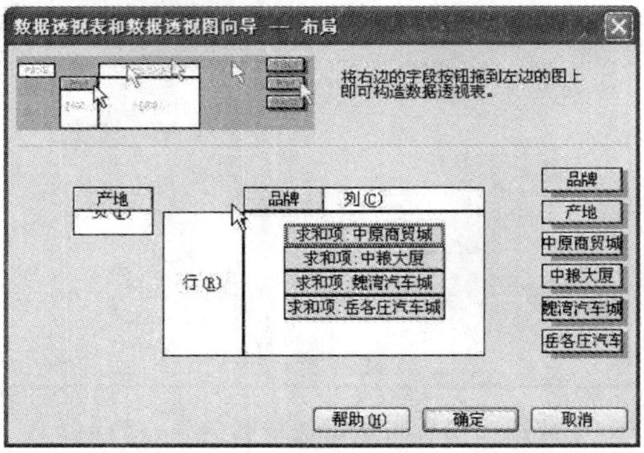

图 2.3.19 【数据透视表和数据透视图向导—布局】对话框

图 2.3.19 所示对话框各项说明：页：把字段拖到页上，相当于以该字段进行分类，系统会自动对它排序；行：把字段拖到行上，表示在生成的数据透视表中行的方向上要显示的数据项；列：把字段拖到列上，表示在生成的数据透视表中列的方向上要显示的数据项；数据：把字段拖到数据框中，表示对该字段进行汇总，缺省汇总方式为求和，可以改变汇总方式。

提示： 若要对各商贸城的数据求平均值，就双击数据区域“求和”项，打开【数据透视表字段】对话框，在“汇总方式”列表框中选择“平均值”，如图 2.3.20 所示。单击“确定”按钮，返回到布局对话框，“求和”项被改为“平均值”项。

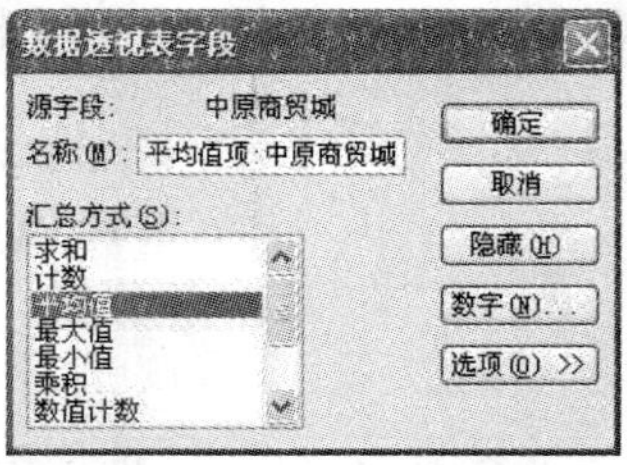

图 2.3.20 【数据透视表字段】对话

7. 在图 2.3.19 中，单击“确定”按钮，返回到图 2.3.18 所示对话框，单击“完成”按钮，向导将自动创建新的数据透视表，并在其中显示统计值，如图 2.3.21 所示。

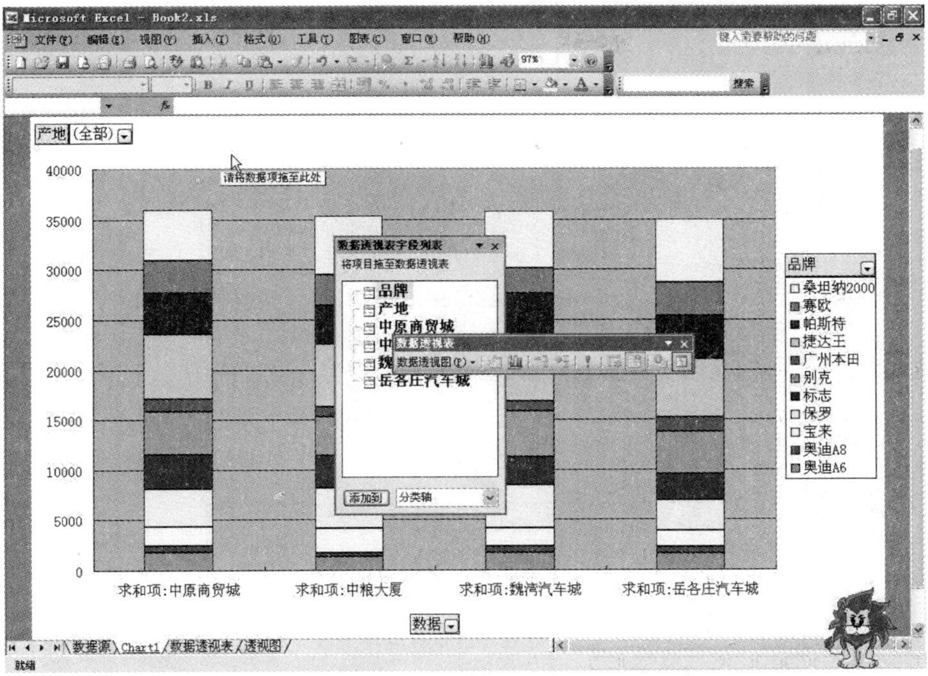

图 2.3.21　创建新的数据透视表和数据透视图

8. 在图 2.3.21 中，选中图表区右击，出现如图 2.3.22 所示的快捷菜单，单击"位置"命令，在"图表位置"对话框中，选中"作为其中的对象插入"，在右侧下拉按钮中选中"透视图"工作表，如图 2.3.23 所示。

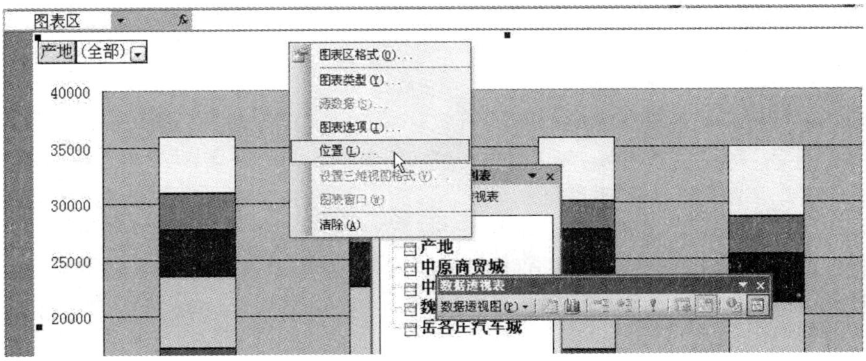

图 2.3.22　图表区快捷菜单

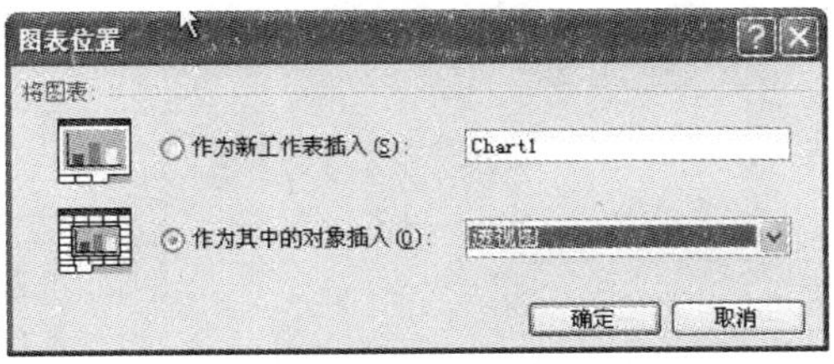

图 2.3.23　"图表位置"对话框

9. 在图 2.3.23 中，单击“确定”按钮，生成了数据透视表和数据透视图(单击“数据透视表”标签可查看生成的数据透视表)，如图 2.3.24 所示。

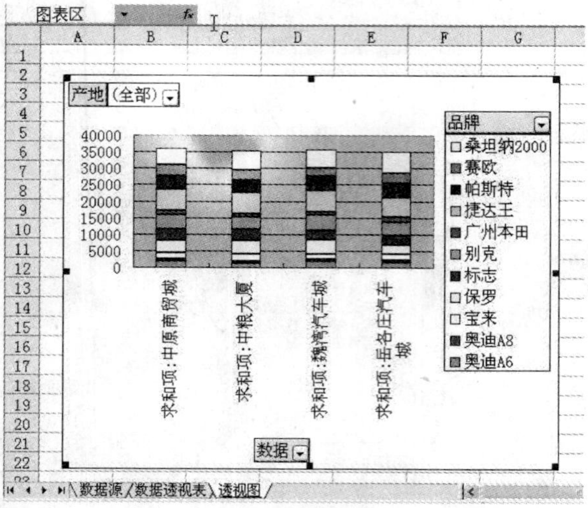

图 2.3.24 生成了数据透视表和数据透视图

另外，数据透视表是可以通过设置数据透视条件来进行改变的。具体操作如下：

1. 单击工作簿“book2”中“数据透视表”标签。

2. 选中“品牌”字段，并单击鼠标右键，在弹出的快捷菜单中选择“字段设置”命令，弹出“数据透视表”对话框，如图 2.3.25 所示，单击“隐藏”按钮，“品牌”字段将被隐藏，如图 2.3.26 所示。

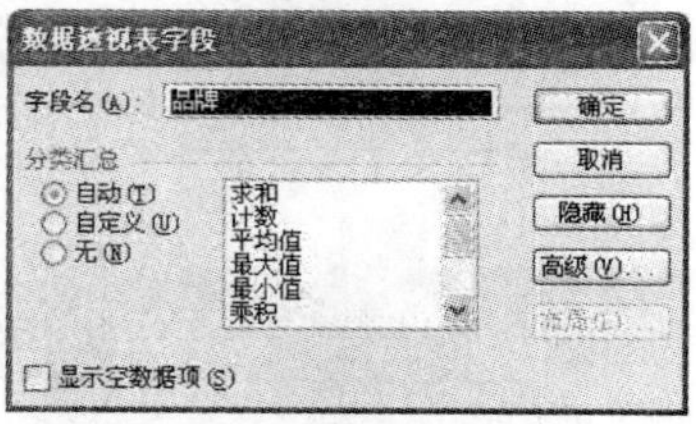

图 2.3.25 “数据透视表”对话框

	A	B
1	产地	(全部)
2		
3	数据	汇总
4	求和项:中原商贸城	35990
5	求和项:中粮大厦	35286
6	求和项:魏湾汽车城	35810
7	求和项:岳各庄汽车城	34970

图 2.3.26 隐藏“品牌”字段

3. 单击“数据”字段下拉按钮，在弹出的选项列表中将“求和项：中原商贸城”复选框取消，如图 2.3.27 所示，单击“确定”按钮完成设置，如图 2.3.28 所示。完成对数据透视表的修改。

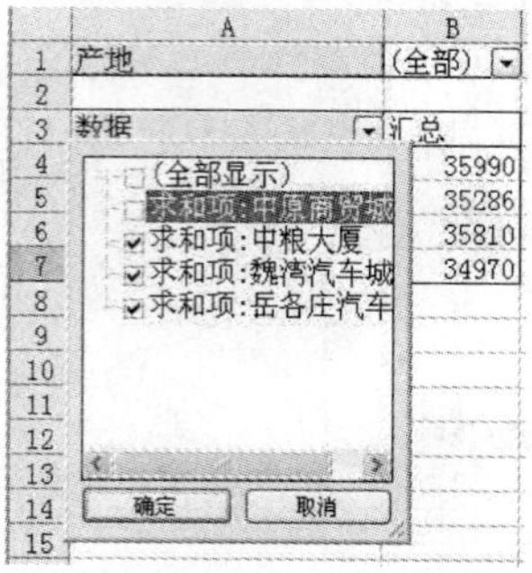

图 2.3.27 取消复选框

	A	B
1	产地	(全部)
2		
3	数据	汇总
4	求和项:中粮大厦	35286
5	求和项:魏湾汽车城	35810
6	求和项:岳各庄汽车城	34970

图 2.3.28 修改后的数据透视表

六、合并计算

Excel 2003 提供了两种合并计算的方法：一种是对同一工作簿的数据进行合并计算，这种情况适用于源数据位置存在差异而进行数据汇总；另一种是对不同工作簿的数据进行合并计算，这种情况适用于源数据位置在不同数据表中具有相同的位置而进行数据汇总。

（一）同一工作簿数据的合并计算

利用“中原市上半年各市场汽车销售情况（辆）”表和“中原市下半年各市场汽车销售情况（辆）”表，通过合并计算完成“中原市全年各市场汽车销售情况（辆）”统计。具体操作如下：

1. 建立工作簿“book3”，在“sheet1”工作表中输入数据源。如图 2.3.29 所示。合并计算的结果从“B16”单元格开始放置，第 14、15 行为合并结果的标题和表头。合并计算完成后以“同一工作簿的合并计算”为文件名保存。

	A	B	C	D	E	F	G	H	I	J	K
1	中原市上半年各市场汽车销售情况（辆）						中原市下半年各市场汽车销售情况（辆）				
2	品牌	中原商贸城	中粮大厦	魏湾汽车城	岳各庄汽车城		品牌	中原商贸城	中粮大厦	魏湾汽车城	岳各庄汽车城
3	别克	4020	3486	5800	3870		别克	4320	3886	4600	4170
4	帕斯特	4860	3690	3800	4060		帕斯特	4160	3890	4300	4260
5	桑坦纳	5400	5200	6020	7000		桑坦纳	5100	5800	5720	6300
6	捷达王	6080	5960	5480	6320		捷达王	6480	6260	6480	5820
7	保罗	4060	3840	3680	2880		保罗	3860	4040	4280	3080
8	赛欧	2660	3460	2980	3060		赛欧	3160	3060	2480	3360
9	奥迪A6	1230	1820	2050	1460		奥迪A6	1830	1320	1750	1660
10	宝来	2080	1800	1400	1520		宝来	1880	2400	1800	1620
11	奥迪A8	520	400	640	580		奥迪A8	560	420	580	600
12											
13											
14	中原市全年各市场汽车销售情况（辆）										
15	品牌	中原商贸城	中粮大厦	魏湾汽车城	岳各庄汽车城						
16	别克										
17	帕斯特										
18	桑坦纳										
19	捷达王										
20	保罗										
21	赛欧										
22	奥迪A6										
23	宝来										
24	奥迪A8										

图 2.3.29 进行同一工作簿合并计算的数据源

2. 单击 B16 单元格，单击【数据】菜单中的“合并计算”命令，打开【合并计算】对话框，“函数”列表框选择“求和”函数，如图 2.3.30 所示。

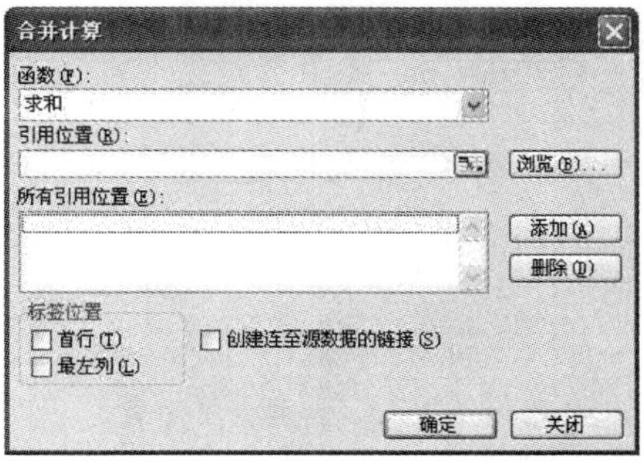

图 2.3.30 【合并计算】对话框

3. 单击“引用位置”框右侧的“ ”按钮，然后选择“sheet1”中“B3 : E11”单元格区域，“引用位置”框出现“sheet1！ \$B\$3 : \$E\$11”字样，如图 2.3.31 所示。

图 2.3.31 【合并计算—引用位置】对话框

4. 单击“引用位置”框右侧的“”按钮，返回到“合并计算”对话框，可以看到引用位置区域出现在“引用位置”框中，单击“添加”按钮，当前引用位置区域添加到“所有引用位置”列表中。

5. 重复第 4)步操作，将“sheet1”中“H3：K11”单元格区域，添加到“所有引用位置”列表中，如图 2.3.32 所示。

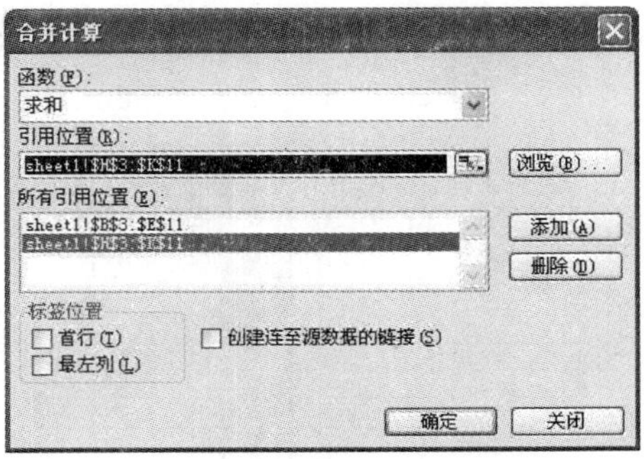

图 2.3.32 所有引用完成后的【合并计算】对话框

6. 单击“确定”按钮，完成合并计算。如图 2.3.33 所示。将工作簿以“同一工作簿合并计算”为名，保存后关闭。

中原市上半年各市场汽车销售情况（辆）

品牌	中原商贸城	中粮大厦	魏湾汽车城	岳各庄汽车城
别克	4020	3486	5800	3870
帕斯特	4860	3690	3800	4060
桑坦纳	5400	5200	6020	7000
捷达王	6080	5960	5480	6320
保罗	4060	3840	3680	2880
赛欧	2660	3460	2980	3060
奥迪A6	1230	1820	2050	1460
宝来	2080	1800	1400	1520
奥迪A8	520	400	640	580

中原市下半年各市场汽车销售情况（辆）

品牌	中原商贸城	中粮大厦	魏湾汽车城	岳各庄汽车城
别克	4320	3886	4600	4170
帕斯特	4160	3890	4300	4260
桑坦纳	5100	5800	5720	6300
捷达王	6480	6260	6480	5820
保罗	3860	4040	4280	3080
赛欧	3160	3060	2480	3360
奥迪A6	1830	1320	1750	1660
宝来	1880	2400	1800	1620
奥迪A8	560	420	580	600

中原市全年各市场汽车销售情况（辆）

品牌	中原商贸城	中粮大厦	魏湾汽车城	岳各庄汽车城
别克	8340	7372	10400	8040
帕斯特	9020	7580	8100	8320
桑坦纳	10500	11000	11740	13300
捷达王	12560	12220	11960	12140
保罗	7920	7880	7960	5960
赛欧	5820	6520	5460	6420
奥迪A6	3060	3140	3800	3120
宝来	3960	4200	3200	3140
奥迪A8	1080	820	1220	1180

图 2.3.33 合并计算结果

（二）不同工作簿数据的合并计算

1. 依次建立三个新工作簿，取名为“book4”、“book5”、“book6”。将“book3”中“sheet1”“中原市上半年各市场汽车销售情况(辆)”数据复制到“book4”的“sheet1”中；将“book3”中“sheet1”“中原市下半年各市场汽车销售情况(辆)”数据复制到“book5”的“sheet1”中；在

“book6”的第一行中输入标题“中原市全年各市场汽车销售情况(辆)”。“book4”和“book5”中的“sheet1”工作表为进行不同工作簿合并计算的数据源，合并计算结果放于“book6”的“sheet1”工作表中，合并计算完成后，以“不同工作簿的合并计算”为文件名进行保存。

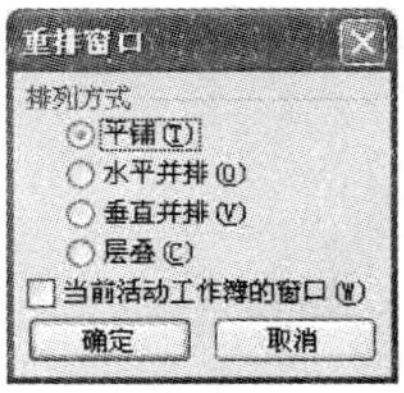

图 2.3.34　平铺窗口

2. 单击【窗口】菜单中的“重排窗口”命令，出现【重排窗口】对话框，选择“平铺”，如图 2.3.34 所示。

3. 单击“确定”按钮，三张表放入同一窗口之中，如图 2.3.35 所示。

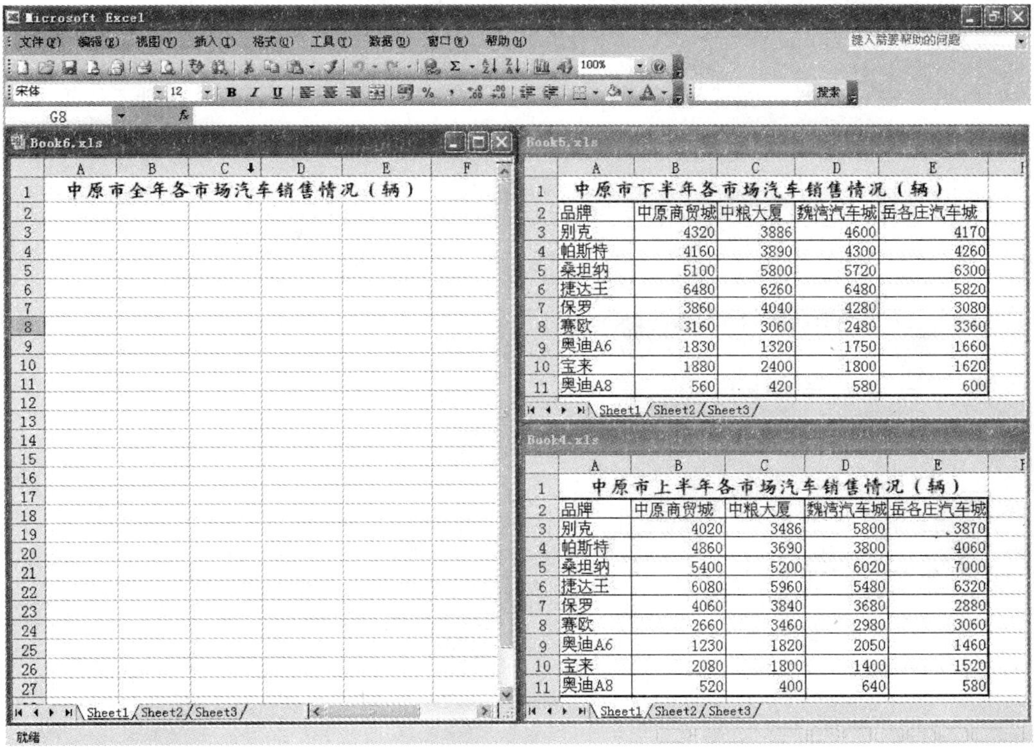

中原市下半年各市场汽车销售情况(辆)

品牌	中原商贸城	中粮大厦	魏湾汽车城	岳各庄汽车城
别克	4320	3886	4600	4170
帕斯特	4160	3890	4300	4260
桑坦纳	5100	5800	5720	6300
捷达王	6480	6260	6480	5820
保罗	3860	4040	4280	3080
赛欧	3160	3060	2480	3360
奥迪A6	1830	1320	1750	1660
宝来	1880	2400	1800	1620
奥迪A8	560	420	580	600

中原市上半年各市场汽车销售情况(辆)

品牌	中原商贸城	中粮大厦	魏湾汽车城	岳各庄汽车城
别克	4020	3486	5800	3870
帕斯特	4860	3690	3800	4060
桑坦纳	5400	5200	6020	7000
捷达王	6080	5960	5480	6320
保罗	4060	3840	3680	2880
赛欧	2660	3460	2980	3060
奥迪A6	1230	1820	2050	1460
宝来	2080	1800	1400	1520
奥迪A8	520	400	640	580

图 2.3.35　平铺窗口

4. 光标定位于“book6”的“A2”单元格，单击【数据】菜单中的“合并计算”命令，打开【合并计算】对话框，“函数”列表框选择“求和”函数。

5. 单击“引用位置”框右侧的“”按钮，然后选择“book4”中“A2：E11”单元格区域，“引用位置”框出现“s【Book4.xls】Sheet1！ $A$2:$E$11”字样。

6. 单击“引用位置”框右侧的“”按钮，返回到“合并计算”对话框，可以看到引用位置区域出现在“引用位置”框中，单击“添加”按钮，当前引用位置区域添加到“所有引用位置”列表中。

7. 重复第5)、6)步操作，将“book5”中“A2：E11”单元格区域，添加到“所有引用位置”列表中。

8. 在“标签位置”中，选中“首行”和“最左列”复选框，如图 2.3.36 所示。

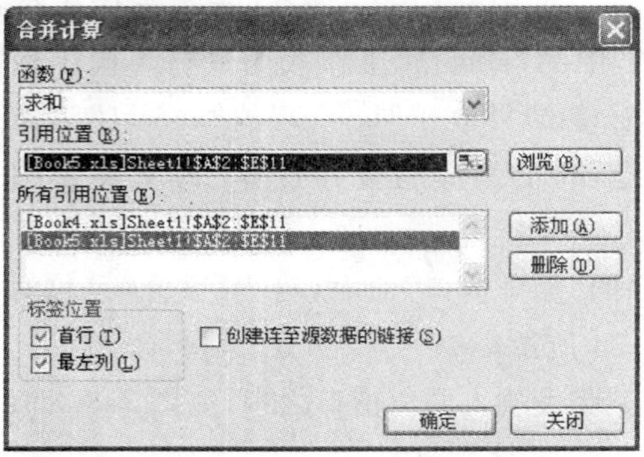

图 2.3.36　所有引用完成后的【合并计算】对话框

9. 单击“确定”按钮，完成合并计算。如图 2.3.37 所示。工作簿以“不同工作簿合并计算”为名，保存后关闭。

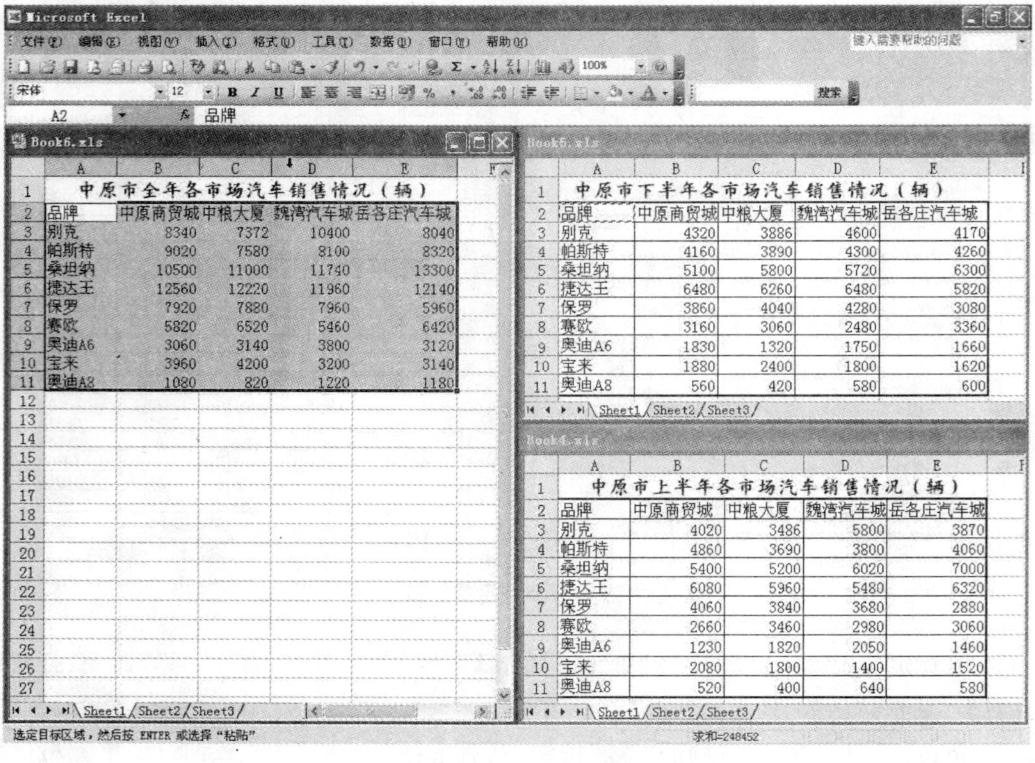

图 2.3.37 完成【合并计算】效果图

拓展训练 2.3.4

建立“拓展训练”工作簿，每张工作表的内容如下：

Sheet1 工作表内容如图 2.3.38 所示。

	A	B	C	D	E	F	G
1	2003年度农场农作物产量（吨）						
2	单位	小麦	玉米	谷子	大豆	棉花	番薯
3	黄河农场	9050	8460	2360	1200	4200	2340
4	劳改农场	8820	4430	0	2410	9120	3120
5	胜利农场	11900	6230	1230	3220	8460	4630
6	团结农场	7320	3400	2610	0	7830	5360
7	红星农场	9820	7530	3210	4230	5620	0
8	富民农场	15400	7210	4320	2210	6840	7430
9	解放农场	6300	2320	2430	3210	10500	2630
10	丰收农场	5400	1230	2230	2450	14800	3420
11	粮食产量总计						
12							

图 2.3.38　Sheet1 工作表内容

Sheet2 工作表内容如图 2.3.39 所示。

	A	B	C	D	E	F	G
1	2003年度农场农作物产量（吨）						
2	单位	小麦	玉米	谷子	大豆	棉花	番薯
3	黄河农场	9050	8460	2360	1200	4200	2340
4	劳改农场	8820	4430	0	2410	9120	3120
5	胜利农场	11900	6230	1230	3220	8460	4630
6	团结农场	7320	3400	2610	0	7830	5360
7	红星农场	9820	7530	3210	4230	5620	0
8	富民农场	15400	7210	4320	2210	6840	7430
9	解放农场	6300	2320	2430	3210	10500	2630
10	丰收农场	5400	1230	2230	2450	14800	3420
11							
12							

图 2.3.39　Sheet2 工作表内容

Sheet3 工作表内容与 Sheet2 工作表相同。

Sheet4 工作表内容如图 2.3.40 所示。

	A	B	C	D	E	F	G	H	I	J	K
1	黄河农场农作物亩产情况表（公斤/亩）						丰收农场农作物亩产情况表（公斤/亩）				
2	农作物	2000年度	2001年度	2002年度	2003年度		农作物	2000年度	2001年度	2002年度	2003年度
3	小麦	600	610	590	604		小麦	640	600	608	606
4	玉米	580	570	590	600		棉花	280	320	308	312
5	谷子	310	300	290	296		番薯	590	580	610	580
6	大豆	590	580	600	570		大豆	620	560	608	560
7	棉花	300	290	298	302		玉米	584	580	586	604
8	番薯	580	600	590	570		谷子	318	320	320	340
9											
10	农场农作物亩产情况统计表（公斤/亩）										
11	农作物	2000年度	2001年度	2002年度	2003年度						
12											
13											

图 2.3.40　Sheet4 工作表内容

Sheet5 工作表内容如图 2.3.41 所示。

数据源工作表内容与 Sheet5 工作表相同。Sheet6 工作表现为空表,用于放置数据透视表。

针对“拓展训练”工作簿的每张工作表完成如下操作：

1. 应用公式(函数)：使用 Sheet1 工作表中的数据,计算“粮食产量总计”,结果分别放在相应的单元格中。

2. 数据排序：使用 Sheet2 工作表中的数据,以“小麦”为主要关键字,降序排列。

	A	B	C	D	E	F
1	2003年度农场农作物产量					
2	单位	农作物	产量（吨）			
3	团结农场	大豆	0			
4	团结农场	棉花	7830			
5	团结农场	番薯	5360			
6	胜利农场	小麦	11900			
7	胜利农场	玉米	6230			
8	劳改农场	棉花	9120			
9	劳改农场	番薯	3120			
10	解放农场	小麦	6300			
11	解放农场	玉米	2320			
12	解放农场	谷子	2430			
13	黄河农场	谷子	2360			
14	黄河农场	大豆	1200			
15	黄河农场	棉花	4200			
16	黄河农场	番薯	2340			
17	红星农场	小麦	9820			
18	红星农场	玉米	7530			
19	红星农场	谷子	3210			
20	富民农场	大豆	2210			
21	富民农场	棉花	6840			
22	富民农场	番薯	7430			
23	丰收农场	棉花	14800			
24	丰收农场	番薯	3420			
25						

Sheet1 / Sheet2 / Sheet3 / Sheet4 / Sheet5 / 数据源 / Sheet6

图 2.3.41　Sheet5 工作表内容

3．数据筛选：使用 Sheet3 工作表中的数据，筛选出“小麦”和“棉花”产量均大于或等于 8000 的记录。

4．数据合并计算：使用 Sheet4 工作表“黄河农场农作物亩产情况表”和“丰收农场农作物亩产情况表”中的数据，在“农场农作物亩产情况统计表”中进行“平均值”合并计算。

5．数据分类汇总：使用 Sheet5 工作表中的数据，以“农作物”为分字段，将“产量”进行“求和”分类汇总。

6．建立数据透视表：使用“数据源”工作表中的数据，以“单位”为行字段，以“农作物”为列字段，以“产量”为求和项，从 Sheet6 工作表的 A1 单元格起建立数据透视图（及数据透视表）。

学习子情景 2.4　2009 年计算机系期终考试成绩分析图

任务描述 2.4.1

在本案例中，我们将通过制作“2009 年计算机系期终考试成绩分析图”来学习 Excel 2003 图表的基本操作。利用 Excel 2003 提供的图表功能来直观、生动地表现数据，图表和工作表是互相链接的，当工作表中的数据发生改变时，图表中对应项的数据也自动改变。

邮件合并用于套用信函和大量邮件的处理，比如：通知书的填写等。在 Excel 2003 中还提供了宏录制功能，以实现相同功能的快速操作。

知识要点 2.4.2

☞ 图表操作

- ◇ 创建图表
- ◇ 编辑图表

◇ 各种类型的图表创建和编辑

☞ 邮件合并

☞ 宏录制

☞ 单元格、行、列数据操作

◇ 单元格数据隐藏

◇ 行、列数据隐藏

☞ 工作簿结构和窗口保护

☞ 保护工作簿

任务实施 2.4.3

案例 1　2009 年计算机系期终考试成绩分析图

一、建立工作簿

启动 Excel 2003 后，新建工作簿“book1”，在“sheet1”直接输入原始数据，并进行表格各项设置，包括标题跨行居中，字体、字号设置，表格内容水平居中、垂直居中，加边框线等。并将工作簿“book1”以“建立图表”为文件名进行保存。如图 2.4.1 所示。

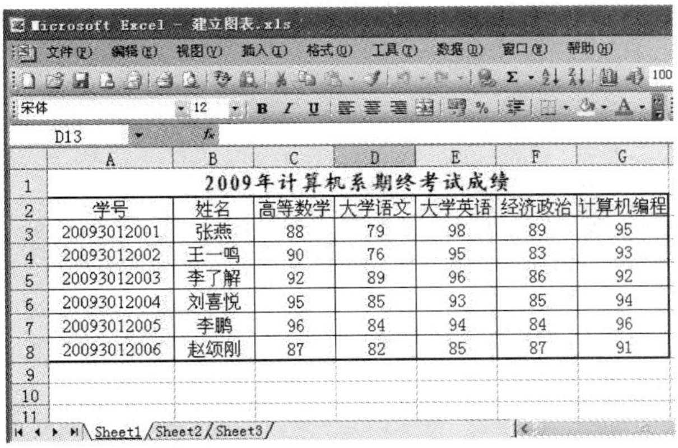

学号	姓名	高等数学	大学语文	大学英语	经济政治	计算机编程
20093012001	张燕	88	79	98	89	95
20093012002	王一鸣	90	76	95	83	93
20093012003	李了解	92	89	96	86	92
20093012004	刘喜悦	95	85	93	85	94
20093012005	李鹏	96	84	94	84	96
20093012006	赵颂刚	87	82	85	87	91

图 2.4.1　“建立图表”原始数据

图 2.4.2　【图表向导】对话框

二、图表操作

(一) 创建柱状图

1. 打开“建立图表”中的“sheet1”工作表，单击【插入】菜单中的“图表”命令，打开【图表向导-4 步骤之 1—图表类型】对话框。

2. 单击“标准类型”选项卡，在“图表类型”中选择“柱形图”，在“子图表类型”中选择“簇状柱形图”，如图 2.4.2 所示。

3. 单击“下一步”按钮，打开【图表向导-4 步骤之 2—源数据】对话框，单击“数据区域”最右边的按钮，然后拖动鼠标，分别选择“姓名”、“高等数学”、“大学语文”、“大学英语”、“经济政治”和“计算机编程”列作为数据区域，如图 2.4.3 所示；系列产生在“列”，如图 2.4.4 所示。

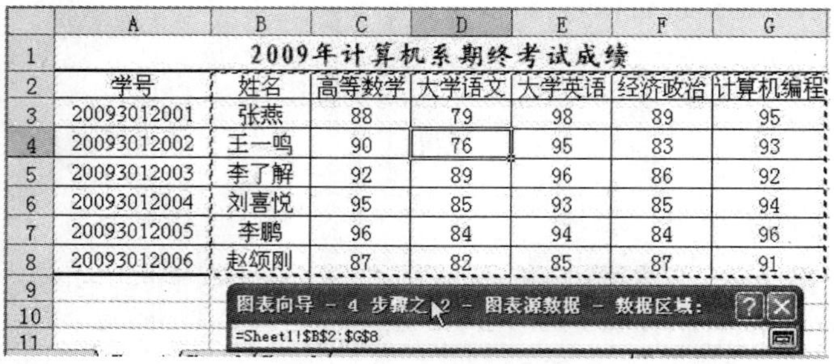

图 2.4.3 选择数据区域

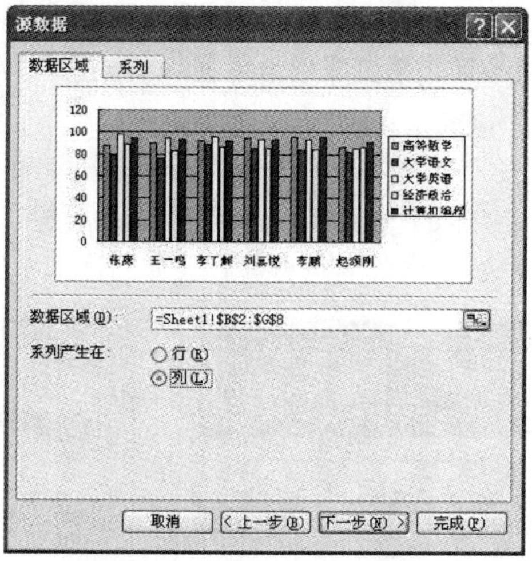

图 2.4.4 “数据”区域选项卡

4. 单击“下一步”按钮,打开【图表向导-4 步骤之 3—图表选项】对话框,选择“标题”选项卡,在“图表标题”文本框中输入“期末成绩分析图”,在“分类(X)轴”文本框中输入“姓名”,在“分类(Y)轴”文本框中输入“成绩”,如图 2.4.5 所示。

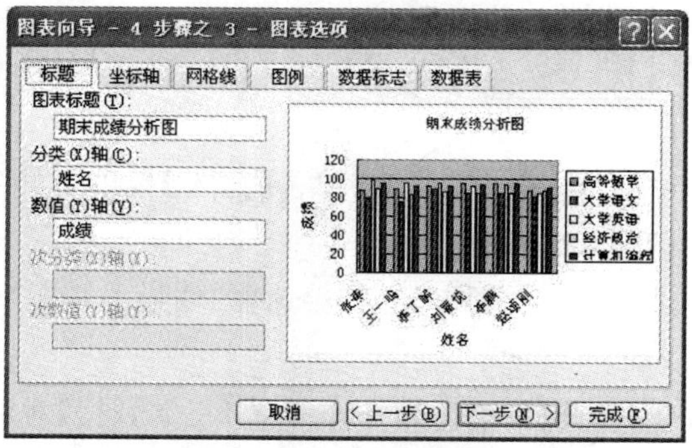

图 2.4.5 “标题”选项卡

5. 单击“下一步”按钮,打开【图表向导-4 步骤之 4—图表位置】对话框,如图 2.4.6 所示,选中“作为其中的对象插入”,单击“完成”,结果如图 2.4.7 所示。

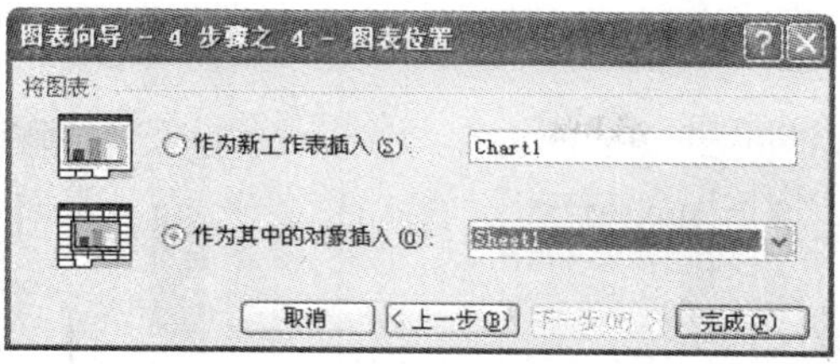

图 2.4.6　“图表位置”窗口

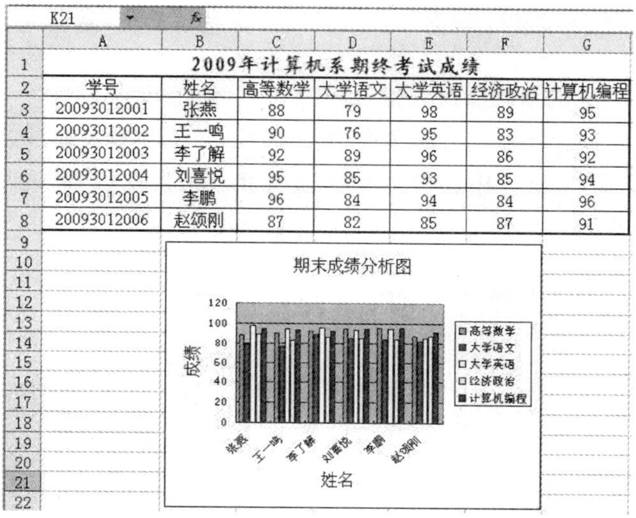

	A	B	C	D	E	F	G
1	2009年计算机系期终考试成绩						
2	学号	姓名	高等数学	大学语文	大学英语	经济政治	计算机编程
3	20093012001	张燕	88	79	98	89	95
4	20093012002	王一鸣	90	76	95	83	93
5	20093012003	李了解	92	89	96	86	92
6	20093012004	刘喜悦	95	85	93	85	94
7	20093012005	李鹏	96	84	94	84	96
8	20093012006	赵颂刚	87	82	85	87	91

图 2.4.7　完成后的柱状图

（二）编辑柱状图

下面我们将“sheet1”中的“大学语文”和“经济政治”柱子从图表中删除。其操作如下：

1. 将“sheet1”中所有内容复制到“sheet2”中。

2. 在“期末成绩分析图”中，单击“大学语文”柱子，再右击，在出现的快捷菜单中单击“清除”命令。如图 2.4.8 和图 2.4.9 所示。将“大学语文”柱子从图表中删除。

3. 按第 2)相同操作，将“经济政治”柱子从图表中删除，如图 2.4.10 所示。

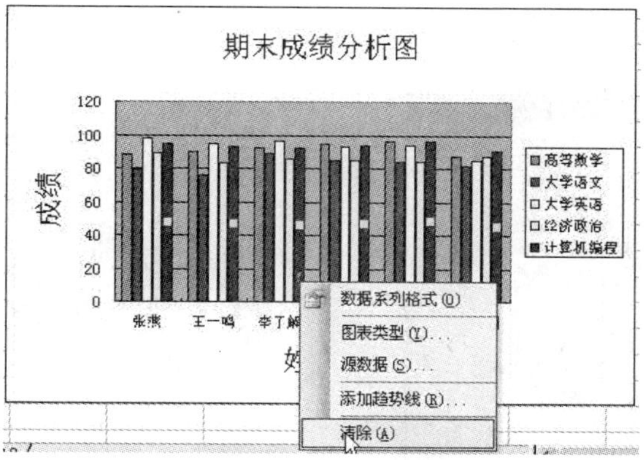

图 2.4.8　快捷菜单

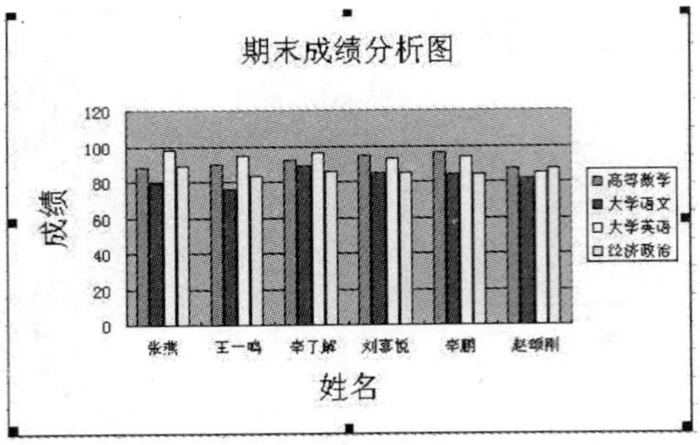

图 2.4.9 删除“大学语文”柱形图

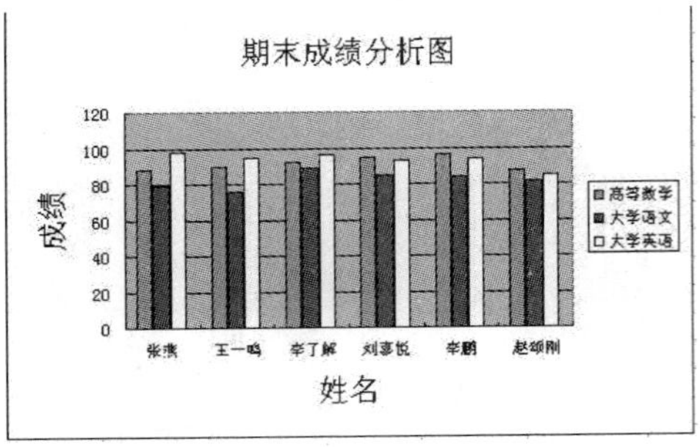

图 2.4.10 删除“经济政治”柱形图

下面将图 2.4.10 中成绩刻度最大值改为“100”。操作如下：

1. 鼠标双击图表“成绩”轴旁边的刻度值。出现【坐标轴格式】对话框。

2. 在【坐标轴格式】对话框中选中“刻度”选项卡，在“自动设置”区域中，将“最大值”设为“100”，如图 2.4.11 所示。

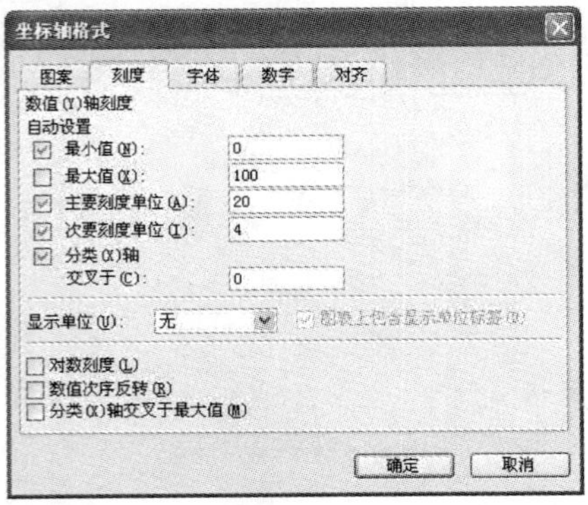

图 2.4.11 【坐标轴格式】对话框

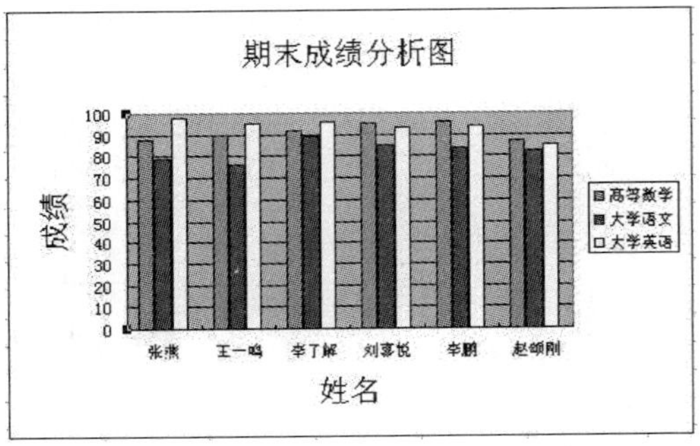

图 2.4.12 更改刻度后的图表

3. 在图 2.4.11 中，单击“确定”按钮，如图 2.4.12 所示。

下面将图 2.4.12 中的图表标题“期末成绩分析图”加带阴影的边框。操作如下：

1. 在图 2.4.12 中，鼠标移到图表标题“期末成绩分析图”处双击，在出现的“图表标题格式”对话框中，选中“图案”选项卡，在“边框”区域中，选中“自定义”，选取线条的“粗细”，选中“阴影”复选框，如图 2.4.13 所示。

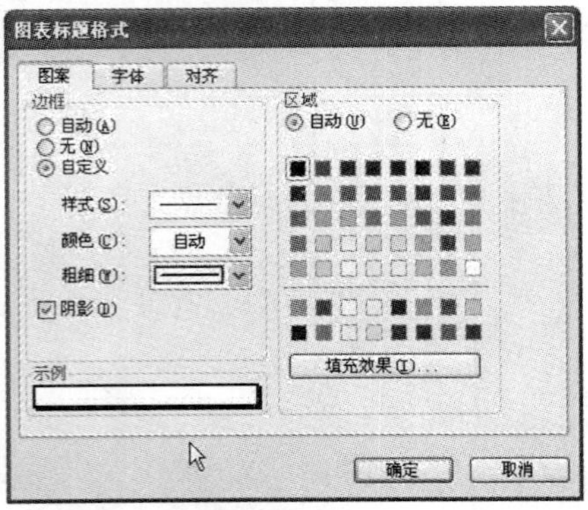

图 2.4.13 “图表标题格式”对话框

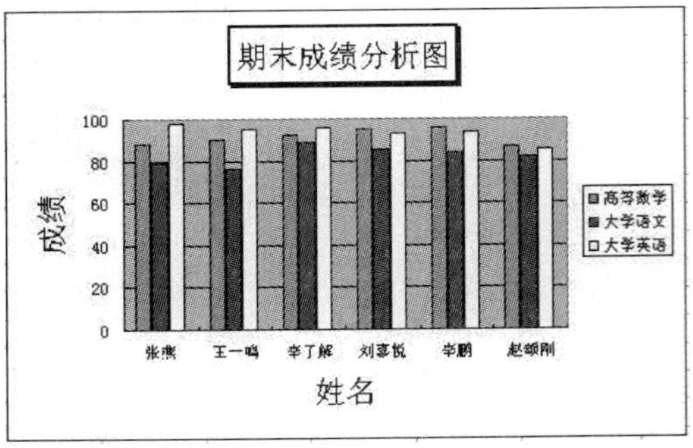

图 2.4.14 设置“图表标题”

2. 图2.4.13中，单击“确定”按钮。如图2.4.14所示，图表标题“期末成绩分析图”加上了带阴影的边框。

提示：其实，对图表的编辑操作有很多，但不论是对“图表区”、“绘图区”、“图例”、“分类轴标题”，还是对“数值轴标题”区域进行修改，只要双击要修改区域，即可出现“快捷菜单”，在“快捷菜单”中就可以对各项进行编辑修改。这里就不再多述了。

另外，当未选中图表时，Excel窗口菜单栏的倒数第三项菜单为“数据”，当选中图表时，Excel窗口菜单栏的倒数第三项菜单为“图表”，通过“图表”下各级子菜单同样能实现对图表的编辑修改。

二、邮件合并

（一）建立邮件合并数据源

1. 新建Excel 2003工作簿，以“邮件合并数据源.xls”为名进行保存。

2. 将“建立图表”工作簿中“sheet1”工作表的数据复制到“邮件合并数据源.xls”工作簿的“sheet1”工作表中。并将标题行删除，如图2.4.15所示。

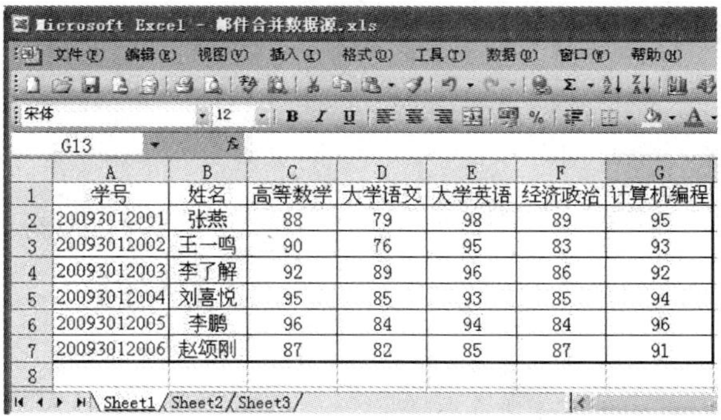

	A	B	C	D	E	F	G
1	学号	姓名	高等数学	大学语文	大学英语	经济政治	计算机编程
2	20093012001	张燕	88	79	98	89	95
3	20093012002	王一鸣	90	76	95	83	93
4	20093012003	李了解	92	89	96	86	92
5	20093012004	刘喜悦	95	85	93	85	94
6	20093012005	李鹏	96	84	94	84	96
7	20093012006	赵颂刚	87	82	85	87	91
8							

图2.4.15　邮件合并数据源

（二）建立进行邮件合并的主文档

1. 启动Word 2003，新建文档，以“邮件合并主文档.doc”为文件名，进行保存。

2. 在“邮件合并主文档.doc”文档，完成如下内容，如图2.4.16所示，完成后进行保存。

2009年计算机第期终考试成绩通知单

同学：

我校定于2010年2月27、28两天报到注册，3月1号正式行课。现将你本期考试成绩发给你，请查收后做好下期开校准备。

学号	高等数学	大学语文	大学英语	经济政治	计算机编程

××学院

2012年1月20日

图2.4.16　邮件合并主文档

（三）邮件合并的具体操作

1. 打开“邮件合并主文档.doc”文档，单击【工具】菜单中的“信函与邮件”级联菜单下的“邮件合并”命令，打开“邮件合并”任务窗格，如图2.4.17所示。

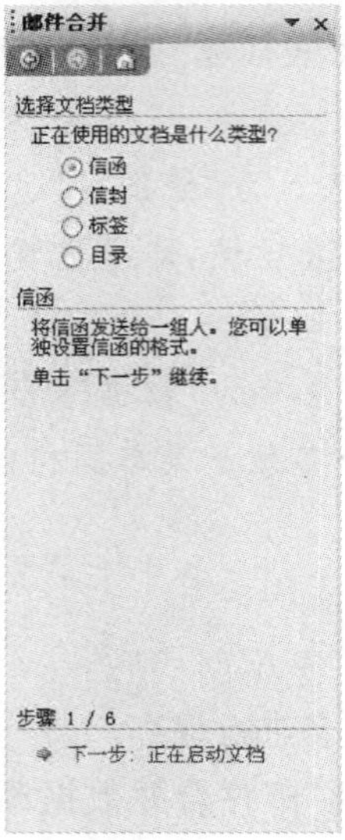

图 2.4.17 “邮件合并”任务窗格之一

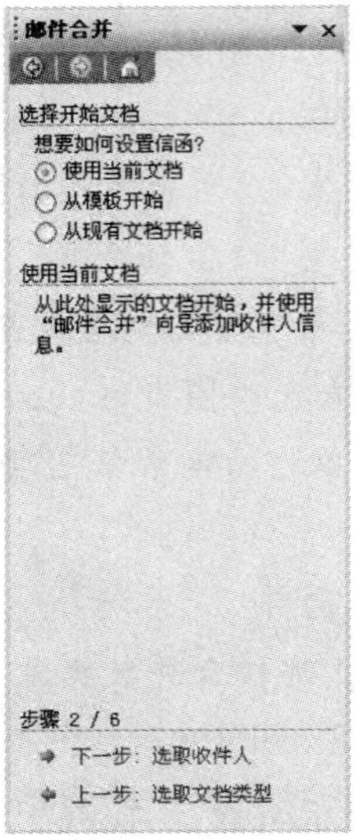

图 2.4.18 “邮件合并”任务窗格之二

2. 在“邮件合并”任务窗格中,选择文档类型为“信函”,单击任务窗格下方的“下一步：正在启动文档”。

3. 在图 2.4.18 所示的“选择开始文档”任务窗格中选择“使用当前文档”,单击任务窗格下方的“下一步：选取收件人”,出现图 2.4.19。

提示：选择“邮件合并”命令后,在“邮件合并”任务窗格会提示邮件合并所有的步骤,如果想对某一步进行修改,随时可以单击“上一步”或“下一步”按钮进行设置的修改。

4. 在图 2.4.19 中,单击“浏览”按钮。在“选取数据源”对话框中进行邮件合并“数据源”的选择,在图 2.4.20 中,选中“邮件合并数据源. xls”工作簿。单击“打开”按钮,出现图 2.4.21。

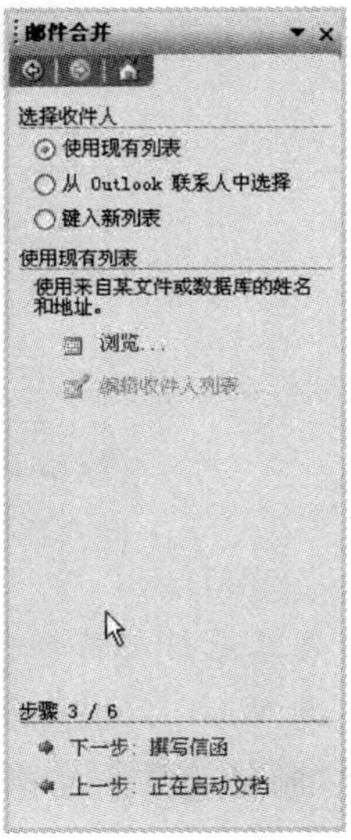

图 2.4.19 “邮件合并”任务窗格之三

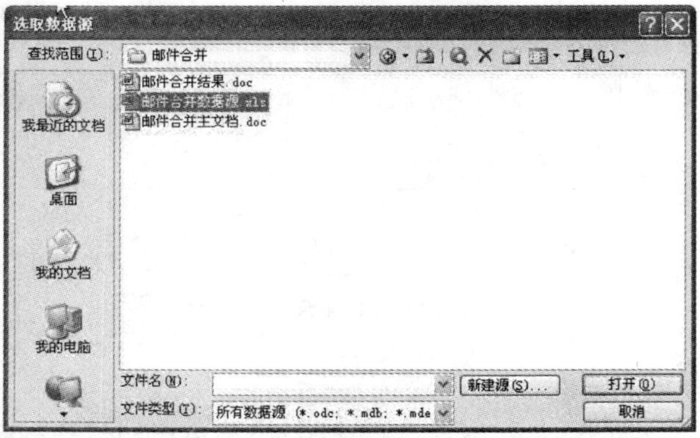

图 2.4.20 “选取数据源”对话框

5. 在图 2.4.21 中,单击“确定”按钮,出现图 2.4.22。

6. 在图 2.4.22 中,单击“确定”按钮,出现图 2.4.23。

图 2.4.21　“选择表格”窗口

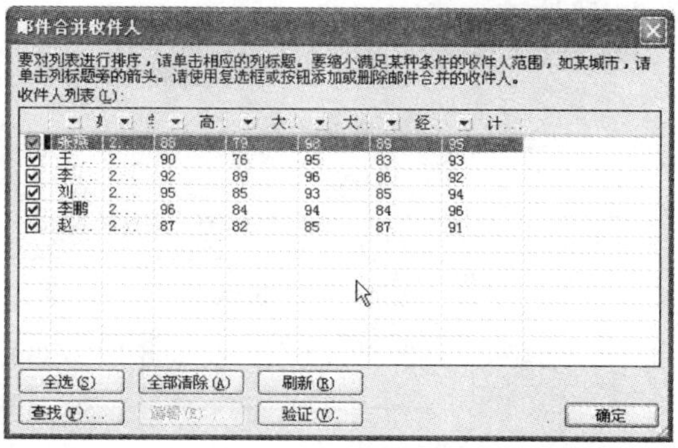

图 2.4.22　“邮件合并收件人”窗口

7. 在图 2.4.23 中,单击任务窗格下方的“下一步：撰写信函”,出现图 2.4.24。

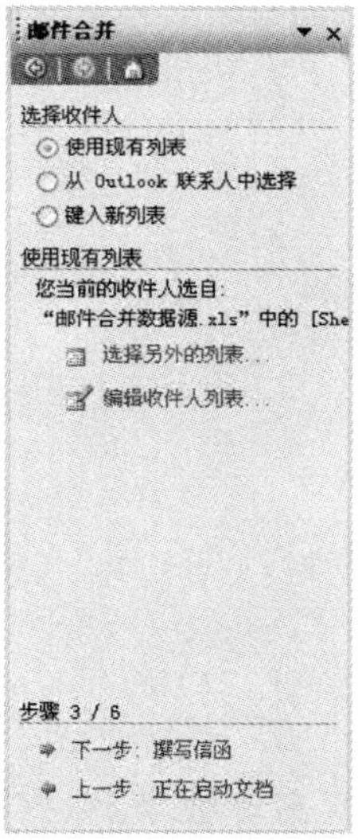

图 2.4.23　“邮件合并”任务窗格之四

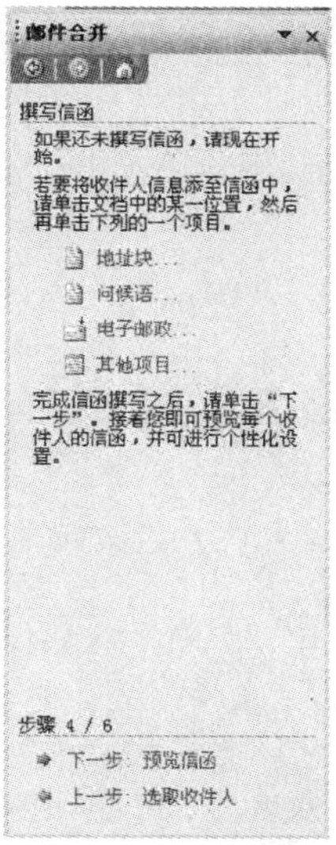

图 2.4.24　“邮件合并”任务窗格之五

8. 在“邮件合并主文档.doc”文档中“同学：”之前单击一下,在图 2.4.24 中,单击任务窗格中间的“其他项目…”,出现“插入合并域”窗口,在“插入合并域”窗口的“域(F)”区域中,选中“姓名”,如图 2.4.25 所示。

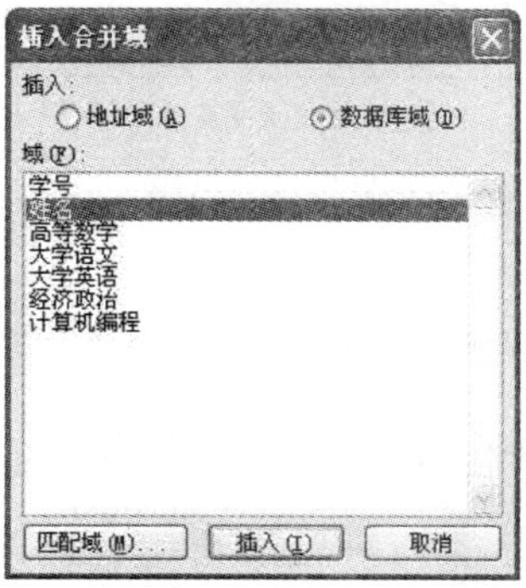

图 2.4.25　“插入合并域”窗口之一

9. 在图 2.4.25 中，单击“插入”按钮，则在“邮件合并主文档.doc”文档中“同学：”之前加上了《姓名》，如图 2.4.26 所示，并且图 2.4.25 中的“取消”按钮变成了“关闭”按钮，如图 2.4.27 所示。

2009 年计算机系期终考试成绩通知单

«姓名»同学：

我校定于 2010 年 2 月 27、28 两天报到注册，3 月 1 号正式行课。现将你本期考试成绩发给你，请查收后做好下期开校准备。

学号	高等数学	大学语文	大学英语	经济政治	计算机编程

××学院

2010 年 1 月 20 日

图 2.4.26 插入“《姓名》”合并域的主文档

10. 在图 2.4.27 中，单击“关闭”按钮。

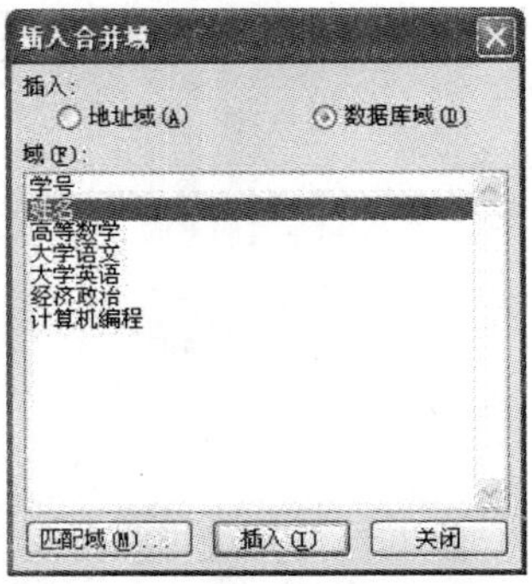

图 2.4.27 “插入合并域”窗口之一

11. 按步骤 8、9、10 的相同操作，分别插入“《学号》”、“《高等数学》”、“《大学语文》”、“《大学英语》”、“《经济政治》”和“《计算机编程》”合并域。如图 2.4.28 所示。

2009年计算机系期终考试成绩通知单

《姓名》同学：

我校定于2010年2月27、28两天报到注册，3月1号正式行课。现将你本期考试成绩发给你，请查收后做好下期开校准备。

学号	高等数学	大学语文	大学英语	经济政治	计算机编程
《学号》	《高等数学》	《大学语文》	《大学英语》	《经济政治》	《计算机编程》

××学院

2012年1月20日

图 2.4.28 插入了合并域的主文档

12. 在图 2.4.24“邮件合并”任务窗格中，单击任务窗格下方的“下一步：预览信函”。出现如图 2.4.29 所示效果，生成了第一张通知书。

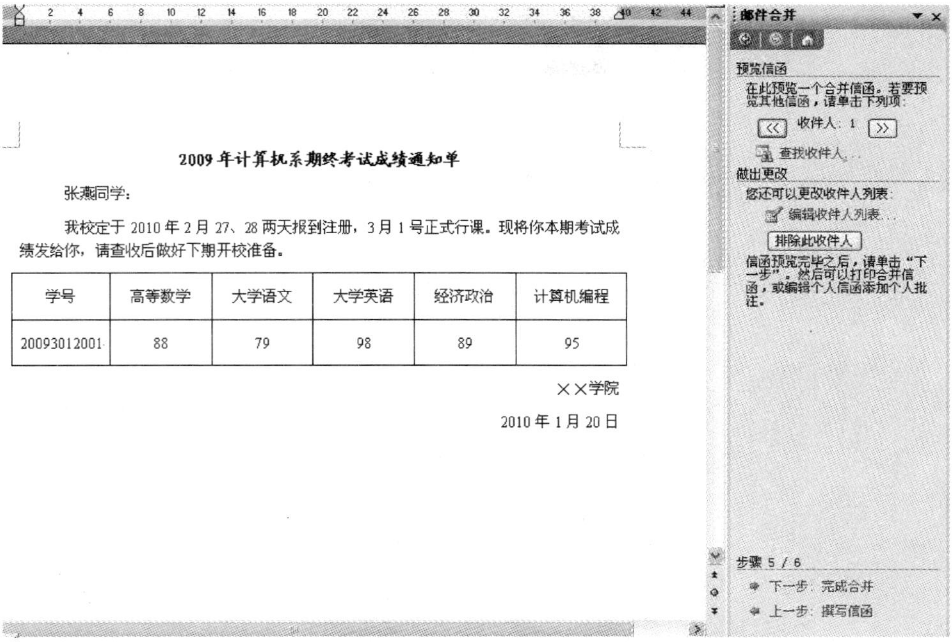

图2.4.29　"邮件合并"任务窗格之五

13. 在图2.4.29"邮件合并"任务窗格中，单击任务窗格下方的"下一步：完成合并"，出现图2.4.30。

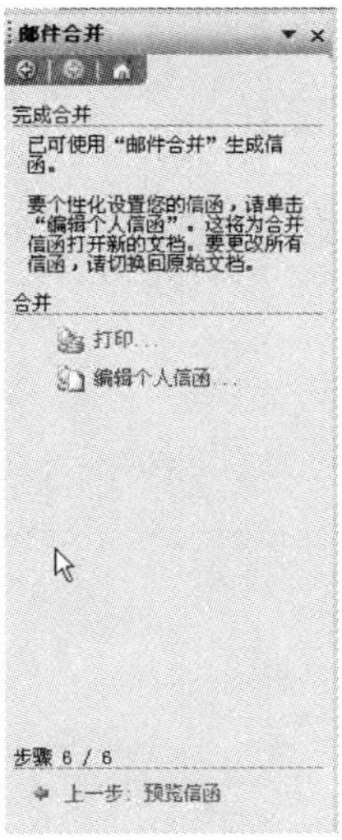

图2.4.30　"邮件合并"任务窗格之六

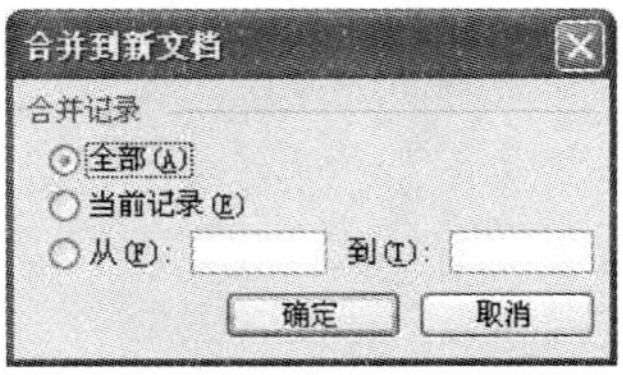

图2.4.31　"合并到新文档"窗口

14. 在图2.4.30"邮件合并"任务窗格中，单击任务窗格中间的"编辑个人信函"。出现"合并到新文档"窗口，在"合并到新文档"窗口中，选中"全部"，如图2.4.31所示，再单击"确定"按钮。

至此，"邮件合并"的操作全部完成，生成了多份通知书。如图2.4.32所示为邮件合并结果。新文档以"邮件合并结果.doc"为文件名进行保存。

2009年计算机系期终考试成绩通知单

张燕同学：

我校定于2010年2月27、28两天报到注册，3月1号正式行课。现将你本期考试成绩发给你，请查收后做好下期开校准备。

学号	高等数学	大学语文	大学英语	经济政治	计算机编程
20093012001	88	79	98	89	95

××学院

2010年1月20日

2009年计算机系期终考试成绩通知单

王一鸣同学：

我校定于2010年2月27、28两天报到注册，3月1号正式行课。现将你本期考试成绩发给你，请查收后做好下期开校准备。

学号	高等数学	大学语文	大学英语	经济政治	计算机编程
20093012002	90	76	95	83	93

××学院

2010年1月20日

2009年计算机系期终考试成绩通知单

李了解同学：

我校定于2010年2月27、28两天报到注册，3月1号正式行课。现将你本期考试成绩发给你，请查收后做好下期开校准备。

学号	高等数学	大学语文	大学英语	经济政治	计算机编程
20093012003	92	89	96	86	92

××学院

2010年1月20日

2009年计算机系期终考试成绩通知单

刘喜悦同学：

我校定于2010年2月27、28两天报到注册，3月1号正式行课。现将你本期考试成绩发给你，请查收后做好下期开校准备。

学号	高等数学	大学语文	大学英语	经济政治	计算机编程
20093012004	95	85	93	85	94

××学院

2010年1月20日

2009年计算机系期终考试成绩通知单

李鹏同学：

我校定于2010年2月27、28两天报到注册，3月1号正式行课。现将你本期考试成绩发给你，请查收后做好下期开校准备。

学号	高等数学	大学语文	大学英语	经济政治	计算机编程
20093012005	96	84	94	84	96

××学院

2010年1月20日

2009年计算机系期终考试成绩通知单

赵颂刚同学：

我校定于2010年2月27、28两天报到注册，3月1号正式行课。现将你本期考试成绩发给你，请查收后做好下期开校准备。

学号	高等数学	大学语文	大学英语	经济政治	计算机编程
20093012006	87	82	85	87	91

××学院

2010年1月20日

图 2.4.32　邮件合并结果

三、宏录制

宏是微软公司为其 Office 软件包设计的一个特殊功能，目的是让用户文档中的一些任务实现自动化。Office 中的 Word 和 Excel 都有宏。在下面讨论 Excel 中的宏。

如果在 Excel 中重复进行某项工作，可用“宏”使其自动执行。宏是将一系列的 Excel 命令和指令组合在一起，形成一个命令，以实现任务执行的自动化。您可创建并执行一个宏，以替代人工进行一系列费时而重复的 Excel 操作。

宏录制类似摄像机，把你的操作摄下来，下次做同样的操作时直接调用就行了。

本例中将创建一个名为 “A1A” 的宏，将宏保存在当前工作簿中，用“Ctrl＋Shift＋Z”作为快捷键，功能为将选定的行设置行高为“30”。新宏录制具体操作如下：

1. 打开“建立图表”工作簿，另存为“宏录制”工作簿。在“宏录制”工作簿中，删除各工作表中图表，并保存，选中“sheet1”工作表。

2. 选择【工具】菜单中的【宏】命令，单击级联菜单中【录制新宏】命令，如图 2.4.33 所示，出现【录制新宏】对话框。

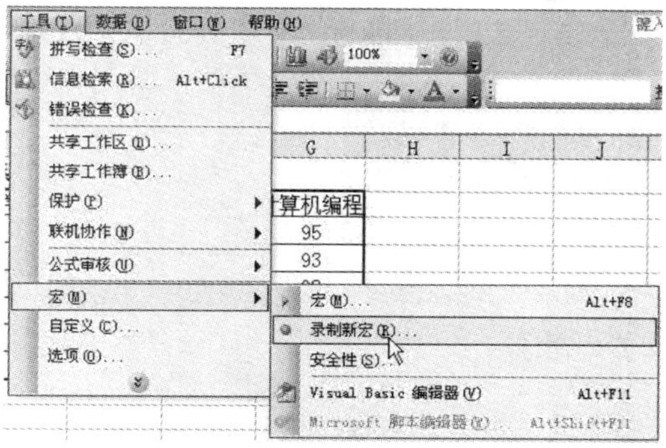

图 2.4.33　宏级联菜单

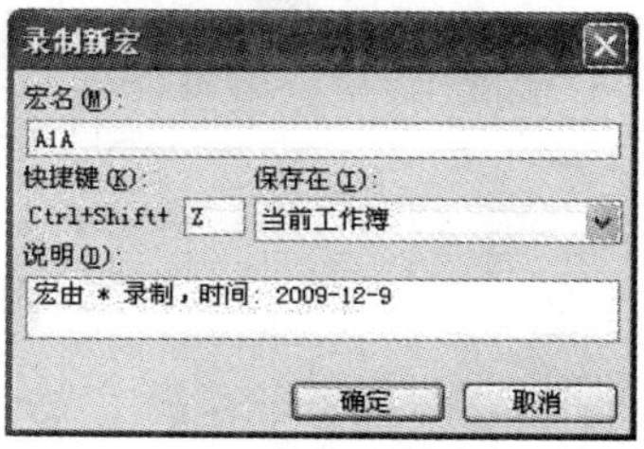

图 2.4.34　“录制新宏”对话框

3. 在 “录制新宏”对话框中，在“宏名”列表框中输入宏的名称“A1A”，在“快捷键(K)”下方区域中按下“Ctrl＋Shift＋Z”键，“保存在”为“当前工作簿”。如图 2.4.34 所示。

4. 在图 2.4.34 中，单击“确定”按钮，选中“sheet1”工作表的第 5 行右击，在出现的快捷菜单中单击“行高”命令，并设置行高为“30”，如图 2.4.35 所示。

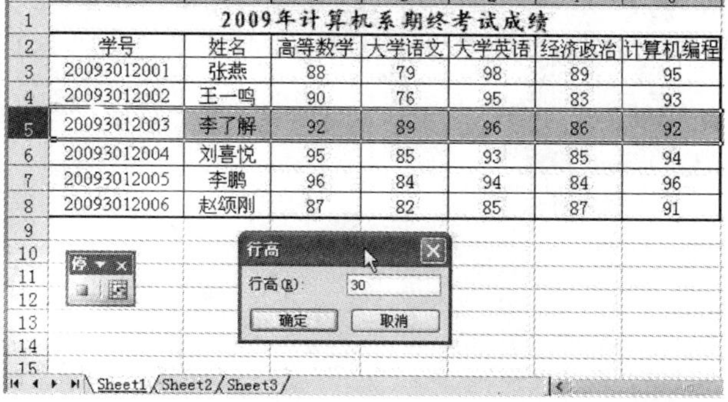

图 2.4.35　录制新宏

5. 在图 2.4.35 中，单击“确定”按钮，如图 2.4.36 所示，第 5 行的行高被设置为“30”，再单击“停止录制”按钮。宏录制操作结束。

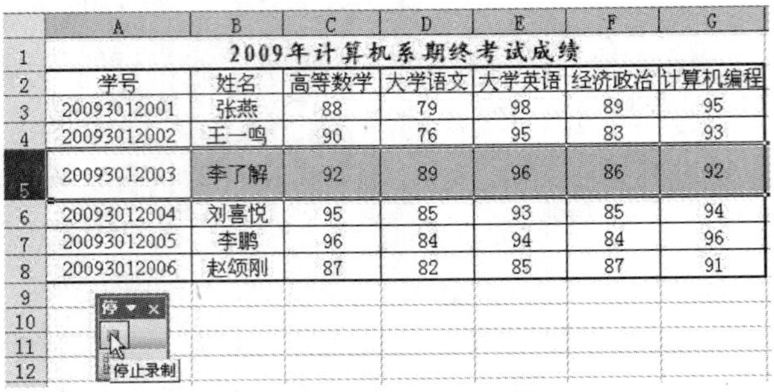

	A	B	C	D	E	F	G
1	2009年计算机系期终考试成绩						
2	学号	姓名	高等数学	大学语文	大学英语	经济政治	计算机编程
3	20093012001	张燕	88	79	98	89	95
4	20093012002	王一鸣	90	76	95	83	93
5	20093012003	李了解	92	89	96	86	92
6	20093012004	刘喜悦	95	85	93	85	94
7	20093012005	李鹏	96	84	94	84	96
8	20093012006	赵颂刚	87	82	85	87	91

图 2.4.36　宏录制结果

如何使用已录制好的宏？具体操作如下：

单击“sheet2”工作表表签，选中第 5 行，同时按下“Ctrl＋Shift＋Z”这三个键，则“sheet2”工作表第 5 行的行高也变为“30”了，如图 2.4.37 所示。

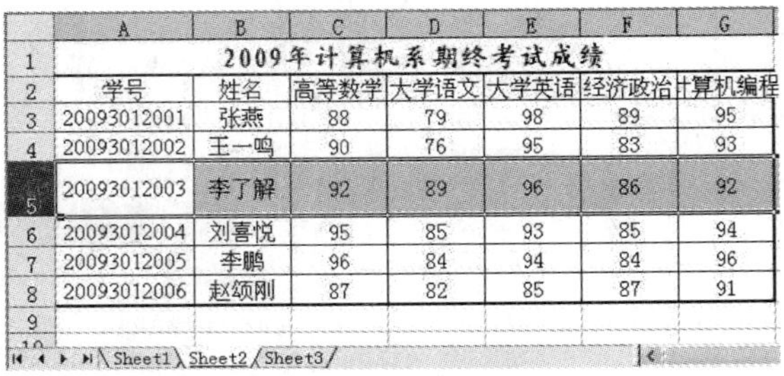

	A	B	C	D	E	F	G
1	2009年计算机系期终考试成绩						
2	学号	姓名	高等数学	大学语文	大学英语	经济政治	计算机编程
3	20093012001	张燕	88	79	98	89	95
4	20093012002	王一鸣	90	76	95	83	93
5	20093012003	李了解	92	89	96	86	92
6	20093012004	刘喜悦	95	85	93	85	94
7	20093012005	李鹏	96	84	94	84	96
8	20093012006	赵颂刚	87	82	85	87	91

图 2.4.37　新宏的应用

宏录制其实就是将工作的一系列操作结果录制下来，并命名存储(相当于 VB 中一个子程序)，以实现任务执行的自动化。

四、单元格、行、列数据操作

在实际工作中，我们常常需要对工作表中某些行或列或单元格进行隐藏指定保护操作，防止输入的数据直接泄露。

(一) 单元格数据隐藏

1. 打开“建立图表”，选择需要隐藏的 D4 单元格。

2. 单击：【格式】菜单中的“单元格”命令，打开【单元格格式】对话框。

3. 选择“数值”选项卡，在“分类”列表框中单击 “自定义”，在“类型”框中输入“;;;”(三个分号)，如图 2.4.38 所示。

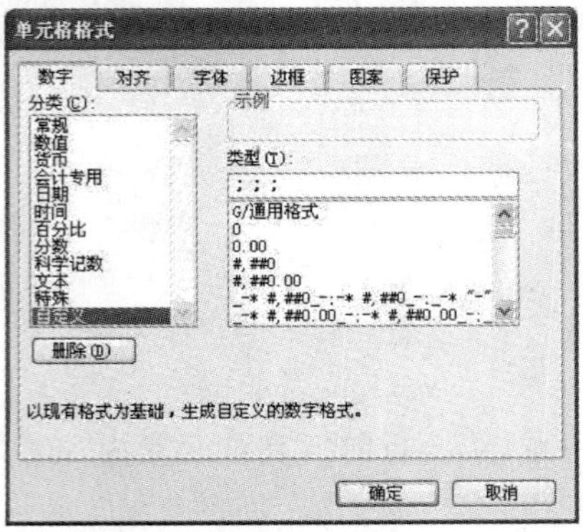

图 2.4.38　【单元格格式】对话框

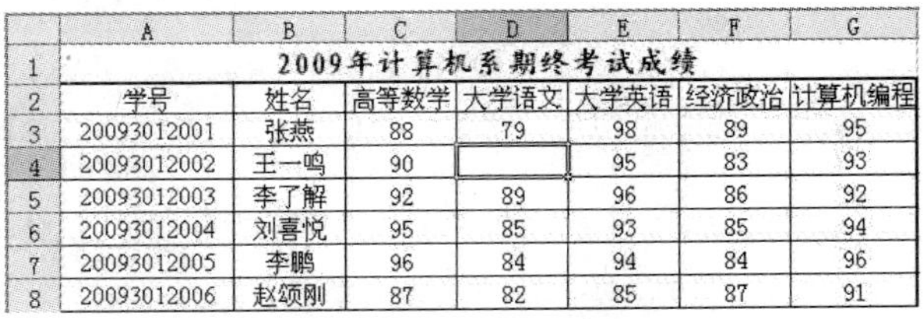

	A	B	C	D	E	F	G
1	2009年计算机系期终考试成绩						
2	学号	姓名	高等数学	大学语文	大学英语	经济政治	计算机编程
3	20093012001	张燕	88	79	98	89	95
4	20093012002	王一鸣	90		95	83	93
5	20093012003	李了解	92	89	96	86	92
6	20093012004	刘喜悦	95	85	93	85	94
7	20093012005	李鹏	96	84	94	84	96
8	20093012006	赵颂刚	87	82	85	87	91

图 2.4.39　隐藏 D4 单元格数据

4. 单击“确定”按钮，结果如图 2.4.39 所示。

（二）行、列数据隐藏

1. 选择需要隐藏的 D 列：

2. 单击【格式】菜单中的“列”级联菜单下的“隐藏”命令，图 2.4.40 所示，完成列的隐藏操作，结果如图 2.4.41 所示。

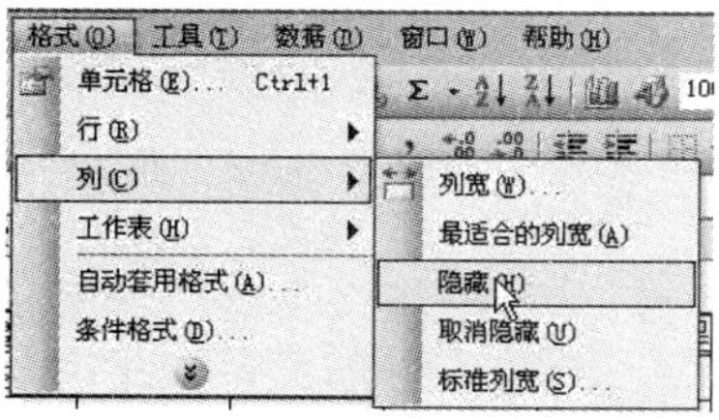

图 2.4.40　选择隐藏列命令

	A	B	C	E	F	G
1	2009年计算机系期终考试成绩					
2	学号	姓名	高等数学	大学英语	经济政治	计算机编程
3	20093012001	张燕	88	98	89	95
4	20093012002	王一鸣	90	95	83	93
5	20093012003	李了解	92	96	86	92
6	20093012004	刘喜悦	95	93	85	94
7	20093012005	李鹏	96	94	84	96
8	20093012006	赵颂刚	87	85	87	91

图 2.4.41　隐藏 D 列效果

提示：隐藏行的操作和隐藏行的操作类似。

3. 如果要取消列的隐藏，单击【格式】菜单中的“列”级联菜单下的“取消隐藏”命令，即可取消列的隐藏操作，

五、工作簿结构和窗口保护

在 Excel 2003 中，我们可以对整个工作簿的结构和窗口进行指定保护，以防止未经授权人的许可而擅自修改、添加、删除工作簿中的工作表，或查看其中隐藏的工作表，还可以防止他人改变工作簿的大小和位置。对工作簿结构和窗口保护具体操作如下：

1. 打开需要保护的工作簿“建立图表”。

2. 单击【工具】菜单中的“保护”命令，从弹出的子菜单中选择中“保护工作簿”命令，如图 2.4.42 和图 2.4.43 所示。

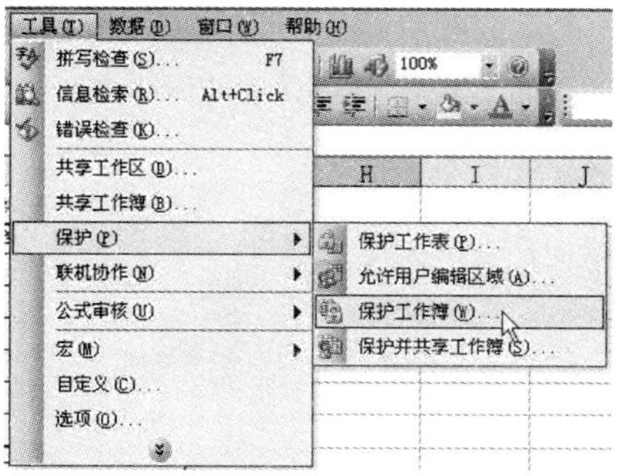

图 2.4.42　选择保护工作簿命令

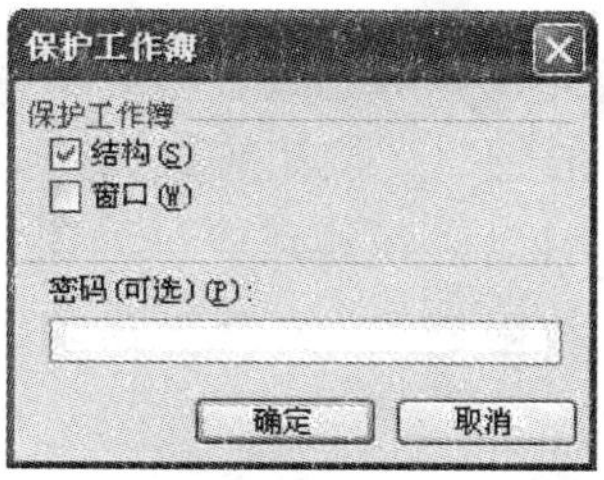

图 2.4.43　【保护工作簿】对话框

3. 选择“结构”选项可以保护工作簿结构。

4. 选择“窗口”选项可以保护工作簿窗口。

5. 为了防止他人取消工作簿保护，可以在密码文本框中输入密码，设置密码保护。

6. 要取消对工作簿的保护，先打开工作簿，单击【工具】菜单中的“保护”命令，从弹出的子菜单中选择“撤销工作簿保护”命令，如果设置了密码，则必须输入正确密码后，才能撤销对工作簿的保护。

提示：在【保护工作簿】对话框中，选择“结构”选项，工作簿中的工作表将不能进行移动、复制、删除、插入和重命名工作表等操作；选择“窗口”选项则不能改变窗口的大小和位置。

六、保护工作簿

Excel 2003 是一个功能强大的电子表格，而且被广泛地应用于各行各业的财务、统计、预算等领域，防止数据的泄密和被非法修改就变得非常重要了。

在 Excel 2003 中，我们可以针对整个工作簿指定保护以防止未经授权人的许可而随意打开、存取或修改工作簿。Excel 2003 中提供了 3 级层次的工作簿的保护：

1. 打开权限密码保护，防止不知道密码的人打开工作簿。

2. 修改权限密码保护，使不知道密码的人能够查看工作簿，但是不能修改。

3. 建议只读保护，能够选择是否将工作簿作为只读文件打开，或作为读写文件打开它。

设置工作簿的保护操作步骤如下：

1）打开需要保护的工作簿“建立图表”。

2）单击【文件】菜单中的“另存为”命令，出现【另存为】对话框。

3）单击【另存为】对话框中右侧的“工具”下拉按钮，从弹出的下拉式菜单中选择“常规选项”命令，打开“保存选项”对话框，如图 2.4.44 所示。

4）在“打开权限密码”文本框中输入密码，单击“确定”按钮，弹出【确认密码】对话框。图 2.4.45 所示。

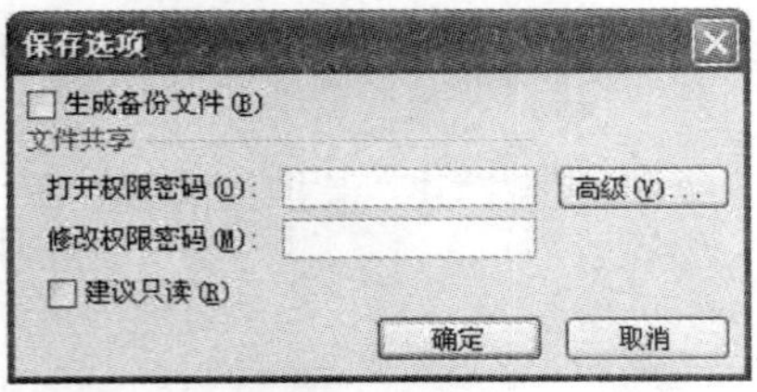

图 2.4.44 【保存选项】对话框

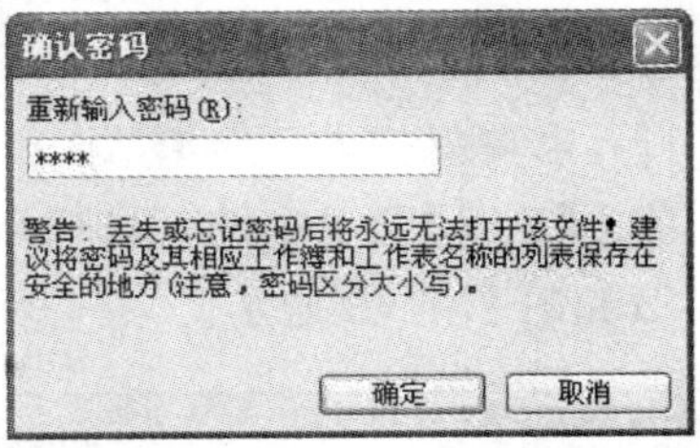

图 2.4.45 【确认密码】对话框

5）重复输入相同的密码后，单击“确定”按钮，返回【另存为】对话框。

6）单击“保存”按钮完成“打开权限密码”的设置。当下一次打开这个文件时，就会弹出【密码】对话框，必须输入正确的保护密码才能打开文件。

“修改权限密码”的设置步骤类似，在此不再一一介绍。“建议只读”选项可根据需要选择。

拓展训练 2.4.4

（一）选择性粘贴

在 Excel 中新建“选择性粘贴”工作簿，在“sheet1”工作表中输入以下原始数据，如图 2.4.46 所示。将工作表中的表格以“Microsoft Excel 工作表对象”的形式复制并粘贴到“选择性粘贴结果”文档中，结果如图 2.4.47 所示。

	A	B	C	D	E	F	G
1	教职工工资表						
2	姓名	性别	职称	基本工资	奖金	补贴	总工资
3	张立平	女	高级	600	200	40	840
4	赵龙	男	一级	1000	150	35	1185
5	赵凤	女	一级	800	160	38	998
6	王霞	女	二级	800	140	38	978
7	李畅	男	一级	800	120	36	956
8	董军	男	二级	600	100	25	725

图 2.4.46　原始数据

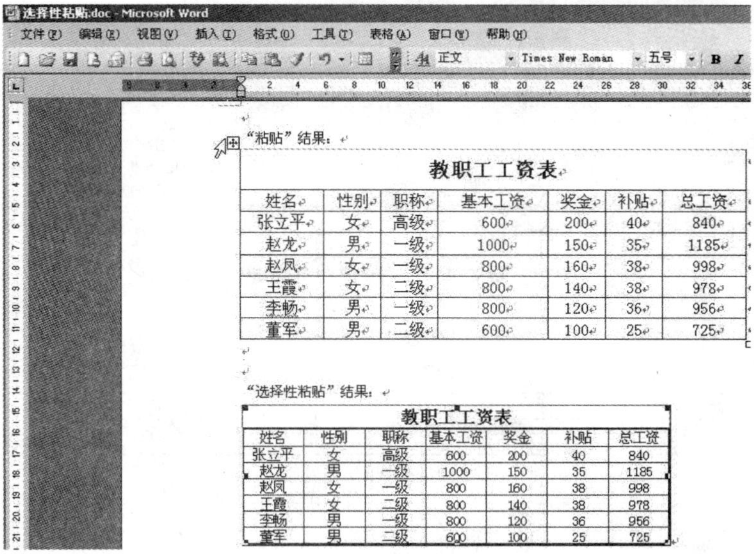

"粘贴"结果：

教职工工资表

姓名	性别	职称	基本工资	奖金	补贴	总工资
张立平	女	高级	600	200	40	840
赵龙	男	一级	1000	150	35	1185
赵凤	女	一级	800	160	38	998
王霞	女	二级	800	140	38	978
李畅	男	一级	800	120	36	956
董军	男	二级	600	100	25	725

"选择性粘贴"结果：

教职工工资表

姓名	性别	职称	基本工资	奖金	补贴	总工资
张立平	女	高级	600	200	40	840
赵龙	男	一级	1000	150	35	1185
赵凤	女	一级	800	160	38	998
王霞	女	二级	800	140	38	978
李畅	男	一级	800	120	36	956
董军	男	二级	600	100	25	725

图 2.4.47　"选择性粘贴"结果

提示： 在图 2.4.47 中，我们能非常清楚地看到，当在 Word 2003 中进行"粘贴"操作时，得到的结果为"表格"；当进行"选择性粘贴"操作时，得到的结果为"对象"，而非表格。

（二）录制新宏

1. 打开"选择性粘贴"工作簿，以文件名"宏"另存。

2. 在该文件中创建一个名为 B8B 的宏，将宏保存在当前工作簿中，用"Ctrl＋Shift＋F"作为快捷键，功能为将选定单元格区域的边框设置为粗实线，内部框线设置为虚线，底纹为淡蓝色。

3. 运行新宏。

（三）邮件合并

1. 在 Word 中新建文件"邮件合并主文档"并保存。文档内容如图 2.4.48 所示。

2. 在 Excel 中新建文件"邮件合并数据"并保存。文档内容如图 2.4.49 所示。

3. 选择"信函"文档类型，使用当前文档，以文件"邮件合并数据"为数据源，进行邮件合并。

4. 将邮件合并结果保存“邮件合并结果”文档中。邮件合并结果图 2.4.50 所示。

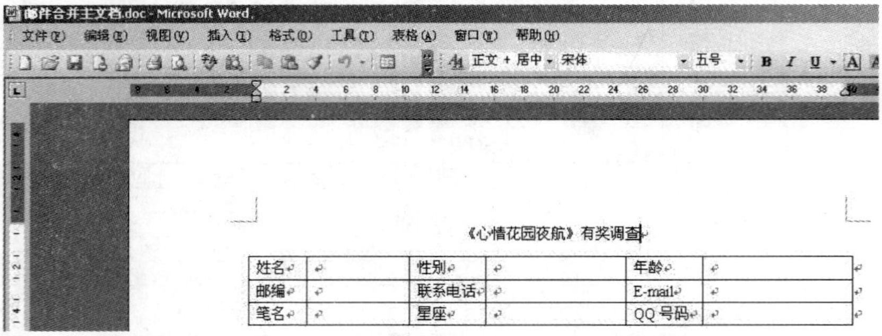

图 2.4.48 邮件合并主文档

	B	C	D	E	F	G	H	I	J
1	性别	星座	年龄	通讯地址	邮编	联系电话	笔名	E-mail	QQ号码
2	男	双子座	22	上海市职教中心	468400	0235-6851496	一夜风雨	LiL@371.net	46556378
3	男	水瓶座	18	郑州市金水区高法家属	450000	0371-8877331	勇气	Wangyong@eyou.com	31548585
4	女	处女座	24	周口市八一路水利局	461400	0394-8821457	小冰点	Lining@wangyi.com	43727320
5	男	天平座	22	洛阳市第一实验中学	471000	0378-2576314	错了吗	qinkuai@zz.com	57158441
6	女	天平座	22	北京市海淀区中关村	100866	010-6820302	天南	Wangxia@hotmai.com	65176743

图 2.4.49 邮件合并数据

《心情花园夜航》有奖调查

姓名	李力	性别	男	年龄	22
邮编	468400	联系电话	0235-6851496	E-mail	LiL@371.net
笔名	一夜风雨	星座	双子座	QQ 号码	46556378

《心情花园夜航》有奖调查

姓名	王永	性别	男	年龄	18
邮编	450000	联系电话	0371-8877331	E-mail	Wangyong@eyou.com
笔名	勇气	星座	水瓶座	QQ 号码	31548585

《心情花园夜航》有奖调查

姓名	李宁	性别	女	年龄	24
邮编	461400	联系电话	0394-8821457	E-mail	Lining@wangyi.com
笔名	小冰点	星座	处女座	QQ 号码	43727320

《心情花园夜航》有奖调查

姓名	秦孔	性别	男	年龄	22
邮编	471000	联系电话	0378-2576314	E-mail	qinkuai@zz.com
笔名	错了吗	星座	天平座	QQ 号码	57158441

《心情花园夜航》有奖调查

姓名	王霞	性别	女	年龄	22
邮编	100866	联系电话	010-6820302	E-mail	Wangxia@hotmai.com
笔名	天南	星座	天平座	QQ 号码	65176743

图 2.4.50 邮件合并结果

（四）建立图表

1. 在 Excel 中新建“图表”工作簿，在“sheet1”工作表中输入以下原始数据，如图 2.4.51 所示。

	A	B	C	D	E	F	G	H	I	J	K	L
1												
2		指数函数表										
3		*x*	0	1	2	3	4	5	6	7	8	9
4												
5		0.00	1	1.001	1.002	1.003	1.004	1.005	1.006	1.007	1.008	1.009
6		0.0	1	1.01	1.02	1.031	1.041	1.051	1.062	1.073	1.083	1.0942
7		1	1.105	1.116	1.128	1.139	1.15	1.162	1.174	1.185	1.197	1.2092
8		2	1.221	1.234	1.246	1.258	1.271	1.284	1.297	1.31	1.323	1.3364
9		3	1.35	1.363	1.377	1.391	1.405	1.419	1.433	1.448	1.462	1.477
10		4	1.492	1.507	1.522	1.537	1.553	1.458	1.584	1.6	1.616	1.6323
11												
12		0.5	1.649	1.665	1.682	1.699	1.716	1.733	1.751	1.769	1.786	1.804

图 2.4.51　图表数据

2. 在“图表”工作簿的“sheet1”工作表中，以“B5：L10”区域为数据源，建立三维曲面图，如图 2.4.52 所示。

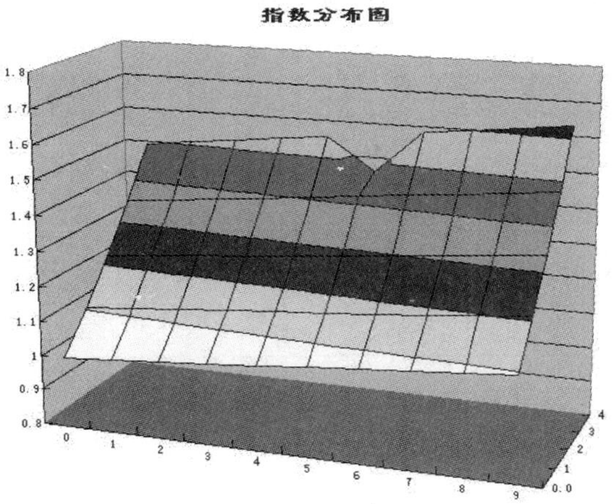

图 2.4.52　“指数分布图”图表

学习子情景 2.5　工作簿的共享

任务描述 2.5.1

在本案例中，可以让多用户使用共享工作簿来录入和修改数据、创建和编辑公式、更改格式乃至添加工作表。通过在 Microsoft Excel 工作簿和外部工作簿或外部文件中的信息之间建立几种链接。与工作簿链接的文件既可以在本计算机中，也可以在局域网中，还可以在 Internet 中。通过这些方法与数据建立链接，而不是复制它们，可以很方便地在这些外部数据被改动时更新工作簿。协同作业更加方便了，因为工作组中的每个成员都可以同时编辑工作簿。利用突出显示修订、冲突日志和批注可以轻而易举地了解其他用户的工作。

本案例中以“成绩表.xls”保存在一台 A 计算机中，另一台 B 计算机来访问后录入和修改数据。

知识要点 2.5.2

- 共享工作簿
  - ◇ 新建共享
  - ◇ 工作簿的修订
  - ◇ 编辑共享
- 工作簿的制作与发布

任务实施 2.5.3

案例 1　学生成绩表共享录入

在 Excel 2003 中,我们可以通过设置工作簿的共享来加快数据的录入速度,而且在工作过程中还可以随时查看各自所做的改动。当多人一起在共享工作簿上工作时,Excel 会自动保持信息不断更新。在一个共享工作簿中,各个用户可以输入数据、插入行和列以及更改公式等,甚至还可以筛选出自己关心的数据,保留自己的视窗。

一、建立表格

本案例是建立成绩表表头,“成绩表”的内容由多台计算机的多用户输入成绩数据,如图 2.5.1 所示。

图 2.5.1　“成绩表”表头

将上述表格存于计算机的硬盘中。

二、设置共享工作簿

1. 选择【工具】菜单中的“共享工作簿”命令,出现一个对话框,然后单击“编辑”选项卡,如图 2.5.2 所示。

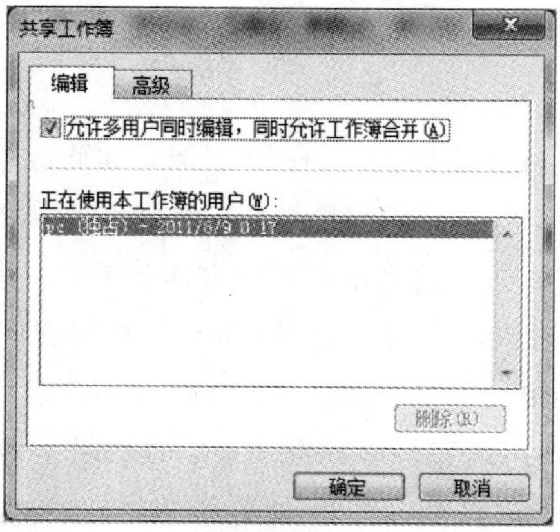

图 2.5.2　共享工作簿

选择“允许多用户同时编辑，同时允许工作簿合并”复选框，然后单击“确认”按钮。出现“此操作将导致保存文档。是否继续?”点击“确定”按钮，将此文档保存。完成后，同时可以看到文件的标题栏上出现“共享”标志，如图2.5.3所示。这样一来，工作簿就能让很多人都同时使用，并且，同时可以编辑，此外，多数人所做的修改，都将合并到同一个工作簿中，就像汇总一样。可将保存后的文件复制到一个共享网络资源上，如网络上的服务器或文件夹。

这样，工作簿的设置就完成了，接下来，就是如何在局域网中应用的问题了。

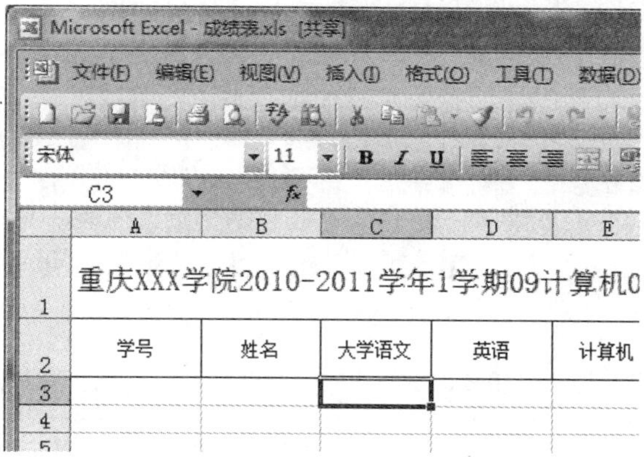

图2.5.3　共享工作簿

三、在局域网中应用共享工作簿

首先，局域网必须是连通的，这样，才可以让很多人同时使用一个共享的工作簿。

（一）如何使用共享工作簿

1. 普通的使用方法

首先，只有一台计算机，保存着此共享工作簿，假设是A计算机；而其他的计算机，假如是B、C、D、E、F等是没有此共享工作簿的。

在A计算机中建立一个文件夹，并且设置好文件夹的共享属性，然后，把共享工作簿放到该文件夹内。

最后，其他的众多计算机，只要通过网上邻居，找到A计算机，通过共享文件夹，找到共享工作簿，然后，双击打开就可以直接使用了。

2. 不同寻常的使用方法

在其他计算机中的DOS窗口，输入如下命令，会自动打开共享工作簿，这样，就可以直接编辑修改了。

net use \目标机器的IP地址\存放共享工作簿的共享文件夹名称　登录密码 /user:登录用户名。

start \目标机器的IP地址\存放共享工作簿的共享文件夹名称\共享工作簿的名称.xls，只要按照上述的命令格式，根据您所在的局域网的情况，自行修改，就可以使用了。

（二）局域网中共享工作簿常见的问题

如果同时使用工作簿的人很多，那么，在打开共享工作簿的时候，会有部分用户看到“只读”的提示；一旦这样，该用户所打开的共享工作簿是只读的，只能看数据，而不能保存，遇到这样的情况，共享工作簿，就失去意义了，我们可以这样来解决：把共享工作簿关闭，再重新打开，就解决问题了，记住，如果看到“只读”，就关闭，再打开；如果多次遇到，就多次关闭再多次打开，直到看不到“只读”为止。

为什么会发生“只读”的情况呢，原因就是，由于很多人同时打开共享工作簿，难免存在两个或多个用户在同一时刻一起打开的情况，任何时刻，都只允许有一个用户打开，此时，工作簿处于锁定状态，而同时打开的其他用户，就只能以只读方式打开了。

四、在其他计算机上输入数据

在A计算机中将“成绩表.xls”共享，另一台B计算机访问后输入如图2.5.4的数据，并保存。

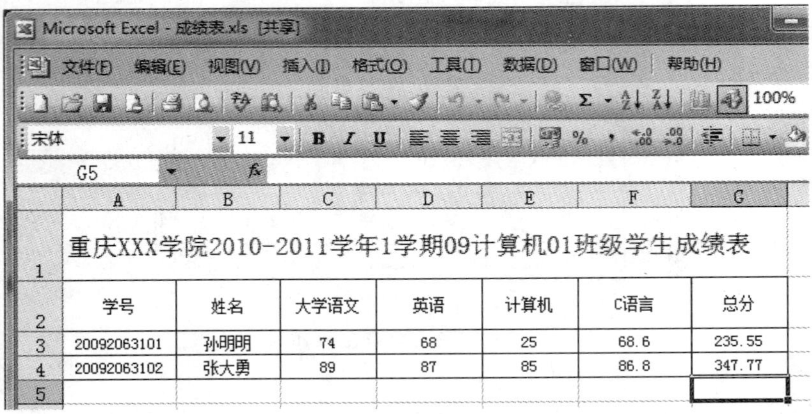

图 2.5.4 在另一台计算机上输入数据

此时，在A计算机中，选择【工具】菜单中的“共享工作簿”命令，出现一个对话框，然后单击“编辑”选项卡就可以见到使用它的用户，如图2.5.5所示。

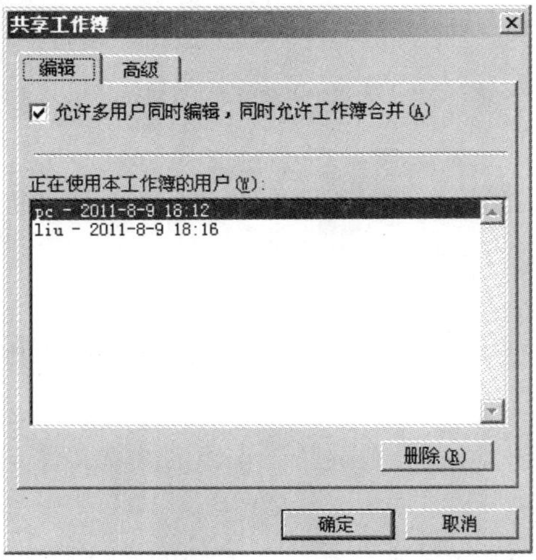

图 2.5.5 B计算机共享工作簿被其他计算机使用

A计算机中单击【文件】菜单中的“保存”命令，则会提示“工作表已用其他用户保存的更改进行了更新”，单击“确定”按钮，则相应的单元格左上角出现一个蓝色的标记，同时相应单元格的行、列标号被红色突出显示出来。当我们将鼠标指向其中某个单元格时，会出现一个类似于“批注”的对话框，显示出该单元格中的数据修改信息，如图2.5.6所示。

图 2.5.6 A计算机上的数据改变

Excel能够自动按指定的时间间隔对更改进行更新。在保存一个共享工作簿时，可以用自己所作的更改替换他人的，也可同时多台计算机输入，提高协同工作能力。

五、查看工作簿中的修订信息

1. 要查看工作簿中的修订信息的信息，可以执行下列操作：

1）执行【工具】菜单中的“修订”命令，执行“突出显示修订”命令，出现如图2.5.7的对话框。

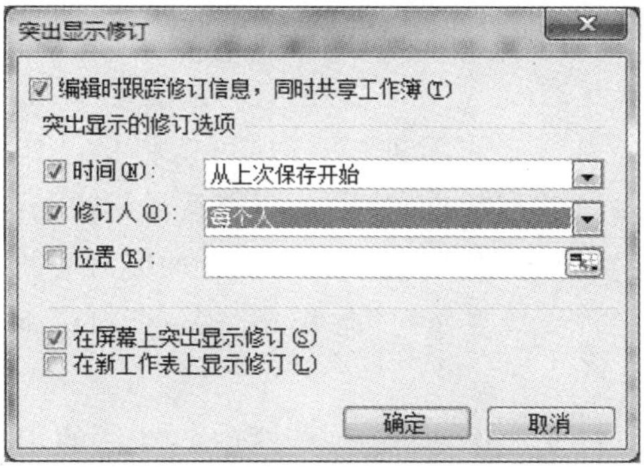

图 2.5.7 突出显示修订对话框

2）根据需要设置需要的选项，按下“确定”按钮，可以看到每一个被修改的单元格出现蓝色的边框。

2. 完成工作簿中的修订

执行【工具】菜单中的“修订”命令，执行“接受或拒绝修订”命令，出现如图2.5.8(a)的对话框。勾选“时间”，选择“无”；勾选“修订人”，选择“每个人”，然后点击“确定”按钮，修订选项设置完成。

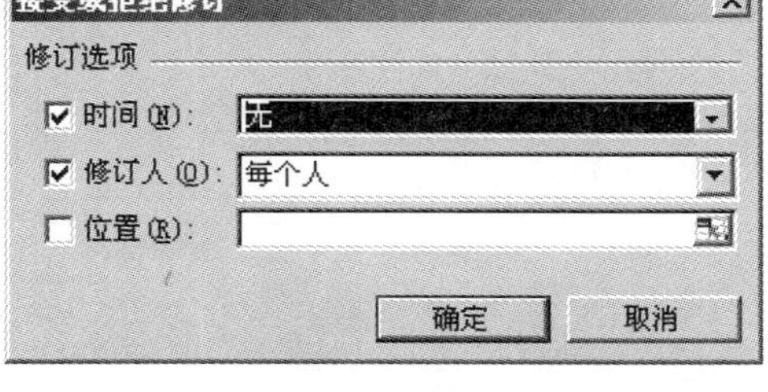

图 2.5.8(a) 授受或拒绝修订对话框

3. 根据以上需要设置的选项，按下“确定”按钮，可以看到如图 2.5.8(b)的对话框。在该对话框中可以看到文档的修订信息，如时间、内容和用户。此外还有 5 个按钮：接受、拒绝、全部接受、全部拒绝和关闭。

图 2.5.8(b)　接受或拒绝修订对话框

本案例中点击“接受”按钮，即可以接受计算机 2 输入的内容。

六、撤销工作簿的共享状态

如果不再需要其他人对共享工作簿进行更改，可以将自己作为唯一用户打开并操作该工作簿。一旦撤销了工作簿的共享状态，将中断所有其他用户与共享工作簿的联系、关闭冲突日志，并清除已存储的冲突日志，此后就不能再查看冲突日志，或是将工作簿共享。

1. 执行【工具】菜单中的“共享工作簿”命令，出现一个对话框，然后单击“编辑”选项卡，如图 2.5.9 所示。

2. 确认自己是在“正在打开工作簿的用户”框中的唯一的用户，如果还有其他用户，他们都将丢失未保存的工作内容。

3. 清除“允许多用户同时编辑，同时允许工作簿合并”复选框，然后单击“确认”按钮。

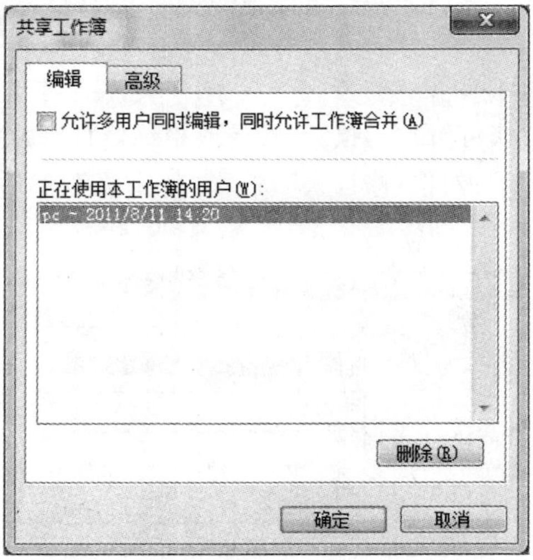

图 2.5.9　共享工作簿对话框

4. 出现如图2.5.10的提示信息框,单击"是"按钮即可。

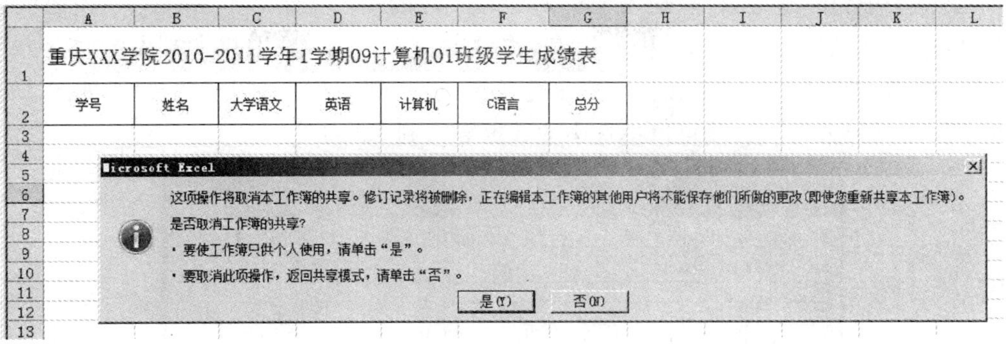

图2.5.10 撤销工作簿的共享

注意: 为了确保其他用户不会丢失工作进度,应在撤销工作簿共享之前确认所有其他用户都已得到通知,这样,他们就能事先保存并关闭共享工作簿。

案例2 上机安排表制作与发布

Internet已成为人们生活、工作中不可少的部分,Excel也提供了与网页良好的兼容环境,它可以方便地从网上获取信息,也可以把数据表格发布到网上去,让其他用户协同处理数据。

本项目以大学上机安排表为例,为了方便各教师查询上机安排,整理一份上机安排表放在网上,实现在网上的快速采集、处理数据,并让联系方式随时更新。本案例中,要读者首先配置IIS,然后把Excel数据上传到服务器上,最后再发布出来。

一、用Excel的Web查询功能从Web网页上导入已有的表格数据

(一) 导入表格数据

启动Excel 2003后,新建工作簿"book1",单击【数据】菜单中的"导入外部数据"中的"新建Web查询"命令,如图2.5.10所示,则打开"新建Web查询"窗口,如图2.5.11所示。

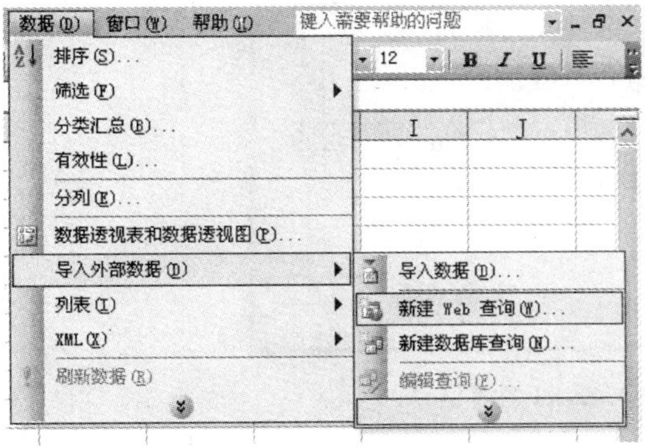

图2.5.10 新建Web查询

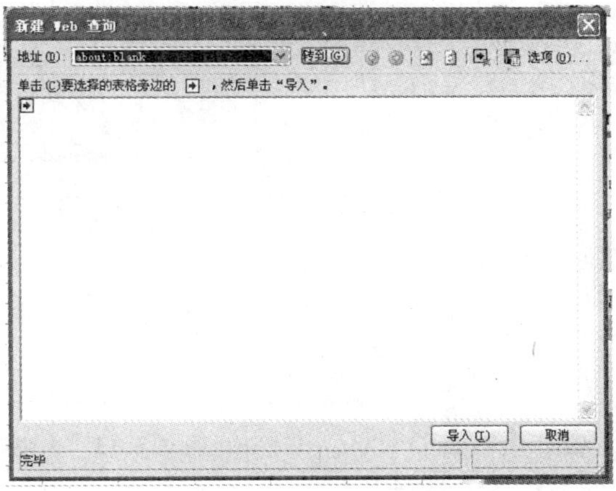

图2.5.11 新建Web查询对话框

该窗口相当于一个浏览器,在地址栏中可以输入网址,进行网页浏览。并且只要有表格的地方其左上角都会出现一个黑色的小箭头,只要单击就可以使其变成小勾,表示该箭头指向的表格将被导入到 Excel 中。

本案例子中，在“地址”栏里输入上机安排表页面的 URL，然后单击“转到”按钮就可以在下面的空间区域打开原来的上机安排表，如图 2.5.12 所示，在上机安排表的左上方有一个小箭头按钮，单击这个按钮，按钮变成复选按钮，被选中的表格会以蓝色显示，如图 2.5.13 所示。再单击“导入”按钮，就可以把选中的数据导入到 Excel 中。

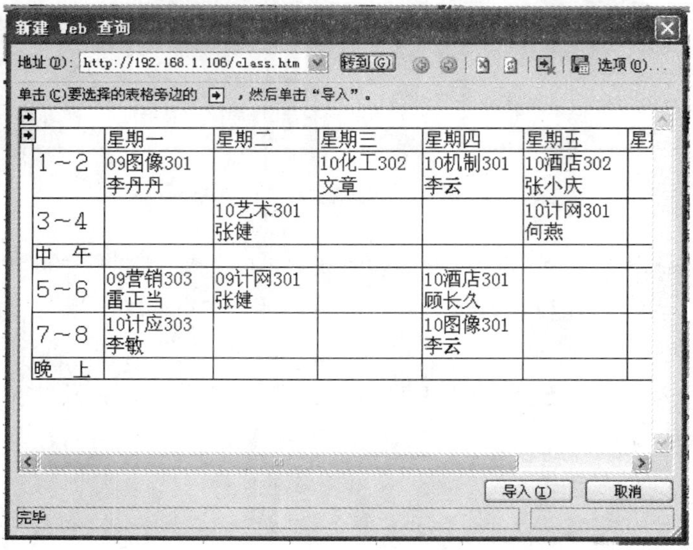

图 2.5.12 Excel 中打开上机安排表

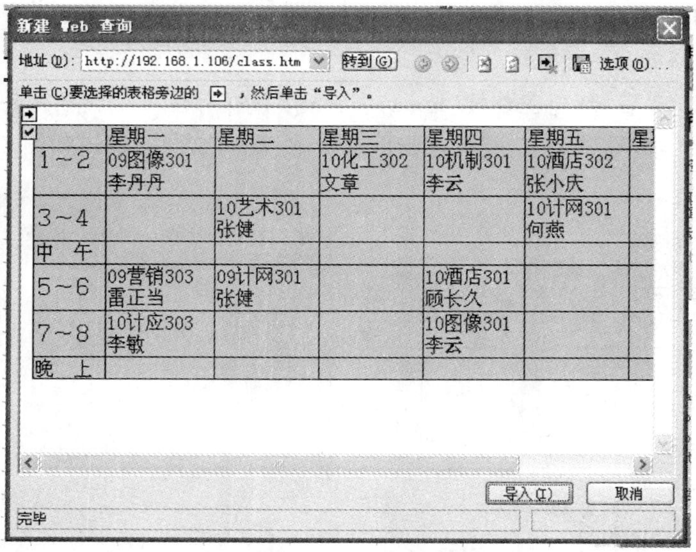

图 2.5.13 选中要导入 Excel 的表格

（二）更新表格数据

当需要查询数据时，只要打开 Excel 文件，Excel 文件会自动打开一个“查询刷新”对话框，选定“启用自动刷新”，Excel 会自动连通网站对所有表格数据进行更新，需要的更新数据就会出现。也可以通过单击【数据】菜单中的“更新数据”进行更新。

如果觉得Web查询里面有些表格不需要，或者网页中还有些表格也应该加进来，可进入Web查询所在的表格，单数【数据】菜单中的“导入外部数据”中的“编辑查询”，就可对表格进行重新选择了，如图2.5.14所示。

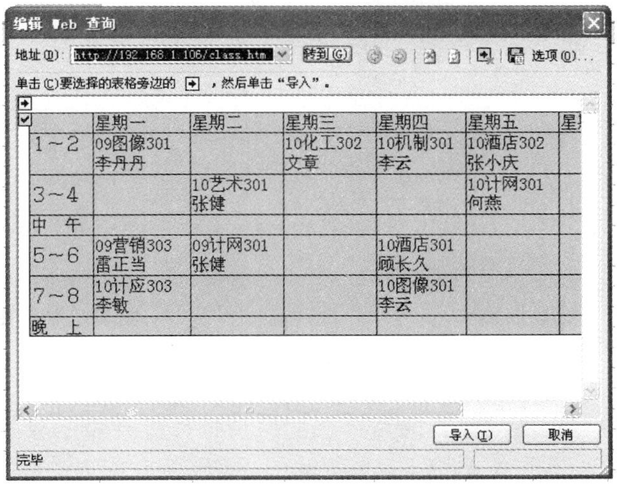

图2.5.14 更新数据

二、创建发布文档

我们要将上机安排表发布到网上去，要让多人来共同编辑这个文档，就必须把这个放到网上去，并不是所有的网站都能实现这个功能，只有安装了Windows Sharepoint Service的网站才能支持Office文档的协同处理。

(一) 安装支持

要安装Windows Sharepoint Service，必须要安装在Windows 2003 Server版本或以上版本的服务器上，并安装Service Pack 2以上和安装Microsoft .NET Framework 2.0以上版本的计算机上执行。

(二) 安装及配置Windows Sharepoint Service

运行安装程序，出现欢迎界面及接受条款等选项，如图2.5.15所示，安装完成后，见图2.5.16、图2.5.17、图2.5.18的配置向导完成配置。

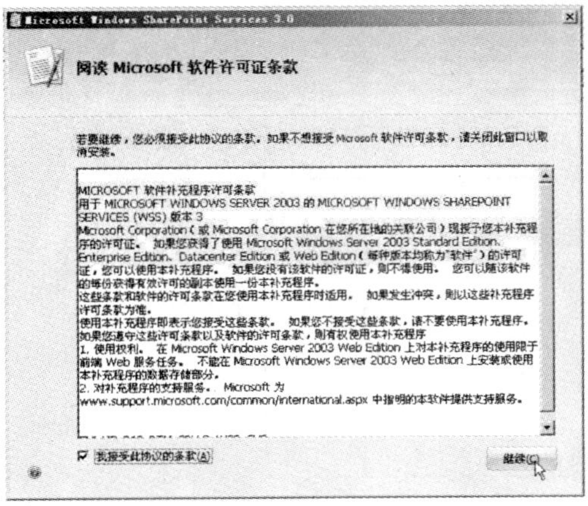

图2.5.15 安装向导

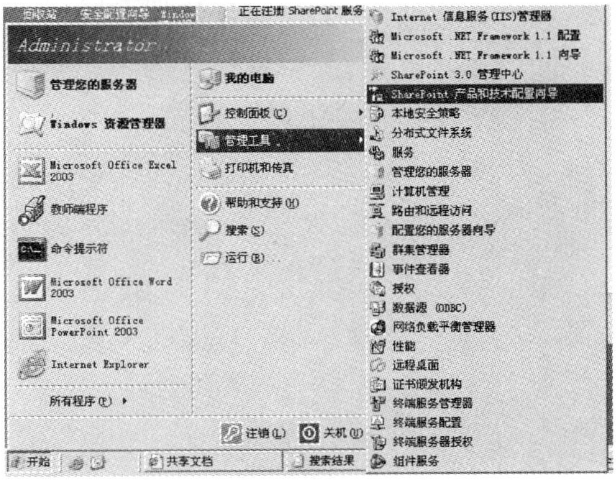

图2.5.16 配置命令

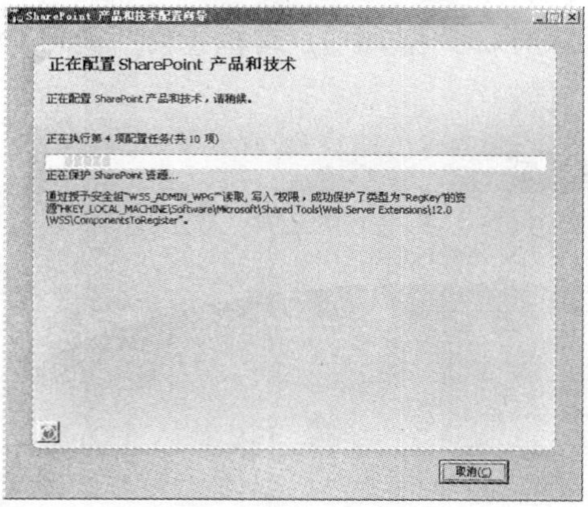

图 2.5.17 配置步骤

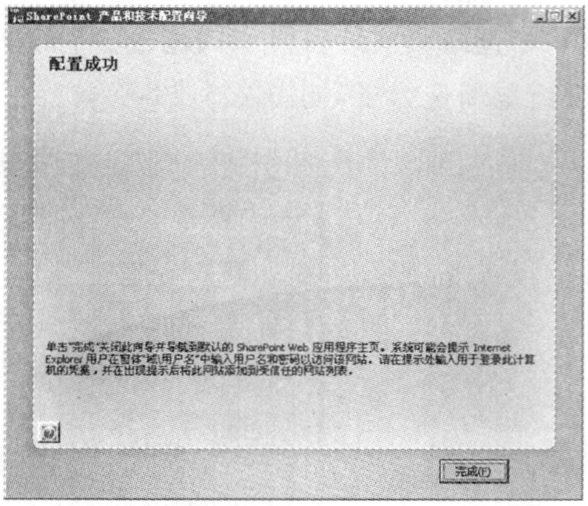

图 2.5.18 配置成功

（三）发布上机安排表

配置完成后，可以通过不同位置的计算机使用浏览器打开该服务器的网址或 IP 地址，在输入用户名和密码后见到如图 2.5.19 所示的界面，点击左边的【共享文档】，出现如图 2.5.20 所示的界面，点击【上载】下的“上载单个文档”后上传编辑好的上机安排表。

图 2.5.19 在浏览器打开服务器的网址

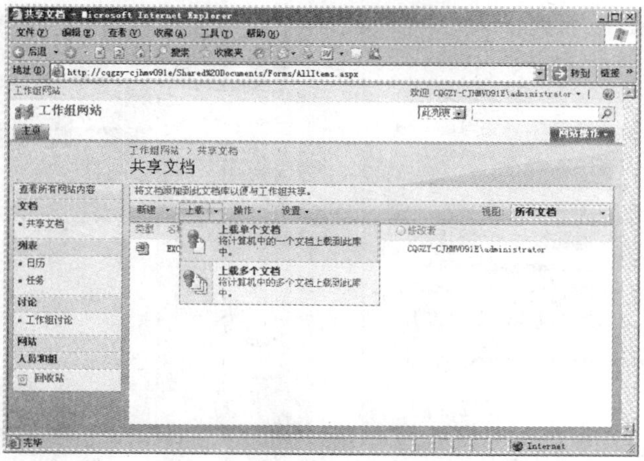

图 2.5.20 上载文档

上传成功后，显示图 2.5.20 的界面，这时可以通过不同位置的计算机使用浏览器打开该服务器的网址或 IP 地址，在输入用户名和密码后见到如图 2.5.20 所示的界面，点击刚上传的“class”，会出现如图 2.5.21 的警告对话框，选择“确定”后，即可以在 Excel 中打开上机安排表了，如图 2.5.22 所示。

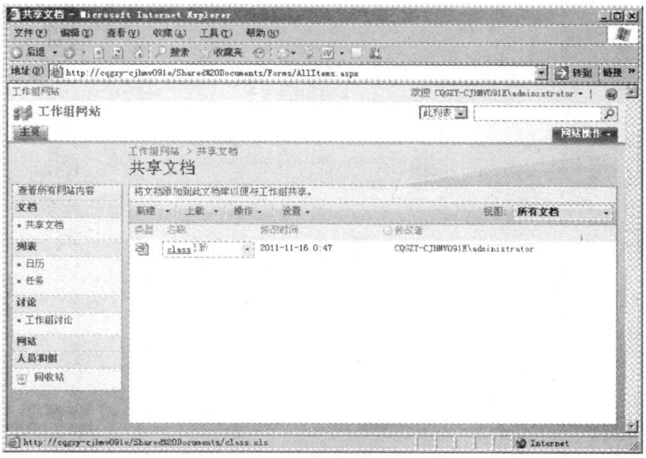

图 2.5.20　上传成功后界面

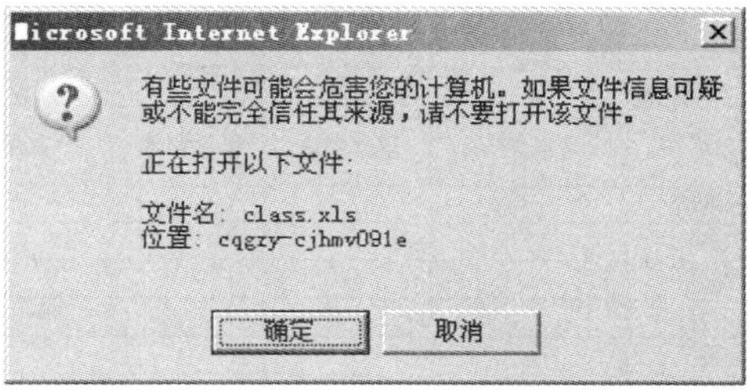

图 2.5.21　警告对话框

图 2.5.22　打开后的表格

不同的用户可以浏览及编辑这个表格，可填写相关的信息后，点击保存按钮后，出现如图 2.5.23 所示的另存为对话框，我们可以看到，保存位置变为了网络的位置。

这样，我们的上机安排表就被共享出来，并且可以远程编辑并保存。

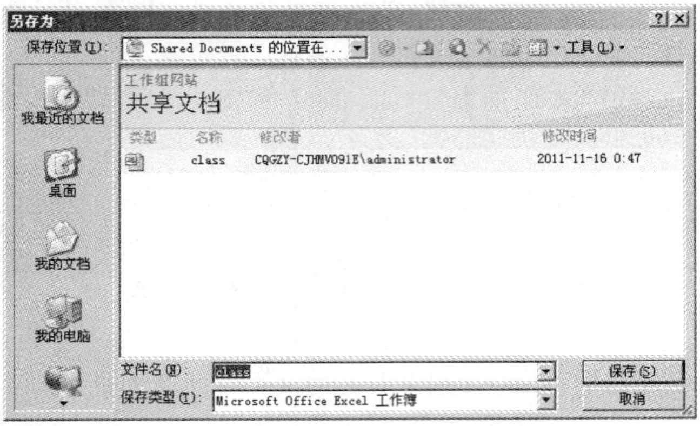

图 2.5.23　另存为对话框

拓展训练 2.5.4

建立“班级通讯录.xls”工作簿，工作表“sheet1”的内容如图 2.5.24 所示。

图 2.5.24　工作表“sheet1”原始数据

针对“班级通讯录.xls”工作簿工作表完成如下操作：

1. 用工作簿的共享方式完成数据的录入及修改。
2. 用发布的方式把班级通讯录.xls 发布到网上。

学习情景 3　PowerPoint 幻灯片制作

学习子情景 3.1　制作会议简报

任务描述 3.1.1

本章为 PowerPoint 的初学者准备了一个简单的例子。通过对这一任务的学习，读者可以掌握 Microsoft Office PowerPoint 2003 的基本操作。

在当今的信息时代，为了提高工作质量，加快工作进度，传统的手写式会议简报已经远远不能满足时下的工作需要。因此，如果把手写式的回忆简报电子信息化，便可以使得我们的工作更加省时、省力，从而也可将枯燥无味的工作变得轻松自如。

通过学习本例，我们可以接触到 PowerPoint 编辑的一般步骤和一般技巧。

知识要点 3.1.2

- PowerPoint2003 的基本操作
- 幻灯片的一般制作步骤
- 套用主题和图文混排版式
- 母版的使用
- 什么是透明图片，如何使用？

任务实施 3.1.3

案例　制作会议简报

对于已经熟练使用 Windows 应用程序的读者来说，掌握 PowerPoint 会比较容易，但对于刚刚接触图形化应用程序的读者，则可以在这个例子中学会使用图形化应用程序的基本操作方法，比如如何启动 PowerPoint，如何操作菜单栏、工具栏、快捷方式，如何新建、保存文件等一系列的基本操作。当然，如果你使用过 Microsoft Word 或者 Excel，你就会发现，这些基本操作的方法都是差不多的。通过本例，读者可以掌握制作幻灯片的快速方法，以及对幻灯片进行各种细微的调整和控制，让幻灯片符合我们的要求。

一、开始使用 PowerPoint 2003

Microsoft Office 2003 中文版安装完成后，Office 套件中各组件的快捷方式就会被自动添加到【开始】菜单【程序】项中。启动 Windows 后，用鼠标单击任务栏左侧的【开始】菜单—【程序】菜单—【Microsoft Office】—Microsoft Office PowerPoint 2003，启动 PowerPoint 2003。

启动 PowerPoint 2003 后出现如图 3.1.1 所示的工作界面。在使用 PowerPoint 2003

制作演示文稿之前，首先对它的工作界面有一个大致的了解。

图 3.1.1 工作界面

● 菜单栏：包含了幻灯片制作和幻灯片文档管理的大部分功能。包括保存文档、复制粘贴、设置格式与动画等。

● 工具栏：常用和格式工具栏上的按钮功能，大部分在菜单中都可以找到。在 PowerPoint 启动后，在界面上默认显示【常用】、【格式】和【绘图】三个快捷工具栏。

提示：快捷工具栏的好处就是更迅速地完成工作，用点击一个图标代替翻查繁琐的菜单。我们还可以在快捷菜单的空白处点击鼠标右键，会出现一个菜单，里面包含允许你调用所有的快捷菜单。工具栏名称前面有“√”符号的，表示此快捷工具栏已经被启用。

● 状态栏：位于 PowerPoint 窗口的最底部，用于显示幻灯片号，视图模式，语言等一些相关信息。

● 任务窗格：位于屏幕右侧的竖型窗体。PowerPoint 2003 中共有 16 个任务窗格，包括【帮助】，【剪贴画】，【剪贴板】，【新建文稿】，【幻灯片版式】，【幻灯片设计】和【自定义动画】等。一些复杂而常用的功能都可以通过这里来调用。当你需要更多的工作空间来处理你的幻灯片，也可以将任务窗格关闭。需要的时候，可以通过【视图】菜单－【任务窗格】再将其打开。

● 大纲与幻灯片窗格：

(1)【大纲】窗格：用于显示幻灯片的文本大纲。在大纲窗格中，演示文稿中的所有幻灯片将按照编号一次排列。

(2)【幻灯片】窗格：按顺序显示所有幻灯片的缩略图，用户可以从幻灯片窗格新建新的幻灯片，或者选取其中一张进行制作和修改。

● 备注窗格：每一张幻灯片都对应一个备注窗格。用户可以在备注窗格中输入当前幻灯片相关的解说文字(在幻灯片全屏放映过程中，不显示此文字)。

● 视图切换按钮：三个按钮分别对应【普通视图】、【幻灯片浏览视图】和【从当前幻灯片开始放映】三个功能。普通视图即打开 PowerPoint 的默认视图；幻灯片浏览视图则把所有的幻灯片以缩略图的形式展现在屏幕上。从当前幻灯片开始放映，则是假设你正在编辑第 4 张幻灯片，那么点下此按钮，幻灯片则从第四张开始放映。

（1）从第一张幻灯片放映：打开【幻灯片放映】菜单—点击【观看放映】，快捷键为 F5。

（2）从当前幻灯片放映：直接点击【从当前幻灯片开始放映】按钮，快捷键为 shift＋F5。（对于幻灯片播放的技巧，我们在后面的专题有讲解）

二、制作会议简报

对 PowerPoint 2003 的工作界面有一个大致的了解后，就可以开始建立演示文稿了。通过建立演示文稿的操作，我们会进一步学习 PowerPoint 的各项功能。

打开 PowerPoint 后，系统已经给用户新建了一个空白演示文稿。此时，读者可以直接利用默认的演示文稿，也可以自己新建。新建空白演示文稿的方法有以下三种：

- 用鼠标单击菜单上的【文件】—【新建】命令，此时在屏幕的右侧会自动打开其相应的任务窗格。在该任务中，在【新建】选项区域中列举了 5 种新建演示文稿的选项，如图 3.1.2 所示，单击第一项“空演示文稿”可新建空白演示文稿。
- 单击常用工具栏上的新建按钮，如图 3.1.3 所示。

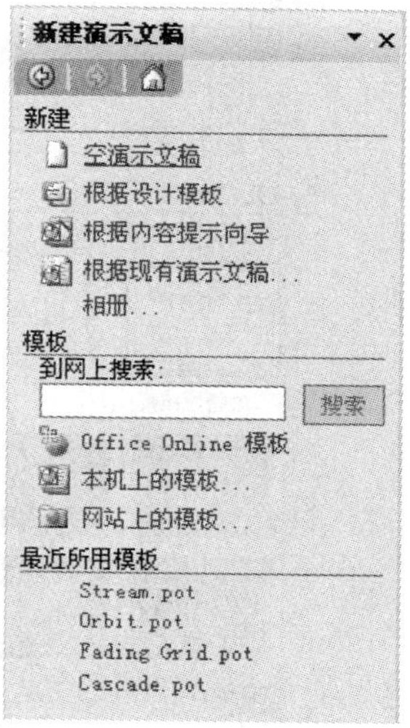

图 3.1.2　新建演示文稿快捷工具栏

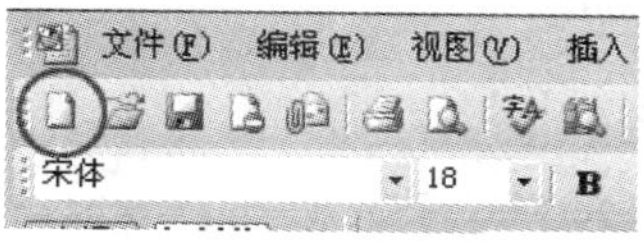

图 3.1.3　新建演示文稿快捷按钮

- 通过按键盘上的 Ctrl＋N 快捷键。

使用模板工具套用主题，快速制作会议简报：

1. 单击常用工具栏上的【新建】按钮，打开如图 3.1.4 所示的界面。

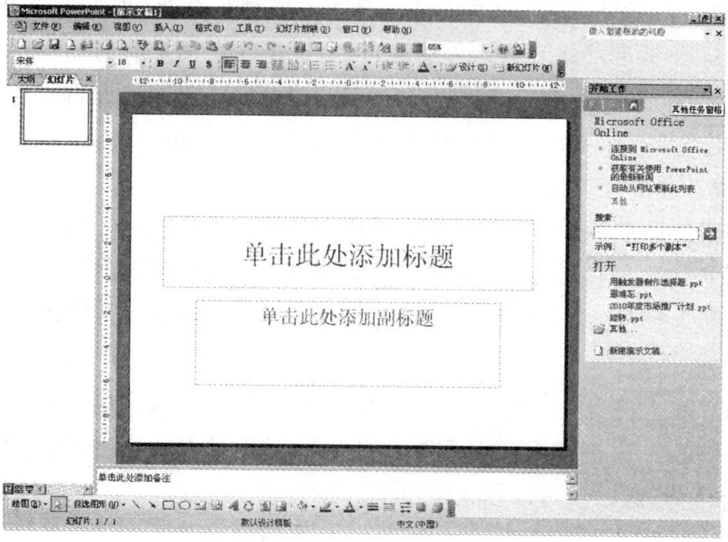

图 3.1.4　新建窗口

2. 执行菜单中的【格式】—【幻灯片设计】命令(或者直接点击右侧【开始工作】的标题,选择【幻灯片设计】命令),在屏幕右侧的【幻灯片设计】任务窗格中列举出了 PowerPoint2003 自带的模板。在应用设计模板一栏中,可以通过单击滚动按钮,浏览并选择合适的模板。如果没有合适的模板可以选择,单击任务窗格下方的【浏览】命令。如图 3.1.5 所示。

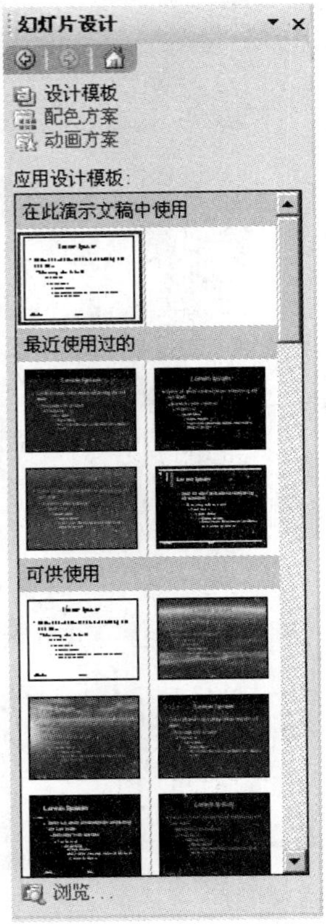

图 3.1.5 幻灯片主题模板

图 3.1.6 下载 Microsoft Office Online 设计模板

提示: 在使用浏览命令之前,用户必须自己拥有其他的模板,并知道这些模板的文件名和在磁盘的位置。如果用户没有自己的模板,则更快捷的方式是联网,并将【应用设计模板】右边的滚动条滚动到最下方,找到 Microsoft Office Online 设计模板,如图 3.1.6 所示。点击此方框,就会从微软官方网站上下载更多的模板,可供用户挑选并使用。整个过程是全自动的,也不需要额外付费。

3. 打开【应用设计模板】对话框,在【查找范围】中找到包含你自定义模板的路径,在下面的列表框中选择需要的模板,如图 3.1.7 所示,然后单击【应用】按钮。

注意: 可以导入扩展名为 POT 的 PPT 模板文件,也可以导入扩展名为 PPT 的幻灯片文件作为模板使用。

4. 此时,幻灯片上将自动套用了所选择的模板。然后,用鼠标单击幻灯片窗格的【单击此处添加标题】占位符,出现如图 3.1.7 所示的界面,这时,【单击此处添加标题】这几个字便被闪烁的光标所代替,这时就可以输入文字了。

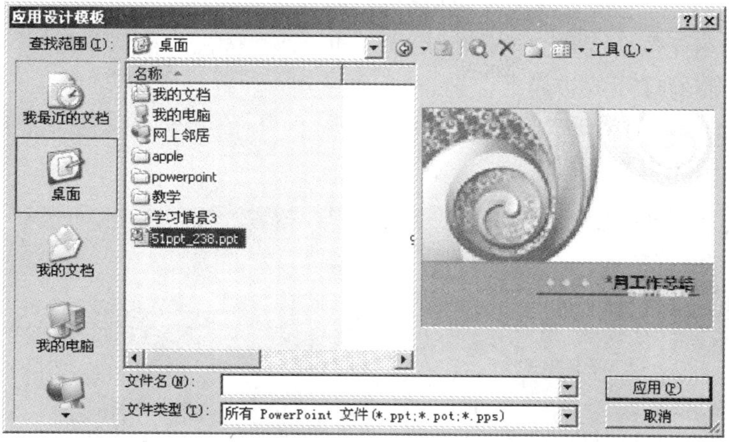

图 3.1.7　应用其他设计模板

提示：绝大部分幻灯片版式中均有占位符可以输入文字。由于演示文稿的标题文本有大有小，若标题文本的大小超出了占位符的容量，超出的部分将无法显示。要显示全部的标题文本，就必须调整文本框的大小。

其次，文本框在 PowerPoint 中实现了占位符相似的功能，而且使用更加方便。它可以随时被删除，也可以通过【插入】菜单—【文本框】—【横排或竖排】来插入一个文本框。系统原始默认的占位符和后期插入的文本框没有本质区别。如图 3.1.8 所示。

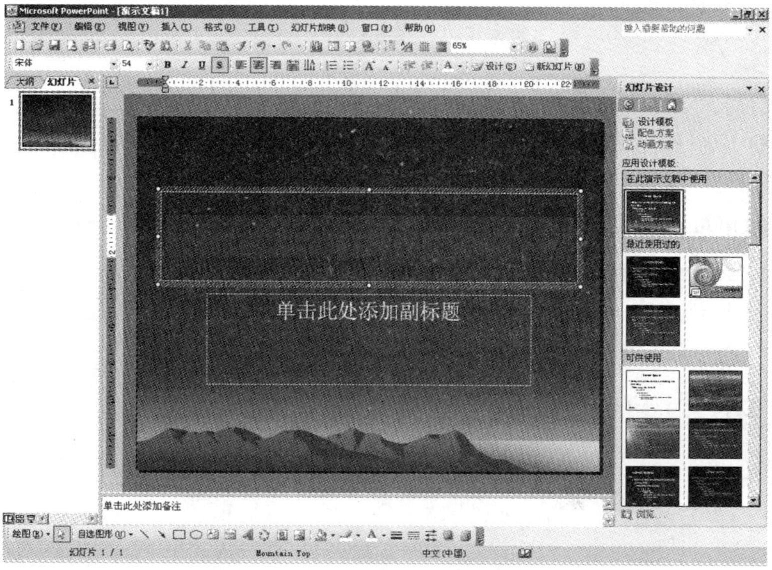

图 3.1.8　使用文本框编辑文字

在 PowerPoint 中对文字的排版，主要通过对文本框的大小和形状进行调整来实现。

调整占位符(文本框也可使用同样的方式来进行调整)大小的步骤：

(1) 单击需要调整大小的占位符，此时在占位符的边框上将出现 8 个小的空心圆，称为尺寸控点。

(2) 将鼠标指针指向其中任意一个尺寸控点，鼠标指针将变成一个黑色的双箭头。

(3) 按住鼠标左键，拖动鼠标，占位符将沿着箭头的方向扩张或收缩。

(4) 当调整占位符到适当的大小时，释放鼠标左键。

调整占位符不仅包括调整占位符的大小，还包括调整占位符在幻灯片中的位置，调整占位符的位置可以使幻灯片的布局更合理，样式更美观。

(5) 输入幻灯片的主标题“2011 市场营销研讨会”。在副标题处输入“中国天使投资股份有限公司”，如图 3.1.9 所示。

图 3.1.9　修改幻灯片首页

三、制作幻灯片正文

第一张幻灯片制作结束后，继续制作含有正文的其他幻灯片，具体操作步骤如下：

1. 执行菜单中的【插入】—【新幻灯片】命令，幻灯片窗格中会出现一张新的幻灯片缩略图。而幻灯片编辑框中会直接跳转到这张新建的幻灯片，如图 3.1.10 所示。

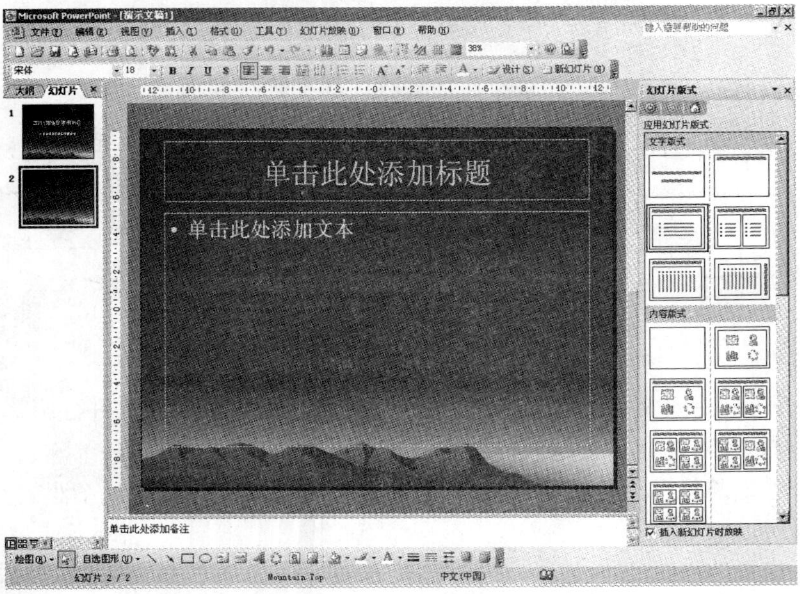

图 3.1.10　添加新幻灯片后的效果

提示：除了以上方法，用户还可以通过在界面中的幻灯片窗格的空白处单击鼠标右键，在弹出的快捷菜单中，选择【新建幻灯片】；也可以在格式工具栏右边找到【新幻灯片】的按钮，如图 3.1.11 和图 3.1.12 所示。

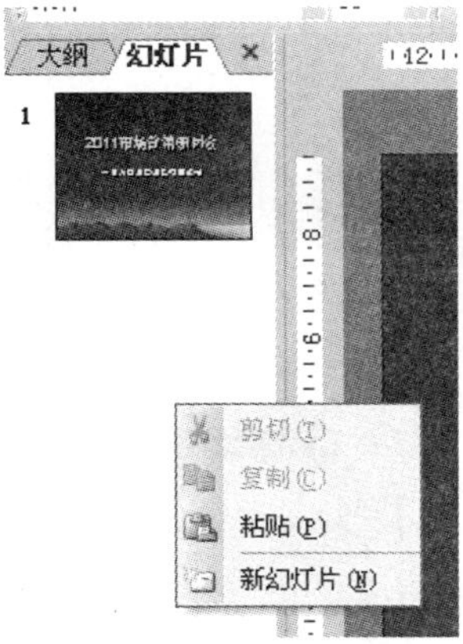

图 3.1.11　使用鼠标右键添加新幻灯片

图 3.1.12　使用快捷工具栏添加新幻灯片

2. 此时，插入的新幻灯片自动应用了【标题与文本】的默认版式。版式是幻灯片上各元素排列的方式，如标题、副标题、正文文本，以及列表、图画、表格等在幻灯片上的位置。PowerPoint 2003 提供了多种预先定义的幻灯片版式，这些幻灯片版式可以满足大多数实际应用的需要。

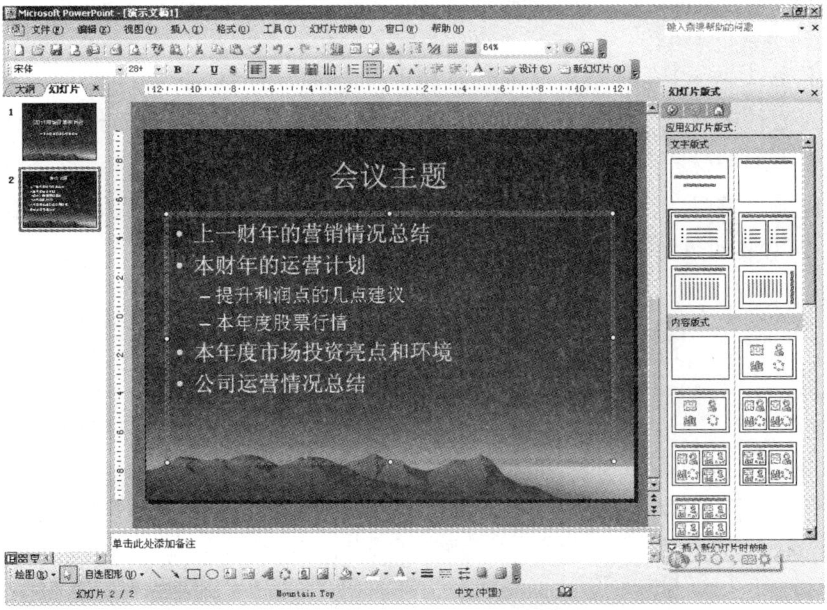

图 3.1.13　在幻灯片文本中使用层次

在普通的文字版式中，PowerPoint 通过项目符号来管理正文。在默认情况下，每一行都是一个项目，在敲下回车后，正文会自动添加项目符号。

提示：项目符号用于强调文字的条目性。同时，也提醒制作人，不要把太多的文字放到一张幻灯片上。配合项目符号和格式工具栏上的【减少缩进量】和【增加缩进量】来让文字更加有层次感，如图 3.1.13 所示。

【增加缩进量】和【减少缩进量】按钮，可以快捷控制幻灯片内每行正文的文字大小和缩进量。每按一次增加缩进量，被选中的行字号就会减小，并在行首空出更多空格，同时项目符号也会变化；每按一次减少缩进量，被选中的行字号就会增大，并在行首删减更多空格，同时项目符号也会变化。

小技巧：进一步调整项目符号。

项目符号的样式也是可以调整的，根据幻灯片要求或者制作者的喜好，可以修改项目符号。如图 3.1.14，打开【格式】—【编号和项目符号】菜单：点击鼠标左键，打开菜单如图 3.1.15 对话框。

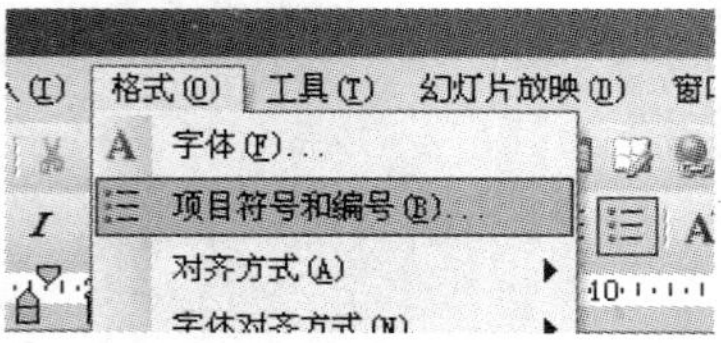

图 3.1.14　修改项目符号和编号样式

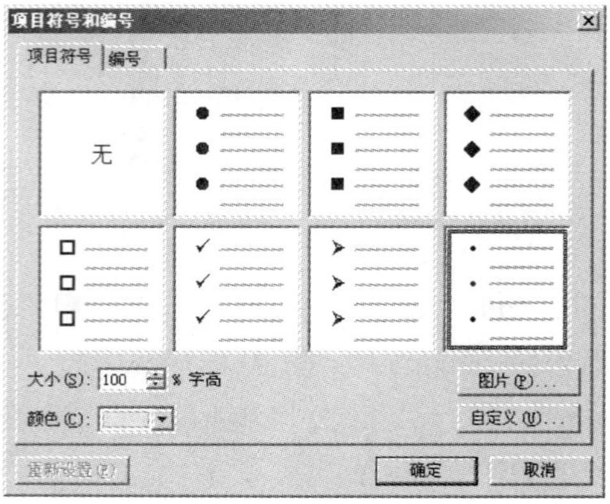

图 3.1.15　修改项目符号和编号样式对话框

在此菜单中，PowerPoint 给出了七种常用的项目符号样式，如果没有太严格的要求，可以在这常用的七种中任选一种，作为当前幻灯片的项目符号。除了这七种，还支持使用外界的图片和字库中的特殊符号来制作项目符号。在图片项目符号中，PowerPoint 内置了数百种不同的图片项目符号，当鼠标放于任何一张项目符号的图片上，会显示出当前项目符号文件的具体细节，如图 3.1.16 所示。

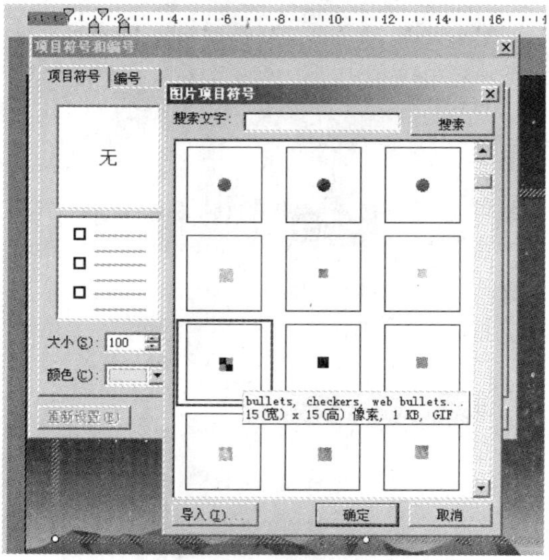

图 3.1.16　使用图片来作为项目符号

如果 Office 素材库里没有合适的项目符号，用户也可以使用此界面的【导入】按钮，导入自己制作的项目符号图片，如图 3.1.17 所示。

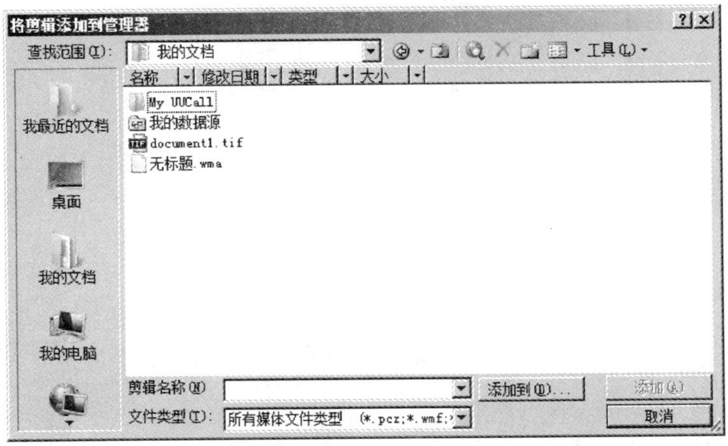

图 3.1.17 导入其他图片作为项目符号

此功能支持多种图片格式，包括 jpg、bmp、gif、cdr 等。

使用标尺修改幻灯片文本的缩进量。

在 PowerPoint 中很少使用标尺，除非我们对幻灯片中的文本有严格的控制要求。通过【视图】菜单—【标尺】，打开标尺功能，如图 3.1.18 所示，标尺包括水平标尺和垂直标尺两部分。每个标尺又分了蓝色的部分和白色的部分。蓝色部分在标尺的两侧，蓝色部分左右（上下）的端点，表示幻灯片的最大宽度、高度。也是打印区域所能包含的最大范围。中间的白色部分，宽度则是幻灯片中所有占位符宽度和，高度则是幻灯片中所有占位符的高度和。在标尺上有上三角 和下三角 。上三角表示一个文本行在幻灯片开始的位置，下三角表示这一文本行换行后，下一行开始的位置。文本行每行结束的位置，为标尺的蓝白右边界（文本竖排的时候则是蓝白下边界）。

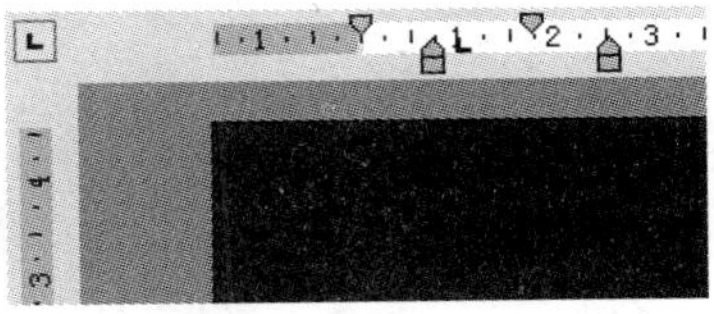

图 3.1.18 标尺

注意： 关于换行，要注意的是，Microsoft Office 对自然段和项目有严格的定义，即当输入完一段文字之后，按下回车，表示一个自然段或者一个项目完成。请大家养成良好的文档编辑习惯。

关于 Microsoft Office 程序菜单的小技巧：

安装好 Microsoft Office 程序后，打开 PowerPoint 的任意一个菜单，用户会发现菜单的底部是类似的，这个下拉标志是 Microsoft Office 新版中的一项功能，称作人性化常用菜单。菜单会自动统计经常使用的功能，然后将这些功能显示在菜单中，其他的非常用功能隐藏起来。如果想使用这些非常用的功能，有两种方法：① 单击这个下拉标志；② 鼠标在菜单上停留 2 秒以上。那么，整个菜单就会显示出来。

如果觉得这个功能没用，也可以通过【工具】菜单—【自定义】，打开【自定义】窗口的【选项】选项卡，在【个性化菜单和工具栏】中，勾选【始终显示整个菜单】，如图 3.1.19 所示。

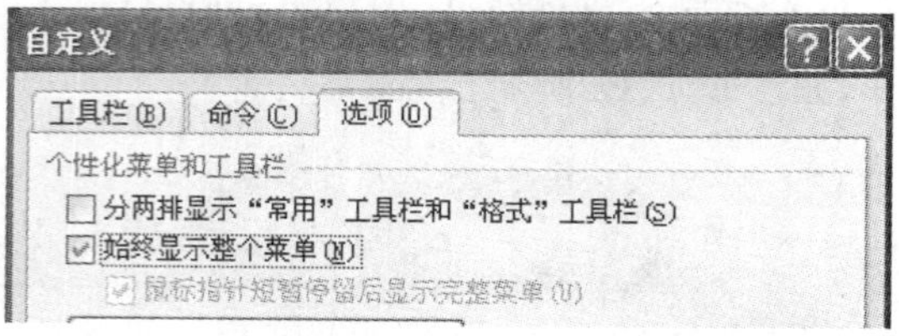

图 3.1.19　显示或关闭自定义菜单

3. 制作第三张幻灯片。输入文字后，我们看到文字占据了幻灯片大部分篇幅，但是下面还有少量留白。通过调整文本的行间距，让文字在整张幻灯片上均匀分布，如图 3.1.20 和图 3.1.21 所示。

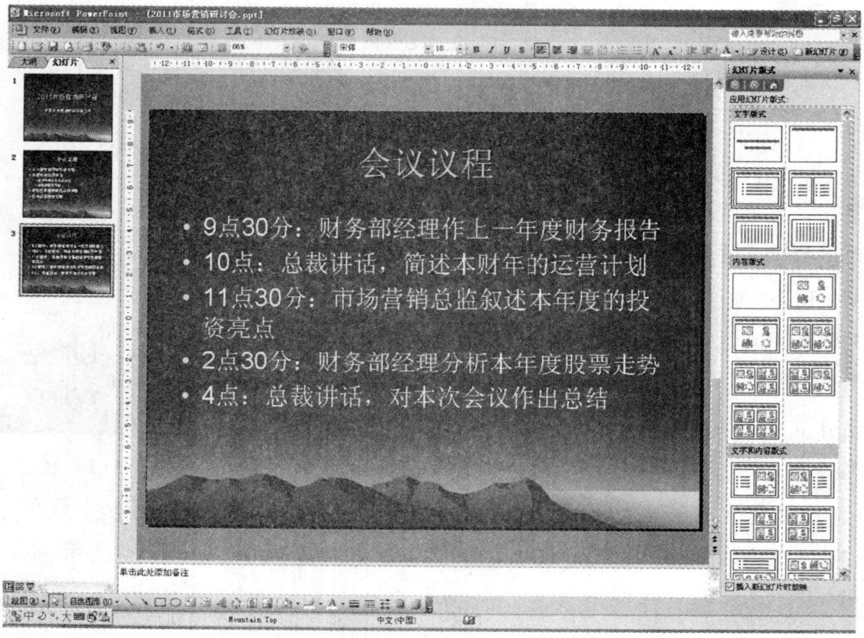

图 3.1.20　文字在幻灯片上的分布

提示：行距可以进行整体调整，也可以对部分文本进行调整。对单行文本调整行间距：将光标放置在要修改行间距的文本行中；对多行文本调整行间距：按住鼠标左键不放，滑动鼠标，高亮多行文字；对整个占位符或者文本框中的文字进行修改：选中文本框或占位符。

打开【格式】—【行距】菜单，如图 3.1.21 所示。

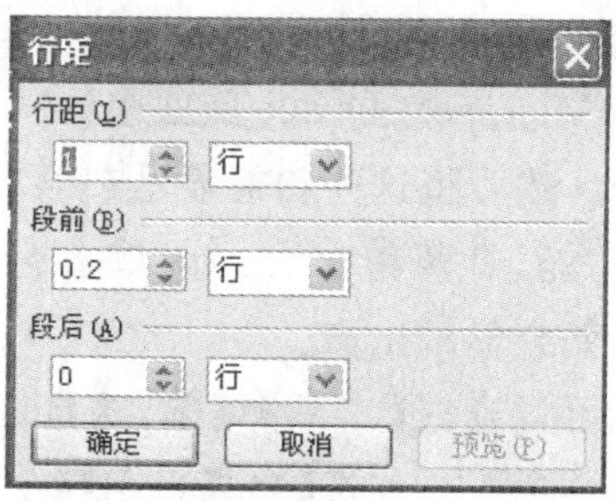

图 3.1.21　调整正文文本的行距

行距，表示在一个多行的自然段中，每行所间隔的距离；段前，表示一个自然段与上一个自然段所间隔的距离；段后，表示一个自然段与下一个自然段所间隔的距离。一般情况下，如果需要调整段落之间的距离，我们只使用段前或者段后一个功能。

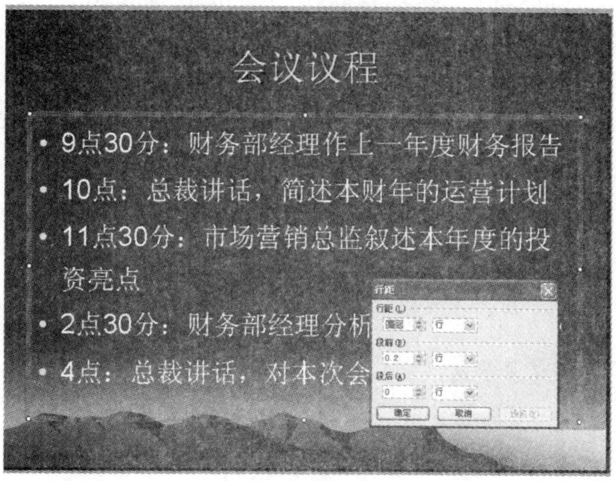

图 3.1.22　调整行距

图 3.1.22 为正在调整行距的幻灯片。文字增加了行距，在幻灯片页面中的排列更加美观。

为了让幻灯片更加清楚醒目，我们还可以对文字进行字体和字号的大小进行修改，并在幻灯片中添加图片。

在幻灯片中修改字体和字号的方法与 Word 的文字处理相同，我们不再赘述。在这里，给大家提供一个小技巧，通过设定默认值，方便地应用一种自定义的文字主题。

第一步，在幻灯片中输入相应的文字，并设定文字的样式，以及行距等。

第二步，选中占位符的边框，点击鼠标右键，打开【快捷菜单】。选择【设置自选图形的默认效果】。这时，再【新建幻灯片】，在占位符中输入文字，就自动会取得刚刚设置了默认效果的样式。不需要对多个幻灯片进行重复设置了，如图 3.1.23 所示。

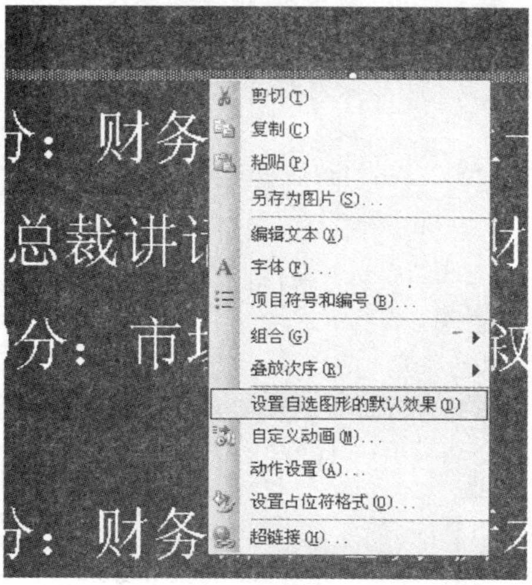

图 3.1.23　设置自选图形默认效果

四、对幻灯片进行修饰

幻灯片的文本输入完成后，我们可以对幻灯片进行进一步修饰，让它更加吸引人。

首先，可以给各幻灯片插入图片，实现图文混排。在 PowerPoint 中，已经为用户提供了大量的图片素材。对于一个初学者，可以好好利用这些素材，为自己的幻灯片增加可观赏性。

点击屏幕右边【任务窗格】的标题，在弹出的快捷菜单中选择【剪贴画】，如图 3.1.24 所示，出现如图 3.1.25 所示的剪贴画搜索框：

打开剪贴画界面后，并没有直接出现任何剪贴画。因为我们需要在搜索框中输入一些简要的文字来搜索相应的图片。这里要注意的是，搜索用词尽量使用比较通用的词汇，比如“人物”、“标志”、“货币”等，这样会取得比较好的搜索结果。最简单的方法则是不输入任何关键字，直接点击搜索，会把可用的所有素材全部列出来。

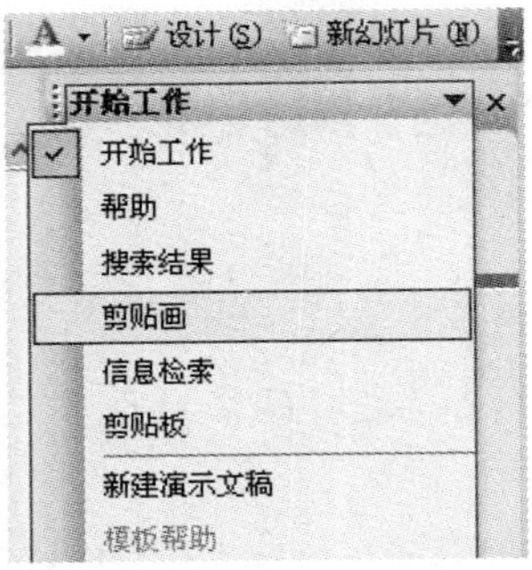

图 3.1.24　在幻灯片中使用剪贴画

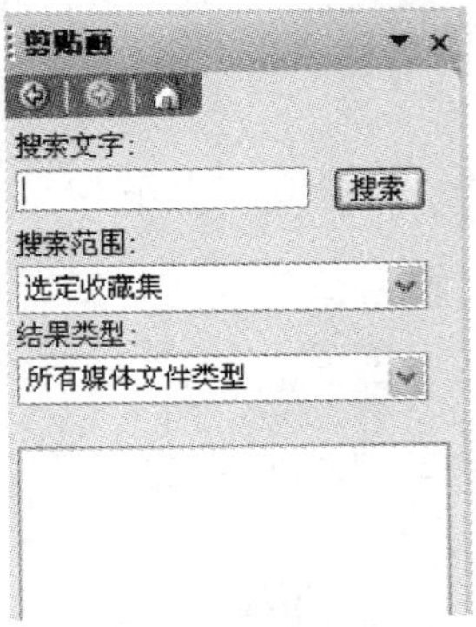

图 3.1.25　剪贴画搜索框

【搜索范围】下方有一个【下拉菜单】，选定的收藏集中包含【我的收藏集】，【Office 收藏集】和【Web 收藏集】。每个收藏集包含不同的图片素材，其中 Web 收藏集需要联网使用。一般情况下，我们使用默认的搜索范围即可，包含了【我的收藏集】和【Office 收藏集】两部分。

【结果类型】下方有一个【下拉菜单】，包含了【剪贴画】、【照片】、【影片】、【声音】四种类型。也就是说在 PPT 中可以插入这些多媒体文件进行播放。

注意：当按下搜索按钮后，结果框没有返回任何图片，则需要在搜索范围内进行设置，如图 3.1.26 所示。

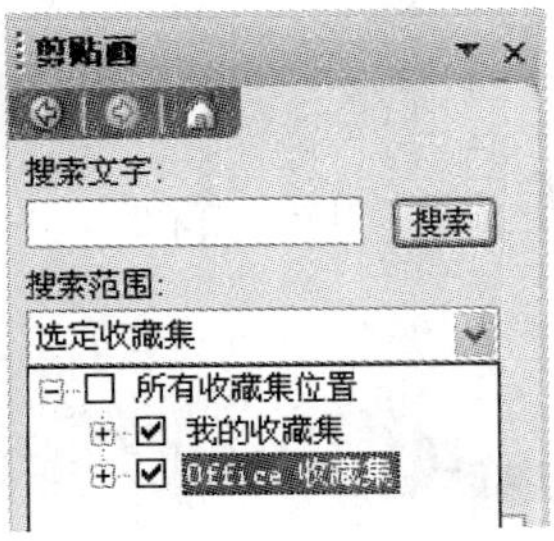

图 3.1.26　选择剪贴画集合

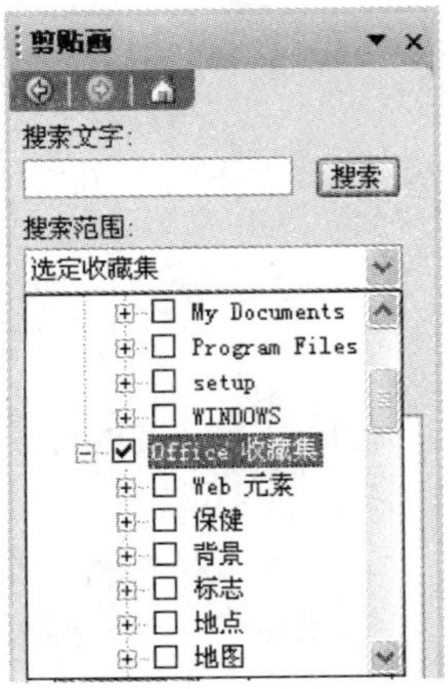

图 3.1.27　查看剪贴画的子集

此种情况，是无法搜索出任何媒体文件的。因为，请看图3.1.27所示。

实际上，没有选中任何素材子集，所以无法搜索到媒体文件。所以请在Office收藏集前面的方框上点击鼠标，让其变成如图3.1.28所示。

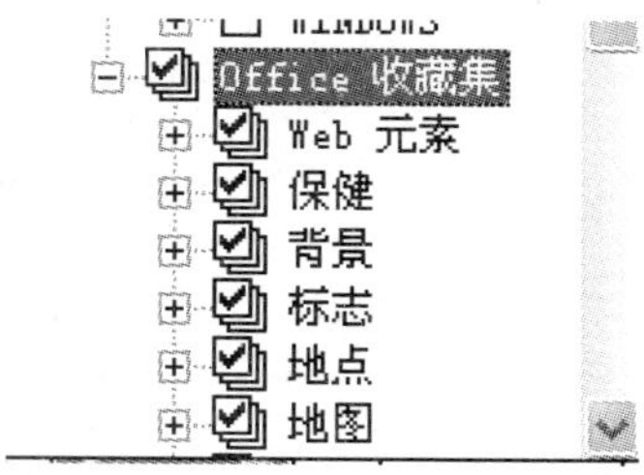

图3.1.28 选择剪贴画的子集

选中了搜索范围后，即可得到正确的搜索结果了。

在搜索结果中浏览图片，并找到自己需要的图片，用鼠标左键选中图片并拖拽到当前的幻灯片上。当图片被拖拽到幻灯片上后，可以根据需要，任意修改图片的大小和位置，以及通过图片工具栏来对图片进行进一步调整。如图3.1.29，在幻灯片中插入一个图片。

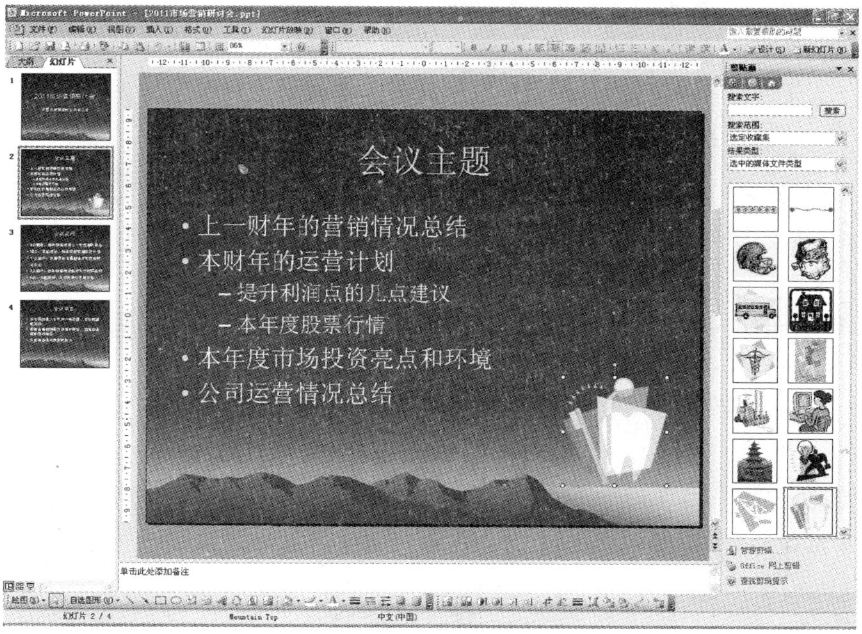

图3.1.29 在幻灯片中插入一个图片

注意：在PowerPoint中，有绘图工具栏和图片工具栏两个工具栏。绘图工具栏是用户通过线条和简单的几何图形来绘制自定义的图形，而图片工具栏，是当选中一个图片后，可以对这个图片进行操作，比如修改对比度、旋转图片等。

插入自定义图片：

可以通过【插入】菜单—【图片】—【来自文件】来插入自己制作或者下载的图片。这个时候，需要注意图片是否为透明图片。

以下两个图片插入幻灯片的效果，如图3.1.30说明了透明图片和非透明图片的区别：

左边插入的图片就是透明的图片，右边就是非透明的图片。这两张图片的形状实际上都是矩形的。只不过左边的图片插入到幻灯片后，白色的区域被隐藏了，只显示出有图案的部分。而右边的非透明图片，插入到幻灯片后，白色的区域依然存在，影响了幻灯片整体的美观。

一般来说，透明图片能够更好地融入到一张幻灯片中。接下来，我们简单了解一下关于透明图片的一些知识。

图 3.1.30　透明图片(左)与非透明图片(右)的区别

第一,所谓的透明图片,并不是说整张图片都具有一定的透明度,而是指图片中纯白色的背景区域可以为完全透明。当图片下方有其他颜色的图像时,这些图像可以透过白色的区域显示出来。

第二,透明图片一般用于图片制作和网页制作以及 PowerPoint 素材。在这些应用方面,"透明"的概念是一致的。

第三,支持透明的图片格式有 gif, jpg, png 和 psd 等。前三种图片格式广泛用于幻灯片和网页。

一般情况,我们可以使用 photoshop 制作透明图片,制作的方法也很简单。

(1) 用 photoshop 或者其他支持图层的图片工具打开图片。

(2) 找到图层工具栏,双击背景图层进行解锁,如图 3.1.31 所示。

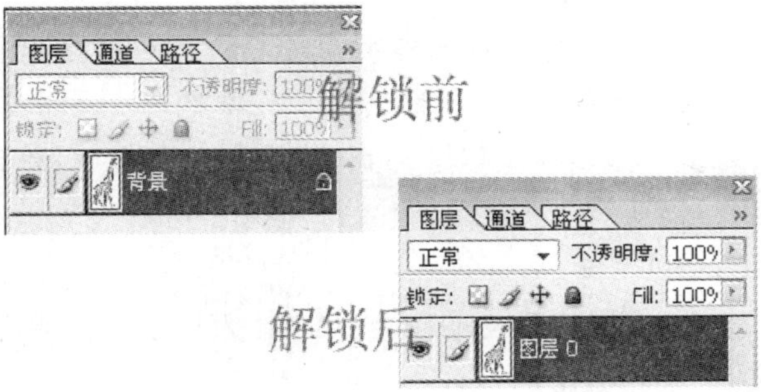

图 3.1.31　photoshop 将图片图层解锁

然后使用魔棒工具,选中图片中的白色区域,然后按下 Del 键删除,删除所有的白色区域。只保留有图像的部分,如图 3.1.32 所示。

处理完成后,将文件保存为支持透明的格式(建议选择 gif 类型),或者直接存储为 web 使用格式(建议选择 jpg 类型)。然后再插入 PowerPoint 幻灯片,就可以取得透明的效果,如图 3.1.33 所示。

注意： 除了图片本身要制作为透明，还要图片格式支持透明。否则不会成功。

在幻灯片都制作完成后，幻灯片需求改变，要在每张幻灯片上都增加公司的 Logo 和宣传文字。这套幻灯片只有 5 张，可以通过复制粘贴将文字粘贴到每一张上。但是如果是一套几十张、甚至上百张的幻灯片，逐张修改显然不现实。遇到这种情况，我们应该如何处理呢？这个时候就会用到幻灯片的母版。

幻灯片的母版，实际上是为一套幻灯片定制主题使用的。母版一共有两张，允许给幻灯片首页和其他页定制不同的样式。它最显著的作用就是简化了几乎所有幻灯片制作中的重复性劳动。

图3.1.32 使用魔棒工具和删除功能将图片制作成透明

图 3.1.33 透明图片在幻灯片中的效果

通过【视图】菜单—【母版】—【幻灯片母版】，如图 3.1.34 所示，幻灯片母版编辑模式：

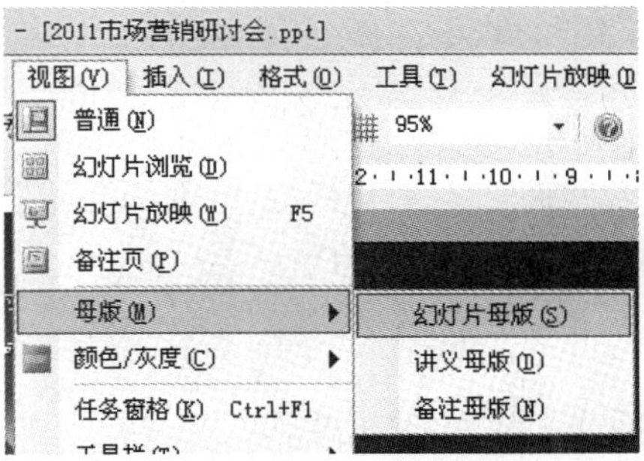

图 3.1.34 编辑幻灯片母版

打开之后，幻灯片和大纲边栏，变成了母版页面浏览栏，这里是两张母版的缩略图，右边的幻灯片编辑版面换成了母版的编辑版面。如果是选择了首页母版进行编辑，那么所有的改动就会在幻灯片首页显示；如果选择了正文母版，则会将所有改动应用到除第一张的所有幻灯片。

注意： 在母版页面浏览视图中，默认情况：第一张为正文母版，第二张为首页母版。如图 3.1.35 所示。

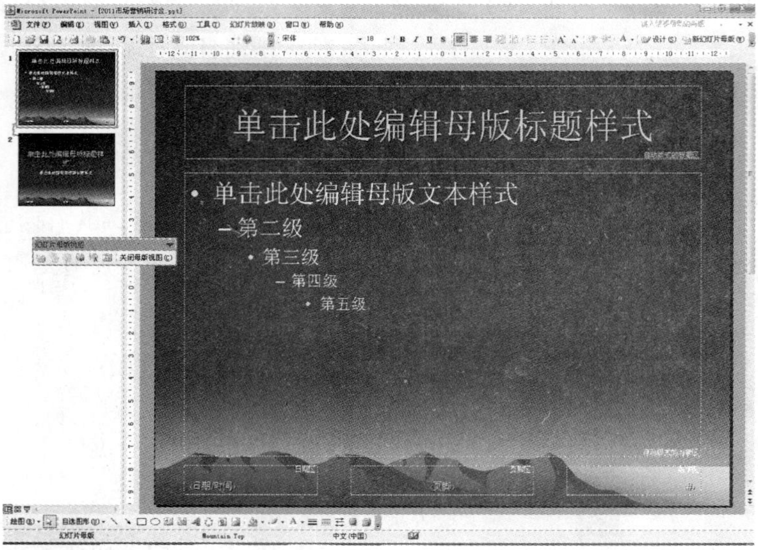

图 3.1.35 母版编辑视图

对于母版编辑栏中，需要了解的是：

(1) 对于标题和正文，用户只可以修改其样式，字体、字号、加粗、倾斜等。无法修改内容。

(2) 在母版编辑过程中，正文区域中文本样式中，最多有五个层次的条目。每个层次都可以单独设置字体、字号和缩进量。

(3) 母版中可以编辑幻灯片的页眉和页脚区域。在 PowerPoint 中，只有页脚区域。页脚区域分为三个部分：日期区、页码区和自定义文本区。日期区可以插入日期和时间，页码区可以插入幻灯片的页码数。

注意： 页码区可以进行自定义设置，比如给页码＜＃＞符号增加修饰：第＜＃＞页。这样在幻灯片中就会显示“第 1 页”。

通过增加文本框的方式给母版增加文字，如图 3.1.36 所示。

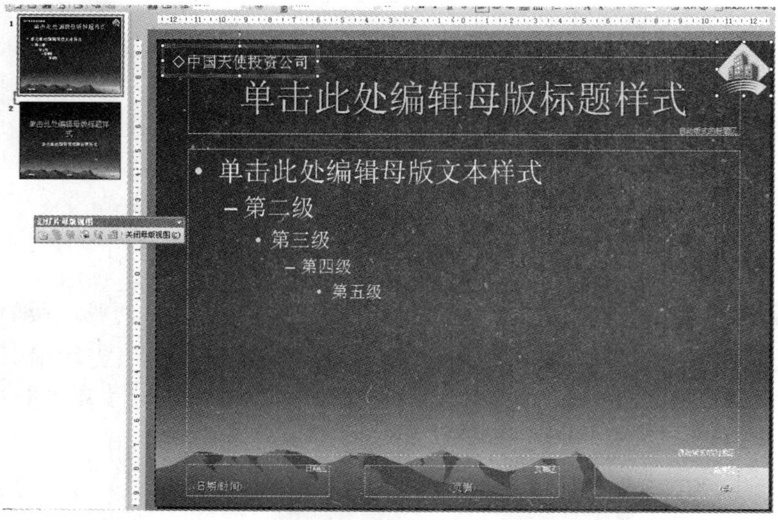

图 3.1.36 在母版中增添文本框来编辑文字

在幻灯片母版中插入了文本框和图片，然后转回到幻灯片的浏览视图，如图3.1.37所示。

这套幻灯片一共有 4 张，第 2 张到第 4 张均设置上文本框文字和自定义图片。如果再在后面增添新的幻灯片，在母版中添加的文字和图像都会显示出来。

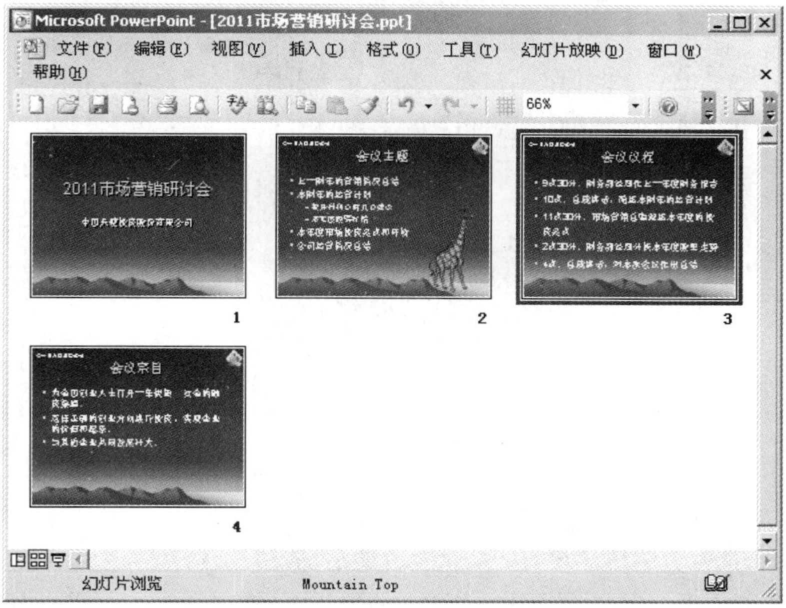

图 3.1.37　浏览已编辑的所有幻灯片

刚刚在幻灯片母版的介绍中，提及了幻灯片页脚。幻灯片页脚可以给幻灯片提供额外的辅助信息。想正确设置这些信息，首先要打开页脚的可视化，如图 3.1.38 所示。

打开【视图】菜单—【页眉和页脚】，如图 3.1.39 所示。

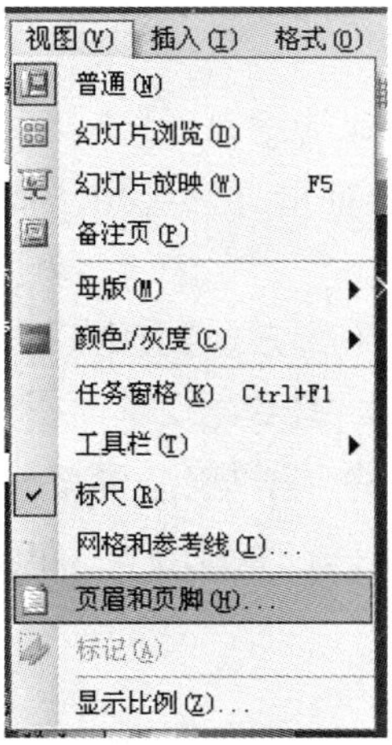

图 3.1.38　打开页眉和页脚

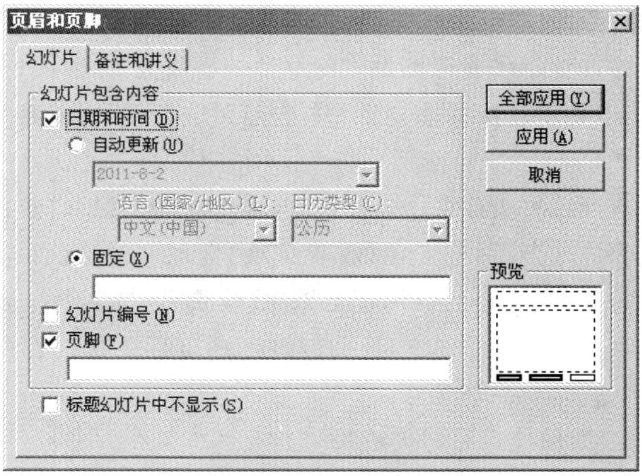

图 3.1.39　页眉页脚对话框

页脚包含【日期和时间】、【幻灯片编号】和【页脚】——也就是自定义文本区 3 个部分。当这 3 个部分被勾选后，且选项框中的内容不为空的时候，在页脚的相应区域就会出现信息。

将幻灯片编号勾选，同时给页脚增加文本“这是一个幻灯片预览”，如图 3.1.40 所示。

图 3.1.40 幻灯片预览

在本小结的最后，再提及一下 Office 2003 的剪贴板。自 Office 2000 开始，微软公司就大大增强了 Office 的剪贴板的功能。最重要的就是，剪贴板内分 24 个区域，可以存放 24 个不同的剪贴/复制下来的内容。可以通过 PowerPoint 的右侧边栏打开剪贴板，可以看到其中的窗格中都是复制/剪贴的内容。通过定位光标后，再双击任意一个窗格，就可以将内容复制到光标处。不需要的内容，可以在窗格上点击鼠标右键，然后选择删除。如果想清空剪贴板，可以点击剪贴板下方的清除按钮。

能力拓展 3.1.4

1. 如何实现幻灯片的循环播放

幻灯片制作者可以设置幻灯片的播放方式，使得幻灯片的播放到结尾以后，自动回到起始页，开始下一次的播放。如果没有外界干预，播放将持续循环。这种情况适合用于展台介绍等场合。

打开想要播放的幻灯片，单击菜单栏中的【幻灯片放映】|【设置放映方式】命令，打开【设置放映方式】对话框。在【放映选项】区域中选中【循环放映，按 ESC 键终止】复选框，如图 3.1.41 所示。除此之外，还可以在【放映类型】选项区域中选择【在站台浏览(全屏幕)】单选框。这样也可使演示文稿循环放映，还可以防止读者更改演示文稿。设置完毕后，单击【确定】按钮。

2. 如何使用自定义放映

自定义放映就是幻灯片播放者可以在多个幻灯片中选择部分幻灯片图片进行放映。这对于一套幻灯片有多种内容，但是每次播放时候根据观众的不同，而需要重新进行组织的情况非常方便。通过自定义放映，就可以对一个. ppt 文档中的所有幻灯片页面进行随意的组织，允许哪些可以放映，哪些不进行显示。不需要为了一些改动而重新生成新的 PPT 文档。

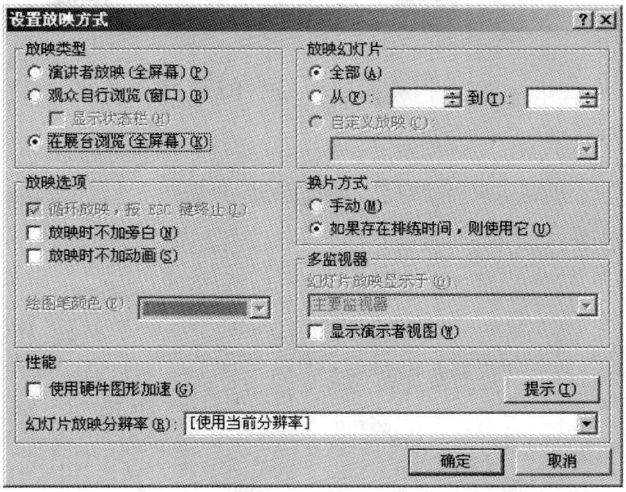

图 3.1.41　设置放映方式为在站台浏览

首先，打开需要自定义放映的演示文稿，执行菜单栏中的【幻灯片放映】—【自定义放映】命令，打开如图 3.1.42 所示的【自定义放映】列表框。

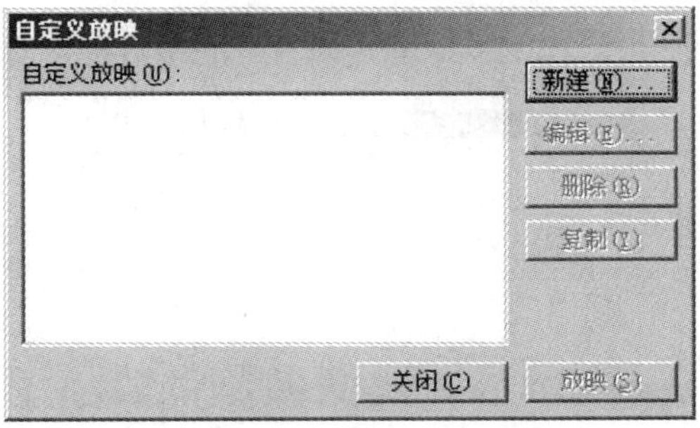

图 3.1.42　自定义放映列表框

自定义放映列表框里，都是自定义幻灯片放映的名称，每一个名称，都定义了这套幻灯片不同的播放方式。单击新建按钮，新建一种播放方式，如图 3.1.43 所示。

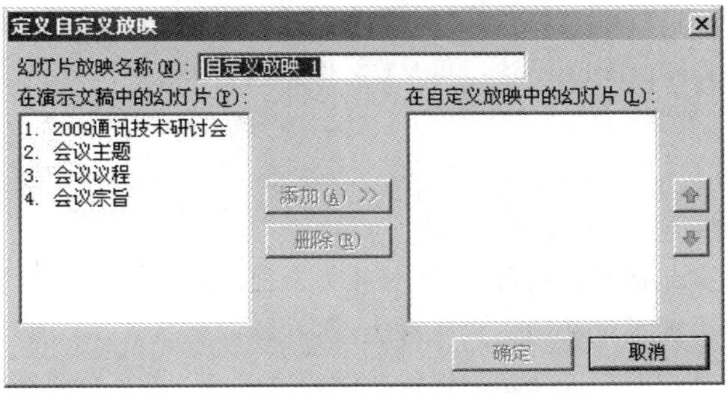

图 3.1.43　定义在播放中幻灯片的张数和次序

定义自定义播放：

(1) 选中需要在播放中显示的幻灯片，并按下添加按钮，添加到对话框右边的列表。

(2) 添加完毕后,选择其中一张,然后按下【定义自定义放映】窗口右边的上下按钮,来调整播放的先后位置。

(3) 最后给幻灯片放映增加一个名称。同一个幻灯片文档支持多种自定义播放方式,通过不同名称来进行识别。

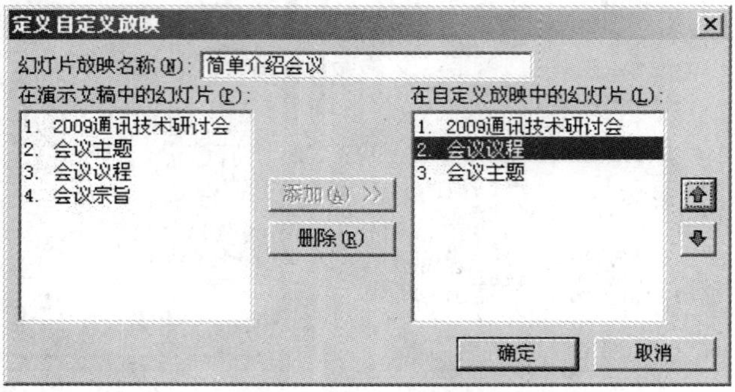

图 3.1.44 定义好的自定义放映

(4) 返回【自定义放映】窗口,单击放映,即可放映自定义放映的幻灯片,如图 3.1.45 所示。

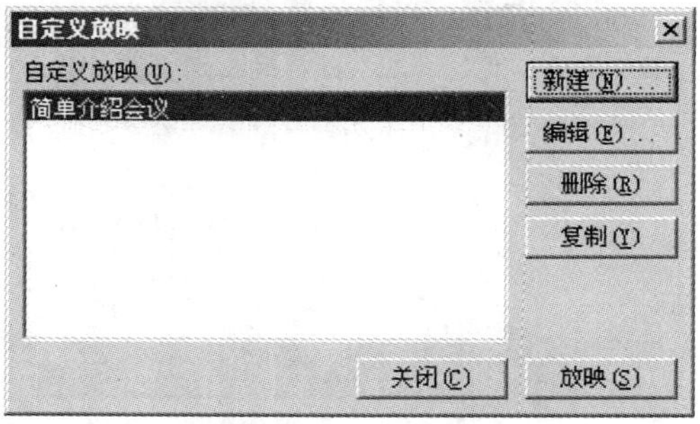

图 3.1.45 点击"放映"按钮播放自定义放映的幻灯片

将演示文稿保存为只可播放,但是无法编辑的模式

在保存幻灯片时,打开【文件】—【另存为】对话框,在【保存类型】的下拉列表框中选择"PowerPoint 放映"即可。以后双击该文件时,就会自动全屏幕播放幻灯片。如果需要打开编辑,也可以先打开 PowerPoint 程序,再从【文件】—【打开】中选择此文件,可以照常编辑修改。

要求运用所学知识和技能独立完成一份内容健康向上,具有一定实际意义的、完整的且能够独立播放的演示文稿,要求如下:

(1) 演示文稿至少包括 6 张幻灯片,能够较为全面地反映作品主题及相关内容。

(2) 演示文稿中版式设计必须包含三种类型,八种以上版式。

(3) 文本类型幻灯片的相关要求:具备两级以上文本;文字错误率应小于 0.5%;完成文本的字体、段落等格式设置。

学习子情景3.2 丰富会议介绍

任务描述3.2.1

本章在上一章的基础之上,增加了一些PowerPoint常用的高级特性,它们可以使幻灯片更加个性化。

知识要点3.2.2

- 自定义背景
- 使用幻灯片版式进行排版
- 在幻灯片中插入图表和多媒体文件
- 幻灯片动画:幻灯片元素动画,幻灯片切换动画

任务实施3.2.3

案例 修改会议简报,增添新内容

一、自定义背景

它是幻灯片制作中一个比较简单的操作,但是也是一个经常用到的功能。在使用自定义背景之前,应尽量确保不使用PowerPoint的主题样式,或者保证应用的主题样式为单一图片,而非多个图片的组合。

因为,如果原有主题是多个图片的组合,就会有层次的问题,也就是图片在幻灯片上的位置顺序。由于图片不能是透明的,所以,在一张幻灯片上添加多个图片,当图片区域有重叠的时候,就会出现一张图片压在另外一张图片上的情况,造成“在下方”的图片无法完全展示出来,如图3.2.1所示。

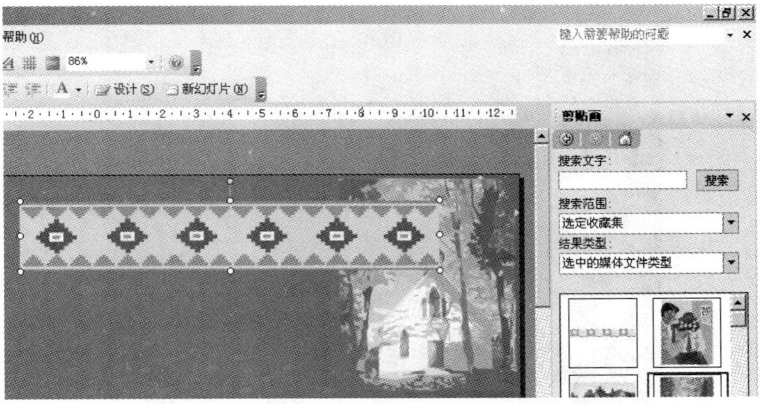

图3.2.1 理解图层和图层之间的层次关系

这种情况,作为直接插入到幻灯片中的剪贴画或者自定义图片,都可以通过调整图片的叠放次序来确定要首先保证哪张图片的完整性。

在任意一张图片上点击鼠标右键,出现菜单,在菜单上选择【叠放次序】,展开子菜单,分别有4个选项:【置于顶层】,【置于底层】,【上移一层】,【下移一层】,如图3.2.2所示。

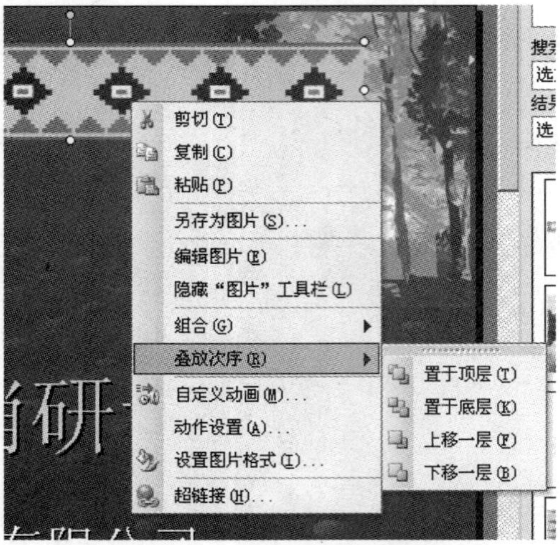

图 3.2.2 叠放次序

这里要说明的是：

(1) 在 PowerPoint 幻灯片中，每一张图片都单独占"一层"，从最上层到最下层；其中，幻灯片主题也是其中一层，一般为最下层，其他的图片都在幻灯片主题层之上。

(2) 可以调整插入的图片的"层"顺序；不可以调整幻灯片主题的层——即使幻灯片主题背景使用了多个图片；而且用户在母版视图中也无法进行调整。我们将条纹图片下移一层，如图 3.2.3 所示。

图 3.2.3 当图层调整，视觉效果会发生变化

部分幻灯片的主题也有层的概念。主题是多张图片互相覆盖最后的结果。如图 3.2.4 所示。

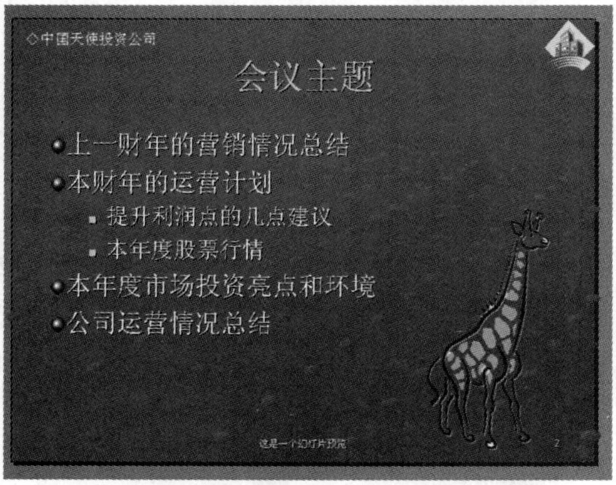

图 3.2.4 使用了幻灯片主题和多个图片的幻灯片

当我们想在这套幻灯片的这张幻灯片上更换一个背景图片，以便突出此张幻灯片的时候，问题情况出现了：

首先，我们来看一下，如何给幻灯片增加自定义背景：

第一步：在幻灯片浏览栏中选中需要更换背景图片的幻灯片。

第二步：在幻灯片上单击鼠标右键，选择菜单项“背景”。

第三步：在打开的【背景】窗口选择颜色的下拉菜单－选择【填充效果】，如图3.2.5所示。

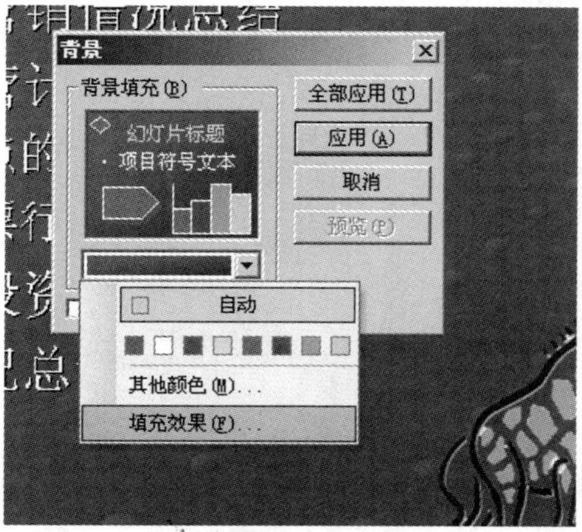

图3.2.5　修改幻灯片背景

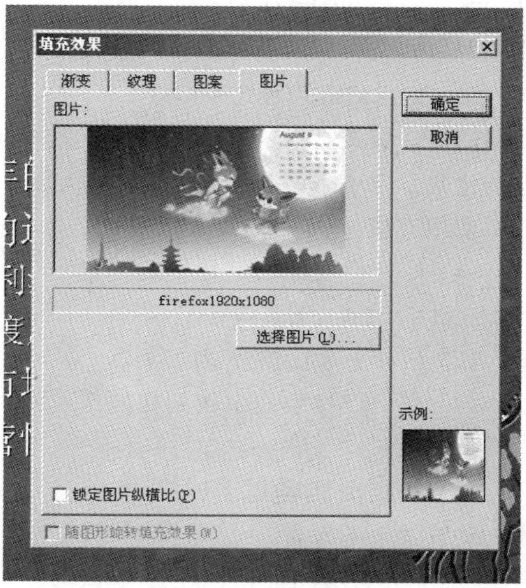

图3.2.6　使用自定义图片作为幻灯片背景

第四步：在【填充效果】窗口点击【图片】选项卡，如图3.2.6，再点击下方的【选择图片…】按钮，出现【文件浏览】窗口，选中要插入的图片点击【确定】返回【填充效果】窗口。再单击【确定】，返回【背景】窗口。用户可以选择【应用】(应用到当前幻灯片)，或者【全部应用】(将此背景图片应用到所有幻灯片)，预览中的图片会作为背景插入到当前幻灯片中。

将自定义图片仅应用当前幻灯片，效果如图3.2.7所示。

图3.2.7　幻灯片背景修改后的效果

我们看到了，虽然正确应用了自定义图片作为背景，但是自定义图片没有将原始主题所有的元素都覆盖掉，而是还保留了一部分网格。这让整张幻灯片显得不伦不类——除非用户就是想要这种效果。

但是，如果你不希望这种风格破坏你的图片，那么很遗憾，这种情况下，你无法调整背景图片的图层顺序，也无法通过母版进行修改。所以，一个终极建议就是，当你真正决定你要使用大量自定义图片作为幻灯片背景的话，请尽量不要使用幻灯片主题，而是采取自己制作主题的方式。

二、使用幻灯片版式来排版

幻灯片版式是指定了一系列的文字、图片、图表和多媒体信息排列方式的幻灯片格式。这些格式指定了每一个幻灯片元素的大体位置，直接套用就可以实现不同风格的图文混排。

使用方法：

(1) 计算好当前幻灯片中的元素种类：文字、图片、图表等；

(2) 估计一个比较合适的版式；

(3) 在幻灯片版式中找到相同或者类似的版式；

(4) 根据版式套用上的提示，来增加幻灯片上的元素。

如图 3.2.8，打开幻灯片版式菜单：

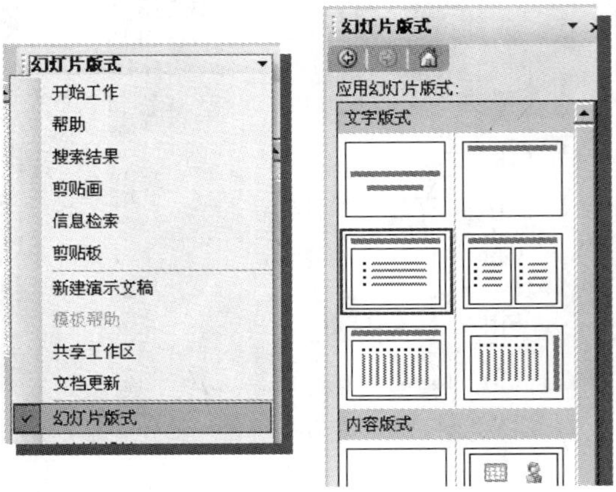

图 3.2.8 通过快捷菜单打开幻灯片版式

比如，要在会议宗旨这张幻灯片上实现文本和图片左右横排，就可以选择文字和内容版式的第一种，如图 3.2.9 所示。

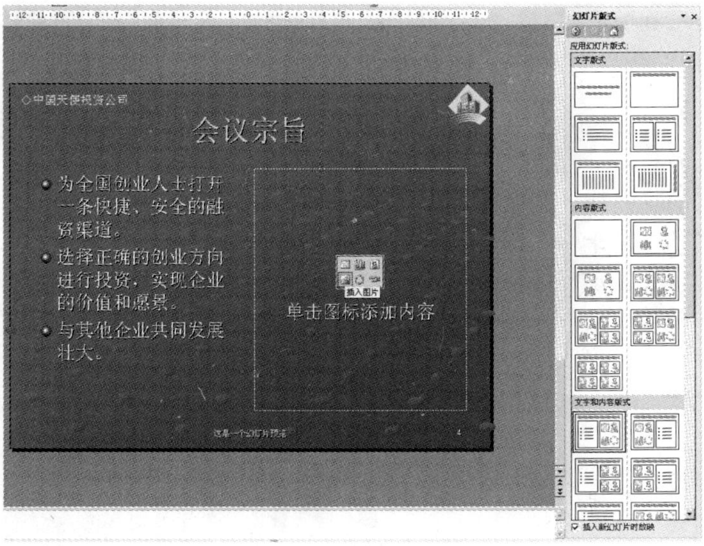

图 3.2.9 修改幻灯片原有版式，在幻灯片右边增加图表或者多媒体元素

原有的文字会自动排到左边，右边空出位置。点击【插入图片】的图标，就可以插入自定义图片了，如图 3.2.10 所示。

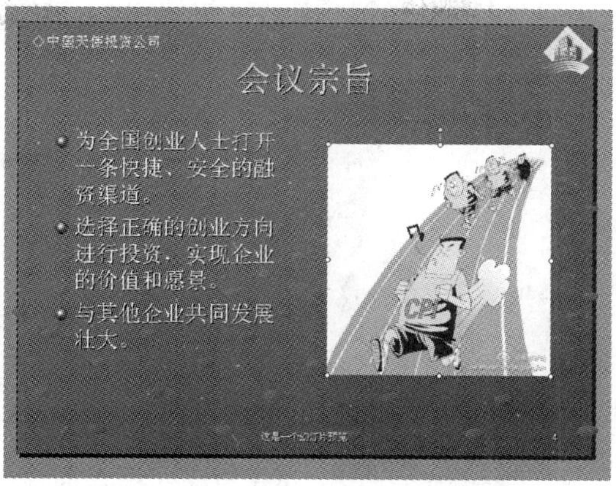

图 3.2.10　在幻灯片中增加图片元素

三、在幻灯片中插入图表和多媒体元素

在幻灯片中插入图片、图表和多媒体元素有两种方法：

(1) 上文讲述过的，使用 PowerPoint 的幻灯片版式指定带有多媒体支持的版式。

(2) 在【插入】菜单直接插入多媒体文件，如图 3.2.11 所示。

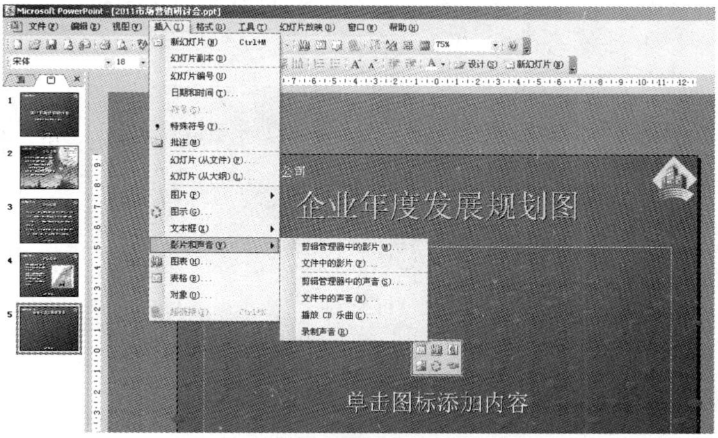

图 3.2.11　使用【插入】菜单插入多媒体

(一) 在 PowerPoint 幻灯片中插入组织结构图

【插入】菜单—【图示】，如图 3.2.12 所示：

图中的组织结构图是使用图形来描述一个活动周期或者一个整体内部的部件相互之间的联系和走向趋势的工具。

在 PowerPoint 中使用组织结构图有以下好处：

(1) 用户只需要关系部件或者流程元素之间的逻辑关系，而不需要对组织结构图进行排版。PowerPoint 会对组织结构图自动排版。

(2) 组织结构图的部件可以和 PowerPoint 的动画效果完美互动，能够通过简单操作设计出不同凡响的动画效果。

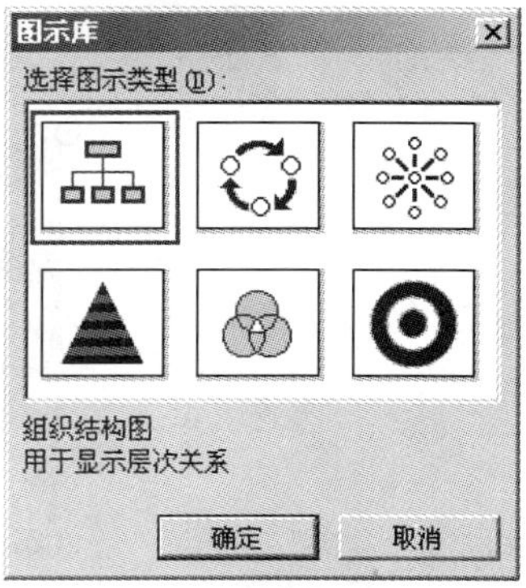

图 3.2.12　插入图示库

组织结构图的缺点在于不适合在一张幻灯片中设计一个结构过于复杂、文字过多的图，否则自定义的文字大小会很小，虽然可以使用【组织结构图】工具栏上的【适应文字】进行调整，但是如果元素过多，文字过大，也会造成幻灯片的不美观。

图 3.2.13 为天使投资公司的年度发展规划组织结构图初稿。

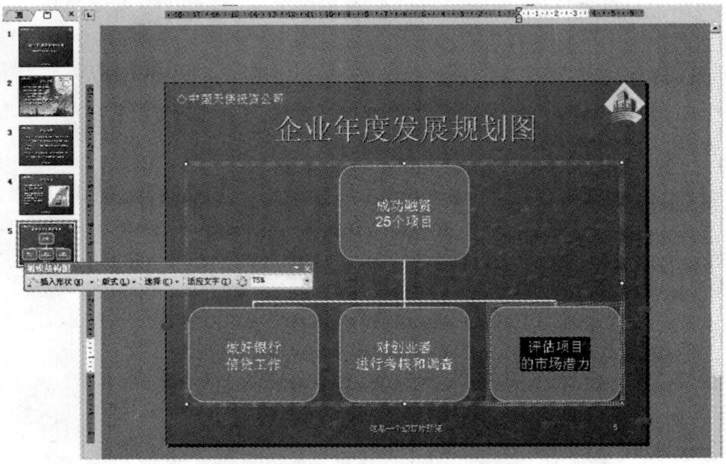

图 3.2.13　组织结构图

现在要细化一下做好银行信贷工作的具体内容，可以用鼠标右键点击【做好银行信贷工作】的文本框，出现以下菜单，如图 3.2.14 所示。

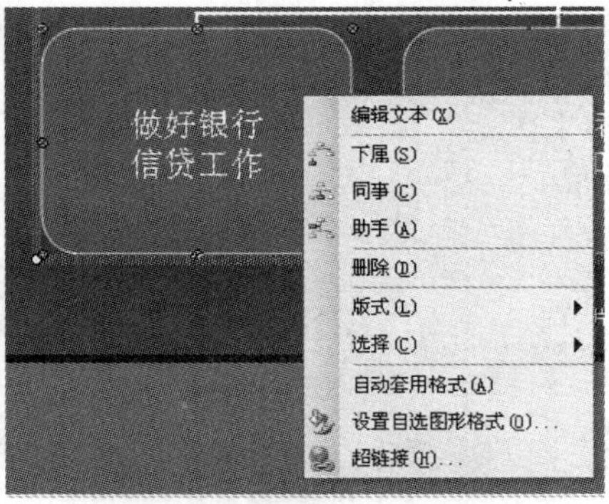

图 3.2.14　给组织结构图中的单元添加邻居关系

右键中的【下属】、【同事】、【助手】，是当前文本框可以添加的关系元素。

添加一个下属的效果，如图 3.2.15 所示。

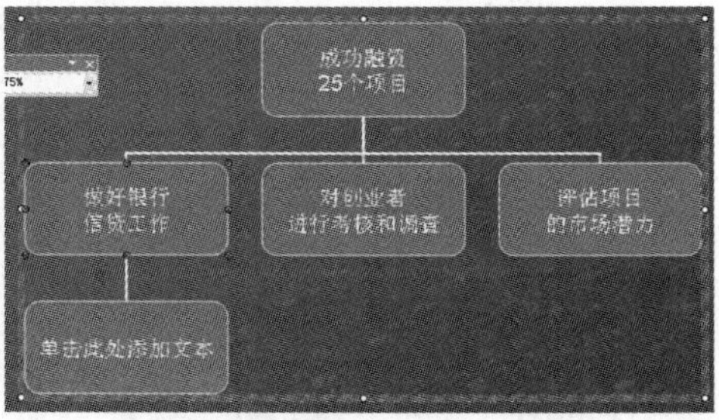

图 3.2.15　给组织结构图的元素添加下属关系

同时，添加一个同事、助手及下属关系。

我们会发现，当在组织结构图中添加新的元素后，包含组织结构图的占位符不会改变大小，而是会压缩整个组织结构图来适合占位符。这样就会减小每个元素和元素中文字的大小。

当然，我们是不满足以上单调的组织结构图的，PowerPoint 还给我们准备了一些组织结构图的主题——套用格式，让我们可以对组织结构图进一步自定义，如图 3.2.16 所示。

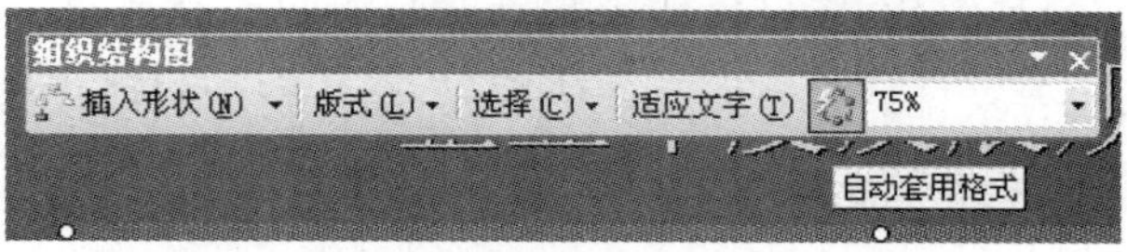

图 3.2.16 通过组织结构图快捷工具栏进一步自定义组织结构图

打开对话框如图 3.2.17 所示。

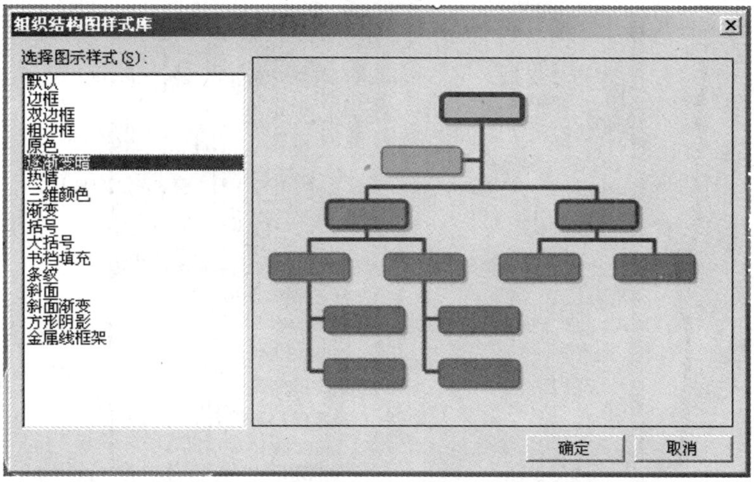

图 3.2.17 组织结构图自定义样式对话框

这里有多种样式可以供选择。选择后，点击确定进行套用，应用效果如图 3.2.18 所示。

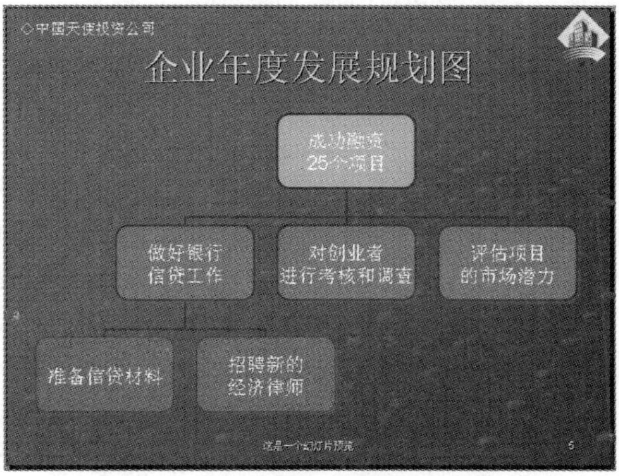

图 3.2.18 组织结构图样式应用效果 由上到下，颜色由浅到深的渐变

总结：在 PowerPoint 2003 中，图示有 6 种：组织结构图，循环图，射线图，凌锥图，维恩图和目标图。不同的图适合不同的流程逻辑，我们可以根据需要进行选择。部分图示支持更自由的元素自定义，比如颜色、字体等。可以通过快捷菜单一设置自选格式来进行设置。

插入图表：

在 PowerPoint 中，还可以插入 Excel 图表，让图表制作过程更简单。

（二）在 PowerPoint 幻灯片中插入多媒体

在 PowerPoint 中除了图片，还可以插入音频和视频多媒体文件，并控制它们在适当的时间进行播放。如果妥善安排好多媒体文件的播放，会让整个幻灯片提升档次。

方法：【插入】—【影片和声音】，如图 3.2.19 所示。

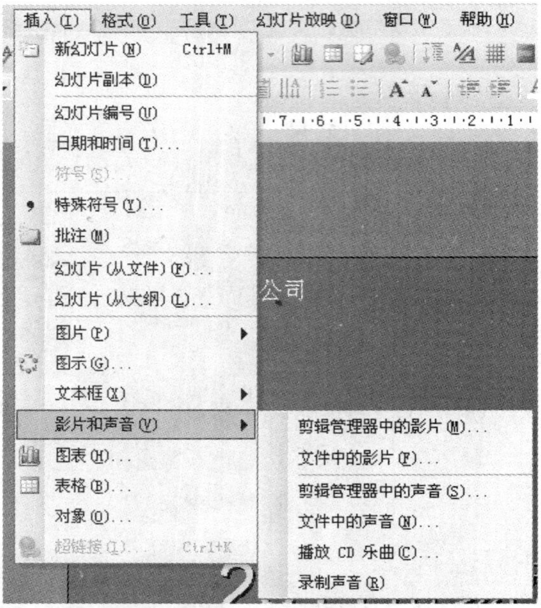

图 3.2.19 通过菜单给影片加入多媒体

和图片相同，可以插入 PowerPoint 自带的多媒体文件，也可以插入用户电脑中的其他多媒体文件。这里要说明的是，在插入多媒体文件之前，请确保 PowerPoint 支持你插入的多媒体文件格式，查看方法如下。

比如插入视频，则选择【插入】—【影片和声音】—【文件中的影片】：出现【插入影片】对话框，如图 3.2.20 所示。

在文件类型下拉选框中，显示了所有 PowerPoint 可支持的视频文件类型。当然，如果你的视频格式没有在此【下拉列表框】中，很可能不被 PowerPoint 支持并且不能正常播放。这个时候可能需要视频格式转换工具把你的视频转换为可以被支持的格式。

小技巧：当你使用了不被 PowerPoint 支持的多媒体格式，请不要灰心。可以找到如 Format Factory（格式工厂），Wismender，或者快乐影音等工具，来实现格式转换。这些软件操作都很简单，只要将媒体文件转换为常用的 avi 或者 wmv 视频格式，PowerPoint 就可识别。

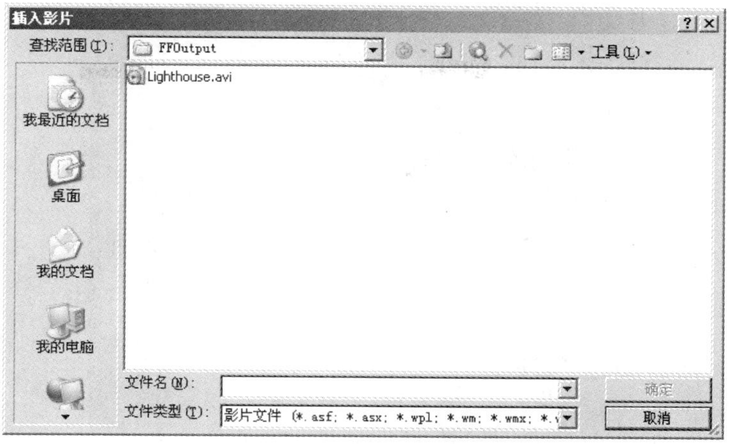

图 3.2.20 插入影片对话框

将视频影片插入幻灯片，如图 3.2.21 中的提示，会出现提示。

图 3.2.21 插入影片后的提示对话框

插入后，PowerPoint会弹出一个窗口，询问影片播放的方式：是当幻灯片切换到此的时候自动播放影片，还是使用一个鼠标单击，激活影片。我们可以根据自己的需要进行选择。一般来说，作为演讲稿，建议使用在单击时，这样可以控制影片播放的时间。

注意：视频播放的前提，除了要是PowerPoint支持的格式，其次还需要在播放的时候，计算机有相应的视频解码器。另外，在PowerPoint中，gif动画也被定义为影片的一种。当你插入一个剪辑管理器中自带的“影片”的时候，实际上插入了一张gif动画。而且，在编辑模式下，gif动画是静止的，在播放幻灯片的时候，才会动起来。

（三）幻灯片元素动画

1. 幻灯片元素

幻灯片元素就是指在幻灯片中能够单独移动的个体，包括占位符、文本框、图片。其实，声音和视频也属于幻灯片元素，但是由于视频一般放置于固定的位置，而声音在播放幻灯片时只产生听觉效果，所以不在元素的讨论之列。

2. 幻灯片元素的组合

当两个或者两个以上幻灯片元素组合之后，那么这些被组合的元素之间的相对位置就无法被改变。

按住Ctrl键，同时点击鼠标左键，选中多个幻灯片元素。如图 3.2.22 所示。

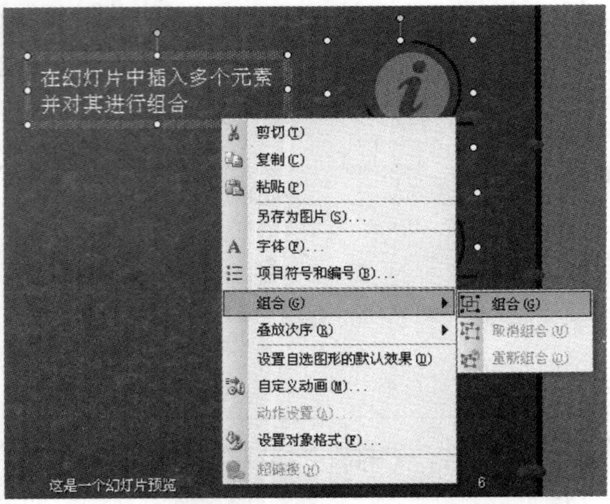

图 3.2.22　在幻灯片中同时选中多个元素进行组合

注意：占位符是 PowerPoint 幻灯片系统元素，无法与其他任何元素进行组合。但是普通文本框可以与其他元素进行组合，并且随意移动位置。

3. 给幻灯片元素设置动画。

(1) 每个单独的元素都可以设置动画；

(2) 每个单独的元素都可以设置多个动画；

(3) 占位符无法设置动画，但是占位符内的文字可以设置动画；

(4) 相同元素的动画依次显示，不同元素的动画可以同时显示。

知道了以上 4 点，我们可以通过 PowerPoint 制作出复杂精美的动画。

(1) 在右边栏选择【自定义动画】，再选择幻灯片中的一个元素进行动画设置，如图 3.2.23 所示。

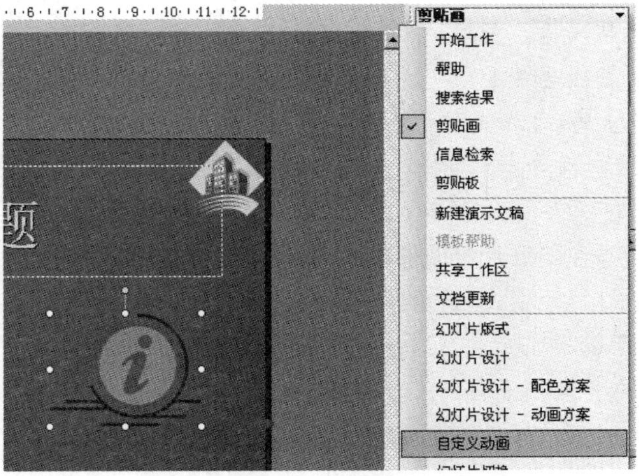

图 3.2.23　在快捷菜单中选择自定义动画项目

选择图片后，单击【添加效果】按钮，如图 3.2.24 所示。

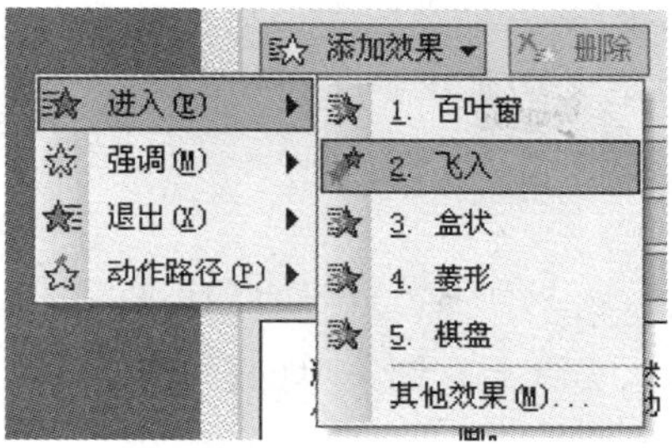

图 3.2.24　给一个元素添加进入效果

PowerPoint 有 4 种元素自定义动画效果。分别是：

① 进入：从幻灯片外面进入到幻灯片内，停止的位置就是元素当前的位置。

② 强调：元素不移动位置，而是通过放大、旋转等方式，引起幻灯片观看者的注意。

③ 退出：从元素当前的位置退出到幻灯片外面。

④ 动作路径：用鼠标勾画出元素运动的轨迹，元素会顺着轨迹运动。

(2) 给幻灯片增加一个飞入的效果：【添加效果】菜单—【进入】—【飞入】。

注意： 在【其他】效果中，还有很多【进入】类型的效果。在这个菜单中只列出最常用的 5 项。而且，在设置好效果后，被设置效果的元素就会增添一个数字标记，如图 3.2.25 所示。

而在自定义动画的工具栏中，会添加一个动画效果项，我们可以通过编辑这个项目，来进一步调整自定义动画的效果，如图 3.2.26 所示。

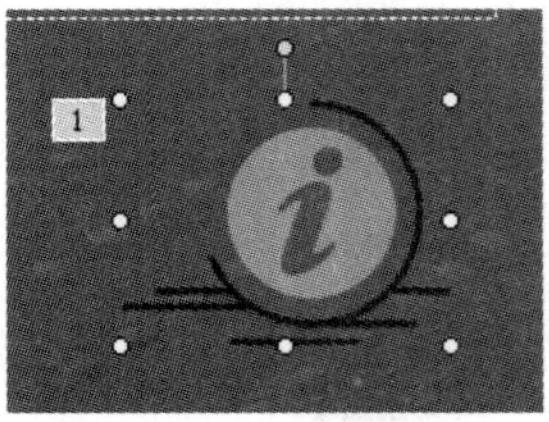

图 3.2.25　添加了动画效果编号进行标记

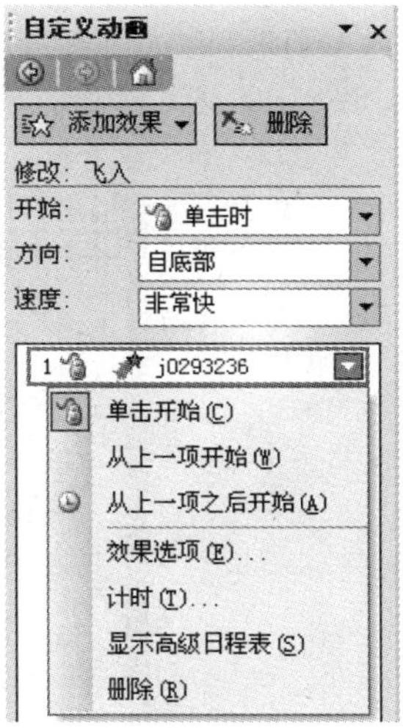

图 3.2.26　调整动画效果

通过在项目上单击鼠标右键，显示出当前动画的编辑菜单：

● 单击开始：单击鼠标左键，就可播放此动画。最简单的动画播放，等待用户指令。

● 从上一项开始：和上一个动画同时播放。这样会有多个元素在幻灯片中同时活动的效果。

● 从上一项之后开始：当上一项动画播放完成之后，等待一段时间，自动播放此动画。如果等待时间为 0 的时候，就会连续播放动画。

● 效果选项：设定详细的动画播放效果，如效果样式。

- 计时：设定时间延迟。
- 显示高级日程表，在自定义动画窗格最下方显示一个计时表，来统计所有动画所播放的时间。
- 删除：删除当前动画。

打开【效果选项】后，如图 3.2.27 所示。标题栏是当前动画的名称，这里有两个页面卡，分别是【效果】和【计时】。所以，实际上右键菜单的【计时】菜单项，是直接跳转到这个页面上的【计时】选项卡上。

在这里，可以调整动画元素的细节。比如用户想让动画从幻灯片的哪个方向飞入，则可以调整设置中的方向，在右边的下拉菜单中选择一个合适的。

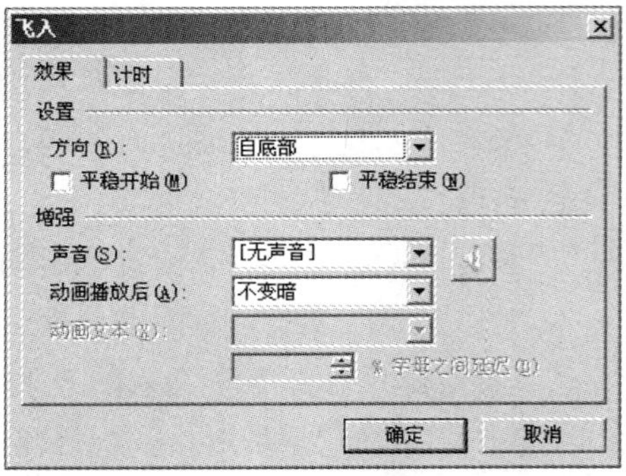

图 3.2.27 动画效果选项对话框

在声音右边的下拉菜单中，可以选择在动画播放过程中添加的声音。右边的【喇叭】图标，是在选定了声音之后，点击它，就会有声音预览。

如果要设置最后一张幻灯片的落幕动画，还可以使用动画播放后的【效果增强】功能，可以在动画播放完成后将动画变色，也算是一种强调。

当给一组文本进行动画设置的时候，【动画播放后】下方的【动画文本】变为可选，如图 3.2.28 所示。

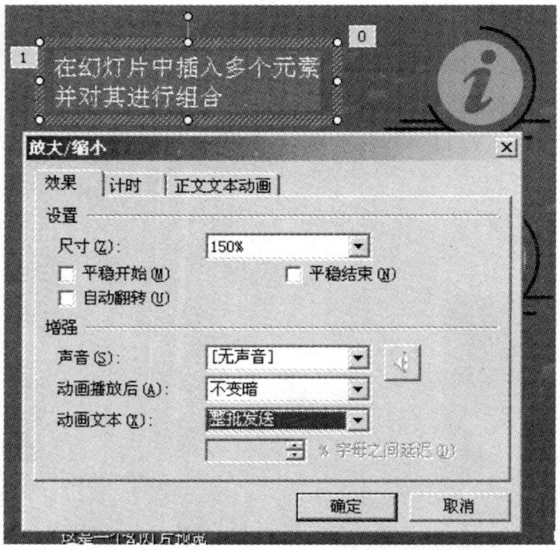

图 3.2.28 设置更详细的动画效果

在【动画文本】中可以设置文本动画的现实方式，分别有【整批发送】、【按字/词】、【按字母】3 种方式。当选择【按字词】、【按字母】两种方式发送动画的时候，下方的【%字母之间延迟】为可用，用来设置每个字或者每个单词或者每个字母之间的延迟。同时，文本动画比图片动画多了一张【正文文本动画】的选项卡，如图 3.2.29。

在添加多个自定义效果后，自定义动画列表中会分别按照数字对自定义的动画进行排列，允许用户进一步自行调整，如图 3.2.30 所示。

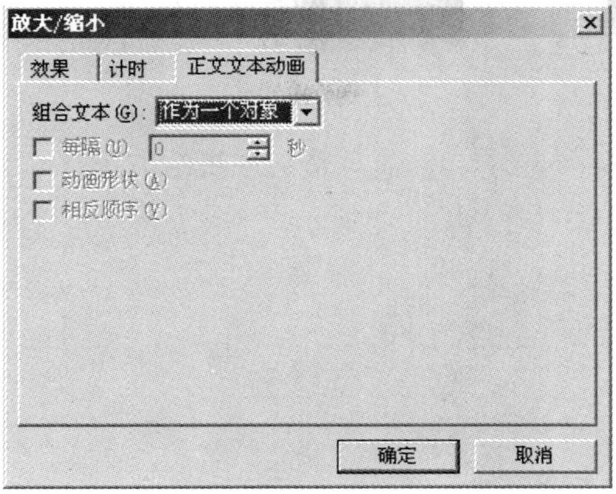

图 3.2.29　正文文本动画选项卡

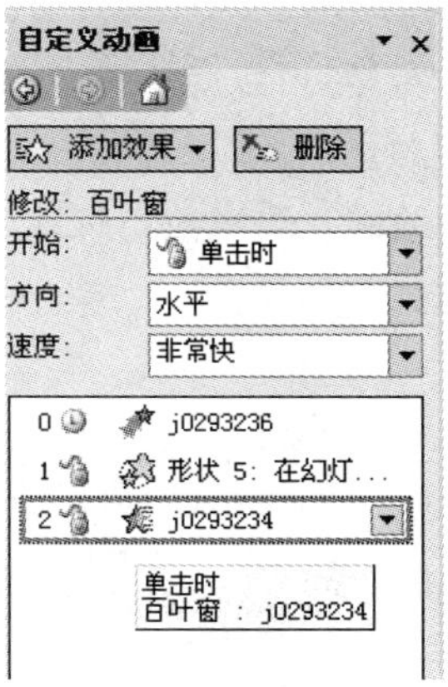

图 3.2.30　当前幻灯片应用的所有动画

注意：在 PowerPoint 中，可能有很多暂时无法使用，显示为灰色的选项。请大家注意，这种情况是因为选择的元素类型不同。一些设置选项，只是针对特殊的元素类型的，而在另外一些元素中则无法生效，所以显示为灰色，不可选。

当在一张幻灯片中设置了多个动画，那么这些动画元素上会有数字标记，而在自定义动画边栏的列表框内，也会有数字标记。这些标记不但区分了动画所对应的元素，同时也起到一个动画播放顺序的作用。

我们可以通过选中一个动画进行拖动，来改变动画播放的顺序。

快速设置每一张幻灯片/整套幻灯片的占位符动画。

占位符也是可以设置动画的，只是和其他元素的设置方法不同。请在右边栏转到幻灯片设计一动画方案，如图 3.2.31 所示。

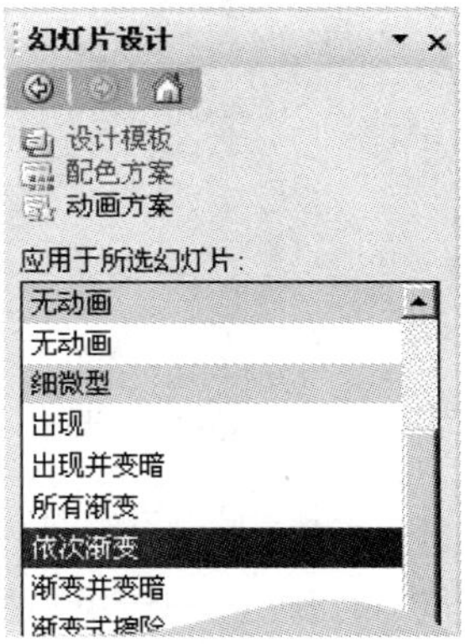

图 3.2.31　幻灯片占位符的动画方案

在这里给占位符内的文字提供了批量动画效果。依次按照题目和项目符号，给文字批量套用动画。

（四）幻灯片切换动画

在 PowerPoint 中，除了可以对幻灯片上的各元素进行动画设置，还可以对播放的幻灯片切换增添动画。

在右边栏单击标题，找到“幻灯片切换”，此为幻灯片切换时设置动画。在左边的幻灯片列表中选中任意一张幻灯片，可以针对当前幻灯片进行切换动画设置。也就是说设置当前幻灯片是以何种动画显示出来的。

幻灯片切换列表中，有多种动画方式，每种动画方式都会产生不同的效果，可以根据自身喜好进行设置。还有一个小小的菜单，这个菜单可以对选择使用的切换效果进行设置。

应用于所有幻灯片：如果不点击此按钮，则选择了幻灯片的切换方式后，切换方式只应用于当前幻灯片，如果点击了此按钮，每一张幻灯片都会应用此种换片方式（也就是整套幻灯片的换片方式保持一致）。

播放：在应用了一种换片方式后，换片方式将在编辑窗口进行自动预览。如果第一次预览没有看清楚，可以点击播放按钮进行重复预览。在不选择任何换片方式的时候，播放按钮是不可用的。

幻灯片放映：从当前幻灯片开始，陆续观看每一张幻灯片，直到最后一张结束。

打开幻灯片切换菜单。菜单内有各种切换样式，如图 3.2.32 所示。

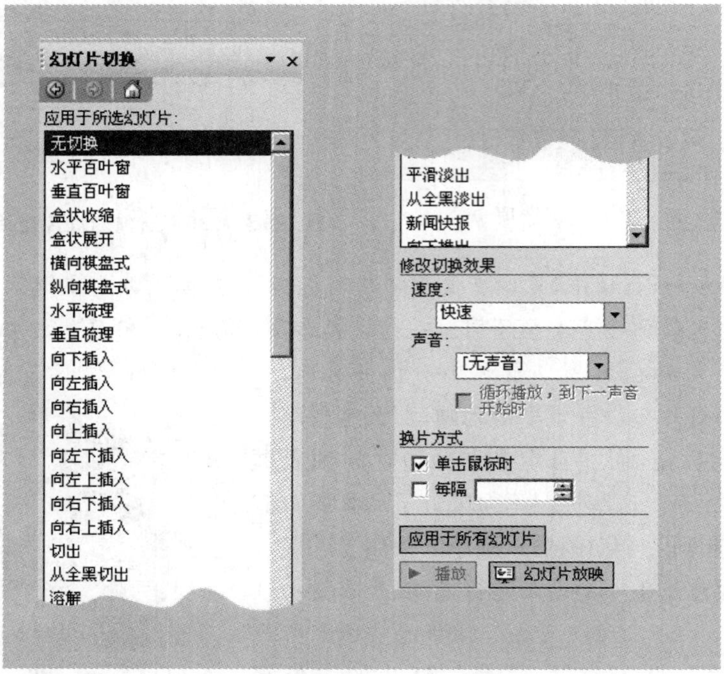

图 3.2.32　打开幻灯片切换菜单

速度：有快速、中速，慢速 3 个选项。在 PowerPoint 中大多数选项没有被量化，但是足够大家使用。

声音：在此幻灯片切换的时候播放一段声音（一般都不会太长），除了 PowerPoint 提供的声音之外，还允许选择硬盘上的其他声音文件，限 wav 格式，如果你有其他格式的声音素材，则可以转换为 wav 格式再使用。如图 3.2.33 所示，使用其他声音文件。

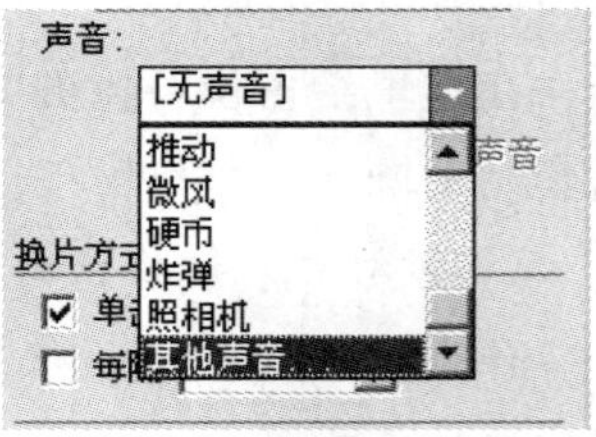

图 3.2.33　使用其他声音文件

换片方式：这里提供了幻灯片播放的两种换片方式，第一种是单击鼠标，每单击一次更换一张幻灯片；第二种是设定换片时间，每隔多少秒更换一张，后一种换片方式，一般适用于一些大型的展览会，没有主持人讲述幻灯片，全部由游客观赏的时候使用。

在窗体最下方，还有 3 个按钮：【应用于所有幻灯片】、【播放】、【幻灯片放映】，这 3 个按钮的功能可以参照上文幻灯片切换效果的按钮，功能是相同的。

能力拓展 3.2.4

练习题

制作一个生日贺卡

你的一个朋友过完了生日，拍下了不少照片，也录下了视频，现在你可以收集这些素材制作成ppt送给他(她)。

做题要求：

1. 至少包含10张幻灯片；
2. 图文混排，图片自选；
3. 设置动画方案，包括幻灯片切换和图片、文字元素的动画；
4. 在合适的位置插入1～2段影片；
5. 在整套幻灯片中插入主题音乐，使其循环播放直到幻灯片结束。

学习子情景3.3 触发器与交互式幻灯片

任务描述 3.3.1

在前两个案例中，我们已经接触并了解了PowerPoint的大部分一般性功能。只要有足够的耐心和一定的审美，再找到一些不错的素材。我们就可以使用3.1和3.2案例制作出不错的幻灯片。在本小节中，我们进一步挖掘PowerPoint的潜力——用PowerPoint制作交互式的幻灯片。

什么是交互式幻灯片？如果大家玩过Flash游戏或者观看过Autherware制作的课件，就对交互式有所了解——你点击屏幕上的文字，或者一个图片，就会触发一个相应的操作。是的，只要细心操作，在PowerPoint中我们也可以轻易实现。

通过本案例，我们可以制作出一个带有交互式效果的幻灯片——播放者可以通过按钮来控制幻灯片的显示，这是不是很有趣呢？

知识要点 3.3.2

- PowerPoint中自带的最简单的触发器
- 用触发器做一个判断题
- 实现较为复杂的幻灯片互动

任务实施 3.3.3

案例 制作教案幻灯片

一、触发器基础知识

在教案幻灯片中，很可能一部分内容作为重点和难点，需要进行反复讲解。如果使用幻灯片进行播放。我们在前面都知道了，在幻灯片播放过程中单击鼠标左键可以跳转到下一张幻灯片，但是鼠标右键是打开右键菜单，并无法跳转回上一张幻灯片。当然，这个时候，你方便使用键盘的话，谨记以下快捷键(在幻灯片播放过程中起作用)：

- Home 键，跳转到第一张幻灯片
- End 键，跳转到最后一张幻灯片
- PageUP、上、左方向键跳转到上一张幻灯片
- PageDown、下、右方向键跳转到下一张幻灯片

看看，幻灯片的跳转，是不是方便很多了？当然，遇到一些特殊的情况，不方便使用键盘，或者键盘这关键的几个键很难用。那么，只要鼠标还灵敏，我们就可以使用 PowerPoint 提供的最简单的触发器，来完成幻灯片的跳转，如图 3.3.1 所示。

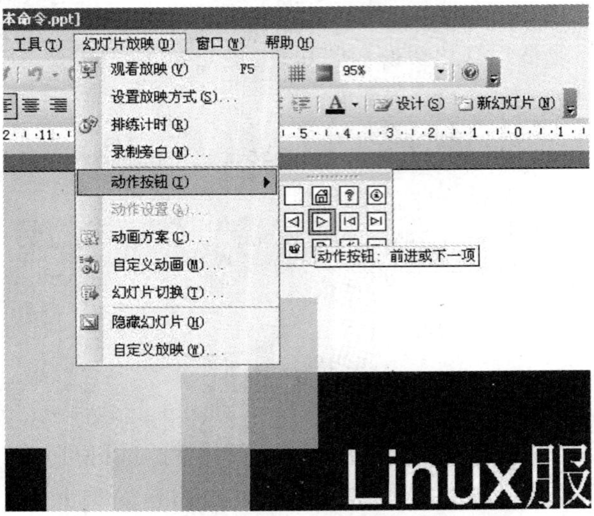

图 3.3.1 使用 PowerPoint 内置触发器来实现幻灯片的跳转

图 3.3.1 是一套冗长而乏味的教学幻灯片。此幻灯片中有很多知识点都让学生头痛不已，老师不得不几张幻灯片跳转来，跳转去。而 PowerPoint 有了动作按钮，就可以按鼠标和按键盘替换着来了：

使用动作按钮之前，首先要发挥一下想象力，对按钮进行一下规划：

- 是每张幻灯片上都需要这样的按钮吗？还是只有特殊的几张需要？
- 每张幻灯片上需要加上什么样的按钮呢？向前一张，向后一张，第一张，最后一张……
- 按钮的位置。既要看着不是很碍事，又要用起来很方便。

要在所有的幻灯片上增加向前、向后、第一张、最后一张四个按钮。打开母版，进行操作，按钮可以一张幻灯片一张幻灯片地添加，也可以在母版中添加，快捷地让每一张幻灯片都拥有样式相同的按钮。

打开【视图】—【母版】—【幻灯片母版】，再打开【幻灯片放映】—【动作按钮】，逐一添加几个我们需要的按钮，如图 3.3.2 所示。

在添加按钮的时候要注意：PowerPoint 是给你一支笔，让你在幻灯片中的任意位置确定按钮的对角线，将按钮画出来。第一次点击鼠标是确定按钮左上角顶点的位置，然后通过拖拽，第二次点击确定按钮右下角的位置。然后通过这两个顶点的距离来确定按钮的大小。按住 Shift 键在改变按钮大小的时候保持长宽比例。

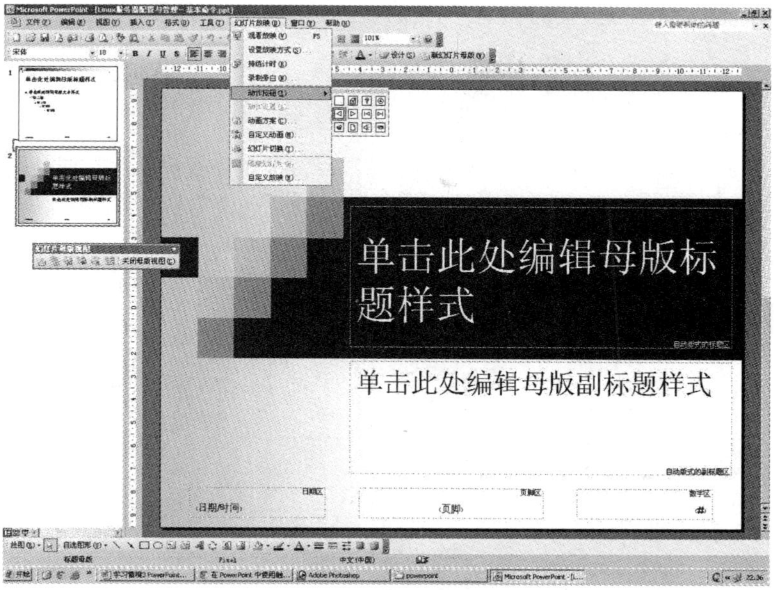

图 3.3.2　在幻灯片母版中添加按钮

画出了一个按钮后，接下来，我们对它进行修改：在按钮上单击鼠标右键，出现右键菜单，选择【设置自选图形格式】，如图 3.3.3 所示。出现图 3.3.4 所示的对话框。在这里，我们可以修改触发器的样式，包括颜色和透明度、边线等。在这个对话框中，触发器的外观是当做一般图片来进行处理的。

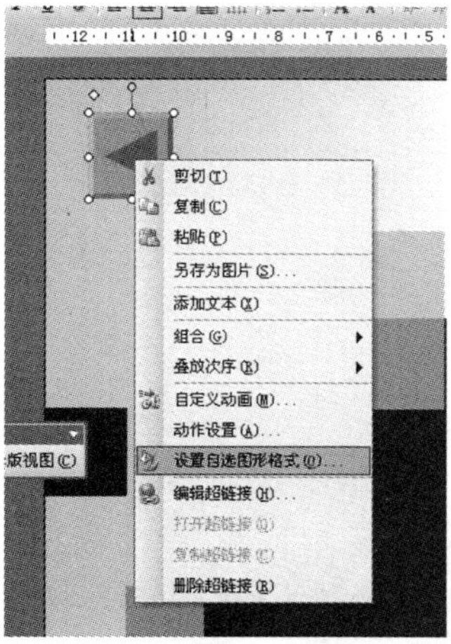

图 3.3.3　给触发器按钮设置自选图形格式

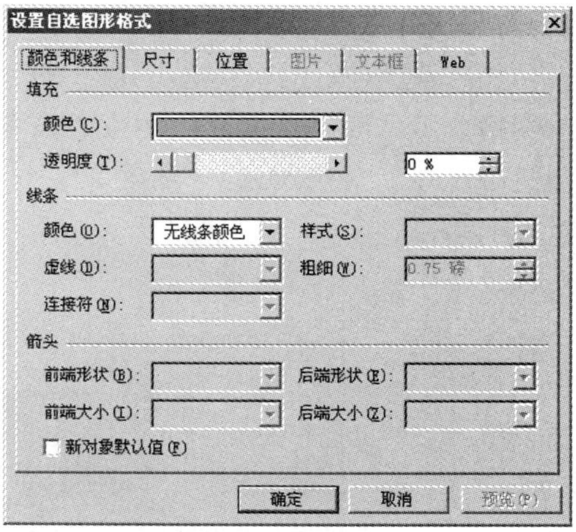

图 3.3.4　触发器的自选格式对话框

那么，我们如何来保证每个触发器的大小都相同呢？我们可以按住 Ctrl 键，选中幻灯片(或母版)中的多个触发器，再打开设置自选图形格式的窗口，并转到尺寸选项卡，如图 3.3.5 所示。

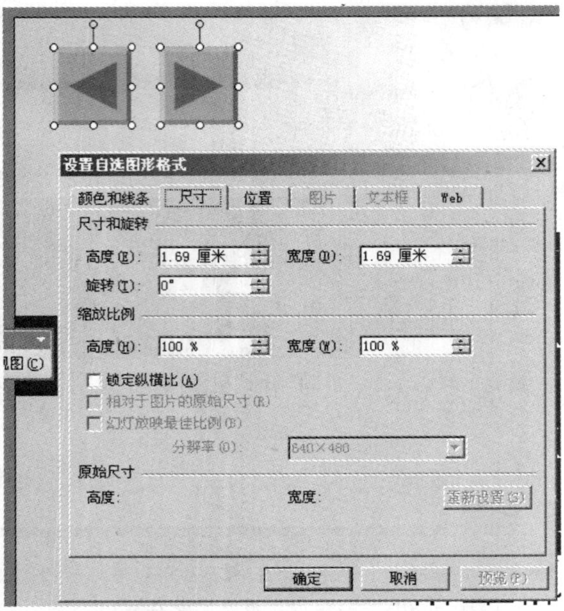

图 3.3.5 自选图形格式的尺寸选项卡

在这里,我们可以定义触发器的高度和宽度。在修改了触发器的大小后,点击确定。所有被选中的触发器,都可以修改大小。为了美观,我们还要把这些触发器进行排列,不要让这些按钮高高低低的。那么,请打开【视图】—【网格和参考线】,如图 3.3.6 所示。

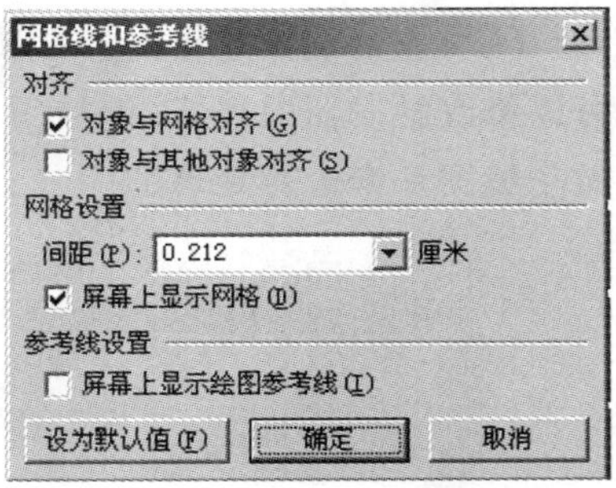

图 3.3.6 网格线和参考线设置

勾选屏幕上显示网格复选框,在幻灯片编辑区域会显示网格。用户可以根据网格的位置来参考各触发器按钮是否对齐了,如图 3.3.7 所示。

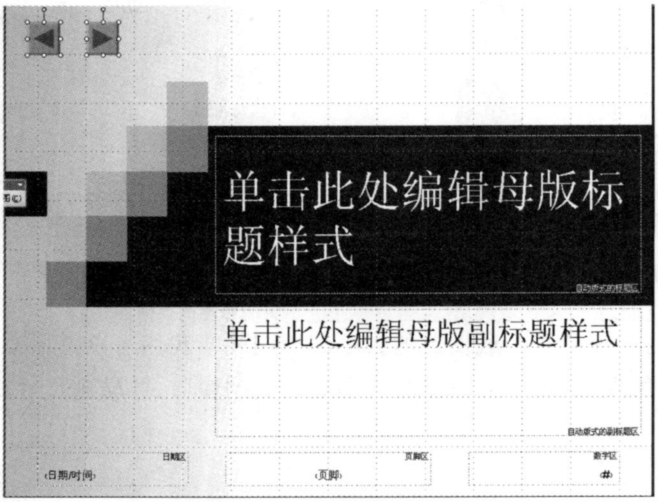

图 3.3.7 通过参考线来对齐触发器按钮

我们修改的当前页是幻灯片的首页，也就是添加了按钮之后，只对幻灯片的第一页起作用。为了让所有的幻灯片都有这些按钮，我们还要继续修改正文页的触发器。

房子图标的触发器，默认是链接到第一张幻灯片的。当然，通过鼠标右键点击房子触发器图标，从右键菜单中找到【编辑超链接】，就可以打开图 3.3.8 所示的【动作设置】对话框。我们可以看到，这个默认的房子触发器，实际上被超链接到本套幻灯片的第一张。当然，如果你想设置定义的链接，也可以在【超链接】的下拉菜单中寻找你想要的位置。在这个设置中，PowerPoint 还是给我们留下了很大的发挥空间，可以把一个图形链接到幻灯片内几乎任意的位置，甚至可以链接到其他的幻灯片中。如图 3.3.8 所示，链接到第一张幻灯片。

在单击链接的过程中，还允许播放声音。

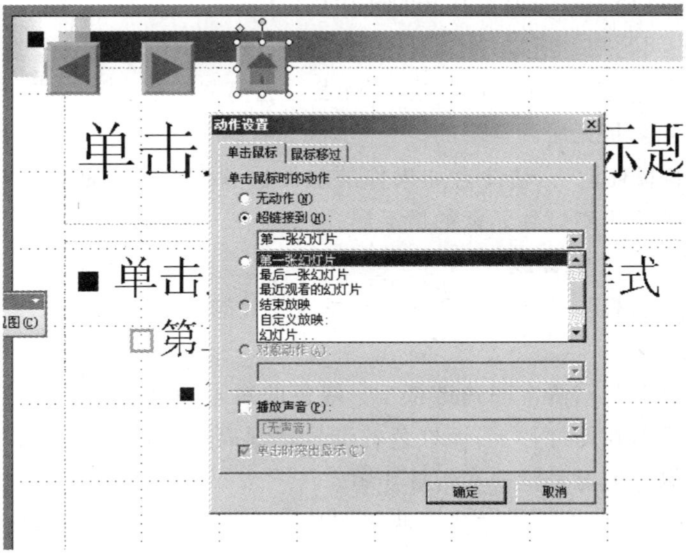

图 3.3.8 触发器的动作设置

编辑好后，返回到普通视图，我们就会发现，所有的幻灯片都有了播放按钮。

小提示：为什么有的时候，设置的按钮不管用，无论怎么按它，它都像没注意到我的鼠标一样，我的鼠标坏了吗？

解答：点右键菜单，或者其他的地方，如果正常，你的鼠标就没坏。这是一个初学者都会遇到的问题，不过解决起来也非常简单。

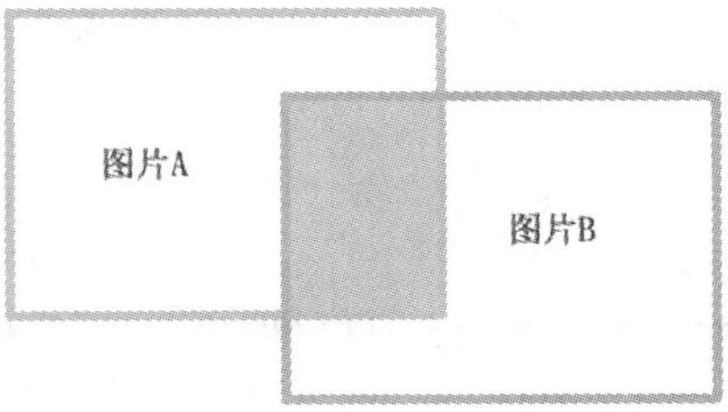

图 3.3.9 两图片交汇

我们都知道，在 PowerPoint 中，是图文混排的，所有的文字都必须在文本框中，而图形的环绕方式也仅有一种。当图片和另一张图片有一部分重叠的时候，那么就会有一个层的概念出现：图片重叠后，肯定是一张图片压在另一张图片上，在上面的图片可以看到全部，在下面的图片，被另外一张压住的部分，是不可见的，如图 3.3.9 所示，当图片 A 在图片 B 上方，图片 B 的蓝色部分是不可见的。

当图片 B 压住图片 A 时，那么图片 B 就在图片 A 的上层。同时，图片 B 压住图片 A 的

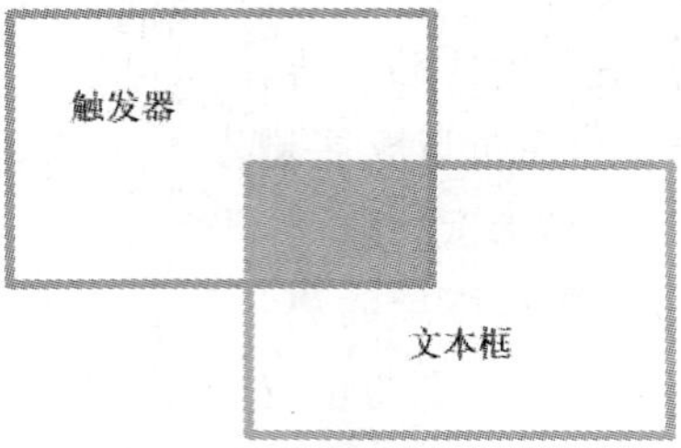

图 3.3.10 触发器和文本框关系

一部分(淡蓝色区域),那部分区域只有图片 B 可见,而图片 A 的那部分不可见。

那么同样,作为触发器也好,文本框也好,都是幻灯片中的元素,当重叠的时候,都会有如图 3.3.9 中图片的“层”概念,如图 3.3.10 所示。

如图 3.3.10 所示,当一个文本框压住了部分触发器的时候,用鼠标去点红色区域——那是触发器的一部分,你认为点击那里可以调用触发器。但是却没有实现,因为文本框压在了触发器的上面,相当于你点击了文本框。而在幻灯片播放模式下,文本框的边框是不可见的——但是它又的确存在。

这是很头疼的问题吧。所以,在幻灯片中调整触发器的位置,还要注意以下原则:

● 如果是在母版模式下建立触发器,请触发器远离文本框。因为在正常的幻灯片编辑模式下,母版中的元素是无法调整层的。

● 在正常的编辑环境下,请注意如果你的触发器和任意文本框有接触,那么请调整触发器的层,让触发器居于幻灯片元素的最上层。

二、用触发器做一个判断题

在幻灯片的结尾,教师准备做几个使用触发器特效的判断题。

初步构思如下:

在幻灯片上,有对和错两个图片链接——绿色的对号和红色的错号。当点击了正确的答案,绿色的对号保留在幻灯片上,而红色的错号动画离开幻灯片。当点击了错误的答案,红色的错号放大,绿色的对号消失在幻灯片中。

首先,输入判断题,并在图库中找到两张图片——对号和错号,插入到幻灯片相应的位置,如图 3.3.11 所示。

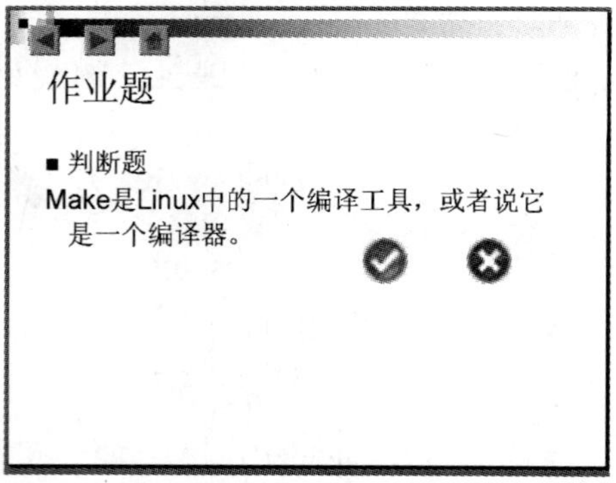

图 3.3.11 这是一个触发器的案例

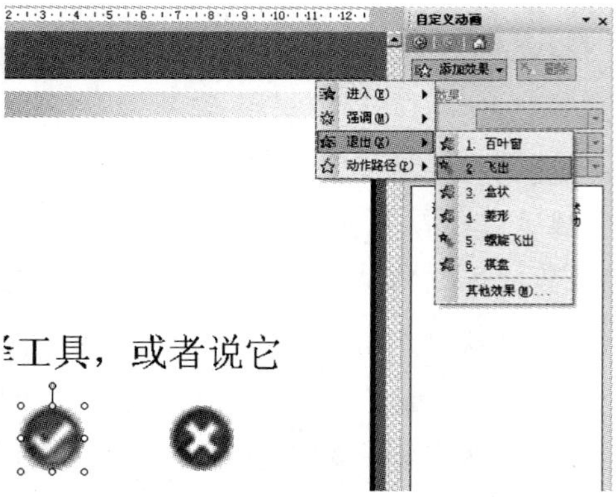

图 3.3.12 制作“对号”的触发效果

此题的论断是错误的。所以,当学生们选择对号的时候,我们要让对号消失在幻灯片外,同时放大错号。

制作方法:

第一步:选择对号,然后在【自定义动画】中添加一个【退出】效果—【飞出】。如

图3.3.12。

第二步：选择错号，在【自定义动画】中【添加效果】—【强调】—【放大/缩小】，如图 3.3.13。同时设置为从上一项之后开始，如图 3.3.14 所示。也就是，当鼠标触发了对号的效果，对号的效果播放完毕后接下来播放错号。

图 3.3.13　制作错号的触发效果 1

图 3.3.14　制作错号的触发效果 2

第三步：选择列表中的第一个动画，打开右键的【计时菜单】，如图 3.3.15 所示。出现【飞出】对话框——也就是对飞出这个效果进行配置的选项，如图 3.3.16 所示。

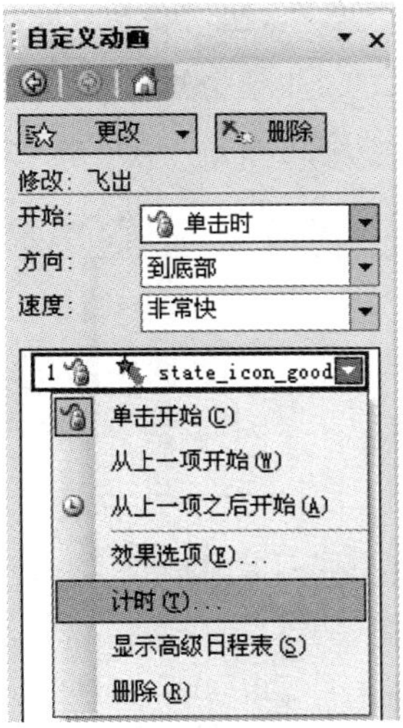

图 3.3.15　打开动画效果的计时菜单

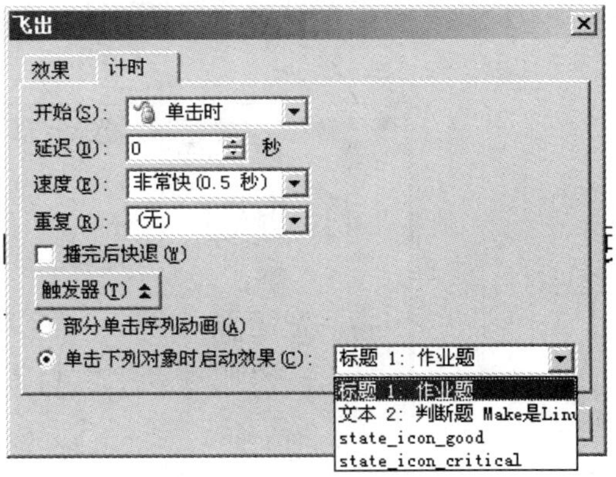

图 3.3.16　飞出效果的计时选项卡

单击计时选项卡下方的触发器按钮，再单击触发器下方的【单击下列对象时启用效果】，并在右边的【下拉菜单】中选择【state_icon_good】。State_icon_good 为绿色的对号图片的名称(在 PowerPoint 中每一个对象都有自己的名字，一般为文件名)。此意表示：当鼠标单击绿色的对号的时候(第三步)，绿色的对号飞出，而红色的错号放大缩小，引起观看者注意。也就是，此题的正确答案为“错误”，而选择“对号”这个答案，就是错误的。

第四步：新建一个文本框，并在其中输入：很可惜，此题你答错了。

第五步：在【自定义动画】中选择【进入】—【飞入】，如图 3.3.17 所示。

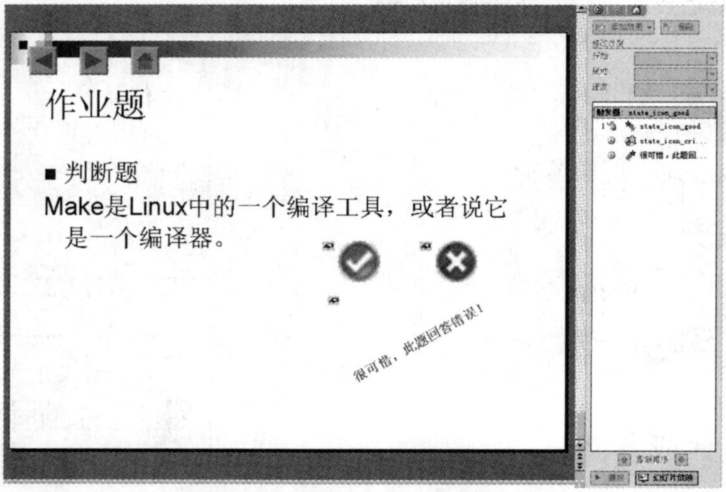
作业题
判断题
Make是Linux中的一个编译工具，或者说它是一个编译器。
很可惜，此题回答错误！

图 3.3.17　实现字符的动态效果

同学们可以尝试着，自己来制作一下此题回答正确的动画效果。

三、用触发器做一个选择题，实现较为复杂的互动

接下来，我们要使用触发器来制作一道选择题的互动。

题目如下：一道选择题，其中有三个答案备选。当选中错误答案之后，幻灯片给出解释，为什么错误。当选中正确答案后，跳转到下一张幻灯片：恭喜，回答正确。

第一步：首先完成题目幻灯片上所有的文字。要注意的是，三个选项和两个错误的提示，必须使用文本框单独输入，这样其文本才可以作为幻灯片元素进行点击，如图 3.3.18 所示。

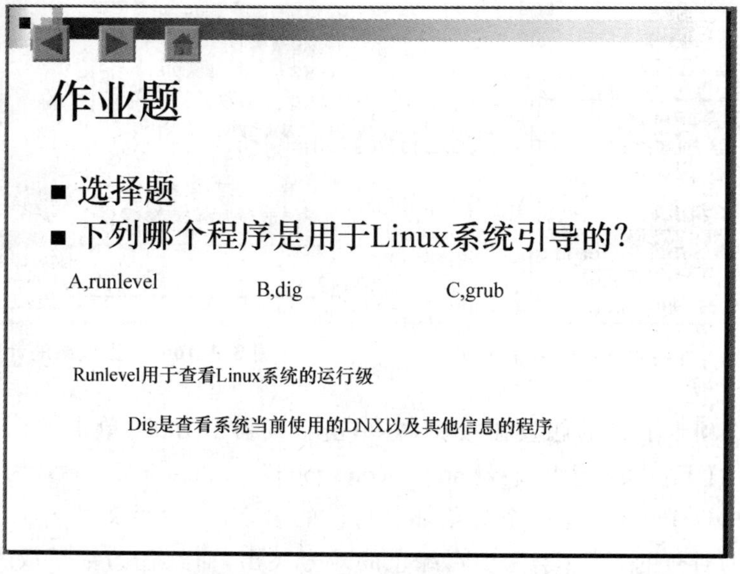
作业题
选择题
下列哪个程序是用于Linux系统引导的？
A,runlevel
B,dig
C,grub
Runlevel用于查看Linux系统的运行级
Dig是查看系统当前使用的DNX以及其他信息的程序

图 3.3.18　幻灯片中的选项和下面的文字都在独立的文本框中

第二步，做好正确答案的幻灯片如下，放置在作业题的下一页，如图 3.3.19 所示。

图 3.3.19　点击了正确答案幻灯片跳转到下一页的效果

第三步：选项 A 是错误的，与“Runlevel 用于查看 Linux 系统的运行级”进行配对。

(1) 选中文本框“Runlevel 用于查看 Linux 系统的运行级”，在【自定义动画】对话框中添加一个进入效果。并选择【从上一项之后开始】，然后打开【飞入】自定义动画的右键菜单，选择【计时】，打开【计时】对话框，如图 3.3.20 所示。

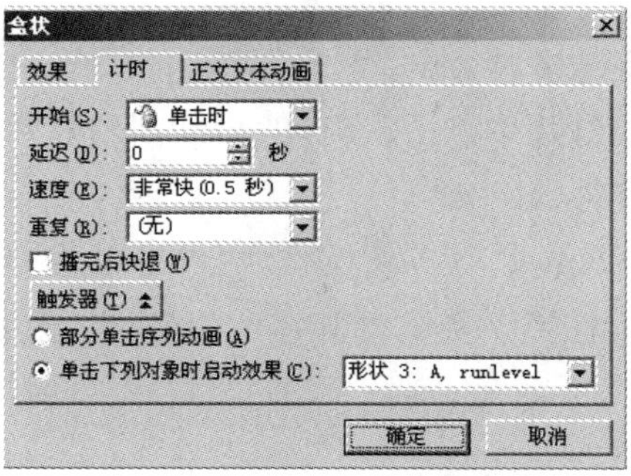

图 3.3.20　盒状效果的计时对话框

(2) 单击触发器按钮，并选择【单击下列对象时启动效果】，在右边的下拉菜单中选择【形状 6：Runlevel 用于查看 Linux 系统运行级】，如图 3.3.21 所示。

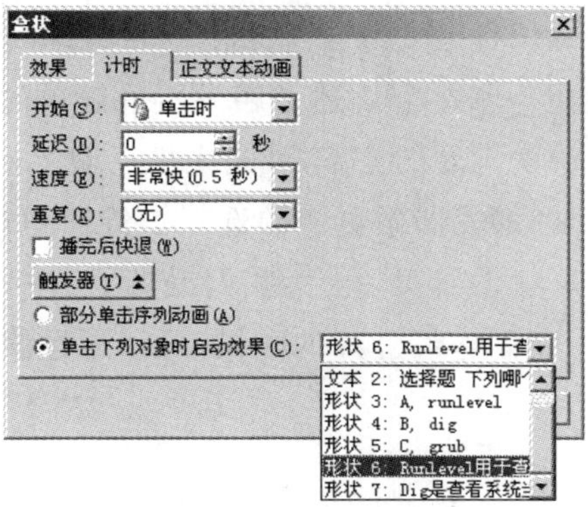

图 3.3.21　给盒状动画效果

第四步，用同样的方式处理选项 B 和选项 B 的解说。

第五步：点击 C. grub 的文本框，在文本框上点击右键，选择【超链接】。如图 3.3.22 所示，在编辑超链接的对话框中可以实现将一个触发连接到一张单独的幻灯片页面。

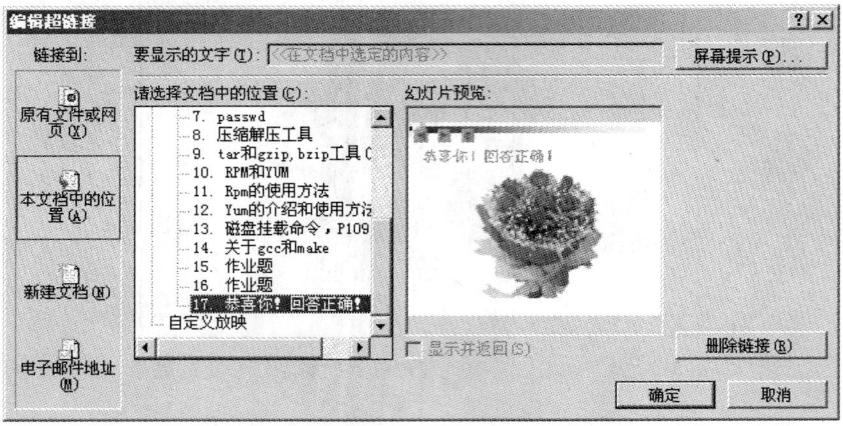

图 3.3.22　在超链接对话框

(1) 首先，选择【链接到：本文档中的位置】。

(2) 其次，在选择文档中的位置，选择正确的幻灯片，在右边的幻灯片预览窗口会出现被选择的幻灯片预览。

(3) 单击【确定】，完成超链接的制作。

这样，当我们在题目的幻灯片中点击正确答案 C 时，幻灯片就会直接跳转到第 17 张，出现“恭喜你！回答正确！”的字样。

小结： 触发器是 PowerPoint 中的高级操作，它实现了在枯燥的幻灯片中灵活的互动。除了通过单击行为调用动画，也可以实现幻灯片的跳转，甚至可以链接到其他的 PPT 文档或者互联网的文档。

能力拓展 3.3.4

触发器是 PowerPoint 提供的一种幻灯片交互模式。它不是哪一个功能，或者哪一个菜单完成的。它的目的，也不是做一个简单的选择题。

在 PowerPoint 里，触发器到底是什么？

它是由动画、链接、对象和鼠标触发综合起来的一种特殊功能，可以实现在 PowerPoint 文档中“控制”一种行为的发生。本小节讲述了触发器最简单的实现。它很粗糙，但是它提供了一个传统幻灯片无法解决的问题的方案，就是人机互动。

我们可以拿 PowerPoint 的触发器做更多的选择。传统幻灯片的播放，是单线式的，从头到尾，播放一遍，完成任务。触发器实际上为我们提供了一种对“将要发生的事情，或将要产生的结果”的选择的权利。在制作幻灯片的时候，可以通过假设一结果的方式，来取得更好的收视效果。

练习题

学校举行智力竞赛。现在由你来担任智力竞赛的出题人，为此次竞赛出一套 10 题左右的幻灯片。题目包括选择题和简答题。

要求：

1. 要图文并茂。
2. 使用触发器来完成题目选择的动画。正确和错误的动画完全不同。

学习子情景 3.4　幻灯片的播放小技巧

任务描述 3.4.1

学会使用键盘快捷键和鼠标控制幻灯片的播放；使用 PowerPoint 提供的额外工具，在幻灯片中做注释。

知识要点 3.4.2

使用快捷键来控制 PPT 文档的播放

任务实施 3.4.3

案例　2011 市场营销研讨会播放技巧

有一些幻灯片的内容比较特殊，需要讲解者反复进行讲解，可能要在一整套幻灯片中的几张中进行反复地前后切换。演讲者有可能还需要暂时退出幻灯片播放，来看一下幻灯片的注释，再返回继续。这个时候，你方便使用键盘的话，谨记一些快捷键(在幻灯片播放过程中起作用)就会让幻灯片的播放事半功倍。

- Home 键，跳转到第一张幻灯片
- End 键，跳转到最后一张幻灯片
- PageUP、(上、左)方向键跳转到上一张幻灯片
- PageDown、(下、右)方向键跳转到下一张幻灯片
- ESC 键，从播放幻灯片中退出
- F5，从第一张幻灯片开始播放
- Shift＋F5，从当前幻灯片开始播放。即编辑屏幕中显示的一张，注意幻灯片的列表界面，当前第二张幻灯片有蓝色的外边框，表示正在编辑或显示的幻灯片，如图 3.4.1 所示。

学习了以上播放快捷键，你就会发现使用键盘控制幻灯片的播放是非常方便的。控制幻灯片，也可以使用播放过程中的右键菜单。在菜单中，PowerPoint 还提供了更强大的控制选项，如图 3.4.2 所示。

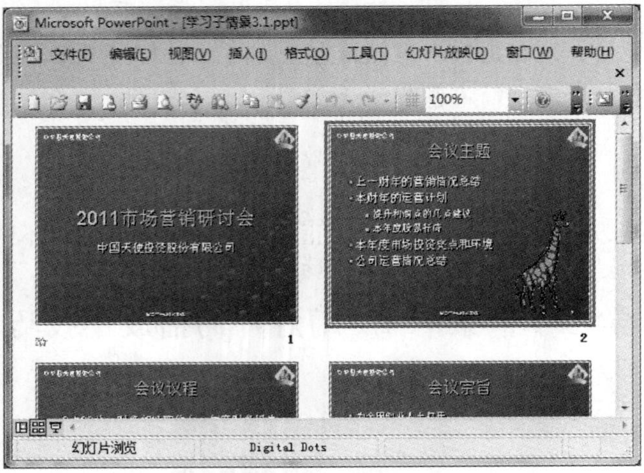

图 3.4.1　选中其中一张幻灯片效果

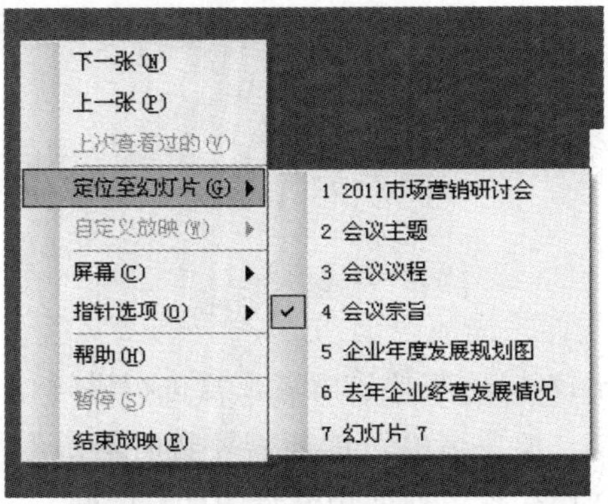

图 3.4.2　定位至幻灯片至任何一张

下一张和上一张是快速定位幻灯片。也可以用定位至幻灯片的二级菜单，里面有所有的幻灯片，按照播放顺序排列。名称为幻灯片页面的题目。在此二级菜单中，可以快速地跳转到此套幻灯片（也就是这个 PPT 文件）中的任意一张。

在屏幕的二级菜单，还有一些有用且是很有趣的功能，如图 3.4.3 所示。

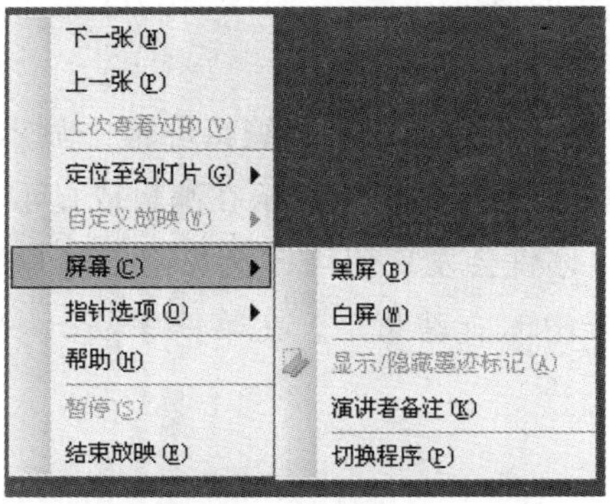

图 3.4.3　屏幕菜单项下的二级菜单

- 黑屏：把屏幕变成全黑色。
- 白屏：把屏幕变成全白色。适合在演讲之前，隐藏幻灯片使用。
- 显示/隐藏墨迹标记：在幻灯片播放过程中，允许演讲者使用特殊的记号在幻灯片上进行涂抹，这些记号被称为墨迹。可以单独保存（当前幻灯片无任何墨迹，所以此项为灰色，不可选）。
- 演讲者备注：演讲者可以通过此菜单调出备注查看，也可以添加新的备注信息。
- 切换程序：快速显示出 Windows 的任务栏，用于程序切换。
- 结束放映：返回到 PowerPoint 的编辑模式。

在幻灯片的播放过程中，PowerPoint 还提供了注释工具。【右键菜单】—【指针选项】注释工具允许幻灯片的演讲者使用鼠标（或者手写笔），在屏幕上进行记录和写画，并且 PowerPoint 还可以把这些注释内容保存起来，如图 3.4.4 所示。

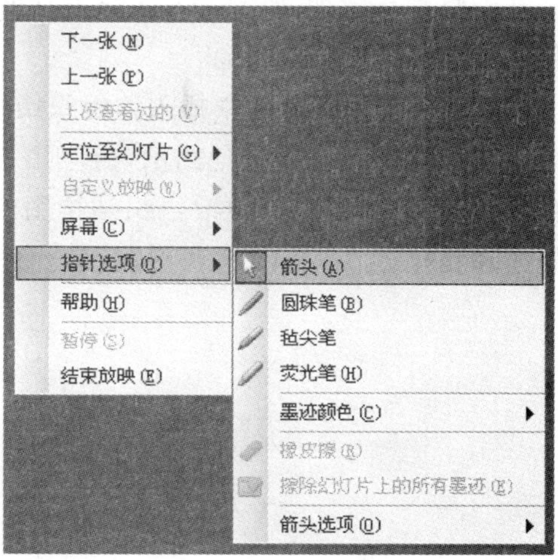

图 3.4.4 使用笔迹在幻灯片上书写

- 圆珠笔是最细的笔触。
- 毡尖笔稍粗。
- 荧光笔最粗，并具有透明效果。
- 在墨迹颜色中，可以通过一个调色板调整笔的颜色。
- 橡皮擦。橡皮擦用于擦去一整条墨迹。

使用了注释工具的幻灯片效果如图 3.4.5 所示。

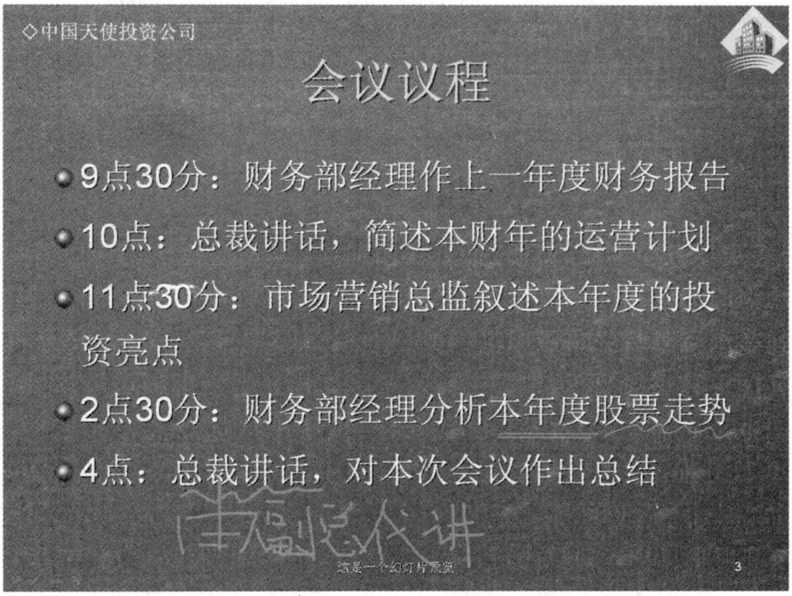

图 3.4.5 使用各种“笔”在幻灯片上做笔记

能力拓展 3.4.4

一、快速将幻灯片切换到“黑屏”或“白屏”暂停其演示

在幻灯片播放的过程中，如果遇到一些特殊因素必须暂停播放，可以通过键盘快捷键把幻灯片切换成黑屏或者白屏而不退出播放，以便随时继续播放。方法：在想切换的时候，按下键盘上的“W”键切换成白屏，按“B”键切换成黑屏，按任意键可以恢复到幻灯片的放映。如果想知道更多幻灯片播放的快捷键信息，可以在排练播放的过程中按下 F1 键进行查询。

二、播放幻灯片时隐藏鼠标

在幻灯片播放期间，只需按下键盘上的“A”键或“＝”键，就可以隐藏鼠标光标，再按一次便可以恢复显示。

三、可否改变幻灯片中插入的组织结构图的颜色

组织结构图不同于其他图示，当应用了自动套用格式中的图示样式后就无法更改线条颜色和填充颜色，只有不更改组织结构图的样式而保持系统默认样式才可对其进行一系列的修改和美化。

学习情景4　常用办公设备的使用

现今办公设备的应用领域非常广泛，已经渗透到人们工作、学习、生活的各个方面。掌握常用办公设备的使用，使办公设备真正成为人们工作办公不可缺少的一个工具和一个助手，能极大地提高我们的工作效率。本章从实际应用的角度出发，介绍目前常用的打印机、扫描仪等设备的使用。

通过本章的学习，熟练掌握打印机的使用；掌握使用扫描仪的基本方法。

学习子情景4.1　打印机的使用

本学习情景以 lenovo c8300N XL 打印机为例子，详细介绍打印机的安装、使用过程。

一、打印机的安装

（一）硬件安装

首先需要做的工作就是将打印机和计算机连接起来，这一过程通常叫做打印机的硬件连接；在进行打印机的硬件连接时，要注意打印机的摆放位置，以确保打印机工作时不受到任何干扰和影响。通常打印机的摆放位置需要注意以下几点：

(1) 打印机不能摆放在过分潮湿的环境，也不能摆放在温度过高的环境下。

(2) 摆放打印机的桌面必须稳固牢靠，要保证桌面上干净整洁，并要保证打印机摆放在桌面上时，打印机周围能有足够的预留空间，以便不影响打印机装纸操作。

(3) 打印机所处的位置必须通风良好，而且要远离各种电磁设备或热源设备。

按照打印机说明书连接好电源线和数据传输线，确保连接线安装正确打开电源开关。

（二）驱动程序安装

硬件安装完成后，还需要在打印机所连的计算机中，安装好打印机的驱动程序。不同型号的打印机，其驱动程序的安装可能略有不同，目前打印机的驱动程序安装主要分为两种方法，一种是直接安装法，另外一种是手工安装法。所谓直接安装法，就是将打印机的驱动光盘放到光驱中，然后直接双击安装光盘中的 Setup. exe 程序，或直接在自动弹出的安装界面中，单击“安装打印驱动程序”按钮，然后在弹出的安装向导窗口中，逐步按照屏幕提示来完成驱动程序的安装操作；而手工安装方法通常用于一些型号较旧的打印机，当然如果系统中以前已经安装过一次打印机驱动程序时，也可以用手工方法完成打印驱动程序的安装任务。

(1) 首先找到打印机的原始驱动安装光盘（该光盘通常会随机赠送的），将该光盘直接放到和打印机相连的计算机光驱中，双击安装光盘中的 Setup. exe 程序。再单击“下一步”按钮，这样安装向导程序将自动安装当前打印机。

(2) 最后点击“完成”按钮，结束安装。

如果计算机系统中已经包含了某个打印机驱动程序，或者自己暂时无法找到打印机的驱动安装光盘时，那么你可以按照下面的步骤，进行手工安装打印机驱动程序：

（1）依次单击“开始”/“设置”/“打印机”命令，在弹出的打印机列表窗口中，双击其中的“添加打印机”图标，这样系统将自动打开打印机安装向导界面。

（2）单击“下一步”按钮后，进入到“本地或网络打印机”的选择设置窗口，选择“本地打印机”选项，同时将“自动检测并安装我的即插即用打印机”选项取消掉，如图 4.1.1 所示，再单击“下一步”按钮。

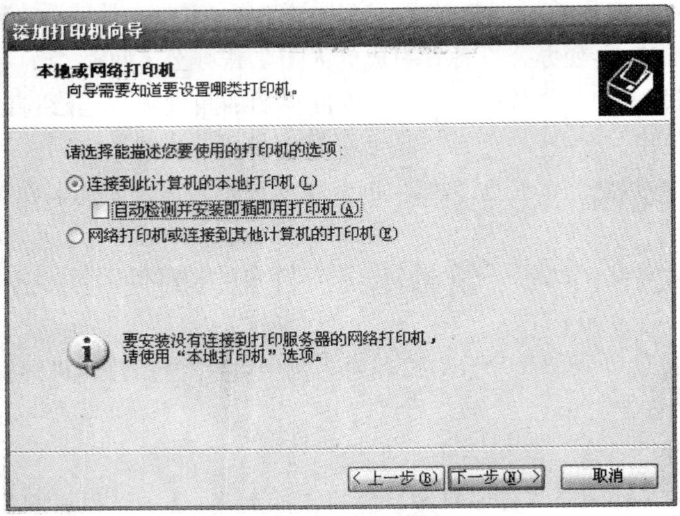
添加打印机向导
本地或网络打印机
向导需要知道要设置哪类打印机。
请选择能描述您要使用的打印机的选项：
连接到此计算机的本地打印机(L)
自动检测并安装即插即用打印机(A)
网络打印机或连接到其他计算机的打印机(E)
要安装没有连接到打印服务器的网络打印机，请使用“本地打印机”选项。
< 上一步(B)
下一步(N) >
取消

图 4.1.1　打印机添加向导

（3）在接着出现的“选择打印机端口”向导窗口中，选中当前需要安装的打印机所连接的计算机端口，一般来说应该选择“LPT1：打印机端口”选项，如图 4.1.2 所示，继续单击“下一步”按钮。

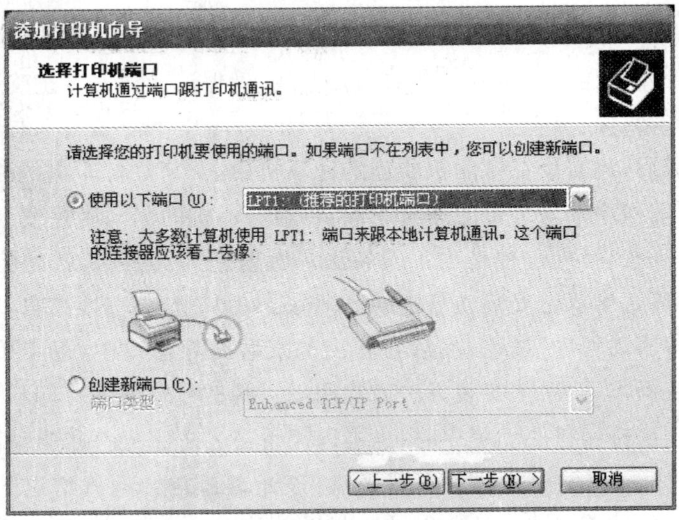
添加打印机向导
选择打印机端口
计算机通过端口跟打印机通讯。
请选择您的打印机要使用的端口。如果端口不在列表中，您可以创建新端口。
使用以下端口(U)：
LPT1：（推荐的打印机端口）
注意：大多数计算机使用 LPT1：端口来跟本地计算机通讯。这个端口的连接器应该看上去像：
创建新端口(C)：
端口类型：
Enhanced TCP/IP Port
< 上一步(B)
下一步(N) >
取消

图 4.1.2　选择打印机端口

（4）根据实际的安装情况，在如图 4.1.3 所示的向导窗口中，选择好打印机的品牌以及具体型号；该界面的左侧列表区域几乎将所有品牌的打印机都显示出来了，选中某个品牌之后，在右侧的子窗口中，你将看到该品牌的绝大多数打印机型号；倘若打印机驱动程序在系统中并没有内置的话，那么你需要单击该界面的“从磁盘安装”按钮，来从其他位置导入打印机驱动程序。

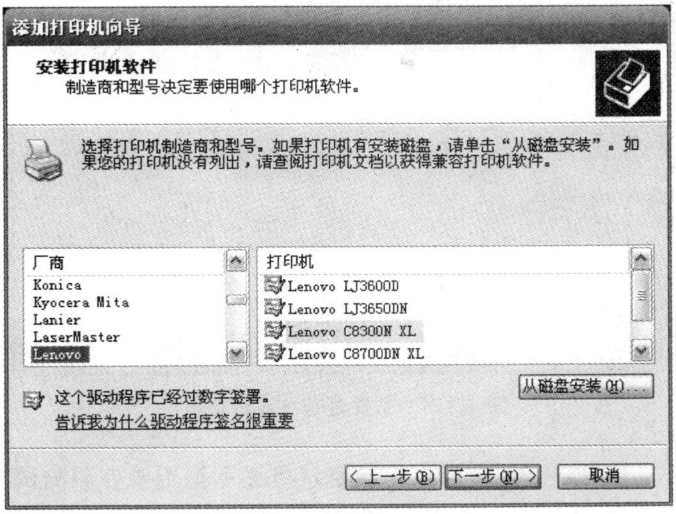
添加打印机向导
安装打印机软件
制造商和型号决定要使用哪个打印机软件。
选择打印机制造商和型号。如果打印机有安装磁盘，请单击“从磁盘安装”。如果您的打印机没有列出，请查阅打印机文档以获得兼容打印机软件。
厂商
Konica
Kyocera Mita
Lanier
LaserMaster
Lenovo
打印机
Lenovo LJ3600D
Lenovo LJ3650DN
Lenovo C8300N XL
Lenovo C8700DN XL
这个驱动程序已经过数字签署。
告诉我为什么驱动程序签名很重要
从磁盘安装(H)...
< 上一步(B)
下一步(N) >
取消

图 4.1.3 选择打印厂商及型号

(5) 继续单击“下一步”按钮，当屏幕提示你是否需要将当前的打印机设置为默认打印机时，你可以按照实际工作需要来正确回答。例如，要是计算机中只有一台打印机时，那么就必须选中这里的“是”按钮，如图 4.1.4 所示，要是计算机中安装有多台打印机时，那么应该将频繁需要用到的打印机设置为默认打印机。

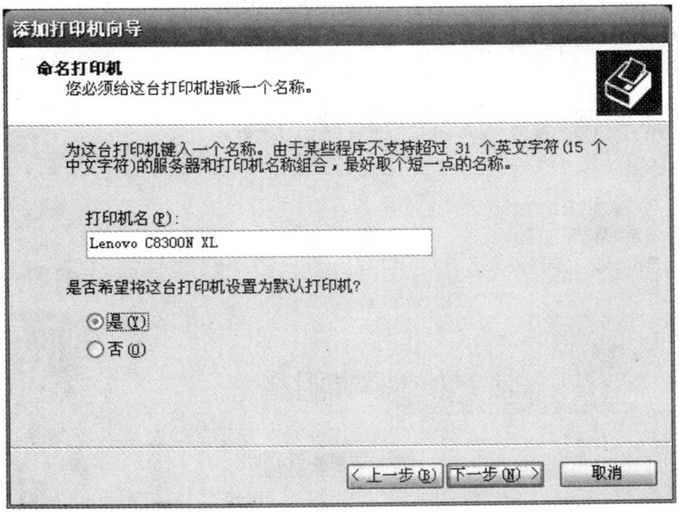
添加打印机向导
命名打印机
您必须给这台打印机指派一个名称。
为这台打印机键入一个名称。由于某些程序不支持超过 31 个英文字符(15 个中文字符)的服务器和打印机名称组合，最好取个短一点的名称。
打印机名(P):
Lenovo C8300N XL
是否希望将这台打印机设置为默认打印机?
是(Y)
否(O)
< 上一步(B)
下一步(N) >
取消

图 4.1.4 打印机命名

(6) 完成上面设置后，单击“下一步”按钮，屏幕将会询问是否要将打印机设置为共享，一般情况下你可以在这里选中“不共享这台打印机”，如图 4.1.5 所示。

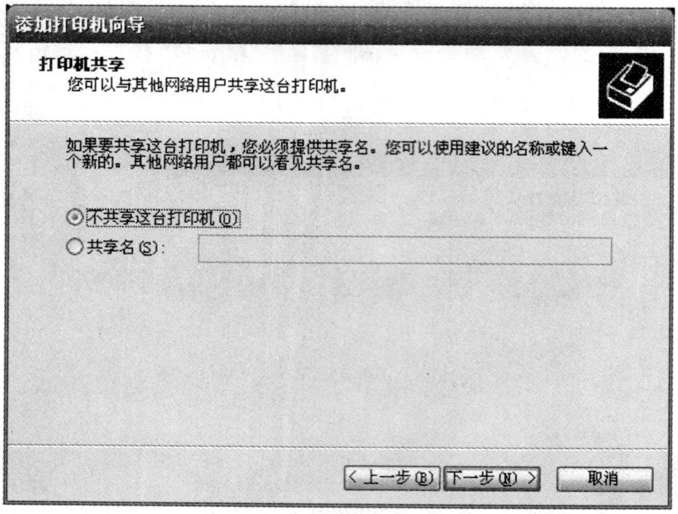
添加打印机向导
打印机共享
您可以与其他网络用户共享这台打印机。
如果要共享这台打印机，您必须提供共享名。您可以使用建议的名称或键入一个新的。其他网络用户都可以看见共享名。
不共享这台打印机(O)
共享名(S):
< 上一步(B)
下一步(N) >
取消

图 4.1.5 选择是否共享打印机

(7) 再单击“下一步”按钮时，打印机向导窗口将提示是否要打印测试页，这里建议选中“是”选项，这样打印机就能自动进行测试打印，测试打印结束后安装向导还会询问打印是否正常，要是正常的话，你可以单击“确定”按钮，这样系统就能自动复制打印驱动文件，并结束打印机驱动程序的安装任务。

(三) 网络共享打印机安装

1. 根据上述两种方法安装好连接打印机计算机驱动程序，并把打印机共享，如图4.1.6所示。

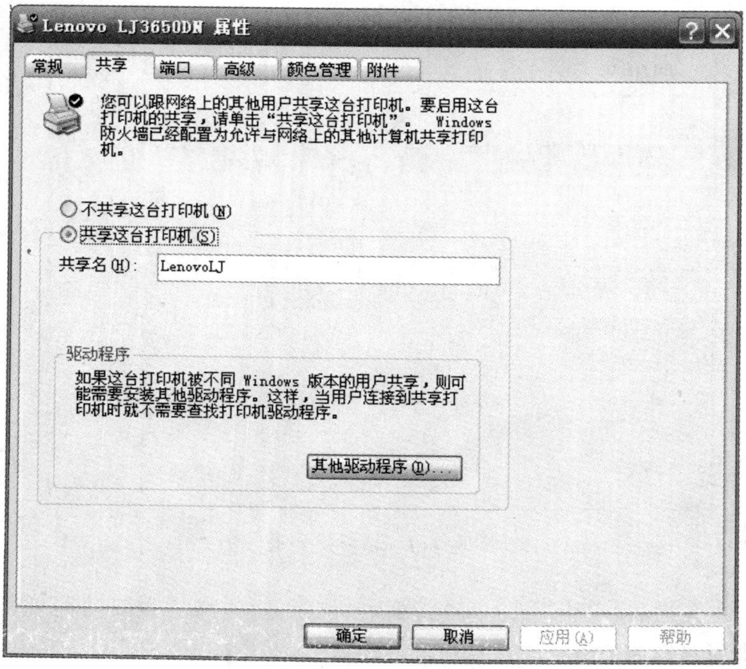
Lenovo LJ3650DN 属性
常规
共享
端口
高级
颜色管理
附件
您可以跟网络上的其他用户共享这台打印机。要启用这台打印机的共享，请单击“共享这台打印机”。 Windows 防火墙已经配置为允许与网络上的其他计算机共享打印机。
不共享这台打印机(N)
共享这台打印机(S)
共享名(H): LenovoLJ
驱动程序
如果这台打印机被不同 Windows 版本的用户共享，则可能需要安装其他驱动程序。这样，当用户连接到共享打印机时就不需要查找打印机驱动程序。
其他驱动程序(D)...
确定
取消
应用(A)
帮助

图 4.1.6 共享打印机

2. 可以利用以下三种方法添加网络上的共享打印机。

（1）添加向导

① 依次单击“开始”/“设置”/“打印机”命令，在弹出的打印机列表窗口中，双击其中的“添加打印机”图标。

② 单击“下一步”按钮后，进入到“本地或网络打印机”的选择设置窗口，选择“网络打印机”选项，再单击“下一步”按钮。

③ 输入或选择共享打印机的 UNC 或 URL 路径，如图 4.1.7 所示，如果不知道路径，则可以选择“浏览”。

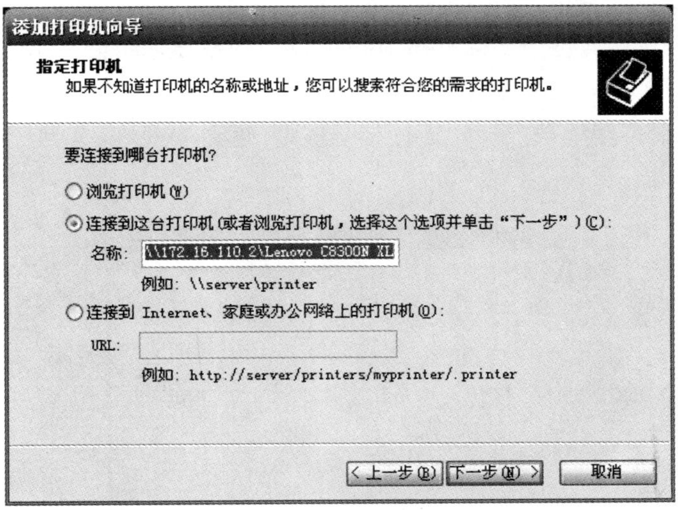

图 4.1.7　网络共享打印机安装

④ 出现“正在完成添加打印机向导”对话框，最后单击“完成”。

（2）利用网上邻居

打开资源管理器或浏览器窗口，在地址栏中输入“\安装有共享打印机的计算机名(或者对方的 IP 地址)”后敲回车，如图 4.1.8 所示，双击共享打印机的名，选择“是”，安装网络打印机。

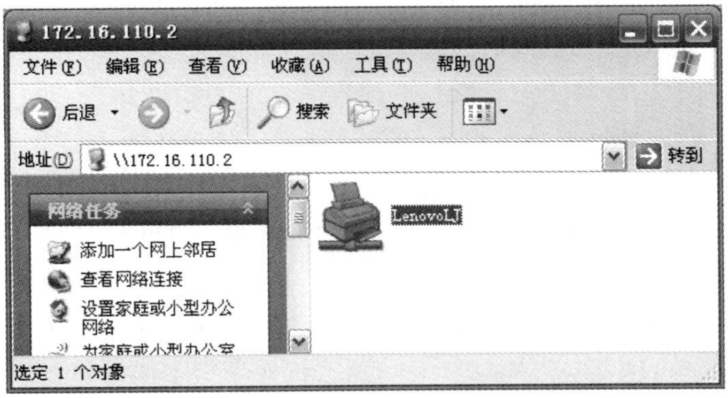

图 4.1.8　在网络中找到打印机名

(3) 利用浏览器

打开资源管理器或浏览器窗口,在地址栏中输入"http://服务器的IP地址/共享打印机的名"。

二、打印机的使用

为了能更好地将目标文档打印出来,下面就以打印编辑好了的Word文档为例,详细介绍如何用打印机打印具体的作业。

1. 首先在打开的Word编辑页面中,依次单击菜单栏中的"文件"/"页面设置"命令,在弹出的页面设置对话框中,单击"纸型"标签,在打开的如图4.1.9所示的标签页面中,单击"纸型"处的下拉按钮,从弹出的下拉列表中选中所需要的纸张类型,例如是A4还是A3等;倘若列表中没有自己想要的纸型时,你可以在"高度"、"宽度"设置框中,直接输入当前所用打印纸的实际高度和宽度大小;同时要设置好打印方向,在默认状态下打印方向为"纵向",要是想让打印纸按"横向"进行打印的话,就必须要在"方向"设置项处选中"横向"项目。

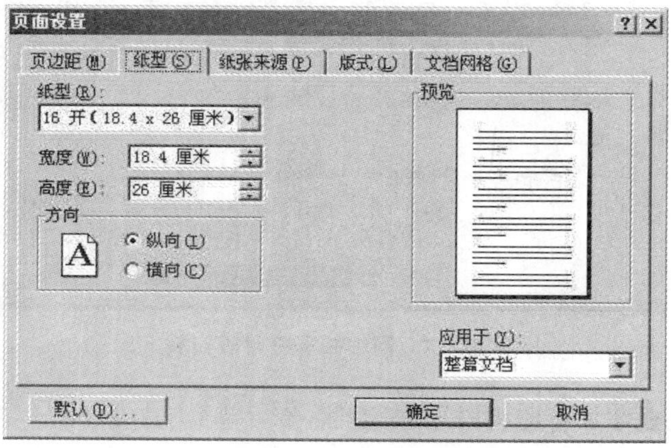

图4.1.9 页面设置中的纸型设置

2. 单击"页边距"标签,在弹出的所示的标签页面中,可以设置上、下、左、右边距的大小,要是想将打印出来的内容装订起来的话,还需要设置好装订线的位置;倘若没有什么特殊要求,尽量采用默认的数值,要是希望一张纸中能尽可能地打印更多内容时,那么就需要将上、下、左、右边距的大小调整得稍微小一些了。

3. 完成上面的设置后,就开始进行打印操作了。但为了确保打印效果让人满意,最好在正式打印文档之前,再依次执行菜单栏中的"文件"/"打印预览"命令,在打开的打印效果预览窗口中,就能看到当前文档的实际排版效果了。

4. 如果对该文档的排版效果感到满意,那么就能正式打印了。在打印时,首先按照设置放置好打印纸张,然后依次单击菜单栏中的"文件"/"打印"命令,或者直接单击工具栏中的"打印机"图标按钮,在弹出的图4.1.10所示的设置窗口中,选中合适的打印机名称,倘若当前计算机中只安装了一台打印机,那么该选项就不需要进行选择了。

5. 下面再设置好打印的"页面范围",在默认状态下打印机将会自动打印所有文档页面。要是你想打印特定页面内容的话,就需要选中"页码范围"选项,然后再输入具体的页面号码;要是想打印当前页面内容的话,就可以选中"当前页"选项。

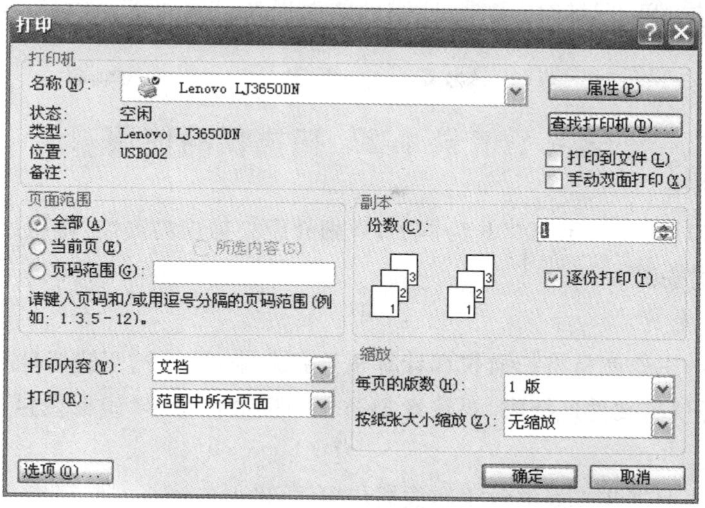

图 4.1.10　打印设置

6. 要是想打印文档中的某个连续的页面内容时，你就可以先选中“页码范围”选项，然后在后面的文本框中输入开始页面的页码以及结束页面的页码，中间通过“－”符号将它们分隔开。例如，要打印当前文档中的第 2 页到第 8 页之间的所有内容时，就可以在“页码范围”处输入“2－8”。

7. 要是想打印文档中的某个不连续页面内容时，你只需要在“页码范围”文本框中依次输入需要打印的页面页码，而且用“,”分隔每个页码。例如，要打印当前文档中的第 2 页、第 4 页、第 6 页时，就可以输入“2,4,6”。

8. 要是想打印文档中的所有奇数页内容或所有偶数页内容的话，那么可以在图4.1.10 所示的设置窗口中，单击“所选页面”处的下拉按钮，从弹出的下拉列表中，选中“奇数”或“偶数”选项就可以了。

9. 要打印文档中的某个特定章节的内容时，那么你可以先选中“页码范围”选项，然后在后面的文本框中输入“sm”(其中“m”就表示具体的章节号码)。例如，要打印当前文档中的第二节内容时，就可以输入“s2”。

10. 要是希望打印当前文档中处于选中状态的内容时，可以在“页面范围”设置项处选中“所选内容”选项，但注意的是，你首先要在当前文档中用鼠标选中需要打印的目标内容，这样“所选内容”选项才会被自动激活。

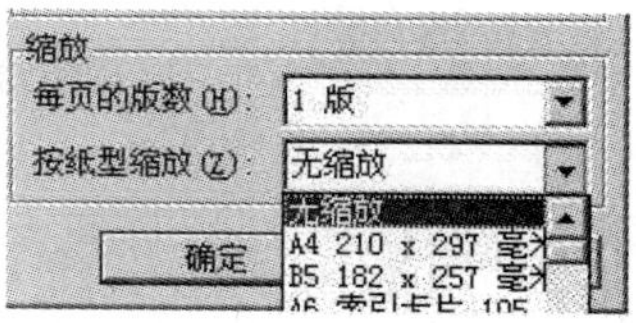

图 4.1.11　打印纸张的缩放

11. 倘若你使用的是 A4 幅面的打印机，而当前正在处理的 Word 文档页面却是 A3 幅面的，那么你可以对当前打印页面进行缩放打印，让 A4 打印机在保留原始文档格式不变的基础上，将 A3 文档页面内容缩小打印出来；你只要在如图 4.1.11 所示的设置窗口中，单击“按纸型缩放”下拉按钮，从弹出的下拉列表中选中“A4”选项。

12. 如果想将当前文档内容同时打印多份的话，可以在如图 4.1.10 所示设置窗口中的“份数”设置项中，输入需要打印的份数，在缺省状态下打印机只打印一份；完成好上面所有的参数设置后，单击“确定”按钮，打印机就能根据设置要求，将目标文档内容打印出来了。

学习子情景 4.2 扫描仪的使用

本学习情景以 CanoScan 9000F 为例子，详细介绍扫描仪的安装、使用过程。

一、扫描仪的安装

（一）硬件安装

首先需要做的工作就是将扫描仪和计算机连接起来，这一过程通常叫做扫描仪的硬件连接；在进行扫描仪的硬件连接时，要注意扫描仪的摆放位置，以确保扫描仪工作时不受到任何干扰和影响。

按照扫描仪说明书连接好电源线和数据传输线，确保连接线安装正确并打开电源开关。

（二）驱动程序安装

将扫描仪的驱动光盘放到光驱中，然后直接双击安装光盘中的 Setup. exe 程序，或直接在自动弹出的安装界面中，单击“安装驱动程序”按钮，然后在弹出的安装向导窗口中，逐步按照屏幕提示来完成驱动程序的安装操作。

二、扫描图片

1. 安装好扫描仪的驱动后，扫描软件也就安装完毕了，在桌面上会有扫描软件的快捷方式“Canon MP Navigator EX 3. 1”（也可从开始菜单的程序中也可以找到），双击后，会看到扫描软件的主界面，如图 4. 2. 1 所示。

图 4.2.1 启动主界面

2. 点击“照片/文档(稿台)”按钮，出现如图 4. 2. 2 所示对话框。

图 4.2.2 准备扫描图片

点击“指定”按钮，如图 4.2.3 所示，则可以选择扫描选项：选择文档类型为“彩色照片”；文档尺寸为“自动检测(多个文档)”；扫描分辨率为“300dpi”，如果把 dpi 的值设置得越大，扫描出的照片显示效果就越好，同时扫描后文件所占空间也越多。

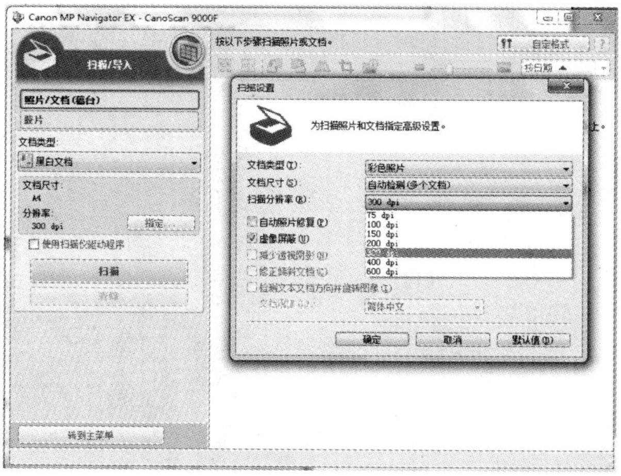

图 4.2.3 参数详细设置

3. 设置好以上参数后，放好原稿(方向和正反可以参看玻璃板右上的图示)就可以点击“扫描”按钮，等待一幅图片扫描完成后，会显示图 4.2.4 对话框，如果要继续扫描多个图片的，则放好下一张原稿点击“扫描”；如果是一张图片或最后一张图片，则点击“退出”按钮。

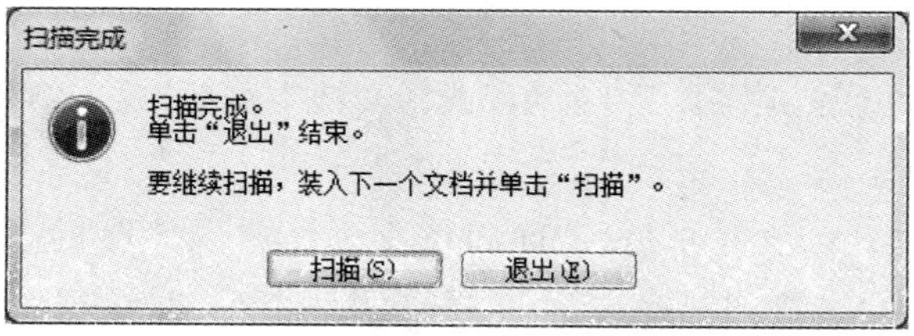

图 4.2.4 扫描多张图片选择对话框

4. 扫描完成后，图片并没有保存，选择右边的刚才所扫描的图片，如图 4.2.5 所示，勾选你想要保存的图片，点击“保存”按钮，并指定保存的路径后，就可以完成图片的保存。

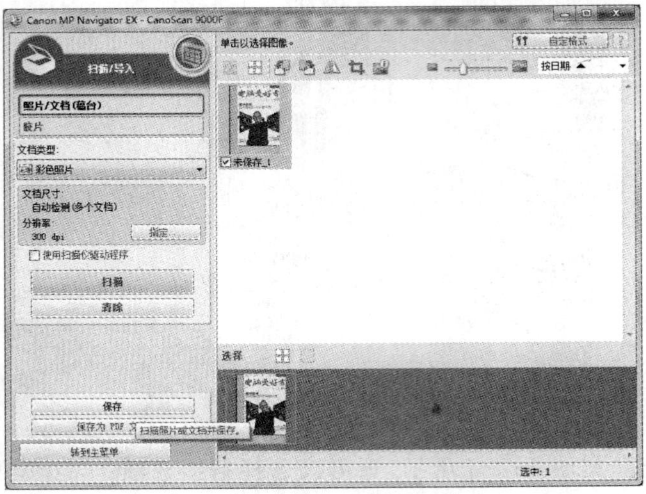

图 4.2.5 选择要保存的图片

如果想在 Word 等其他软件中插入扫描的图片，可以在 Word 中选择“插入”菜单中选择“图片”下的“来自扫描仪或照相机”按钮，如图 4.2.6 和图 4.2.7 所示，弹出“插入来自扫描仪或照相机的图片”对话框，选择扫描仪设备，后点“插入”即可。

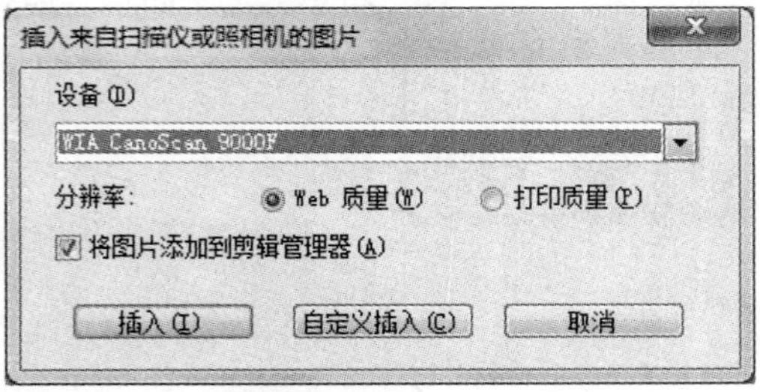

图 4.2.6 在 WORD 中插入图片

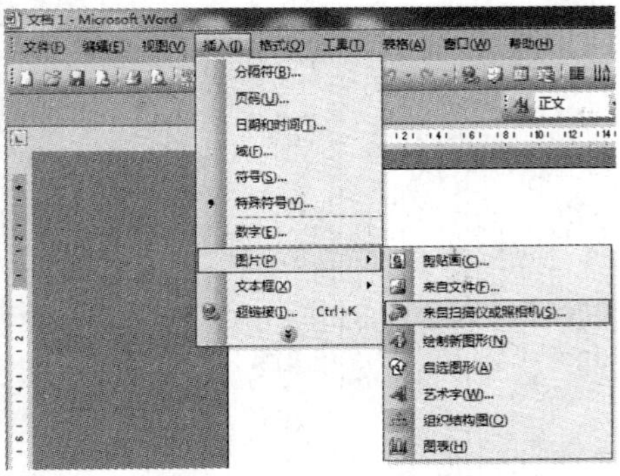

图 4.2.7 选择扫描仪及质量

三、扫描文字

利用扫描仪将报纸、杂志等媒体上的印刷体汉字、表格和图形，甚至手写体汉字扫描入电脑，再识别，从而达到录入汉字、编辑汉字的功能。可以利用文字识别(OCR)对原稿的扫描识别。

1. 启动主界面软件后，如图 4.2.8 所示，选择文档类型为“文本(OCR)”选项，并按照图 4.2.3 设置好对应选项。

2. 设置好以上参数后，放好原稿(方向和正反可以参看玻璃板右上的图示)就可以点击“扫描”按钮，等待一幅文稿扫描完成后，会显示图 4.2.4 对话框，如果要继续扫描多个文稿的，则放好下一张原稿点击“扫描”；如果是一张文稿或最后一张文稿，则点击“退出”按钮。

Canon MP Navigator EX - CanoScan 9000F
扫描/导入
按以下步骤扫描照片或文档。
自定格式
照片/文档(稿台)
胶片
文档类型:
文本(OCR)
文档尺寸:
A4
分辨率:
300 dpi
指定...
使用扫描仪驱动程序
扫描
清除
转到主菜单
放置文档
打开文档盖板，将照片或文档放置在稿台上。
选择“文档类型”
从“文档类型”中选择照片/文档的类型。
单击“扫描”
开始扫描。

图 4.2.8　扫描文本

3. 保存后就自动生成文本文件，如图 4.2.9 所示的文本文件。

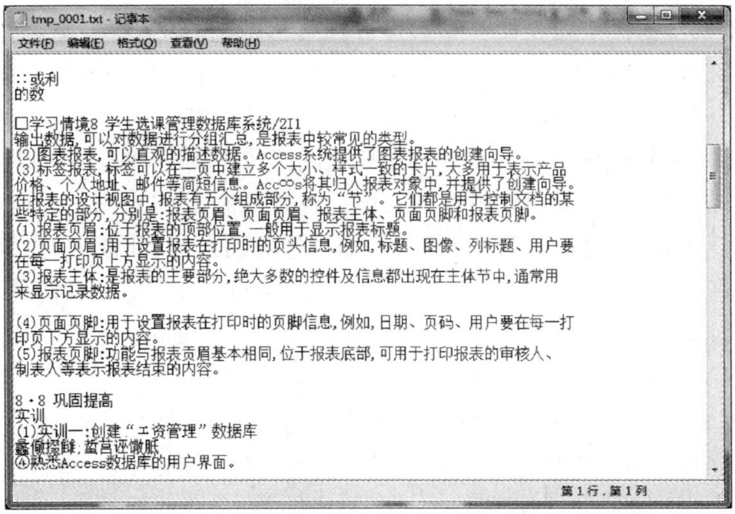
tmp_0001.txt - 记事本
文件(F)　编辑(E)　格式(O)　查看(V)　帮助(H)
::或利
的数
□学习情境8 学生选课管理数据库系统/2I1
输出数据，可以对数据进行分组汇总，是报表中较常见的类型。
(2)图表报表，可以直观的描述数据。Access系统提供了图表报表的创建向导。
(3)标签报表，标签可以在一页中建立多个大小、样式一致的卡片，大多用于表示产品价格、个人地址、邮件等简短信息。Acc∞s将其归入报表对象中，并提供了创建向导。
在报表的设计视图中，报表有五个组成部分，称为“节”。它们都是用于控制文档的某些特定的部分，分别是：报表页眉、页面页眉、报表主体、页面页脚和报表页脚。
(1)报表页眉：位于报表的顶部位置，一般用于显示报表标题。
(2)页面页眉：用于设置报表在打印时的页头信息，例如，标题、图像、列标题、用户要在每一打印页上方显示的内容。
(3)报表主体：是报表的主要部分，绝大多数的控件及信息都出现在主体节中，通常用来显示记录数据。
(4)页面页脚：用于设置报表在打印时的页脚信息，例如，日期、页码、用户要在每一打印页下方显示的内容。
(5)报表页脚：功能与报表页眉基本相同，位于报表底部，可用于打印报表的审核人、制表人等表示报表结束的内容。
8・8 巩固提高
实训
(1)实训一：创建“エ资管理”数据库
④熟悉Access数据库的用户界面。
第1行，第1列

图 4.2.9　扫描后成生的文本文件

四、扫描后的注意事项和扫描技巧

1. 如果扫描的是文本，那么扫描结果肯定不能做到 100% 的正确，可能需要校对。

2. 扫描文本尽量不要把分辨率设置得大太，如果设置太大，则文字内的瑕玷也会扫描进去，不便于识别。建议一般设置为 300dpi 就行。

3. 原稿尽量使用打印的文件(纸张不要太薄，导致透射过多，反射光线不足)。

4. 原稿字体最好是标准字体(手写体可能无法识别)，最好是 4 号字左右。

学习情景 5　常用工具软件的使用

使用计算机各种工具软件,能大大提高计算机的使用效率。本章从实际应用的角度出发,介绍目前常用的一些工具软件的使用,其主要内容包括:压缩软件 WinRAR、磁盘工具 Ghost、文档阅读软件 AdobeReader 和瑞星杀毒软件等。

学习目标

通过本章的学习,熟练掌握 WinRAR 压缩与解压缩的使用;掌握使用 Ghost 磁盘工具软件制作磁盘镜像文件的基本方法,能熟练运用 AdobeReader 阅读电子文档;掌握瑞星软件的安装和使用方法。

学习子情景 5.1　压缩软件——WinRAR

压缩软件的功能实际上是使用一种程序算法,通过这种算法将一个容量大的文件压缩得很小,从而使文件能够快速方便地传递,还可以节约出大量的硬盘空间。当我们需要使用某个压缩文件时,再通过一种算法将文件数据还原(即解压缩)。

目前流行的压缩软件种类很多,WinRAR 是使用较多的一种压缩软件,其主要功能是在 Windows 的操作环境下,对. rar 格式的文件进行管理和操作的一款软件,同时还支持多种压缩格式,可以为许多其他格式的文件解压缩。它界面友好,使用方便,具有较高的压缩率和压缩速度,深受广大电脑用户的喜爱。本节将以 WinRAR3. 9 软件的使用操作为例,介绍其常用基本功能。

(一) WinRAR 的启动

常见的压缩文件有两种格式,文件扩展名分别为“. rar”,和“. zip”,在安装有 WinRAR 软件的电脑中,这两种格式文件显示的图标是一样的,使用 WinRAR 可以对文件进行相应的操作。

启动 WinRAR 有三种常用的方式:

1) 从开始程序菜单中启动,其主界面如图 5.1.1 所示;

2) 与 Windows 环境下许多应用程序的使用一样,通过双击压缩文件图标,可以启动 WinRAR 软件;

3) 计算机系统中一旦安装了 WinRAR 软件后,其一些基本命令已经集成到快捷菜单中,可以用鼠标右键单击要操作的文件,弹出快捷菜单,完成一些基本操作,如图 5.1.2 和图 5.1.3 所示,这种方式方便快捷,使用较广泛。

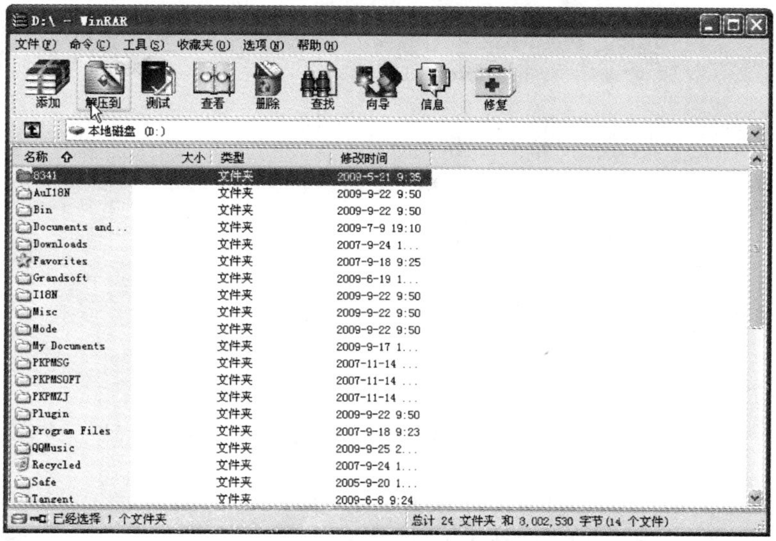

图 5.1.1　WinRAR 主界面

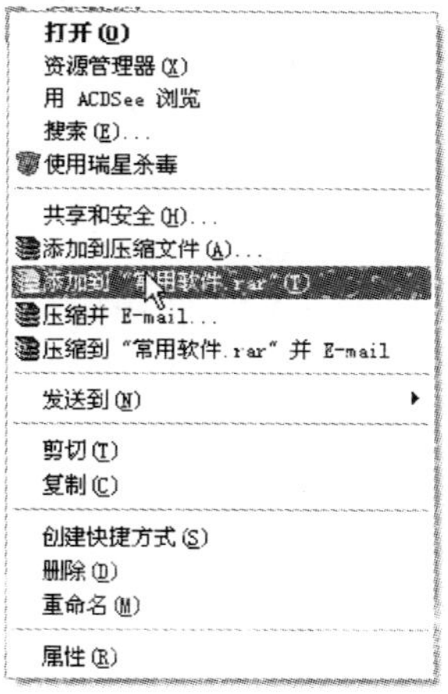

图 5.1.2　压缩文件的快捷菜单

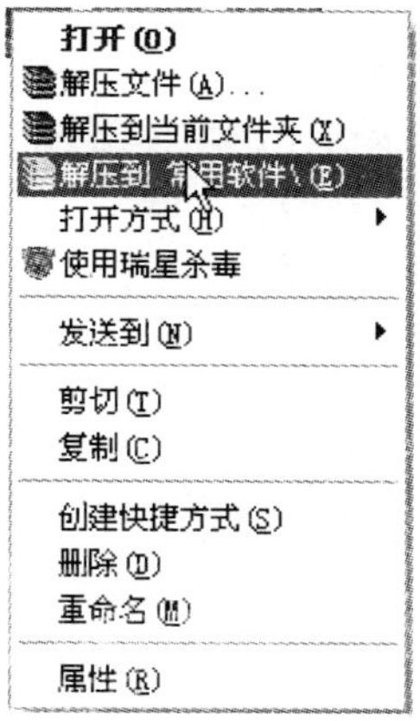

图 5.1.3　解压缩文件的快捷菜单

（二）创建压缩文件

1. 用快捷方式创建压缩文件

往往不需要直接启动 WinRAR 软件，用快捷方式就可以创建压缩文件。其操作的过程十分方便快速，例如，在 D 盘有一个"常用软件"文件夹，我们希望将它压缩成同名的压缩文件，并存放在被压缩文件所在的位置，具体操作方法如下：

用鼠标右键单击"常用软件"文件夹，出现如图 5.1.2 所示的快捷菜单，选择"添加到'常用软件'"命令，开始创建压缩文件，其压缩进度过程如图 5.1.4 所示，由于被压缩文件或文件夹的容量大小不相同，压缩过程所用的时间也不相同，当文件压缩完成以后，在系统当前位置中会出现一个名称为"常用软件"的压缩文件。通过分析比较文件夹在压缩前后容量大小的变化，可以看出文件被压缩的程度，一般来说，文本类文件的压缩率要大些，而图形类文件的压缩率则相对较小。

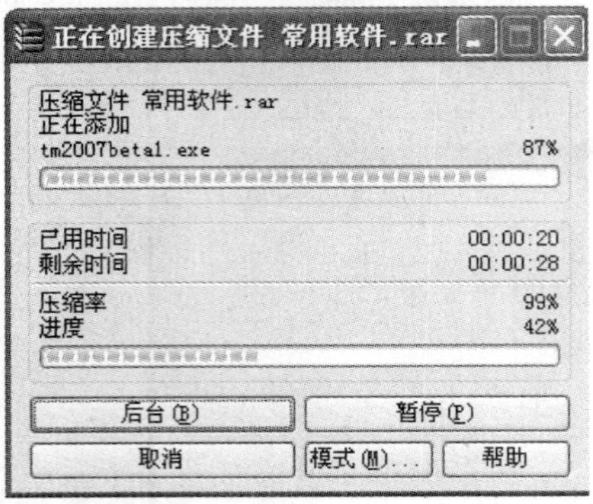

图 5.1.4 文件压缩过程

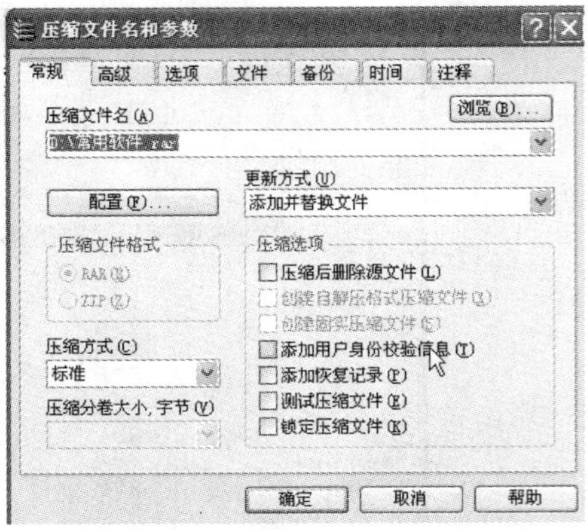

图 5.1.5 "压缩文件名和参数"对话框

2. 在 WinRAR 主界面中创建压缩文件

启动 WinRAR，出现 WinRAR 主界面如图 5.1.1 所示，首先在地址栏找到自己所要压缩文件的盘符，在主窗口中查到想要压缩的文件或文件夹，如果想一次压缩多个文件或文件夹，则在按住 Ctrl 键或 Shift 键的同时，单击鼠标选中需要压缩的文件或文件夹，然后单击工具栏上的"添加"按钮，出现如图 5.1.5 所示界面，我们可以设置压缩选项，单击对话框"常规"选项卡中的"浏览"按钮，可以选择压缩文件需要保存到的目标位置；在图中所示对话框的"压缩文件名"文本框中，可以更改压缩文件的名称；可以根据自己的需要对其他选项设置进行修改，但一般情况下保持默认设置即可；当所有设置完成以后，单击"确定"按钮开始压缩文件。

（三）解压缩文件

1. 快速解压缩文件

所谓解压缩文件，是指将被压缩的文件从压缩包中释放出来。例如，要快速解压一个名为"常用软件"的压缩文件，可以进行如下操作：

首先，用鼠标右键单击需要解压缩的文件"常用软件"，出现如图 5.1.3 所示快捷菜单，选择"解压到常用软件\"命令，出现如图 5.1.6 所示的解压进度窗口，在解压过程中，将会自动在压缩文件所在的文件夹里，新建一个和压缩文件名称相同的文件夹，然后将文件解压到这个文件夹中。解压过程完成以后，在压缩文件所在的位置多了一个名为"常用软件"的文件夹，在这个文件夹中所存放的文件，就是压缩文件解压后的文件。

2. 解压文件到指定位置

例如，现有一个文件名为"常用软件"的压缩文件，我们希望将它解压到 D 盘"download"文件夹下，其操作过程为：首先，用鼠标右键单击"常用软件"文件，在出现的快捷菜单中选择"解压文件"命令，出现如图 5.1.7 所示界面；在对话框"常规"选项卡中，出现在"目标路径"文本框中默认的解压位置，是与压缩文件所在位置的文件夹相同的，直接从对话框右边的文件夹树窗格中选择 D 盘"download"文件夹；保持其他默认选项的设置不变，单击"确定"按钮开始解压。当解压过程完成后，可以在 D 盘"download"文件夹位置中找到解压后的文件。

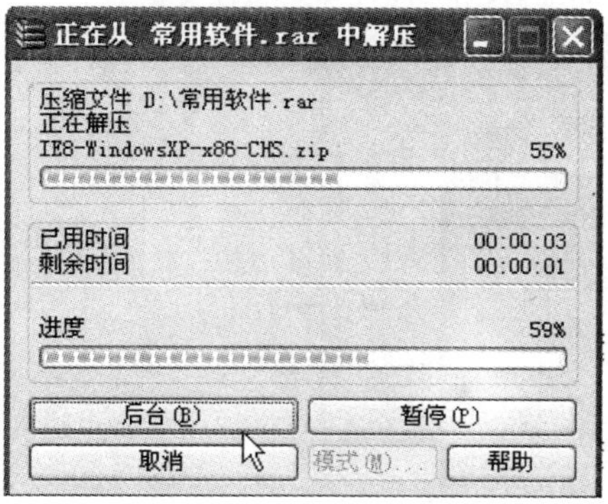

图 5.1.6　解压速度

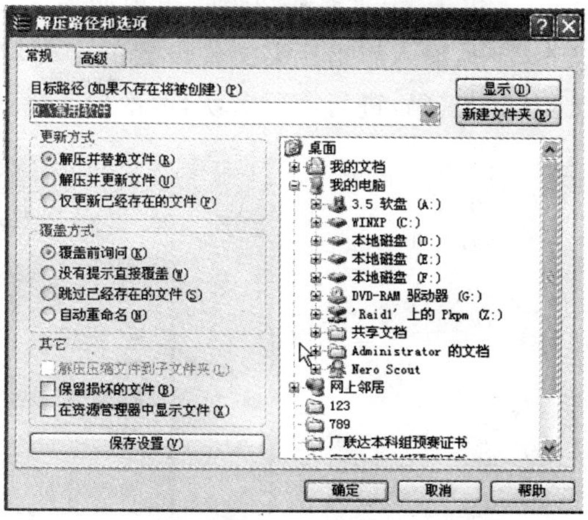

图 5.1.7　解压路径和选项对话框

3. 在 WinRAR 主界面中解压文件

双击压缩文件，打开 WinRAR 程序的主窗口，可以看到压缩文件内的所有文件列表，如果需要解压某个压缩文件，首先选定该文件，然后单击主窗口工具栏“解压到”按钮，出现如图 5.1.7 所示的对话框，然后按照前面介绍的操作步骤，即可完成解压过程。

（四）创建加密的压缩文件

随着人类社会信息化程度的提高，计算机的应用已经普及到各个领域，电子文档的传递也越来越广泛，因此，保障信息传递的安全就显得尤为重要。利用 WinRAR 程序的加密功能，可以对压缩文件进行加密，增加数据的安全系数，减少信息泄露的可能性，具体操作步骤如下。

1. 启动 WinRAR 程序，单击工具栏中的“添加”按钮，出现“压缩文件名和参数”对话框，单击选择对话框中的“高级”选项卡，如图 5.1.8 所示。

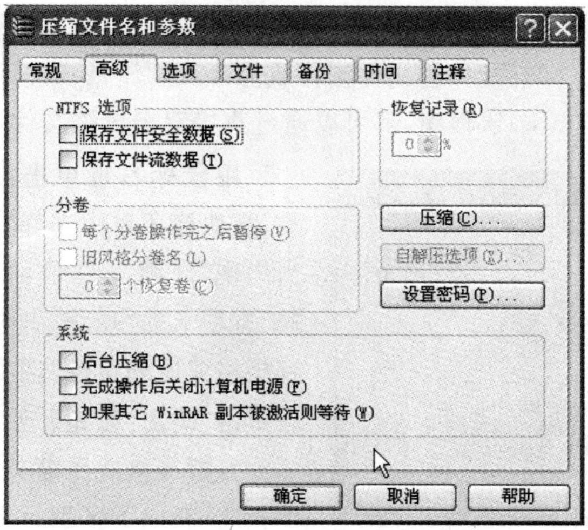

图 5.1.8　压缩文件名和参数对话框中的“高级”选项

2. 单击“设置密码”按钮，出现如图 5.1.9 所示的“带密码压缩”对话框，在“输入密码”文本框中，输入想给压缩文件设置的密码，在“再次输入密码以确认”文本框中，重新输入一次相同的密码，进行密码确认，两次输入密码必须完全一致，否则将会出错。

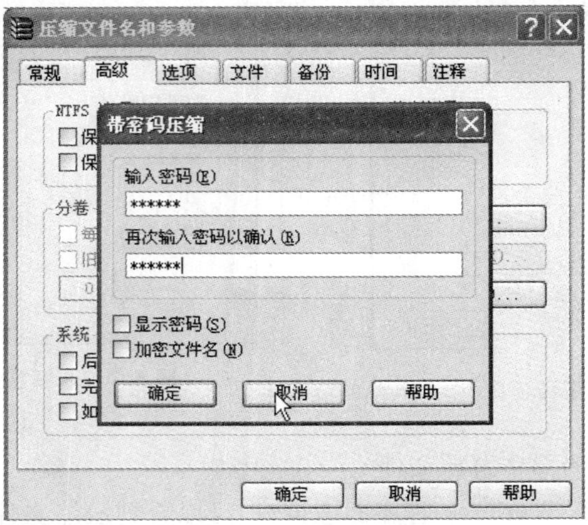

图 5.1.9　“带密码压缩”对话框

需要说明的是，在设置密码时，在“带密码压缩”对话框中，如果选择了“加密文件名”复选框，那么在打开该压缩文件时，将无法看到压缩文件加密后的文件列表；如果没有选择该项，虽然可以看到压缩文件加密后的文件列表，但在所显示的每个文件名后面，都会加上一个“＊”，表示文件被加密了，在没有密码的情况下，是无法看到文件的内容的。

3. 设置完成后，单击“确定”按钮，返回到“压缩文件名和参数”对话框，再次单击对话框中的“确定”按钮，开始文件加密和压缩的过程，当压缩过程结束后，退出 WinRAR 程序。

使用 WinRAR 解压加密的文件，会在解压之前出现对话框，提示用户输入密码，才能解压文件，如果遗失了密码，可能将再也无法取出加密的文件。

（五）创建能自动解压的压缩文件

如果在创建压缩文件的同时，将文件制作成能自动解压格式的压缩文件，那么不管你的计算机中是否安装了 WinRAR 程序，都可以通过直接双击压缩文件自动运行解压。

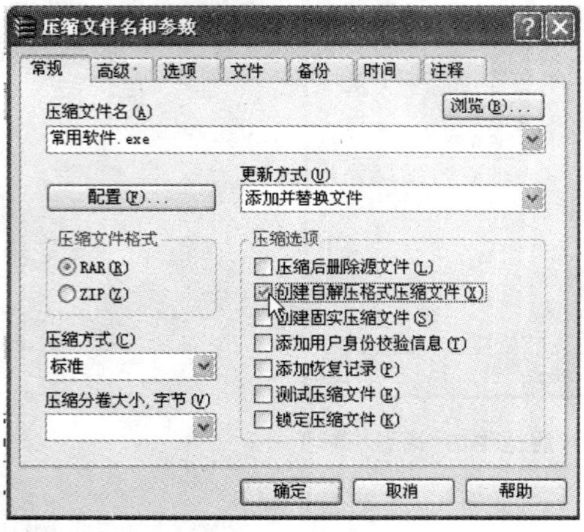

图 5.1.10　创建自解压格式的压缩文件

用鼠标右键单击需要压缩的文件或文件夹，在快捷菜单中选择“添加到压缩文件”命令，当出现“压缩文件名和参数”对话框后，在“常规”选项卡的“压缩选项”区域中，选择“创建自解压格式压缩文件”选项，如图 5.1.10 所示，然后单击“确定”按钮开始压缩过程。

自解压格式压缩文件与普通格式的压缩文件相比，有以下区别：

1. 文件的扩展名不一样。普通压缩文件的扩展名是“. rar”，而自解压格式压缩文件的扩展名为“. exe”，为可执行文件，可以通过文件的图标来区分。

2. 文件的大小不相同。这主要是由于自解压格式的压缩文件中,包含了一些解压过程中必须使用的程序,不过这些程序是看不到的。

3. 虽然自解压格式压缩文件的扩展名,与许多可执行程序文件一样,但通过查看文件的属性,可以发现它们有不同之处,自解压格式压缩文件的属性比普通程序文件的属性多出一个“压缩文件”的标签。

学习子情景 5.2 磁盘工具——GHOST

Ghost(General Hardware Oriented Software Transfer)软件是一款硬盘备份还原工具软件,俗称克隆软件。这是一个非常实用的工具软件,可以支持 FAT16、FAT32、NTFS、OS2 等多种硬盘分区格式。主要功能是对硬盘数据的备份还原操作,可以将分区或硬盘直接备份到一个扩展名为.gho 的文件里(也称为镜像文件),也可以直接备份到另一个分区或硬盘里,可以将备份内容还原,以保证系统数据的安全。

Ghost 软件包括 DOS 版本和 Windows 版本。由于 DOS 系统的稳定性高,目前使用 DOS 版本的 Ghost 软件较多一些。需要特别指出的是,由于 Ghost 的备份还原是以硬盘的扇区为单位进行的,即可以将一个硬盘上的物理信息完整复制,而不仅仅是数据的简单复制,所以在操作时一定要小心谨慎,千万不要把目标盘(分区)弄错了,否则将会把目标盘(分区)的数据全部抹掉,很不容易恢复。

(一) 备份系统

1. 启动 Ghost 软件,出现如图 5.2.1 所示界面,单击【OK】按钮,出现 Ghost 主菜单,如图 5.2.2 所示,选择【Local】—【Partition]】—【To Image】,进入下一步操作。

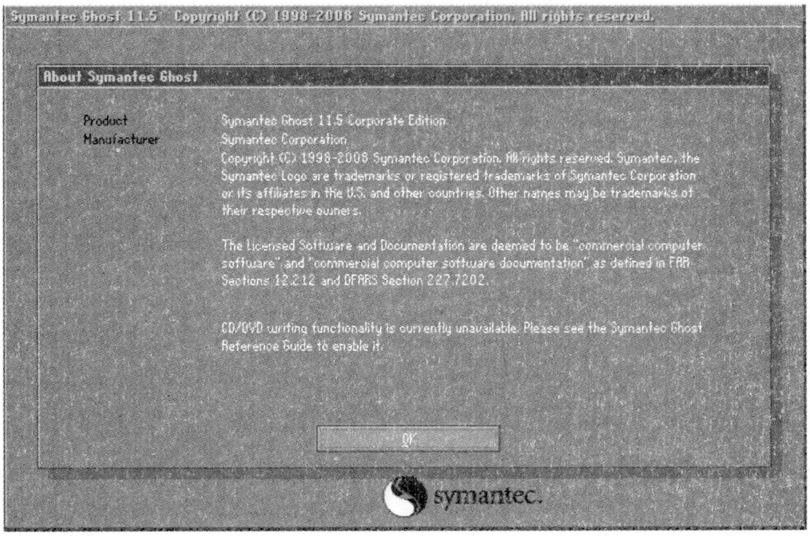
Symantec Ghost 11.5 Copyright (C) 1998-2008 Symantec Corporation. All rights reserved.
About Symantec Ghost
Product
Manufacturer
Symantec Ghost 11.5 Corporate Edition
Symantec Corporation
Copyright (C) 1998-2008 Symantec Corporation. All rights reserved. Symantec, the Symantec Logo are trademarks or registered trademarks of Symantec Corporation or its affiliates in the U.S. and other countries. Other names may be trademarks of their respective owners.
The Licensed Software and Documentation are deemed to be "commercial computer software" and "commercial computer software documentation" as defined in FAR Sections 12.212 and DFARS Section 227.7202.
CD/DVD writing functionality is currently unavailable. Please see the Symantec Ghost Reference Guide to enable it.
OK
symantec.

图 5.2.1 Ghost 主界面

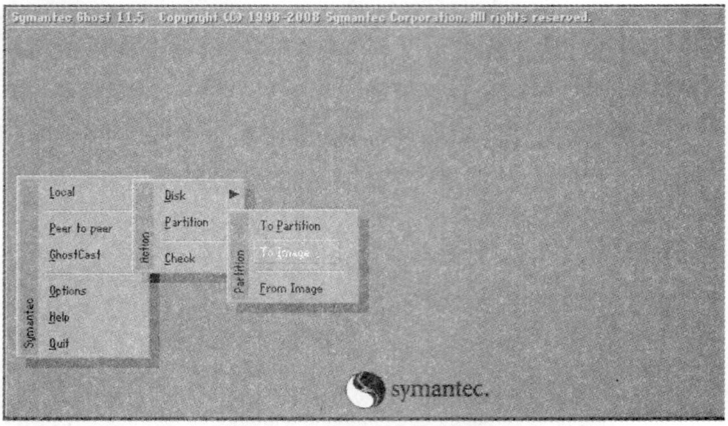

图 5.2.2　Ghost 备份系统菜单

2. 如图 5.2.3，选择需要备份的硬盘，单击【OK】按钮，进入下一步操作。

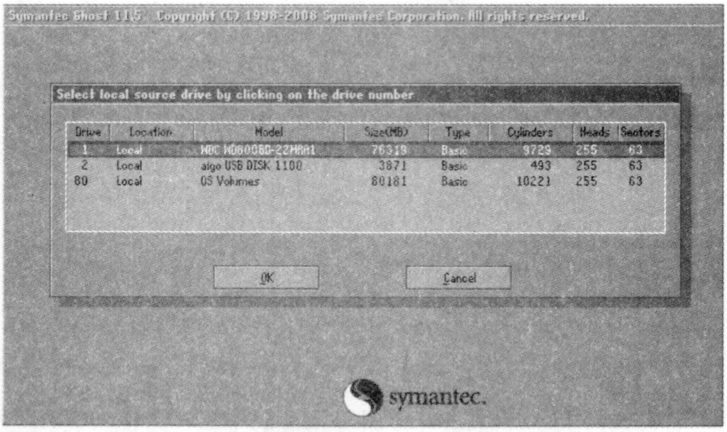

图 5.2.3　选择硬盘

3. 在如图 5.2.4 所示的选择分区界面中，选择要制作镜像文件的分区（即源分区），如果我们要对 C 区备份，选择分区“1”，单击【OK】按钮，进入下一步操作。

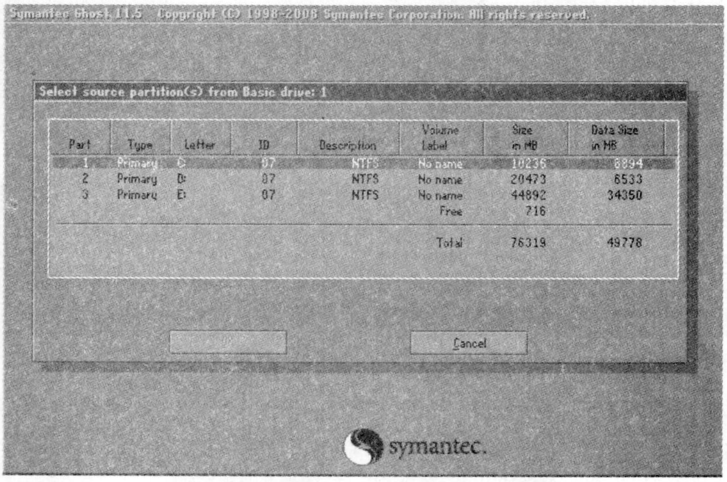

图 5.2.4　选择分区

4. 如图 5.2.5 所示，选择镜像文件保存的位置(需要注意的是，此时不能选择需要备份的 C 区)，在“Filename”文本框键中输入镜像文件的名称，如“System.gho”，然后单击【Save】按钮。

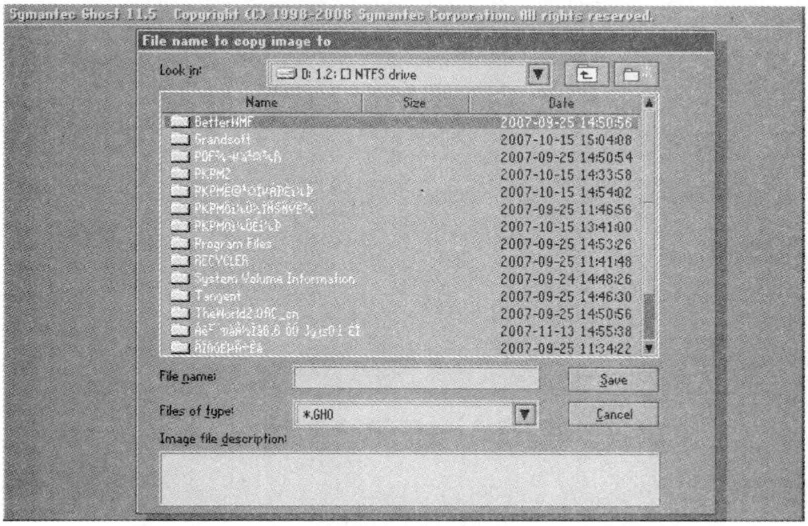

图 5.2.5　选择分区

5. 接下来会询问是否需要压缩镜像文件，如图 5.2.6 所示，有三个选择项：“No”表示不做任何压缩；“Fast”的意思是进行小比例压缩，但是备份速度较快；“High”是采用较高的压缩比，但是备份速度相对较慢。一般都是选择“High”，虽然速度稍慢，但镜像文件所占用的硬盘空间会大大降低。

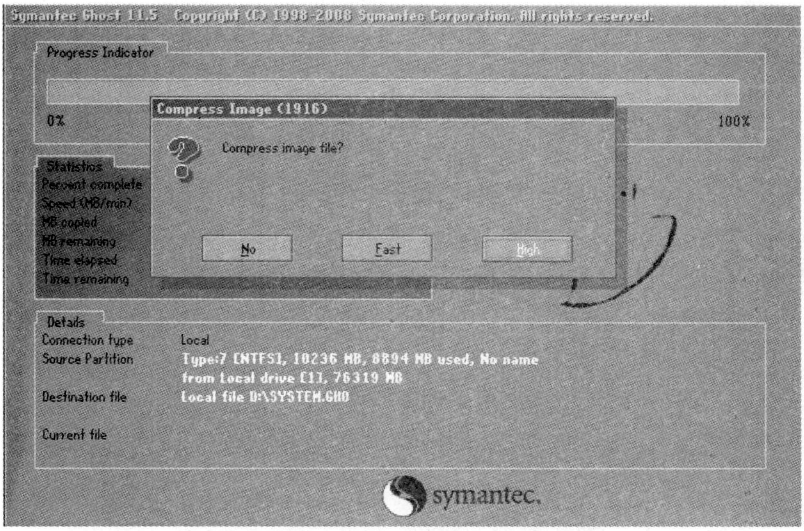

图 5.2.6　选择分区

6. 当一切准备工作完成以后，Ghost 开始制作镜像文件，如图 5.2.7 所示。备份速度与 CPU 主频和内存容量等有很大的关系。

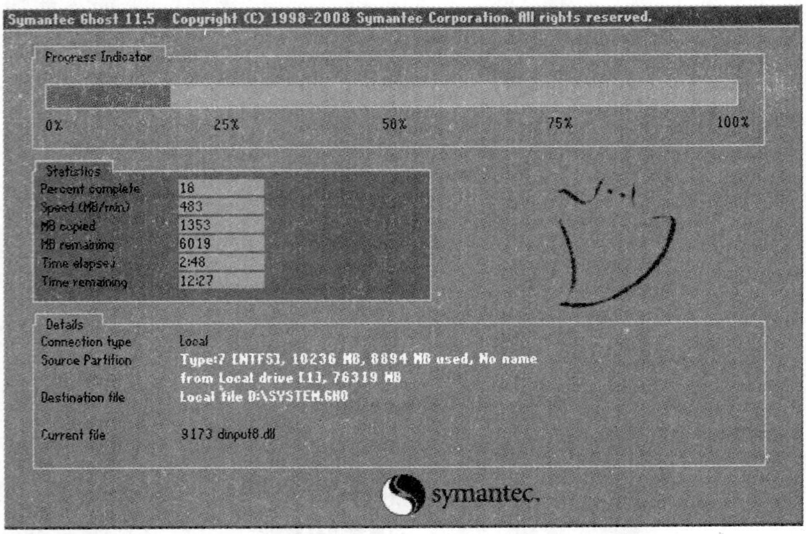

图 5.2.7 正在进行备份操作

（二）恢复系统

恢复系统是将已经制作好的备份文件还原到相应的分区中去。假设通过上面的操作步骤，我们已经将硬盘 C 区备份成了一个名为"System. gho "的镜像文件了，下面简单介绍如何将这个镜像文件恢复到 C 区中去：

运行 Ghost，在主菜单中选择【Local】—【Partition]】—【From Image】项，如图 5. 2. 8 所示，找到镜像文件存放的位置，选择恢复镜像的目标硬盘和需要恢复的分区（这里为 C 区），这里不再详细叙述其操作过程。

当所有恢复操作完成后，选择【Continue】会继续回到 DOS 系统下，选择【Reset Computer】，重新启动系统。

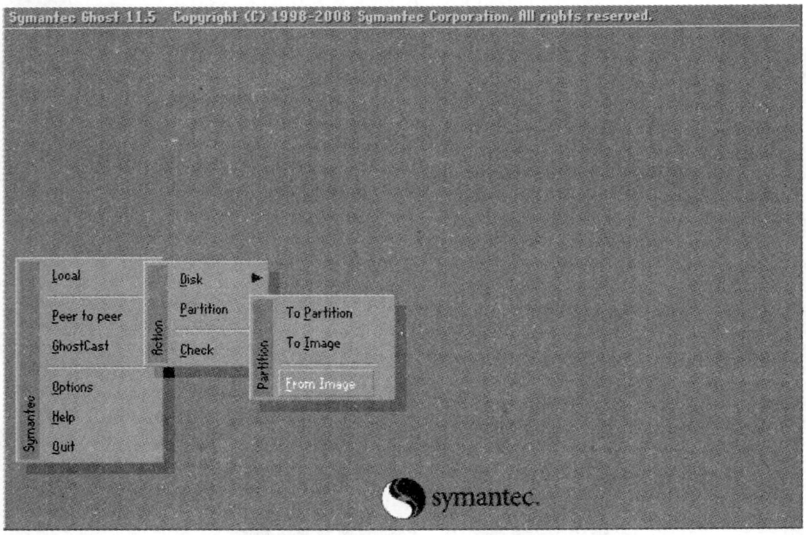

图 5.2.8 恢复分区菜单

学习子情景5.3　Adobe Reader文档阅读器

随着计算机网络技术的不断发展，书籍无纸化阅读已经成为一种潮流，各种电子作品随处可见。与传统图书相比，电子文档具有传播范围广、更新速度快、阅读成本低等许多优点。而怎样下载电子书，每种电子书又如何阅读，都会成为困扰电脑初学者的问题。

PDF(Portable Document Format)文件格式是由Adobe公司开发的一种电子文件格式，其文档扩展名为.pdf。PDF文件格式可以将文字、字形、格式、颜色及独立于设备和分辨率的图形图像等，封装在一个文件中，即所谓的“便携式文档文件”。PDF格式文件还可以包含超文本链接、声音和动态影像等电子信息，支持超大文件传输。由于PDF文件格式的应用与操作系统平台无关，在不同的操作系统之间传送时，能够保证信息的完整性和准确性，集成度和安全可靠性较高，使之成为在Internet上进行电子文档发行和数字化传播的理想文档格式，越来越多的电子图书、产品说明、公司文告、网络资料、电子邮件开始使用PDF格式文件。事实上，PDF格式文件目前已成为数字化信息的一个标准，在Internet上传播的很多信息是用PDF文件格式保存的，大量的图书也是用PDF文件格式来保存的。

AdobeReader是由Adobe公司出品，专门用来阅读PDF文件的阅读器。AdobeReader的使用比较简单，启动AdobeReader，其主界面如图5.3.1。

图5.3.1　AdobeReader的主界面

(一) 打开PDF文档

打开PDF文档，有以下两种方式：

1. 单击快捷工具栏的【打开】按钮，或选择【文件】—【打开】，在出现的对话框中，选择要打开的文件，然后单击【打开】按钮。

2. 和Windows环境下许多应用程序一样，当某个文档与AdobeReader建立关联后，即变为PDF文件格式以后，文件图标就会变为AdobeReader所特有的图标，可以通过双击文档图标来打开该文档。

(二) 保存PDF文档

在网络上打开的PDF电子文档，可以通过的工具栏中“另存为”对话框，输入文件名，保存到当前磁盘上。

（三）打印 PDF 文档

使用【文件】—【打印】，在“打印范围”中选择“页面”，在后面的空白区域内填入要打印的页码范围如“1—10”，可在“子集”中选择“范围中所有页面”、“仅奇数页”、“仅偶数页”中的一项进行设置，“页面缩放方式”一般采用“缩小到可打印区域”选项。

（四）网络上阅览 PDF 文档

PDF 文件和 HTML 文件有很多相似之处，使用 AdobeReader 8 作为浏览器的插件，就可以很方便地浏览网上的 PDF 文件或者是内嵌了 PDF 页面的网页。在 IE、Netscape 等支持插件的浏览器中，都可以利用 Adobe Reader 8 来浏览 PDF 文件，使用上与浏览 HTML 网页相似，只是在界面中增加了一排 Adobe Reader 中特有的工具栏。

（五）放大和缩小视图

由于页面具有多级缩放功能，使用户可以轻松调整文件页面的大小，选择合适的页面进行阅览。具体操作为：点击工具栏中带“放大镜”的图标，或状态栏中向下的实心三角形，可以按一定的比率缩放页面，也可以选择【视图】—【缩放工具】中的【适合页面】选项，或选择工具栏中百分比下拉列表框中的“适合页面”选项，文件将分别以完整页面、实际大小（100%）、与窗口等宽等方式来显示。

（六）复制内容

如果想复制 PDF 文件中的文本内容及图形，可直接用鼠标拖动欲复制的内容或图片，然后单击鼠标右键，弹出快捷菜单，在快捷菜单中选“复制”选项即可。

（七）查找文字

使用工具栏的查找功能，在查找文本框中输入要查找的内容，然后按回车键，如果找到所要查找的内容，则将该内容用加亮选中标识，继续按回车键可以查找下一个满足条件的内容，直至到文件末尾。如果找不到要查找的内容，会弹出信息提示“Acobat 已完索文档，未找到匹配项目。”

学习子情景 5.4 瑞星杀毒软件

随着计算机软硬件技术的快速发展，计算机病毒的种类越来越多，传播速度越来越快，对计算机系统的安全造成了极大的威胁，各种杀毒软件已经成为保护个人信息安全的必备工具软件。

瑞星杀毒软件是目前使用范围较广、功能较为完善的杀毒软件，对各种网络病毒、木马、黑客攻击具有较全面的查杀功能和防御能力，还能提供系统漏洞扫描、系统修复、账号保护等各种功能。

（一）瑞星软件的安装

现以瑞星 2008 版软件为例，介绍其安装过程：

1. 将瑞星杀毒软件光盘放入光驱，系统会自动显示如图 5.4.1 所示的安装界面，如果没有自动显示安装界，可以浏览光盘，运行光盘根目录下的 Autorun.exe 程序。在弹出的安装界面中选择“安装瑞星杀毒软件”。

2. 在弹出如图 5.4.2 所示的“选择语言”对话框时，选择“中文简体”，单击“确定”开始安装。

图 5.4.1　安装界面

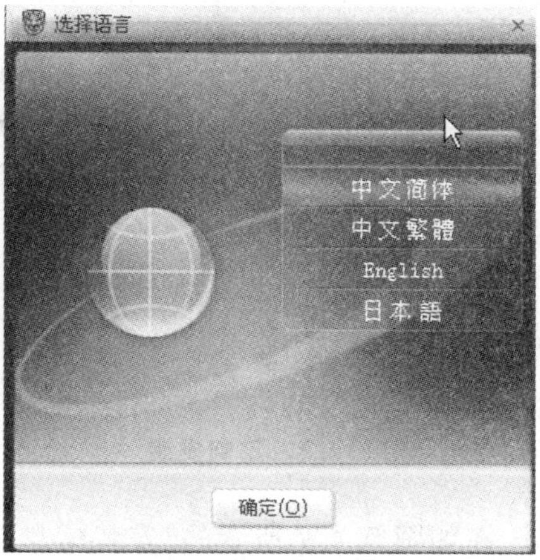

图 5.4.2　安装语言选择

3. 进入安装欢迎界面，单击“下一步”，出现如图 5.4.3 所示，选择“我接受”“最终用户许可协议”，然后单击“下一步”继续。

4. 当出现如图 5.4.4 所示的“验证产品序列号和用户 ID”窗口时，正确输入所购买产品的序列号和 12 位用户 ID(在购买软件时所附的用户身份卡上)，单击“下一步”继续。

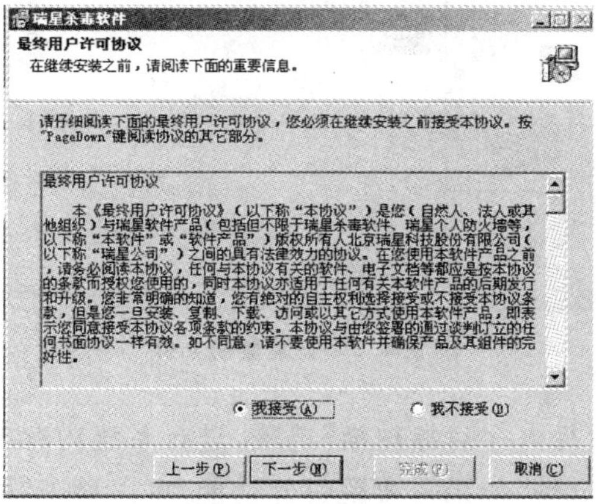

图 5.4.3　用户许可协议

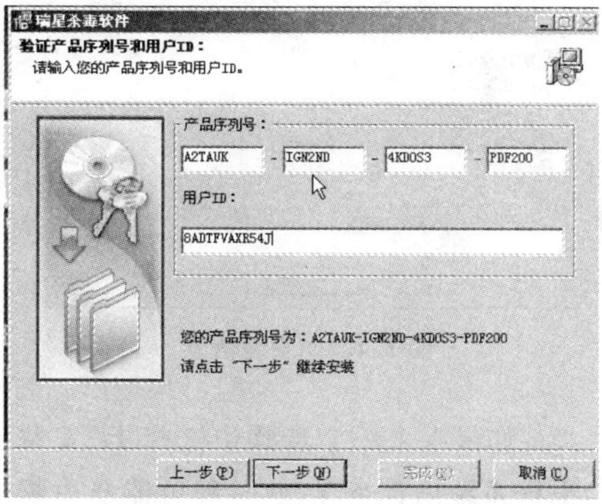

图 5.4.4　验证产品序列号和用户 ID

5. 在如图 5.4.5 所示的“定制安装”窗口中，选择需要安装的组件，在下拉菜单中可选择“全部安装”或“最小安装”。其中“全部安装”表示将安装瑞星杀毒软件的全部组件和工具程序；“最小安装”表示仅安装瑞星杀毒软件必需的组件，不安装其他工具。也可以在列表中勾选需要安装的组件，单击“下一步”继续安装。如果直接单击“完成”按钮，则按照默认方式进行安装。

6. 在如图 5.4.6 所示的“选择目标文件夹”窗口中，可以指定瑞星杀毒软件的安装目录路径，保持默认值或者根据用户需要进行修改，单击“下一步”继续安装。

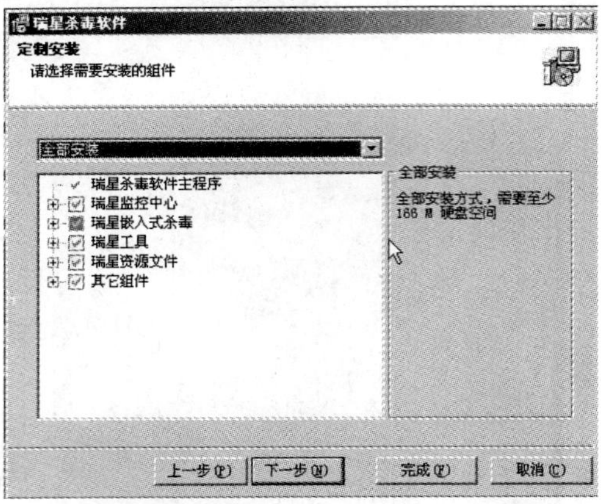

图 5.4.5 定制安装

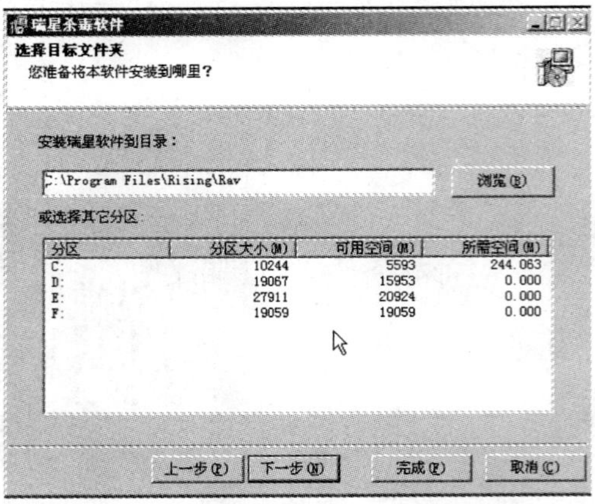

图 5.4.6 选择目标文件夹

7. 在如图 5.4.7 所示的“安装信息”窗口中，显示了安装路径和程序组名称的信息，可以勾选“安装之前执行内存病毒扫描”选项，确保在一个无病毒的环境中安装瑞星杀毒软件，单击“下一步”开始复制文件，如图 5.4.8 所示。

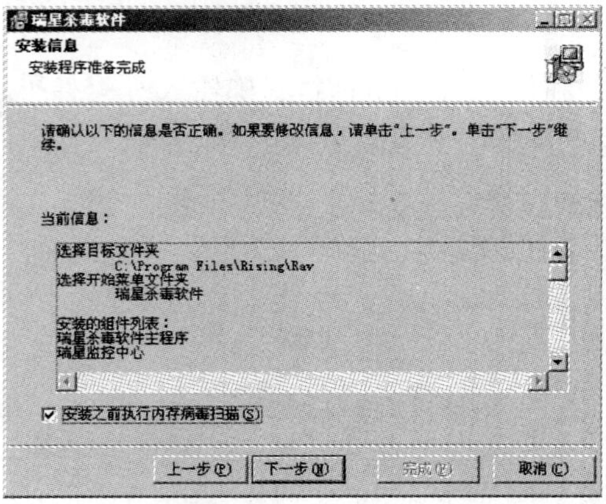

图 5.4.7 安装信息

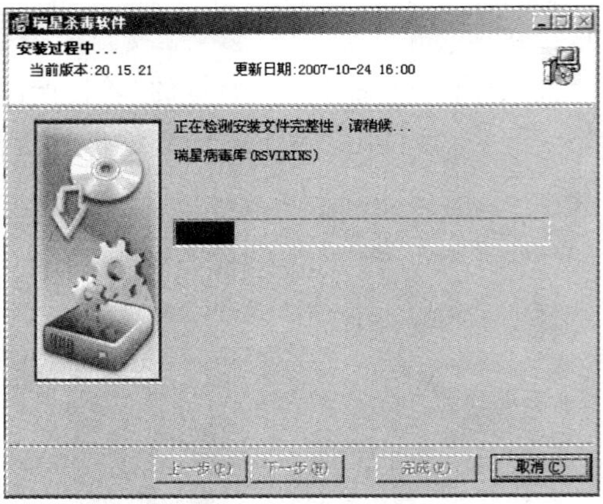

图 5.4.8 安装复制文件

8. 如果在上一个步骤中选择了“安装之前执行内存病毒扫描”选项，进行系统内存扫描，根据系统内存情况，此过程可能要占据 3～5 分钟，如果需要跳过此功能，可以单击“跳过”按钮。

9. 文件复制完成后，有“运行设置向导”、“运行瑞星杀毒软件主程序”、“运行监控中心”和“运行注册向导”等选项，默认条件下，软件会自动选择前面的三项，单击“完成”结束安装后，系统会重新启动，自动运行设置向导，并启动杀毒程序。

(二) 瑞星杀毒软件的使用

1. 瑞星杀毒软件的启动

瑞星 2009 版本首页界面如图 5.4.9，启动瑞星杀毒软件的主程序，主要有以下三种方法：

(1) 选择“开始”—“程序”—“瑞星杀毒软件”—“瑞星杀毒软件”，启动主程序；

(2) 双击桌面上的“瑞星杀毒软件”的快捷图标，启动主程序；

(3) 双击桌面右下角任务栏中的“瑞星监控中心”图标，启动主程序。

2. 瑞星杀毒软件升级

随着各种病毒层出不穷地出现，必须及时对杀毒软件进行升级，才会最大可能地识别和清除新病毒，以及享受软件升级后的新功能，因此对杀毒软件及时升级是非常重要的，特别是在第一次安装杀毒软件完成后，应该立即启动升级程序，并对电脑进行一次彻底的病毒查杀过程，在以后的使用过程中，也要经常对杀毒软件进行定期升级，这样才能更好地起到保护作用。

(1) 网络手动智能升级

从图 5.4.9 中可以看出瑞星杀毒软件的当前版本、最近杀毒时间、最近升级时间等信息。先确认自己的电脑已经联网，然后单击瑞星杀毒软件主界面中的“软件升级”按钮，出现如图 5.4.10 所示的智能升级过程，升级过程所花时间与网络速度快慢等因素有关。

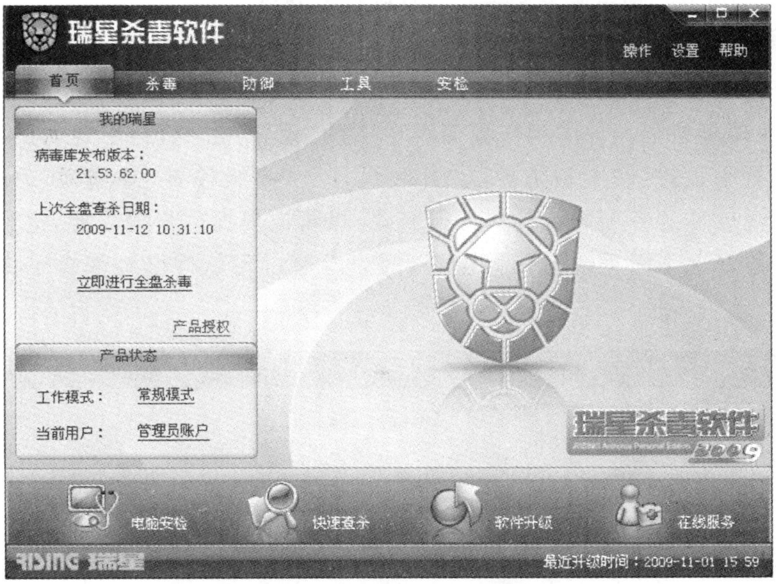

图 5.4.9　瑞星杀毒软件首页界面

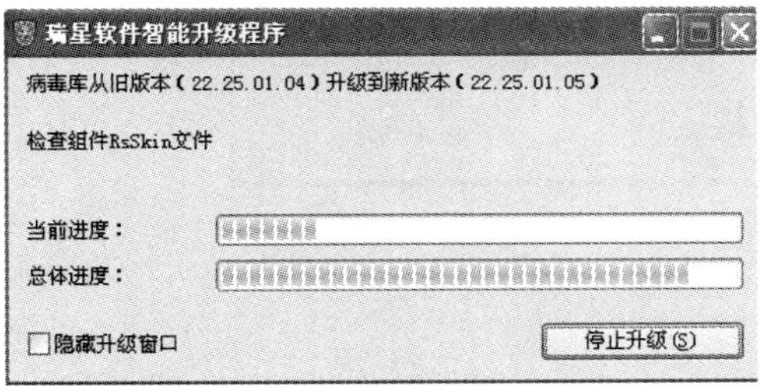

图 5.4.10　智能升级检测

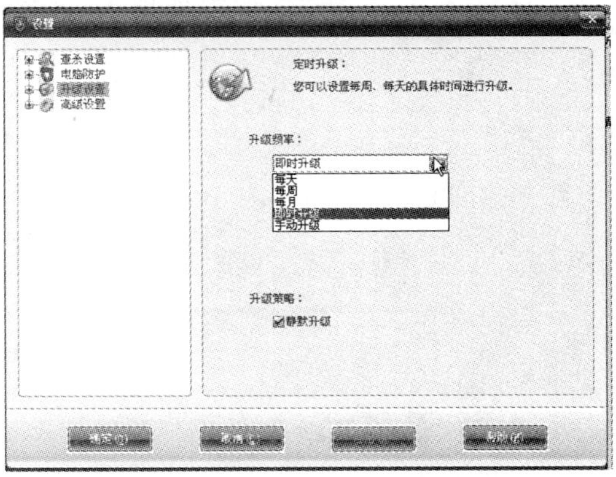

图 5.4.11　定时升级界面

(2) 定时升级设置

为了避免忘记升级,可以将瑞星杀毒软件程序设置为自动定时升级,以保证程序及时升级到最新版本,从而可以查杀各种新病毒。设置好定时升级以后,系统会在设定的时间自动升级,但前提条件是电脑网络必须是连接的。

设置定时升级的方法为:在瑞星杀毒软件主程序界面中,选择"设置"选项,然后选择菜单中的"升级设置"命令,出现如图 5.4.11 所示的窗口,根据需要选择"升级频率",一般可以设置在电脑空闲的时间段进行,以减少资源的占用。

(3) 下载升级包

瑞星网站会定期提供软件升级包供用户下载,如果安装有瑞星杀毒软件的电脑不能上网,可以在其他电脑上登录瑞星的官方网站,输入产品序列号和用户 ID 号,进入产品升级更新服务页面,用户可以下载升级包,然后将升级包复制到已经安装有瑞星杀毒软件的电脑上直接运行,从而完成对当前电脑上的瑞星杀毒软件的升级。

3. 修改瑞星杀毒软件的默认设置

用户所使用瑞星杀毒软件版本不同,其"设置"菜单的内容也有所不同。以目前最新版本为例,选择瑞星杀毒软件主程序界面菜单中的"设置"命令,会出现如图 5.4.12 所示的窗口,包括"查杀设置"、"电脑防护"、"升级设置"、"高级设置"等选项,通过这些选项,可以对瑞星杀毒软件的各项默认设置进行修改,也可以根据用户的需要,进行一些自定义的设置。在一般情况下无须改动任何设置,因为瑞星杀毒软件已经综合了大多数普通用户的使用情况。

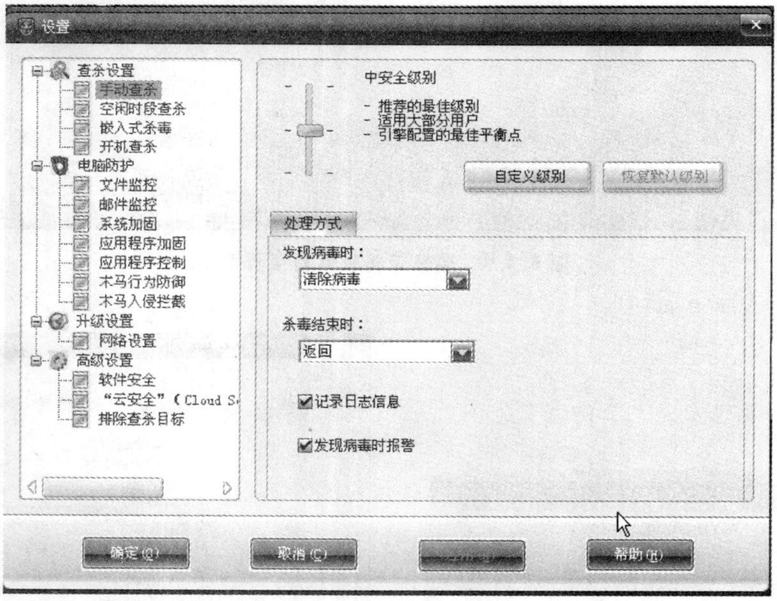

图 5.4.12 设置界面

4. 使用瑞星杀毒软件查杀病毒的方法

(1) 手动查杀病毒

启动瑞星杀毒软件,如图 5.4.13 所示,在程序主界面左边有一个"查杀目标"栏,显示了待查杀病毒的目标,默认选中状态为所有本地硬盘、内存、引导区和邮箱。用户可以根据自己的需要，勾选要扫描的文件夹或者其他查杀目标，然后单击瑞星杀毒软件主程序界面上的"杀毒"按钮，开始扫描所选目标，如发现病毒时，程序会提示用户如何处理。在扫描过程中，用户可随时单击"暂停"按钮或"停止"按钮暂停或结束当前扫描，如果扫描中发现病毒，会在病毒表窗口中显示带病毒文件的文件名、所在文件夹、病毒名称和状态等。

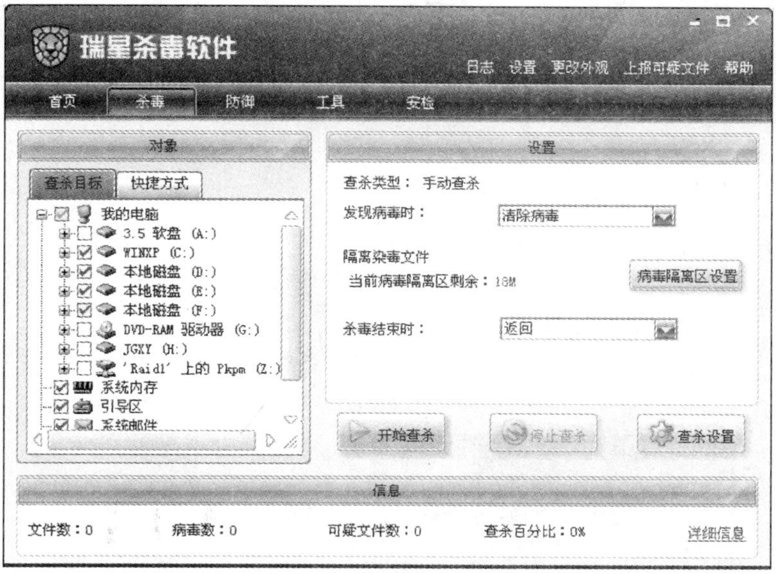

图 5.4.13　杀毒选择界面

(2) 快捷查杀病毒

当要复制外来文件到电脑中时，为了避免外来病毒的入侵，可以启用快捷方式查杀病毒。操作式如下：

用鼠标右键单击需要查杀的文件或文件夹，在弹出的快捷菜单中选择"瑞星杀毒"，即可启动瑞星杀毒软件对此文件进行查杀病毒操作。另外，用鼠标将查杀目标拖放到桌面上的"瑞星杀毒软件"快捷方式图标上或瑞星杀毒软件主程序窗口中，也可调用瑞星杀毒软件对此目标进行病毒查杀。

(三) 查找系统漏洞

瑞星漏洞扫描必须是在已经安装了瑞星卡卡上网助手的情况下才能使用。系统漏洞扫描实际上是对系统的不安全性进行警告，是对 Windows 系统中存在的"系统漏洞"和"安全设置缺陷"进行检查，并提供相应的补丁下载安装和安全设置缺陷修补的工具，所有补丁程序都是由微软公司官方网站提供，建议每次重新安装操作系统后，或升级杀毒软件后都运行一次漏洞扫描与修复程序，提高系统的安全性和稳定性。

查找系统漏洞的方法为：选择"开始"—"程序"—"瑞星杀毒软件"—"工具"，出现图 5.4.14 所示的窗口，然后双击瑞星卡卡上网安全助手，出现图 5.4.15 界面，选"漏洞扫描及恢复"选项，可以发现系统存在的安全漏洞、补丁等情况，及时进行修复。

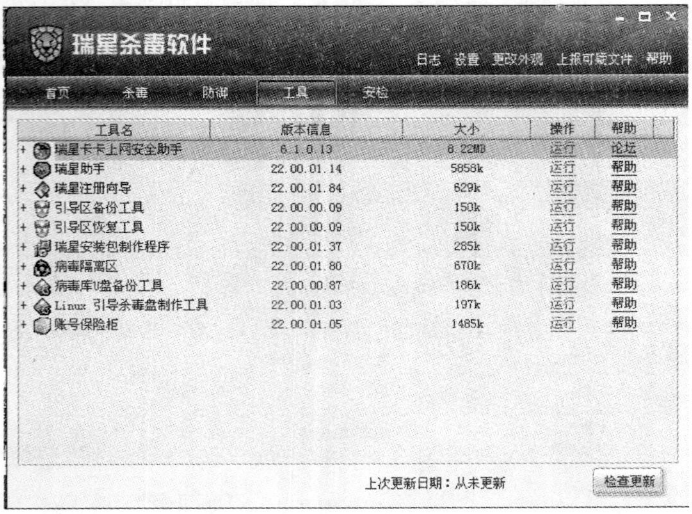

图 5.4.14　工具选择界面

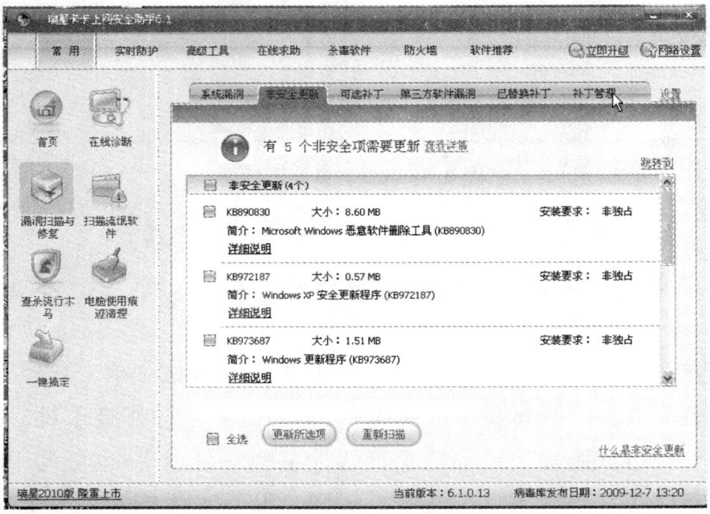

图 5.4.15　漏洞扫描及恢复